Barbara Pfetsch · Silke Adam (Hrsg.)

Massenmedien als politische Akteure

Barbara Pfetsch
Silke Adam (Hrsg.)

# Massenmedien als politische Akteure

## Konzepte und Analysen

Bibliografische Information Der Deutschen Nationalbibliothek
Die Deutsche Nationalbibliothek verzeichnet diese Publikation in der
Deutschen Nationalbibliografie; detaillierte bibliografische Daten sind im Internet über
<http://dnb.d-nb.de> abrufbar.

1. Auflage 2008



Lektorat: Barbara Emig-Roller

Der VS Verlag für Sozialwissenschaften ist ein Unternehmen von Springer Science+Business Media.
www.vs-verlag.de

Umschlaggestaltung: KünkelLopka Medienentwicklung, Heidelberg
Satz: Cornelia Vetter, Berlin
Druck und buchbinderische Verarbeitung: Krips b.v., Meppel
Gedruckt auf säurefreiem und chlorfrei gebleichtem Papier
Printed in the Netherlands

ISBN 978-3-531-15473-2

# Inhalt

# I. MASSENMEDIEN ALS POLITISCHE AKTEURE – THEORETISCHE ANNÄHERUNGEN

# Die Akteursperspektive in der politischen Kommunikationsforschung – Fragestellungen, Forschungsparadigmen und Problemlagen

*Barbara Pfetsch und Silke Adam*

## 1 Einleitung

Im Jahre 1996 wurden in „PS Political Science and Politics“, der American Political Science Association, die Papiere eines Symposiums zum Thema „Medien und Politik“ publiziert. Unter den Beiträgen dieses Heftes befindet sich ein Aufsatz von Benjamin Page (1996) mit dem Titel „Die Massenmedien als politische Akteure“. Benjamin Page verweist darin auf einen eigenartigen Umstand: Politische Beobachter und Laien würden ganz selbstverständlich davon ausgehen, dass die Massenmedien versuchen, Politik zu beeinflussen. Man wisse doch, dass die *New York Times* sich für diese Positionen stark mache und das *Wallstreet Journal* jene Haltungen vertrete. Und doch, schrieb Page, würden die meisten Kommunikationswissenschaftler den Gedanken eines politischen Einflusses der Medien strikt von der Hand weisen. Diese Diskrepanz zwischen der Wahrnehmung der Laien und den Einsichten und Forschungsagenden der Wissenschaftler ist keine US-amerikanische Besonderheit. Es fällt auch für Deutschland nicht schwer, eine Vielzahl von Beispielen zu finden, in denen die Medien politisch wurden. Erinnern wir uns nicht mehr, dass die *BILD-Zeitung* vehement gegen den Euro schrieb und dass die *FAZ* gegen die Rechtschreibreform aufbegehrte? Aber genauso wie in den USA fiel es sowohl der Kommunikationswissenschaft als auch der Politikwissenschaft in Deutschland lange Zeit schwer, die laienhafte Beobachtung, dass die Medien eine zutiefst politische Rolle ausüben und dabei in die Rolle eines politischen Akteurs schlüpfen, in ein nachhaltiges Forschungsprogramm umzumünzen.

Die Zurückhaltung in der Forschung ist möglicherweise dem Umstand geschuldet, dass die Idee von Medien als politischen Akteuren zunächst unbehagliche Assoziationen provoziert. So impliziert der Akteursbegriff beobachtbare Handlungen, die absichtsvoll – d.h. nicht unbedingt bewusst, aber in der Eigenlogik verhaftet – und mit einem gewissen Maß an Einheitlichkeit geschehen (Page 1996). Allzu naive akteurstheoretische Betrachtungen politischer Medienrollen führen dann zu Zuspitzungen von Machtausübung, die mit einseitigen Interessen und Manipulationsabsichten und deren (partei)politischen Wirkungen assoziiert werden.

Genauso schnell stellt sich die Frage nach der *Legitimation* von politischem Medieneinfluss. In westlichen Parteiendemokratien wie der Bundesrepublik werden die politischen Rollen der Medien fast automatisch mit den Symboliken der parteipolitischen Konkurrenz in Verbindung gebracht und in Machtpotentiale politischer Unterstützung, öffentlicher Meinung und Wählerstimmen umgerechnet. Von dieser Art der Politisierung distanzieren sich Journalisten, für die die Unabhängigkeit und die professionelle Objektivität wichtige Bestandteile ihres Selbstverständnisses sind. Angesichts der Ambivalenz politischer Parteinahmen müsste man fast froh sein, dass die sozialwissenschaftliche Politik- und Kommunikationsforschung eher verhalten reagiert hat, wenn es um die Dramatisierung des politischen Einflusses der Publizistik ging.

Andererseits ergibt sich die Notwendigkeit eines nachhaltigen Forschungsprogramms über die politische Rolle der Medien aus der politischen Praxis. In der Tat würde die sozialwissenschaftliche Kommunikations- und Politikforschung eine relevante Einflussgröße auf den Politikprozesses ignorieren, wenn sie die politischen Dimensionen der Massenmedien verkennt. Denn nicht nur der politische Einfluss der Medien an sich, sondern schon die Vermutung desselben kann politische Konsequenzen nach sich ziehen. Ein Beispiel dafür ist nicht zuletzt die Medienpolitik selbst. So zählt es bisher zu den zeitgeschichtlichen Weisheiten der Rundfunkentwicklung, dass Anfang der 1980er Jahre bereits die Unterstellung, dass das öffentlich-rechtliche Monopolfernsehen die Bürger einseitig beeinflusst, zu einer nachhaltigen Strukturveränderung des Rundfunksystems beigetragen hat (Kaase 1989).

Die Versuche, sich dem Desiderat zu widmen, sind zunächst von dem Nachdenken darüber gekennzeichnet, die Akteursrolle der Medien als analytisches Konstrukt aufzulösen. Wählt man einen öffentlichkeitssoziologischen Zugang auf die politische Rolle der Medien, so lassen sich Massenmedien als dauerhaft fixiertes Forum von Öffentlichkeit verstehen (Gerhards/ Neidhardt 1991). In dieser Arena werden bestimmte Themen und Meinungen publik gemacht, die politisch bearbeitet und entschieden werden müssen. In dieser Hinsicht agieren Medien als Gatekeeper und Selektionsinstanzen für Botschaften anderer politischer und gesellschaftlicher Akteure. Im Vordergrund steht ihre Rolle als Vermittler politischer Botschaften, die stark vom Input anderer Akteure abhängig sind. Medien hingegen als Akteure zu begreifen, impliziert eine eigene Handlungsautonomie und eine eigene Logik, die ihr intentionales Handeln strukturiert. Medien in dieser Perspektive sind demnach nicht nur Vermittler oder Forum des politischen Prozesses, sondern vielmehr eine eigenständige relevante Einflussgröße. Am deutlichsten zeigt sich diese politische Rolle der Medien, wenn diese in der Öffentlichkeit selbst als Sprecher agieren und zu den von ihnen beförderten Themen explizit Stellung beziehen[1]. Im Format von Kommentaren und Leitartikeln werden sie in ausgewiesener Weise zu „Produzenten von öffentlichen Meinungen“, die insbesondere in der Kumulation und Konsonanz politisch werden können (Eilders i.d.B.).

Was analytisch klar trennbar erscheint, ist jedoch in der Realität miteinander verbunden. So zeigt die Forschung, dass Medien auch in ihrer Funktion als Vermittler oder Forum Züge von Akteuren aufweisen. Als Gatekeeper und Selektionsinstanz entscheiden sie darüber, welche Akteure mit ihren Positionen Gehör finden, welche Themen prominent werden und damit, welche Normen und Weltbilder die öffentliche Debatte prägen. Auch in dieser Vermittlerrolle konstruieren Medien demnach Realität: über ihre Selektionsentscheidung betreiben sie instrumentelle Aktualisierung (Kepplinger 1989) und wählen opportune Zeugen aus (Hagen 1993). Die Dichotomie Forum versus Akteur weicht folglich einem Kontinuum, auf dem der Aktivitäts- und Autonomiegrad der Medien abgebildet werden kann. Die Fragen sind dann, wie man einen Akteur auf diesem Kontinuum verortet, wie man die politische Rolle von Medien als Akteuren greifbar machen kann und welche Faktoren dabei relevant sind. In diesem Sinne bilden auch die Beiträge dieses Bandes das Spektrum von Medien zwischen Akteurs- und Vermittlerrollen im Politikprozess ab.

## 2 Paradigmen der Forschung über Medien als politische Akteure

Die sozialwissenschaftliche Beschäftigung mit Medien als politischen Akteuren geschieht hauptsächlich im Kontext von drei Forschungsrichtungen: politische Ökonomie, Handlungstheorie und Neo-Institutionalismus. Jeder dieser Ansätze konzeptualisiert den Akteursbegriff unterschiedlich und fokussiert auf bestimmte Faktoren, die die Rolle der Medien beeinflussen. Sehr grob – und sicherlich nicht immer eindeutig – lassen sich die Beiträge dieses Bandes den drei großen Forschungssträngen zuordnen.

Erstens, in der Perspektive der *politischen Ökonomie* wird die politische Rolle der Medien und ihre Outcomes in einen ökonomischen Interpretationsrahmen gestellt: „The political economy of news neglects the political

1 Siehe zu einer ausführlichen Untersuchung der politischen Sprecherrolle von Medien die Studie von Eilders, Neidhardt und Pfetsch (2004).

in favor of the economic at its peril." (Schudson 2002: 254). Im Zentrum stehen hier zunächst die Beobachtung der Besitzverhältnisse und Konzentrationstendenzen von Medien sowie die Analyse der politischen Folgen des Verhaltens von Medienunternehmen in liberalen Marktwirtschaften. Diese Forschungstradition hat einen Zweig hervorgebracht, bei dem es um die Beobachtung und Deskription von Medienmärkten geht (vgl. z.B. für die Bundesrepublik Kommission zur Ermittlung der Konzentration 2007). Eine zweite Kategorie von Arbeiten in diesem Paradigma befasst sich mit der kritischen Analyse der politischen Ökonomie der Medien (z.B. Baker 2007). In neueren Arbeiten wird die medienökonomische Analyse institutionenökonomisch aufgeladen, indem das Marktverhalten von Medienorganisationen in Parametern der Aufmerksamkeitsökonomie analysiert wird (Kabbalak, Priddat und Rhomberg i.d.B). In dieser Sicht verwerten Medien Politik ökonomisch, „indem sie die in der politischen Berichterstattung und Kommentierung erzeugte Aufmerksamkeit für ökonomische Zwecke verwenden [...]. Nicht von der Beschaffung von Mehrheiten für bestimmte politische Positionen und Lager profitieren Medienunternehmen, sondern von der Bündelung und Aufrechterhaltung der Aufmerksamkeiten von Politikern und Wählern" (Kabbalak, Priddat und Rhomberg i.d.B.). Aus dieser Perspektive ist der politische Einfluss der Medien ein Nebenprodukt ökonomischer Interessen und Konkurrenz.

Die zweite Richtung, die sich mit Medien als (politischen) Akteuren befasst, ist mit *handlungstheoretischen* Studien, insbesondere des Journalismus, zu bezeichnen. Im Zentrum der Analyse steht hier das Handeln von Journalisten im Lichte von mehr oder weniger komplexen Rationalitäts- und Nutzenerwägungen. Handlungstheoretische, strukturell-individualistische Betrachtungsweisen – wie sie etwa Reinemann (2007) vorgelegt hat – leisten einen instruktiven Beitrag, wenn es darum geht, das politische Verhalten individueller Medienakteure in Entscheidungssituationen zu analysieren und zu erklären, wie sie ihre Präferenzen unter den gegebenen internen und externen Bedingungen und sozialen Kontexten realisieren. Der Akteursstatus von Medien findet – wie Eilders (i.d.B.) argumentiert – im Genre des Kommentars seinen deutlichsten Ausdruck. Die Autoren von Kommentaren, die in einem Land von der Größe der Bundesrepublik eine überschaubare Gruppe von Journalisten bilden, genießen – so Eilders (i.d.B.) – beträchtliches Einflusspotenzial, weil ihre Sichtweisen und Meinungen von einem großen Publikum wahrgenommen werden und damit Resonanz auslösen können. Fragt man nach den politischen Rollen der Medien, so ist bei den individuellen Kommentatoren der wichtigsten Medien in einem Land sicherlich ein politisches Machtzentrum zu vermuten.

Das handlungstheoretische Paradigma der Forschung über politische Medienrollen lenkt den Blick insbesondere auf Instrumente und Strategien von Medienakteuren und deren politische Implikationen und/oder Konsequenzen. Untersuchungen politischer Medienrollen konzentrieren sich – vornehmlich mit Hilfe von Fallstudiendesigns – darauf, das Verhalten einzelner Medienakteure und ihr strategisches Verhalten bei politischen Thematisierungen, in spezifischen politischen Situationen der Mobilisierung oder des Konfliktes zu beschreiben. Instruktiv ist hier die Untersuchung von Reinemann (i.d.B.), die zeigt, wie opportunistisch sich die *BILD-Zeitung* bei der Thematisierung von Hartz IV verhielt, um sich gegenüber anderen Pressetiteln und gegenüber der öffentlichen Meinung abzuheben. Handlungstheoretische Annahmen liegen mehr oder weniger implizit auch den Analysen der Rolle von spezifischen Medientypen – wie etwa der Boulevardpresse – in Situationen der politischen Mobilisierung zugrunde. So zeigt die Analyse von Brettschneider und Wagner (i.d.B.), wie sich die Boulevardpresse im Wahlkampf durch implizite und explizite Wahlempfehlungen profiliert. Auch hier wird der Blick auf strategisches Verhalten und Nutzenkalküle der Presse gelenkt und gezeigt, wie Medien in unterschiedlichen politischen und Medienkulturen – wie in der Bundesrepublik und Großbritannien – dieses politische Einflusspotenzial nutzen.

Wenn Medien sich – wie im Fall von Wahlempfehlungen – für einen Kandidaten oder eine Partei offen stark machen, dann interpretieren sie ihre Akteursrolle im Sinne von Advokaten. Sie stellen ihre Gatekeeper- und Sprecherrolle ganz explizit in den Dienst eines Anliegens und versuchen dadurch, politischen Einfluss zu gewinnen. Medien sind dabei keine naiven Akteure, die zufällig zwischen die Fronten von sozialen Bewegungen oder Oppositionsgruppen und Regierung geraten. So zeigt Laubenthal (i.d.B.) am Beispiel der Einwanderungsdebatte in Spanien, dass Medien Agenten der politischen Mobilisierung und schließlich selbst Teil einer Bewegung werden können. In dem Fallbeispiel der illegalen Einwanderer in Spanien prangern sie politische Missstände an und erzeugen dadurch so starken politischen Druck, dass das Anliegen im politischen Entscheidungsprozess bearbeitet werden muss.

Advokatorische Rollen der Medien prägen nicht nur nationale Debatten. Mit der zunehmenden Transnationalisierung von Politikprozessen stellt sich auch die Frage, wie sich Medien als Akteure im Verhältnis zu anderen etablierten, politischen Akteuren positionieren. Solche Fragestellungen spielen beispielsweise im Kontext der Debatte um die Herausbildung einer europäischen Öffentlichkeit eine nicht zu unterschätzende Rolle. Hier ist der Beitrag von Barbara Berkel (i.d.B.) über den Umgang der Medien im transnationalen Haider-Konflikt instruktiv. Sie kann zeigen, dass es in diesem genuin europäischen Konflikt zu Parallelisierungen von Medien und politischen Parteien kam. Über Ländergrenzen hinweg zeigten linke Parteien ähnliche Bewertungsmuster wie linke Zeitungen; rechte Parteien hingegen wie konservative Zeitungen. Dies ist insofern ein überraschender Befund, als man bei europäischen Konflikten eher nationale Parteinahmen der Medien vermutet hätte.

Wie der Beitrag von Waldherr (i.d.B.) zeigt, müssen politische Sprecherrollen der Medien, die in handlungstheoretischer Perspektive ansetzen, nicht notwendigerweise ideologisch motiviert sein. Man kann sogar vermuten, dass die politische Rolle von Medien viel effektiver und nachhaltiger ist, wenn sie mit Prozessen sozialen, technischen oder ökonomischen Wandels assoziiert ist. Waldherr (i.d.B.) zeigt, wie sich verschiedene Rollen medialen Handelns durch unterschiedliche Grade der Medienaktivität charakterisieren lassen. Sekundäranalytisch bestimmt sie mit deren Hilfe am Beispiel der Gen- und Biotechnologiedebatte, dass Medien gerade in Innovationsprozessen wichtige Rollen als „Frame-Sponsoren" in Innovationsprozessen einnehmen. Geht es bei diesen Innovationen um gesellschaftlich oder ethisch umstrittene Neuerungen, so hat das politische Verhalten der Medien in Innovationsprozessen erhebliche Konsequenzen für die gesamte Gesellschaft.

Handlungstheoretische Sichtweisen auf journalistisches Handeln mögen strategisches Verhalten von Medien in politischen Konflikten erklären helfen. Sie stoßen aber an ihre Grenzen, wenn es darum geht, Bedingungsfaktoren und Folgen des Akteursverhaltens zu analysieren. Wie ist es zu erklären, dass sich die *BILD-Zeitung* als Institution in der Hartz IV Debatte so oder so verhält oder wie beeinflusst solch journalistisches Verhalten politische Prozesse? Diese Fragen verweisen darauf, dass die Handlungstheorie – als Theorie der Mikro-Ebene – nur dann makrotheoretische Probleme erklären kann, wenn sie mit Brückenhypothesen und Aggregationsregeln systematisch verbunden wird (vgl. Esser 1993). Das Aggregationsproblem bei handlungstheoretischen Erklärungsansätzen ist triftig, und es tritt auch bei der Analyse der Medien in politischen Prozessen auf. Da handlungstheoretische Erklärungsansätze auf der mikroanalytischen und allenfalls noch auf der mesoanalytischen Ebene greifen, besteht die Gefahr, dass sie – selbst bei noch so gehaltvollen Brückenhypothesen – unterkomplexen Argumenten in Bezug auf politisch absichtsvolles, interessengeleitetes oder manipulatives Medienhandeln Vorschub leisten. Die Handlungstheorie an sich gibt recht wenig Anhaltspunkte, welche Faktoren bei den Brückenhypothesen zu beachten sind. Auch bei den Aggregationsregeln zeigt sich Forschungsbedarf, v.a. wenn es darum geht, den Einfluss des strategisch instrumentellen Handelns auf politische Prozesse nachzuweisen. Daher sind handlungstheoretische Studien in ihrer Erklärungs- und Aussagekraft häufig beschränkt, weil sie – bisher – kaum hypothesengeleitet Fragen nach dem Zustandekommen und den makroanalytischen Folgen dieses Handelns thematisieren.

Die dritte Forschungsrichtung, die versucht, die politische Akteursrolle der Medien aufzulösen, knüpft an den *Neo-Institutionalismus* in den Sozialwissenschaften an. Kerngedanke dieses Paradigmas ist, dass Institutionen die Einflüsse der Makroebene auf das Verhalten der Mikroebene vermitteln (Ryfe 2006: 138). Medien werden als solche Institutionen begriffen, „ohne ihnen zugleich politische Interessen, Motive, Manipulationsabsichten und Strategiefähigkeit zu unterstellen“ (Marcinkowski 2007: 104). Vielmehr sind sie durch einheitliche Routinen der Nachrichtenproduktion verbunden (Ryfe 2006: 136), die auch eine Ähnlichkeit der Medieninhalte – trotz verschiedener Publika und Formate – bedingen (Sparrow 2006: 150; Cook 2006: 161). Seit Mitte der 1990er Jahre die ersten Arbeiten in diesem Paradigma erschienen, wird unter politischen Kommunikationsforschern in den USA eine anhaltende Debatte geführt, die sich in ausgesprochen fruchtbarer Weise mit den politischen Rollen der Medien auseinandersetzt. Auch in Deutschland wurden Arbeiten vorgelegt, die den Charakter von Medien als politische Institutionen in ihrer Bedeutung als politische Vermittlungs- und Sinngebungsinstanzen hervorhoben (Jarren 1994).[2]

Der Neo-Institutionalismus in der gegenwärtigen Medien- und Journalismusforschung, der neuerdings auch wieder in deutschsprachigen Studien rezipiert und weitergedacht wird, betrachtet Medien als politische Institutionen, die jenseits kurzfristiger und punktueller Effekte einen dauerhaften Einfluss auf politische Prozesse haben (Jarren 1996; Marcinkowski 2007). Sparrow (2006: 150) bringt den Grundgedanken dieses Ansatzes auf den Punkt, wenn er argumentiert, dass die Medien die kooperativen und kompetitiven Beziehungen herstellen, welche die Gesellschaft und ihre ökonomische Ordnung aufrechterhalten und den institutionellen Rahmen strukturieren, der Handlungsmöglichkeiten und Handlungsoptionen eröffnet: Medien „provide a regular and persisting framework through which and within which other political actors operate“ (Sparrow 2006: 150). Nach Marcinkowski (2007: 104) beschreibt der Neo-Institutionalismus „Medien zunächst in ihrer bloßen Faktizität: Sie funktionieren, wie sie funktionieren, eigenlogisch oder, wenn man so will, systemrational. Politisch werden Medien dadurch, dass sie folgenreiche Handlungskontexte für personale und korporati-

---

2 Jarren (1994) argumentierte, dass die Medien den tradierten Interessengruppen, den Gewerkschaften, den Rang als politische Vermittlungs- und Sinngebungsinstanzen ablaufen.

ve Akteure des politischen Systems institutionalisieren, welche die Medienöffentlichkeit zur Verwirklichung ihrer Interessen zu nutzen versuchen."

Die neo-institutionalistische Perspektive nimmt überindividuelle Medienrollen in den Blick und fragt nach den Faktoren, die die politische Rolle von Medien – ihre Teilnahme an politischen Prozessen und ihre Wirkung auf politische Prozesse – in dynamischer Weise prägen. Die Medien stehen dabei nicht außerhalb des politischen Systems, sondern sind Teil desselben. Medien kann man dabei als Akteure im Sinne von Regelsystemen verstehen, die politische Prozesse (a) in entscheidender Weise kontextualisieren oder (b) politische Prozesse aktiv mitgestalten bzw. auf sie einwirken.

Die neo-institutionalistische Perspektive auf die politische Medienrolle wird in den Beiträgen im zweiten Abschnitt dieses Bandes deutlich: Mit Bezug auf moderne westliche Demokratien untersucht Peter Maurer (i.d.B.) die Einflussfaktoren, welche die Autonomiepotenziale der Medien erweitern oder begrenzen. Auf Grundlage der Prämisse, dass Medien für den Politikprozess integral sind, fragt er nach systematischen makroanalytischen Einflussgrößen, welche die eigenständige Rolle der Medien im politischen Prozess verstärken oder abschwächen. Seine Vermutung, dass die Autonomie der Medien beeinflusst wird vom Wertewandel und der Verbreitung von Parteibindungen in einem politischen System, den Strukturen im politischen und im Mediensystem sowie den Typen der politischen Kommunikationskultur, kann als Ausgangspunkt für ein Forschungsprogramm gelten, mit dem die Stellung der Medien im politischen Prozess empirisch bestimmbar wird. Dies wäre ein großer Fortschritt in einem Forschungsfeld, das sich bisher vor allem auf die Zuschreibung von mehr oder weniger plausiblen Macht- und Ohnmachtsvermutungen im Verhältnis von Medien und Politik hervorgetan hat und damit auf der Stelle trat.

Während der Beitrag von Maurer (i.d.B.) die Determinanten von Medien als politischen Akteuren in modernen westlichen Demokratien im Blick hat, bearbeitet der Beitrag von Voltmer (i.d.B.) die politische Medienrolle im Kontext von Demokratisierungsprozessen in Transformationsländern. Im Mittelpunkt steht die Frage, warum es den Medien in einigen Ländern gelungen ist, sich zu autonomen Akteuren im politischen Prozess zu entwickeln, während sie in anderen weiterhin als Instrumente der Machthaber dienen. Auch diese Studie geht in neo-institutionalistischer Perspektive von einer aktiven Medienrolle aus und analysiert diese mit Blick auf Demokratisierungsprozesse. In Bezug auf die systematische Analyse politischer Medienrollen in Prozessen des Systemwandels steht die politische Kommunikationsforschung ganz am Anfang, daher ist die Reflexion politischer Medienrollen in unterschiedlichen politischen Transformationsstadien in einer globalisierten Welt von großer Bedeutung.

Zwei weitere Aufsätze untersuchen die politische Medienrolle aus der Perspektive des Neo-Institutionalismus, da beide – über die einzelne Medienorganisation hinweg – zu verstehen suchen, wie die Meinung der Bürger und der Eliten eines Landes das interne Spiel zwischen Medien und politischen Akteuren prägen. Beide Beiträge analysieren an Gegenstandbereichen der internationalen Politik die Frage, wie sich die Machtbalance zwischen Medien und anderen politischen Akteuren gestaltet. Die Studie von Adam (i.d.B.) identifiziert deutsche und französische Diskursnetzwerke in der Debatte über die Erweiterung der Europäischen Union und kann auf dieser Grundlage die Frage beantworten, ob sich mediale Akteure als Herausforderer der nationalen Eliten positionieren oder ob die Medien eher als Agenturen einer nationalen Interessenvertretung anzusehen sind. Anhand der Medienberichterstattung über Kriege untersuchen schließlich Maurer, Vogelsang, Weiß und Weiß (i.d.B.) die Autonomie und Eigenständigkeit von Medien als politische Akteure. Sie greifen die von Bennett (1990) aufgestellte These des Indexing auf und analysieren anhand der Gesetzmäßigkeiten medialer Neuigkeitsproduktion über Kriege, ob es der staatlichen Exekutive gelingt, maßgeblich Einfluss zu nehmen.

## 3 Welche Probleme moderner demokratischer Gesellschaften sind mit der aktiven Rolle der Medien verbunden?

Fragt man nach den Problemlagen moderner Gesellschaften, die mit einer aktiven und autonomen Rolle der Medien in Verbindung gebracht werden, dann geraten Phänomene der Mediatisierung von Politik ins Visier. Der Mainstream der politischen Kommunikationsliteratur geht inzwischen fast wie selbstverständlich von der wachsenden Mediatisierung von Politik aus (Schudson 2002: 249). „Mediatized politics is politics that has lost its autonomy, has become dependent in its central functions on mass media, and is continuously shaped by interactions with mass media" (Mazzoleni/Schulz 1999: 250). Mediatisierung von Politik lässt sich – wie Mazzoleni/Schulz postulieren – durch eine Reihe von Prozessen charakterisieren, die in der fundamentalen Durchdringung der Politik durch die Aufmerksamkeitsökonomie und Medienlogik resultieren. Dazu zählt die vorherrschende Logik von Nachrichtenfaktoren und Nachrichtenwerten bei der Publikationsauswahl, die zu systematischen Verzerrungen der medialen Darstellung von Politik führt. Dazu zählt auch der Umstand, dass der Zugang zur öffentlichen

Debatte durch mediale Agenda-Setting Prozesse geregelt wird, auf die durch politische Agenda-building Aktivitäten versucht wird, Einfluss zu nehmen. Der durch die Medienlogik dominierte moderne politische Öffentlichkeitsprozess reflektiert nicht zuletzt die kommerzielle Logik der Medien, welche zu einer Spektakularisierung der Sprache, der Formate und der Inhalte politischer Kommunikation gleichermaßen führt. Der entscheidende Aspekt der Mediatisierung von Politik ist aber nicht, dass weitgehend kommerzielle Medien die Auswahlkriterien und Regeln dessen, was als Politik öffentlich wird, diktieren. Wesentlich ist vielmehr, dass politische Akteure diese Regeln und medialen Formatkriterien verinnerlichen bzw. in ihrem Handeln antizipieren und damit auf Medien als entscheidende politische Akteure reagieren. Diese Anpassungsprozesse sind analytisch schwer zu erfassen, weil Handeln und Ergebnis des Handelns in der Regel nicht zu trennen sind und auch kaum öffentlich werden. Die These von der Mediatisierung von Politik ist konsequenzenreich, weil Kommunikationsaspekte ein inhärenter Teil des Politikprozesses werden und diesen damit gleichsam von innen heraus in seiner Qualität verändern.

Die Problemlagen im Zusammenhang mit der Mediatisierung von Politik sind leicht mit einer aktiven Rolle der Medien in Verbindung zu bringen, insbesondere, wenn man sie in einer neo-institutionalistischen Perspektive betrachtet, wie sie von Cook (2006) oder Sparrow (2006) vertreten wird. Der entscheidende Punkt ist hier, dass der Neo-Institutionalismus Medien funktional eigenlogisch beschreibt. Als Institution gelten die Medien, weil sich innerhalb des Mediensystems ein Konsens über die Definitionen von Nachrichten und Routinen der Nachrichtengenerierung herausgebildet hat.[3] Medien werden dadurch politisch, dass politische Akteure versuchen, sie für die Durchsetzung ihrer Ziele einzuspannen. In der Tat sind die Konvergenzen zwischen den Kommunikations- und Unterstützungsbedürfnissen von politischen Akteuren und den institutionellen Prinzipien der Medien in Zeiten der zugespitzten politischen Mobilisierung am deutlichsten sichtbar. Medienstrategien sind daher ein integraler und wesentlicher Bestandteil von Wahlkämpfen sowie politischen und humanitären Kampagnen.

Gleichwohl haftet der These der Mediatisierung von Politik eine Grundsätzlichkeit an, deren empirischer Nachweis aussteht. Dies mag daran liegen, dass ein Großteil der Mediatisierungsliteratur mit Blick auf die empirischen Beweislagen in der Situation von Wahlkämpfen geschrieben wurde. Nach wie vor fehlen indessen empirische Studien, die nachweisen, dass die

---

3 Darüber, ob dieser Konsens das Ergebnis des Unsicherheitsmanagements von Seiten der Medien (Sparrow 2006) oder das Ergebnis politischer Motive der um Unterstützung werbenden Politiker (Cook 2006) ist, gehen die Positionen auseinander.

Mediatisierung, wie wir sie in zugespitzten Situationen des Politikprozesses beobachten, nicht die Ausnahme, sondern die Regel der politischen Rolle der Medien und ihrer Verschränkung mit der Politik sind. Timothy Cook (1998), der für den US-amerikanischen Kontext die weitreichendsten Studien vorgelegt hat, warnt hier zu Recht vor einem undifferenzierten Blick auf Medien als politische Akteure. So verbergen sich unter dem gemeinsamen Konsens über das politische Spiel eine Vielzahl von Medienorganisationen, Medientechnologien und Medienformaten, die es uns verbieten, von einer Homogenität von Medien zu sprechen. Unterschiedliche Politikphasen und eine Vielfalt an Medienorganisationen und -formaten provozieren nicht nur Zweifel an der Generalisierbarkeit und Allgemeingültigkeit von Mediatisierungserscheinungen im politischen Prozess. Mediatisierungsphänomene scheinen allenfalls gebrochen wahrnehm- und empirisch nachweisbar. Und es wird deutlich, dass wir auch politische Medienrollen in einer Vielfalt und Komplexität zu begreifen haben, die den Einfluss politischer, zeithistorischer und institutioneller Kontexte systematisch abbilden.

Aus dieser Perspektive wird zudem die Schwäche neo-institutioneller Ansätze deutlich. Neo-institutionelle Ansätze postulieren, dass Medien deshalb als Akteure gelten können, weil dauerhafte und identifizierbare Regeln die mediale Erzeugung von Aufmerksamkeit prägen (Cook 2006: 162; Marcinkowski 2007: 104). Die Mediatisierung des politischen Prozesses impliziert, dass alle Akteure zunehmend damit befasst sind, diese Regeln zu befolgen und Öffentlichkeit im wahrsten Sinne des Wortes zu „bearbeiten“. Jenseits dieses Konsens über die Regeln des Medien-Spiels unterscheiden sich die Medien freilich in Bezug auf ihren Aktivitätsgrad, ihre Reichweite und ihren politischen Wirkungsgrad in vielfacher Hinsicht. Denn jenseits gemeinsamer Definitionen des allgemeinen politischen Spiels werden viele unterschiedlichen Ausführungsbestimmungen offenbar, die am Ende doch an der impliziten Homogenitätsthese des Neo-Institutionalismus Zweifel wekken (Cook 2006: 164-166).

Die Schwäche des Neo-Institutionalismus verweist auf die Stärken handlungstheoretischer Ansätze – und umgekehrt. Neo-institutionalistische Ansätze haben Probleme, die Unterschiede in der Berichterstattung und Kommentierung verschiedener Medien oder Journalisten zu erklären. Dies ist wiederum die Stärke handlungstheoretischer Ansätze, die auf die Ziele und Interessen eines jeden Akteurs rekurrieren. Umgekehrt kämpfen handlungstheoretische Ansätze immer mit der Notwendigkeit, individuelles bzw. organisationales Handeln über systematische Brücken- und Aggregationsregeln an die Makro-Ebene anzuknüpfen. Diese Verbindung hin zur Makro-Ebene leisten jedoch neo-institutionelle Ansätze: sie begreifen Medien als überindividuelle Akteure, die sich durch gemeinsame Routinen und Praktiken auszeichnen. Diese prägen die Verarbeitung von Makro-Faktoren wie die Quellenlage oder bestimmte politische Arrangements.

## 4 Ausblick und Forschungsdesiderate

Ein Forschungsprogramm, das Medien als politische Akteure begreift, muss Herausforderungen auf deskriptiver, explikativer und normativer Ebene leisten. Auf der deskriptiven Ebene geht es darum, zu definieren, auf welcher Untersuchungsebene Akteure angesiedelt werden und welche Rollen sich dabei unterscheiden lassen.

Folgt man beispielsweise den Prämissen des Neo-Institutionalismus, dann wird Medienhandeln nicht als Ergebnis individuellen Handelns einzelner Journalisten begriffen, sondern als organisationsförmiger Prozess, der geprägt wird von Regeln und Praktiken, die allen Medienorganisationen zugrunde liegen. Ein Akteur wird hier als politische Institution verstanden. In dieser Perspektive sind nicht einzelne Journalisten oder Medienorganisationen von Interesse, weil davon auszugehen ist, dass Redaktionen in verschiedensten Medienorganisationen ähnliche Verhaltensregeln und Normen ausbilden, die Journalisten internalisieren und die als Constraints ihr professionelles Verhalten beeinflussen. Die Betonung der Organisationsförmigkeit der Medien bewirkt, dass die institutionellen Bedingungen von Medienorganisationen als nicht hintergehbare Constraints von politischem Medienhandeln berücksichtigt werden müssen und die häufig unterstellten individuellen „privaten" politischen Motive einzelner Journalisten keine systematische Rolle in der Analyse spielen.

Folgt man hingegen handlungstheoretischen Vorstellungen, dann ändert sich die Untersuchungsebene. Handlungstheoretische Studien gehen von der Annahme aus, dass die Ziele und Motive eines jeden Akteurs dessen Handeln erklären können. Als Akteure werden dabei in der Handlungstheorie sowohl Journalisten betrachtet als auch die Redaktion als Organisation. Je nachdem, ob ein medialer Akteur als individueller Journalist, als Redaktion oder als Institution definiert wird, rücken unterschiedliche Schwerpunkte der Analyse in den Fokus.[4] Handlungstheoretische Untersuchungen von Journa-

---

4 Empirische Studien können verschiedene Analyseebenen und Fragestellungen beinhalten und damit auch unterschiedliche Akteursverständnisse mit einbeziehen. Meist jedoch lassen sich Studien nach ihrer Schwerpunktsetzung einer Akteursdefinition und damit einem Forschungsparadigma zuordnen. Eine solche, sicherlich nicht immer trennscharfe Abgrenzung, wurde auch für diesen Band vorgenommen.

listen gehen beispielsweise der Frage nach, ob bzw. wie politische Einstellungen und Wertorientierungen von Journalisten ihr professionelles Handeln bei der Berichterstattung oder der Auswahl von Nachrichten beeinflussen (z.B. Patterson 2008). Handlungstheoretische Studien auf Organisationsebene fokussieren zum Beispiel auf ökonomische und betriebliche Restriktionen sowie die Marktstellung eines Medienunternehmens. Studien, die der Logik neo-institutioneller Ansätze folgen, rücken die Analyse organisationsübergreifender Regeln und Praktiken in den Fokus.

Auf einer deskriptiven Ebene gilt es darüber hinaus zu klären, welche Rollen Medien als Akteure einnehmen. Aus dieser Perspektive heraus lassen sich Studien danach differenzieren, ob sie politische Medienrollen insbesondere mit Bezug auf die Nachrichtenselektion und das Newsmaking ins Visier nehmen oder ob sie die Rolle von Medien als eigenständige öffentliche Sprecher und deren Bedeutung in den Mittelpunkt stellen. Strukturell verankert ist letztere Rolle in den Formaten der Meinungsgebung und Kommentierung, bei denen sich Medienorganisationen legitimer Weise als politische Akteure verstehen müssen. Ideologische und politische Präferenzen eines Mediums konvergieren in der so genannten redaktionellen Linie eines Mediums, die – wie Neidhardt et al. (2004: 14-23) vermuten – die Meinungen und Positionen in Kommentaren beeinflusst und damit eine ähnliche Funktion für Kommentare wie die Nachrichtenfaktoren für die Berichterstattung innehat.

Diese verschiedenen Rollen der Medien lassen sich aus einer normativen Perspektive bewerten. Während die offene Annonce politischer Präferenzen von Medien in Kommentaren zu einer Transparenz politischer Medienrollen beiträgt und gerade in demokratischen Systemen zu einer Pluralisierung politischer Debatten beitragen kann, stimmen jene empirischen Befunde nachdenklich, die zeigen, dass die Nachrichtenauswahl von der Kommentierung synchronisiert bzw. gesteuert ist (Schönbach 1977; Kahn/Kenney 2002). Damit sind es gerade die impliziten und wenig transparenten und trennscharfen Aspekte der unterschiedlichen politischen Medienrollen, die eine kritische Sicht auf Medien als politische Akteure provozieren und Fragen nach der Legitimation von Medien als politischen Akteuren aufwerfen.

Eine zweite Dimension der Bewertung politischer Medienrollen ist die in Mediengesetzen und Staatsverträgen fixierte Gemeinwohlorientierung, die der Rollenzuschreibung als politische Informations- und Vermittlungsinstanz zu Grunde liegt. Im Vergleich zu Interessengruppen, Gewerkschaften oder Kirchen, die kollektive Interessen oder Sinngebungsbedürfnisse repräsentieren, ist die Forderung der Gemeinwohlorientierung immer weniger belastbar, je mehr die Ökonomisierung des Mediensystems fortgeschritten ist und je mehr Konkurrenzmechanismen, Quotendruck und Finanzierungsprobleme selbst die a priori auf das Gemeinwohl verpflichteten öffentlich-rechtlichen Rundfunkanstalten quälen. Die Marktmechanismen des Mediensystems verbieten eine naive, pauschale Sicht auf Medien als Gemeinwohlrepräsentanten im politischen Prozess. Vielmehr liegt gerade in der Verknüpfung von politischen, ideologischen und ökonomischen Macht- und Marktpositionen ein nicht unterschätzbares Problempotential von Medien als Institutionen im Politikprozess von modernen westlichen und neuen Demokratien.

Die Intransparenz und die Vermischung von Selektions- und Sprecherrollen einerseits und die Auflösung von selbstverständlichen Gemeinwohlorientierungen ziehen jedoch nicht nur eine normative Debatte nach sich, sondern verweisen auch auf die explikative Ebene. Bisher wissen wir noch viel zu wenig über die Dynamiken und die Bedingungen, unter denen die unterschiedlichen Aspekte und Funktionalitäten des Medienhandelns auftreten und wirken. Ein Forschungsprogramm, das sich mit Medien als Akteuren auseinandersetzt, muss folglich beantworten, welche Mechanismen bzw. Faktoren beeinflussen, wann Medien welche politische Rolle einnehmen. Diese Frage entspringt der „kopernikanischen" Sicht auf die Nachrichtenproduktion (Schulz 1989). Wenn nämlich die mediale Berichterstattung als Konstruktion einer politischen Realität begriffen wird, dann stellt sich weniger die Frage, ob und in welchem Umfang Nachrichten faktische Berichte über eine als objektiv begriffene Realität darstellen. Vielmehr muss gefragt und erforscht werden, welche sozialen, politischen und professionellen Mechanismen in welcher Form zusammenwirken, damit Medien eine mehr oder weniger aktive und autonome Rolle als politische Akteure einnehmen.

Neo-institutionalistische Sichtweisen auf politischen Journalismus kaprizieren hier insbesondere auf die Bedingungen der Informationsbeschaffung und die Beziehung zwischen Journalisten und ihren Quellen. Natürlich wissen wir, dass politischer Journalismus von der Qualität und Vielfalt der Quellen abhängt. Wir wissen auch, dass es schwierig ist, eine Regierung zu kritisieren, ohne von dieser Regierung über diese Regierung Informationen zu bekommen. Die Abhängigkeit des politischen Journalismus von regierungsamtlichen Quellen steht in einem schwierigen Verhältnis zur Autonomie und Kritikfähigkeit des politischen Journalismus. Obwohl die Abhängigkeit von Regierungsquellen nicht gleichbedeutend ist mit regierungsfreundlicher Berichterstattung, ist die Unabhängigkeit und politische Autonomie der Medien bei der Informationsbeschaffung eine kritische Größe. In vielen Mediensystemen ist gerade die Interaktion zwischen Journalist und politischer Quelle die Einfahrtsschneise politischer Instrumentalisierung. Diese Sollbruchstelle der politischen Medienrolle ist in ihrer Dynamik bisher weithin unterforscht: „The significance of studies of reporter/source interaction lies not only in detailing the dynamics of news production but in evaluating the power of media institutions as such. Media power looms large if the portrait of the world the media present to audiences stems from the preferences and perceptions of publishers, editors, and reporters unconstrained by democratic controls. However, if the media typically mirror the views and the voices of established (and democratically selected) government officials, then the media are more nearly the neutral servants of a democratic order“. (Schudson 2002: 257).

Betonen neo-institutionalistische Ansätze – passend zur impliziten Homogenitätsannahme – die Bedeutung externer Quellen für die Konstruktion medialer Realitäten, so rücken handlungstheoretische Konzepte die Bedeutung unterschiedlicher Typen von Medienorganisationen und deren unterschiedliche Ziele und Handlungsmotive in den Vordergrund oder konzentrieren sich auf die Einstellungen und Rollenverständnisse von Journalisten. So leisten handlungstheoretisch motivierte Studien auch einen Beitrag für neo-institutionalistische Ansätze, prüfen sie doch dessen Hypothese zur Homogenität. Sie können also zeigen, ob es gerechtfertigt ist, trotz der Vielfalt in der Medienlandschaft eines jeden Landes von Medien als einer einheitlichen Institution zu sprechen oder ob unterschiedliche Eigenlogiken nationale und regionale Medien, ideologische und weniger ideologische Medien in einem Land prägen (Sparrow 2006: 153ff.). In einer breiteren Perspektive sollten diese Fragen schließlich in international vergleichender Perspektive bearbeitet werden. Hier käme es dann darauf an, dass die Medien als politische Akteure in Bezug gesetzt werden zu den jeweiligen Ausprägungen und Typen politischer und medialer Systeme, insbesondere mit Blick auf die Rolle von Medien in Governance-Prozessen (Sparrow 2006: 154).

Schließlich geht es darum, zu verstehen, wie Medien in unterschiedlichen Akteursrollen den politischen Prozess beeinflussen. So schlägt Sparrow (2006: 151f.) vor, zu untersuchen, wie und in welchem Ausmaß die Medien als Akteure den politischen Status Quo und die bestehenden Machtverhältnisse perpetuieren. Dabei sollte Augenmerk darauf gerichtet werden, ob – wenn ja, wie – die Medien ihre eigene Präsenz und Rolle in diesem Prozess zu erhalten suchen. Sparrow (2006: 152) spricht hier vom Phänomen der „institutional maintenance“. Gerade die Forderung nach weiteren Studien über Medien als politische Akteure in Governance Prozessen verweist schließlich aber auf das Grundproblem der gesamten Forschung in diesem Bereich. Wie können wir die Funktionen, die Rollen und die Wirkungen von Medien in politischen Prozessen isolieren, wenn diese Prozesse selbst existentiell mit den Medien verknüpft sind. Politische Prozesse in modernen

Demokratien sind untrennbar mit Kommunikation und Mediatisierung verbunden, es würde sie ohne Kommunikation und Medien gar nicht geben. Wir wissen nicht, wie die politische Realität ohne die Medien aussehen würde und wissen auch nicht, wie Politik ohne die Medien funktionieren kann (Sparrow 2006: 155). Diese Einsicht bedeutet, dass die Medien in der Tat eine Institution und ein Teil des politischen Systems sind und in diesem Sinne eine Institution im Sinne eines geordneten Aggregats von geteilten Normen und informellen Regeln, die die Informationssammlung und -vermittlung für das politische System besorgt. Medien sind Teile der politischen Struktur und tragen zur politischen Kultur von demokratischen Systemen bei. Dies kann aber allenfalls der Ausgangspunkt sein, um die unterschiedlichen Aspekte und Komplexitäten von Medien als politischen Akteuren zu untersuchen und mit dem Wandel politischer Medienrollen nicht zuletzt auch einen wesentlichen Aspekt des politischen und sozialen Wandels der Gesellschaft zu erfassen. Die in diesem Band vorliegenden Arbeiten geben erste Hinweise darauf, was man unter Medien als Akteuren versteht, wie man diese Akteursrolle greifbar machen kann, welche Mechanismen diese Rollen beeinflussen und welche Konsequenzen sie zeitigen. Sie geben damit Denkanstöße für weitere umfassende Untersuchungen politischer Medienrollen, die handlungstheoretischen, ökonomischen oder neo-institutionalistischen Paradigmen folgen können. Zum Teil mögen sie in ihrer unterschiedlichen Ausrichtung irritieren. Sie provozieren jedoch ein Bild auf politische Medienrollen, das schon allein in der umfassenden Beschreibung verschiedener relevanter Aspekte zeigt, wie hochkomplex der Untersuchungsgegenstand ist.

## Literaturverzeichnis

Bennett, W. Lance (1990): Toward a Theory of Press-State Relations in the United States. In: Journal of Communication, 40, 2, 103-125.

Baker, C. Edwin (2007): Media Concentration and Democracy. Why Ownership Matters. Cambridge/New York: Cambridge University Press.

Cook, Timothy E. (1998): Governing with the News. The News Media as a Political Institution. Chicago/London: University of Chicago Press.

Cook, Timothy E. (2006): The news media as a political institution: Looking backward and looking forward. In: Political Communication, 23, 159-171.

Eilders, Christiane/Neidhardt, Friedhelm/Pfetsch, Barbara (2004): Die Stimme der Medien. Pressekommentare und politische Öffentlichkeit in der Bundesrepublik. Wiesbaden: VS Verlag.

Esser, Hartmut (1993): Soziologie: allgemeine Grundlagen. Frankfurt a.M./New York: Campus Verlag.

Gerhards, Jürgen/Neidhardt, Friedhelm (1991): Strukturen und Funktionen moderner Öffentlichkeit: Fragestellungen und Ansätze. In: Müller-Dohm, Stefan/ Neumann-Braun, Klaus (Hrsg.): Öffentlichkeit, Kultur, Massenkommunikation: Beiträge zur Medien- und Kommunikationssoziologie. Oldenburg: Bibliotheks- und Informationssystem der Universität Oldenburg.

Hagen, Lutz M. (1993): Opportune witnesses. An analysis of balance in the selection of sources und arguments in the leading German newspapers' coverage of the census issue. In: European Journal of Communication, 8, 317-343.

Jarren, Otfried (1996): Auf dem Weg in die „Mediengesellschaft“? Medien als Akteure und institutionalisierter Handlungskontext. Theoretische Anmerkungen zum Wandel des intermediären Systems. In: Imhof, Kurt/Schulz, Peter (Hrsg.): Politisches Raisonnement in der Informationsgesellschaft. Zürich: Seismo, 79-96.

Jarren, Otfried (1994): Mediengewinne – Institutionenverluste? Zum Wandel des intermediären Systems in der Mediengesellschaft. In: Jarren, Otfried (Hrsg.): Politische Kommunikation in Hörfunk und Fernsehen, Elektronische Massenmedien in der Bundesrepublik Deutschland, Gegenwartskunde Sonderheft 8. Opladen: Leske+Budrich, 23-34.

Kaase, Max (1989): Fernsehen, gesellschaftlicher Wandel und politischer Prozeß. In: Kaase, Max/Schulz, Winfried (Hrsg.): Massenkommunikation, Theorien, Methoden, Befunde. Opladen: Westdeutscher Verlag, 97-117.

Kahn, Kim Fridkin/Kenneyn Patrick J. (2002): The slant of the news: How editorial endorsements influence campaign coverage and citizen's view of candidates. In: American Political Science Review, 96, 381-394.

Kepplinger, Matthias (1989): Theorien der Nachrichtenauswahl als Theorien der Realität. In: Aus Politik und Zeitgeschichte, 15, 3-16.

Kommission zur Ermittlung der Konzentration (2007): Crossmediale Verflechtungen als Herausforderung für die Konzentrationskontrolle. Berlin: Vistas.

Marcinkowski, Frank (2007): Medien als politische Institution. Politische Kommunikation und der Wandel von Staatlichkeit. In: Wolf, Klaus Dieter (Hrsg.): Staat und Gesellschaft – fähig zur Reform? Baden-Baden: Nomos, 47-108.

Mazzoleni, Gianpietro/Schulz, Winfried (1999): „Mediatization" of Politics: A challenge for Democracy? In: Political Communication, 16, 247-261.

Neidhardt Friedhelm/Eilders, Christiane/Pfetsch, Barbara (2004): Einleitung: „Die Stimme der Medien“ – Pressekommentare als Gegenstand der Öffentlichkeitsforschung. In: Eilders, Christiane/Neidhardt, Friedhelm/Pfetsch, Barbara (Hrsg.): Die Stimme der Medien. Pressekommentare und politische Öffentlichkeit in der Bundesrepublik. Wiesbaden: VS Verlag, 11-36.

Page, Benjamin I. (1996): The mass media as political actors. In: Political Science & Politics, 29, 1, 20-24.

Patterson, Thomas E. (2008): Political Roles of the Journalist. In: Graber, Doris A./ McQuail, Denis/Norris, Pippa (Hrsg.): The Politics of News the News of Politics. 2. Auflage. Washington, Congressional Quarterly, 23-39.

Reinemann, Carsten (2007): Subjektiv rationale Akteure. Das Potential handlungstheoretischer Erklärungen für die Journalismusforschung. In: Altmeppen, Klaus-Dieter/Hanitzsch, Thomas/Schlüter, Carsten (Hrsg.): Journalismustheorie: Next Generation. Soziologische Grundlegung und theoretische Innovationen. Wiesbaden: VS Verlag (im Druck).

Ryfe, David Michael (2006): Guest editor's introduction: New institutionalism and the news. In: Political Communication, 23, 135-144.

Schönbach, Klaus (1977): Trennung von Nachricht und Meinung. Freiburg: Alber.

Schudson, Michael (2002): The news media as political institutions. In: Annual Review of Political Science, 5, 249-269.

Sparrow, Bartholomew H. (2006): A research agenda for an institutional media. In: Political Communication, 23, 145-157.

Schulz, Winfried (1989): Massenmedien und Realität. Die „ptolemäische" und die „kopernikanische" Auffassung. In: Kölner Zeitschrift für Soziologie und Sozialpsychologie, Sonderheft 30: Massenkommunikation. Theorien. Methoden. Befunde. Opladen: Westdeutscher Verlag, 135-149.

# Massenmedien als Produzenten öffentlicher Meinungen – Pressekommentare als Manifestation der politischen Akteursrolle

*Christiane Eilders*

## 1 Einleitung

In den meisten Medieninhaltsanalysen werden Kommentare aufgrund ihrer geringen Häufigkeit nicht gesondert von der Nachrichtenberichterstattung ausgewiesen. Die Meinungsäußerungen der Medien selbst verschwinden damit in der Menge der von den Medien lediglich berichteten Themen und Meinungen anderer Akteure. Dabei geht die ausgeprägte Konzentration auf die Primärfunktion der Informationsvermittlung von Medien häufig einher mit der Wahrnehmung von Medienmeinung als störende Einflussgröße oder als unerwünschter „Bias" in der Nachrichtenberichterstattung. Damit wird übersehen, dass Parteinahme und politische Positionierung nach dem Gebot der Trennung von Nachricht und Meinung (vgl. z.B. Schönbach 1977; Erbring 1989: 308ff.) nicht nur erlaubt, sondern sogar explizit gewünscht ist.

In ihren Kommentaren nehmen Medien legitimermaßen Stellung zum aktuellen Tagesgeschehen. Sie heben Themen und Akteure hervor, deuten und bewerten das Geschehen. Das Bundesverfassungsgericht hebt diese Stellungnahmen im Spiegel-Urteil vom 5.8.1966 als Beitrag zur Meinungsbildung der Bürger hervor: „Soll der Bürger politische Entscheidungen treffen, muß er umfassend informiert sein, aber auch die Meinungen kennen und gegeneinander abwägen können, die andere sich gebildet haben. Die Presse hält diese ständige Diskussion in Gang, sie beschafft die Information, nimmt selbst Stellung dazu und wirkt damit als orientierende Kraft in der öffentlichen Auseinandersetzung." (BverfGE 20, 162).

Aus der Perspektive von Ansätzen zur deliberativen Demokratie sind Medien autonome Akteure der politischen Kommunikation. In Kommentaren nehmen sie ihr Recht in Anspruch, sich als Sprecher in der Öffentlichkeit mit ihrer eigenen Sichtweise, ihren Präferenzen und Bewertungen zu Wort zu melden. Mit ihrer Teilnahme am politischen Diskurs versuchen sie legitimermaßen, die politische Meinungsbildung der Bevölkerung und des politischen Systems zu beeinflussen (vgl. dazu auch Eilders/Neidhardt/Pfetsch

1997: 176). Benjamin Page (1996) weist Medien explizit Akteursstatus zu und spezifiziert Erfolgsbedingungen für politische Resonanz: „A critical question, therefore, concerns whether – or to what extent – media outlets do in fact use their publications and broadcasts in a purposive and unified fashion to pursue policy objectives“ (Page 1996: 20). Sein Team konnte zeigen, dass Kommentatoren als hochgradig glaubwürdige Öffentlichkeitssprecher zusammen mit Experten und populären Präsidenten besonders einflussreiche Akteure bei der Meinungsbildung der US-amerikanischen Bevölkerung sind (Page/Shapiro/Dempsey 1987: 35).

Dieser Beitrag will das bislang vernachlässigte Genre des Kommentars[1] systematisch in den Blick nehmen. Er argumentiert, dass der Akteursstatus von Medien in Kommentaren am deutlichsten zum Ausdruck kommt. Die Medienmeinung ist hier in vergleichsweise reiner Form zugänglich. Im Mittelpunkt einer Analyse von Medien als Akteuren steht damit die evaluative Dimension von Kommunikation in ihrer legitimen Artikulationsform.

Anknüpfend an den Akteursstatus von Medien nimmt der Beitrag eine öffentlichkeitstheoretische Perspektive ein. Kommentare werden als öffentliche Sprecherbeiträge begriffen, die ein bestimmtes Segment öffentlicher Meinung darstellen. Dieses Segment gilt es näher zu untersuchen. Der Beitrag skizziert einen öffentlichkeitstheoretischen Rahmen, der die Analyse von Inhalt und Struktur dieser Sprecherbeiträge sinnvoll anleiten kann.

Zur genaueren Bestimmung dieses spezifischen Segments öffentlicher Meinung werden die Besonderheiten der Kommentare in Abgrenzung zu den Merkmalen der allgemeinen Medienöffentlichkeit herausgearbeitet. Die Besonderheiten der Kommentaröffentlichkeit in Abgrenzung zur allgemeinen Medienöffentlichkeit erschließen sich, wenn man die herausgehobene Rolle von Kommentaren in einer Zeitung und die Entstehungsbedingungen der Meinungsartikel betrachtet. Der Beitrag geht damit nicht nur der Frage nach Inhalt und Struktur der Kommentare nach, sondern untersucht auch, wer hier zu Wort kommt und wie dieser Zugang zur Öffentlichkeit geregelt ist.

Zur Unterfütterung der theoretischen Überlegungen dienen empirische Befunde aus einem Projekt zur Kommentierung überregionaler Qualitätszeitungen[2]. Die in diesem Rahmen ermittelten Themen, Akteure und Meinungen werden im Hinblick auf die Besonderheiten der Kommentaröffentlich-

---

1 Ausnahmen bilden eher sprach- und textwissenschaftlich orientierte Analysen oder genrekundliche Literatur (vgl. etwa Degen 2004; Kurz 1995; Eisner 1991; Lenk/Tiittula 1990; Pfeil 1977).

2 Grundlage ist das DFG-Projekt „Die Stimme der Medien im politischen Prozess. Themen und Meinungen in Pressekommentaren“ (im Folgenden kurz „Stimme der Medien“), das ich gemeinsam mit Friedhelm Neidhardt und Barbara Pfetsch am Wissenschaftszentrum Berlin durchgeführt habe.

keit vor dem Hintergrund der spezifischen Anforderungen der verschiedenen Öffentlichkeitsmodelle diskutiert.

Gegenstand aller Analysen sind 8947 politische Kommentare[3] aus „Die Welt“ (WELT), „Frankfurter Allgemeine Zeitung“ (FAZ), „Süddeutsche Zeitung“ (SZ), „Frankfurter Rundschau“ (FR) und die „tageszeitung“ (taz) zwischen 1994 und 1998.[4] In Ergänzung der Inhaltsanalysen wurden die wichtigsten Kommentatoren befragt sowie Gespräche mit Redaktionen geführt. Mit der Untersuchung dieser Zeitungen wird ein für die politische Öffentlichkeit der Bundesrepublik zentrales Mediensegment in den Blick genommen, deren Themen und Meinungen in den Rest des Mediensystems diffundieren.

Der öffentlichkeitstheoretischen Verortung von Kommentaren geht zunächst eine Erörterung des spezifischen Stellenwerts von Kommentaren in einer Zeitung voran. Dabei stehen der Status des Kommentators und die Entstehungsbedingungen von Kommentaren im Vordergrund. Im Anschluss wird die Öffentlichkeitstheorie auf das Genre des Kommentars bezogen. Im Mittelpunkt des Interesses steht die Frage, welche spezifische Art von Öffentlichkeit sich in den untersuchten Kommentaren konstituiert. Die Kommentarmerkmale werden jeweils in Bezug auf die allgemeine Öffentlichkeit, auf die Medien-, die Kommentaröffentlichkeit und schließlich auf die Kommentaröffentlichkeit in Qualitätszeitungen diskutiert und durch inhaltsanalytische Befunde illustriert.

## 2 Zum Status von Kommentaren

Mit dem Genre des Kommentars betrachten wir ein hochselektives Format, in dem das politische Tagesgeschehen und auch andere, nicht-tagesaktuelle Themen aus der Perspektive der Medien diskutiert und bewertet werden. Für die Meinungsäußerungen durch die Medien stehen nur wenige Kommentarplätze zur Verfügung. In den überregionalen Tageszeitungen, die das Hauptaufkommen der Kommentare im Medienspektrum tragen, sind es täglich 5-7

3 Die Stichprobe umfasst mit jeweils jedem zweiten Quartal die Hälfte des Untersuchungszeitraums. Eine entsprechende Evaluationsstudie deutet nicht auf verzerrende Besonderheiten dieser Stichprobenquartale im Vergleich mit dem Gesamtzeitraum hin (vgl. Neidhardt/Eilders/Pfetsch 2001, Methodenanhang: 2). Ausgewählt wurden alle Kommentare im Ressort Politik, die einen klaren Deutschlandbezug aufwiesen. Die Kommentierung der internationalen Politik wurde damit nicht berücksichtigt.

4 Die Bildzeitung, die ebenfalls als Leitmedium betrachtet werden kann, wurde nicht berücksichtigt, weil sie zu wenig explizite Meinung und zu wenig politische Substanz enthält, als dass mehr als ein grobes Thema erfasst werden könnte (vgl. auch Neidhardt/Eilders/Pfetsch 2004: 19).

Kommentarplätze pro Zeitung.[5] In diesen wenigen „slots“ kann nur ein Bruchteil der in den Nachrichten berichteten Ereignisse kommentiert werden. Kommentarwürdig ist nur weniges. Kommentare bedeuten damit eine herausgehobene Relevanzzuweisung für Themen, Akteure und Meinungen. In Bezug auf das Bild eines Medienunternehmens nach außen stellen sie eine Möglichkeit dar, zusätzliche Aufmerksamkeit für etwas zu generieren und Interpretationen und Positionen dazu zu artikulieren.

Im Bereich der überregionalen Qualitätspresse sind Kommentare das „Aushängeschild“ einer Zeitung, mit der sie sich ihrem Publikum empfehlen und von der Konkurrenz abgrenzen. Mit ihren Kommentaren verorten sich die Zeitungen im Spektrum der überregionalen Qualitätspresse und sprechen damit ein bestimmtes Publikumssegment an. Die „redaktionelle Linie“ eines Blattes, d.h. die spezifische Sichtweise des politischen Geschehens, kommt hier zum Ausdruck. Die redaktionelle Linie ist auch in der Nachrichtenberichterstattung mehr oder weniger deutlich erkennbar[6], findet im Genre des Kommentars jedoch nicht nur ihren legitimen Ort, sondern auch ihren klarsten Ausdruck.

Während die redaktionelle Linie nach außen über das damit angesprochene Publikumssegment stabilisiert wird, wird sie nach innen durch Anpassungs- und Meinungsbildungsprozesse in den Redaktionen perpetuiert. Die Problemwahrnehmungen, Einschätzungen und Bewertungen in Kommentaren repräsentieren dementsprechend keine individuellen Journalisten-Meinungen, sondern die kollektive politische Haltung eines Medienunternehmens. Die redaktionelle Linie stellt quasi die Hausordnung eines Blattes dar, allerdings nicht in Form einer Festlegung. Die redaktionelle Linie ist vielmehr in Bezug auf konkrete Positionen zu einzelnen Themen nicht vorab definiert, sondern auch Ergebnis von Kommentaren (vgl. Weischenberg 1995: 530).

In einer Befragung der jeweils produktivsten Kommentatoren der überregionalen Tagespresse wie auch in weiteren Gesprächen mit den Redaktionen zeigte sich, dass die kollektive Haltung nicht das Ergebnis eines expliziten Meinungsdrucks durch die Redaktionsleitung oder andere Instanzen ist. So wird beispielsweise die Einflussnahme der Redaktion auf die Tendenz eines Kommentars als sehr gering angegeben. Als etwas größer

5 Vgl. dazu auch die Überlegungen zur „carrying capacity”, die auf die begrenzte Aufnahme- und Verarbeitungsfähigkeit des Systems Öffentlichkeit verweist (Hilgartner/Bosk 1988).

6 Zur Synchronisation von Kommentar und Nachricht vgl. Schönbach (1977), Kepplinger (1985: 24ff.), Hagen (1992) sowie die gemischten Befunde bei Hans-Jürgen Weiß (1988, 1986, 1985).

wird der Einfluss im Hinblick auf die Themenwahl dargestellt (vgl. Pfetsch/Eilders/Neidhardt 2004: 53).

Gleichwohl verläuft die Themenwahl im Spiegel unserer Gespräche mit den Redaktionen weitgehend konfliktfrei. Offenbar stimmen die Vorstellungen über die Kommentarwürdigkeit von Themen zwischen unterschiedlichen Kommentatoren einer Zeitung stark überein. Darin kommt auch die Prägekraft der redaktionellen Linie zum Ausdruck. In vielen Fällen erfolgen Themenauswahl und Zuordnung der Kommentatoren in Abstimmung mit den Kollegen und den leitenden Redakteuren entsprechend der Ressortzuständigkeiten, teilweise bestimmt auch eine Meinungsredaktion das Thema und den Autor.

Welche spezifische Meinung dabei vertreten wird, entscheidet sich in der Regel bereits mit der Wahl von Thema und Autor. Nur wenn in der Redaktion divergierende Meinungen zu einem Thema vorliegen, wird die jeweilige Meinung überhaupt Gegenstand einer bewussten Entscheidung. In solchen Fällen wird eine einvernehmliche Lösung gesucht. In der Regel kommen beide Seiten früher oder später zum Zuge.

Dabei kommt durchaus nicht jeder als Autor eines Kommentars in Frage. Nachdem es sich bei den Kommentaren um das Aushängeschild der Zeitungen handelt, ist der Zugang zum Kreis der Kommentatoren mit erheblichem Prestige verbunden und eng begrenzt. Analysen von knapp 9000 Kommentaren zwischen 1994 und 1998 haben ergeben, dass es relativ wenige sind, die die redaktionelle Linie ihrer Zeitung repräsentieren (vgl. Pfetsch/Eilders/Neidhardt 2004: 48).

So werden etwa bei der FAZ die Hälfte aller Kommentare von nur vier Kommentatoren verfasst. Auch in den anderen Zeitungen – von der taz, die eine „partizipatorischere" Kommentarpolitik betreibt, einmal abgesehen – kommen zwischen 11 und 15 Kommentatoren für die Hälfte der Kommentare auf. Die oligopolartige Meinungsführerschaft dieser Öffentlichkeitselite lässt sich mit dem Begriff des „Kommentariats" kennzeichnen.

Mit der Konzentration der Kommentarproduktion auf ein sehr kleines Kommentariat liegen zwar nicht die in den Redaktionen kollektiv erarbeiteten Themenentscheidungen, wohl aber die zu den Themen vertretenen Meinungen in den Händen weniger. In einer öffentlichkeitstheoretischen Modellierung bedeutet das, dass ein sehr kleiner Kreis von Öffentlichkeitssprechern ein wichtiges Segment öffentlicher Meinung bestimmt. Anspruchsvolle Erwartungen an die Struktur der in Kommentaren zum Ausdruck kommenden öffentlichen Meinung scheint dieser Sachverhalt zunächst zu entmutigen.

## 3 Öffentlichkeit als Kommunikationssystem

Mit der Analyse von Kommentaren betrachten wir ein spezifisches Segment öffentlicher Kommunikation. Im Gegensatz zu den Artikeln im Nachrichtenteil, in dem die Medien ihrem Vermittlungsauftrag nachgehen, markieren Kommentare den genuinen Beitrag der Medien zum Kommunikationssystem Öffentlichkeit. Inwiefern Kommentare Aussagen über Strukturen und Prozesse von Öffentlichkeit im Allgemeinen erlauben bzw. was Kommentare von der allgemeinen Öffentlichkeit unterscheidet, hängt von den allgemeinen medialen Entstehungsbedingungen und von den genre-typischen Kommentarentscheidungen im Besonderen ab, die im Folgenden aus öffentlichkeitstheoretischer Perspektive diskutiert werden.

Um die Spezifika von Kommentaren zu bestimmen, gilt es zunächst, sich die allgemeinen Charakteristika von Öffentlichkeit vor Augen zu führen und sie auf die Medienöffentlichkeit zu beziehen. Öffentlichkeit lässt sich beschreiben als Kommunikationssystem, in dem verschiedene Akteure vor Publikum ihre Standpunkte austauschen. Das Arenenmodell veranschaulicht die Beteiligten und die Funktionen von Öffentlichkeit besonders gut.

Friedhelm Neidhardt beschreibt Öffentlichkeit als offenes Kommunikationsforum, in dem Akteure in verschiedenen, im Prinzip austauschbaren, Rollen auftreten. In der Mitte der Arena treten Sprecher auf, die die Aufmerksamkeit und Unterstützung des Publikums auf der Galerie suchen. Akteure aus dem Publikum können jederzeit auch als Sprecher auftreten (Neidhardt 1994). Die Sprecher können Vertreter gesellschaftlicher Gruppen und Organisationen sein, aber auch Advokaten ohne formelle Vertretungsmacht, Experten, Intellektuelle oder auch Journalisten, sofern sie nicht als Vermittler, sondern selbst als Sprecher, also in ihrer Rolle als Kommentatoren auftreten. Öffentlichkeit konstituiert sich durch den im Prinzip offenen Zugang zum Kommunikationssystem.

Öffentliche Kommunikation wird in modernen Gesellschaften zum überwiegenden Teil von den Massenmedien getragen. Die „encounter“-Öffentlichkeit als spontaner Austausch von Individuen oder die Versammlungsöffentlichkeit, wie sie etwa politische Veranstaltungen darstellen, spielen mit der quantitativen Expansion und der Bedeutungszunahme der Medien eine untergeordnete Rolle (Neidhardt 1994; Gerhards/Neidhardt 1991). Die meisten Menschen nehmen das politische Geschehen nicht direkt, sondern vermittelt durch die Medien wahr. Die Medien und ihr Publikum konstituieren damit das offene Kommunikationsforum Öffentlichkeit.

In Anlehnung an das Phasenmodell von Amitai Etzioni (1969: 157ff.) lassen sich im Kommunikationssystem Öffentlichkeit drei Prozessstufen unterscheiden. Sprecherbeiträge werden gesammelt (input), verarbeitet (throughput) und vermittelt (output) (Neidhardt 1994, 8f.). Diese Stufen sind im Arenenmodell mit normativen Funktionszuschreibungen verbunden[7]. Öffentlichkeit erfüllt Transparenz-, Validierungs- und Orientierungsfunktion in dem Maße, in dem bestimmte Ansprüche erfüllt sind. Sofern Öffentlichkeit offen für alle gesellschaftlichen Interessen ist, erfüllt sie Transparenzfunktionen. Die Validierungsfunktion ergibt sich durch die Verarbeitung der Sprecherbeiträge. Die Sprecherbeiträge müssen sich in der Auseinandersetzung mit anderen Beiträgen vor Publikum bewähren. Sofern dabei Argumente gegeneinander abgewogen werden, erfolgt eine Validierung der Beiträge in der Verarbeitung. Die Sammlung und Verarbeitung von Themen und Meinungen erzeugt als output „öffentliche Meinung". Diese trägt zur Orientierung bei, indem das Publikum die in der Auseinandersetzung mit anderen Beiträgen validierten Themen und Meinungen als überzeugend akzeptiert.[8]

Öffentliche Meinung ist damit das Resultat der Sammlung und Verarbeitung von Themen und Meinungen. Sie unterscheidet sich von der Bevölkerungsmeinung, wie sie in Umfrageergebnissen zum Ausdruck kommt, im Grundsatz: Während die Bevölkerungsmeinung das Aggregat von Individualmeinungen darstellt, lässt sich öffentliche Meinung beschreiben als Summe öffentlicher Sprecherbeiträge. Da die öffentlichen Sprecherbeiträge – im Gegensatz zu den Individualmeinungen in der Bevölkerung – einen Verarbeitungsprozess durchlaufen haben[9], ist öffentliche Meinung mehr als die Summe der einzelnen inputs. So ist nicht jede gesellschaftliche Interessenslage in der öffentlichen Meinung in der gleichen Größenordnung vertreten wie im input zum Verarbeitungsprozess. Vielmehr setzen sich in der Verarbeitung bestimmte Sprecherbeiträge durch, andere werden dagegen nicht berücksichtigt.

In der Medienöffentlichkeit sammeln, verarbeiten und vermitteln die Medien die Sprecherbeiträge. Was den Verarbeitungsprozess der Medien

---

7 Diese verweisen auf deliberative Ansätze zur Öffentlichkeit und finden sich ähnlich etwa bei Habermas (z.B. 2006: 8).

8 Die Funktionen sind dabei nicht scharf voneinander abzugrenzen. Vielmehr bauen sie aufeinander auf. Sie haben teilweise unterschiedliche Bezugsgrößen. So beziehen sich etwa die Transparenz und die Validierungsfunktion auf die Politikgestaltung oder auf die Legitimität von Herrschaft, während die Orientierungsfunktion das Publikum im Blick hat (vgl. zu den Öffentlichkeitsfunktionen auch Imhof 2003).

9 Habermas spricht von „considered opinions", die erst durch die diskursive Auseinandersetzung mit anderen Relevanzwahrnehmungen, Interpretationen und Positionen entstehen. Öffentliche Meinung stellt sich in dieser Perspektive allerdings als mehrere mögliche Alternativen dar, die jeweils auf öffentliche Akzeptanz stoßen: „considered public opinions likewise present plausible alternatives for what counts as a reasonable postion on public issues" (Habermas 2006: 10).

durchlaufen hat und schließlich in den Medien „veröffentlicht“ wird, ist Teil der öffentlichen Meinung. Dabei unterliegt unter Bedingungen moderner Medienöffentlichkeiten der Verarbeitungsprozess, in dem Sprecherbeiträge geprüft werden und sich bewähren sollen, der Aufmerksamkeitsökonomie des Mediensystems. Diese ist vor allem durch ausgeprägte Selektivität gekennzeichnet. Den Medien steht für die Wahrnehmung ihrer Informationsfunktion nur beschränkt Platz zur Verfügung. Aus dem nicht abreißenden Strom des Weltgeschehens können sie ihre Aufmerksamkeit nur auf wenige Ereignisse und Sachverhalte richten. Der größte Teil des Weltgeschehens überwindet die Selektionsschwelle der Medien nicht.

Aus Studien zur Nachrichtenauswahl, v.a. aus der Nachrichtenwertforschung (Schulz 1976; Staab 1990; Eilders 1997) ist bekannt, dass bestimmte Typen von Nachrichten eine größere Veröffentlichungschance haben als andere. So weisen in der Medienöffentlichkeit die berichteten Ereignisse und Sachverhalte ein hohes Konfliktniveau auf, sind häufig negativ oder bedrohlich und finden an Orten mit ausgeprägter geographischer, wirtschaftlicher und kultureller Nähe zum Publikationsort statt.

Den Kriterien des Mediensystems entsprechen weiterhin vor allem Akteure des politischen Machtzentrums. In Bezug auf die Offenheit des Kommunikationssystems Öffentlichkeit unter den Bedingungen von Medienkommunikation dürften die Aufmerksamkeitskriterien des Mediensystems den Zugang für Akteure der politischen Peripherie dagegen erheblich erschweren. In Bezug auf die Akteursrepertoires kann gezeigt werden, dass etwa Parteien und Verbände zu hohen Anteilen in der Medienöffentlichkeit vertreten sind, während Kirchen und andere zivilgesellschaftliche Gruppen nur wenig Medienaufmerksamkeit erfahren (vgl. Abb. 1). Die Peripherie verfügt nicht nur über weniger Macht, sondern ist auch nur schwach organisiert[10]. Für viele Interessen findet sich nur schwer ein „Patron“ (Beierwaltes 2000: 132ff.). Die öffentlichen Sprecherbeiträge repräsentieren demnach die klassischen zivilgesellschaftlichen Interessen nur ungenügend.

Die Vorstellungen über den Verarbeitungsprozess der Öffentlichkeit und damit auch das Bild der daraus resultierenden öffentlichen Meinung variieren zwischen verschiedenen Öffentlichkeitsmodellen.[11] Im „Spiegelmodell“[12] von Öffentlichkeit (Luhmann 1971) erfüllt Öffentlichkeit vor allem den Anspruch, grundsätzlich offen für Sprecher und Themen zu sein.

---

10 Entsprechend wird sie als „weak public“ gesehen (vgl. Habermas 2006: 7).

11 Vgl. auch die Gegenüberstellung der Modelle in Gerhards/Neidhardt/Rucht (1998: 30ff.) und Ferree et al. (2002).

12 Jürgen Gerhards spricht vom „liberalen“, andere vom „repräsentativen“ Öffentlichkeitsmodell (vgl. Schulz 1997: 89ff.; Gerhards 1997; Weßler 1999: 29ff.)

*Abb. 1: Kommunikationssystem Öffentlichkeit?*

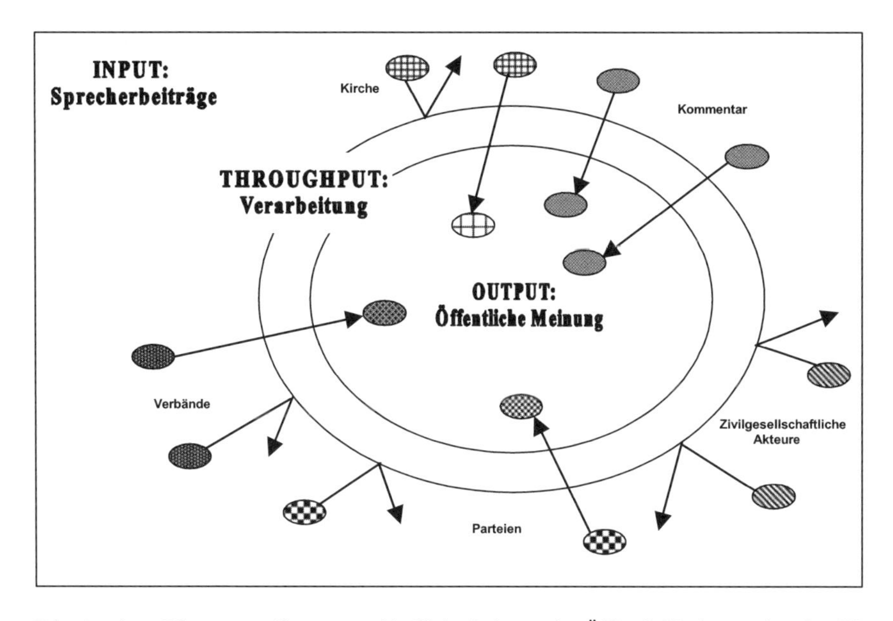


Die einzelnen Elemente stellen unterschiedliche Beiträge der Öffentlichkeitssprecher dar. Die Pfeile markieren den erfolgreichen Zugang zur öffentlichen Meinung bzw. den gescheiterten Versuch, Zugang zu erhalten.

Mit der pluralistischen Repräsentation der relevanten Interessen ist das Ziel bereits erreicht. Die Transparenz über die Themen und Meinungen ist gewährleistet (Gerhards/Neidhardt/Rucht 1998: 30). Öffentliche Meinung ist in diesem Modell eine relativ heterogene Sammlung von Sprecherbeiträgen. Die Frage, in welchem Maße es zu Verdichtungen von Themen und Meinungen kommt, spielt hier keine Rolle.

Das „deliberative" Modell oder auch „Diskursmodell", wie es von Jürgen Habermas formuliert wurde (vgl. Habermas 1990, 1992)[13] ist wesentlich voraussetzungsreicher. In diesem Modell wird die Offenheit für Sprecher und Themen explizit auf die Peripherie des politischen Machtzentrums ausgedehnt (Gerhards/Neidhardt/Rucht 1998: 33). Die Inklusion der Zivilgesellschaft soll wegen des geringen Vermachtungsgrades dieser Akteure und

13 Vgl. auch die Ausführungen, in denen Habermas das deliberative Modell explizit auf den politischen Diskurs in der Mediengesellschaft bezieht (Habermas 2006).

ihrer Nähe zur Lebenswelt eine besondere Problemsensibilität der Öffentlichkeit gewährleisten (vgl. zusammenfassend Heming 1997: 231ff.).

Diskursivität ist eine weitere Anforderung des deliberativen Modells. Fairness und gegenseitiger Respekt, eine gewisse Wohlbegründetheit der Meinungen und eine weitgehende Verständigungsorientierung sollen dazu führen, dass sich das beste Argument durchsetzt und von allen akzeptiert wird. Als Resultat des Diskurses ist als output ein hohes Maß an Konsens zu erwarten.[14] Das Maß an Konsens in der öffentlichen Meinung wird dabei nicht auf eine einzige Sichtweise verengt: „Public opinions make manifest what large, but conflicting sectors of the population consider in the light of available informtion to be the most plausible interpretations of each of the controversial issues at hand“ (Habermas 2006: 10). Von der Transparenzfunktion abgesehen hängen die normativen Funktionen von Öffentlichkeit vom Ausmaß der Diskursivität im Verarbeitungsprozess ab. Nur in einem diskursiv strukturierten Verarbeitungsprozess stellt sich Validierung her. Öffentliche Meinung als output dieses Prozesses kann nur dann Orientierung gewährleisten, wenn sie auf allgemeine Akzeptanz stößt.

Während nach den Vorstellungen des deliberativen Modells öffentliche Meinung bereits ein hohes Maß an Übereinstimmung aufweist, wird nach den Vorstellungen des Spiegelmodells eine Übereinstimmung erst im politischen System hergestellt. Der Grad der Übereinstimmung im output variiert damit je nach normativem Modell und ist nicht konstitutiv für das Konzept öffentliche Meinung. Öffentliche Meinung kann damit eine homogene oder eine eher heterogene Struktur aufweisen (vgl. Abb. 2). Dabei kann auch heterogene öffentliche Meinung eine Binnenstruktur aufweisen. So bilden häufig Beiträge aus dem rechten politischen Spektrum auf der einen Seite und Beiträge aus dem linken Spektrum auf der anderen Seite jeweils mehr oder weniger homogene Gruppen. Andere Segmentierungen können etwa Stadt-Land-Unterschiede, Generations- oder Geschlechtsunterschiede sein. Da der Streit über das politische Geschehen häufig den Parteilinien folgt, lässt sich öffentliche Meinung meist als entlang der Links-Rechts-Dimension politischer Konflikte segmentiert beschreiben.

14 Auch das Bundesverfassungsgericht hat im Spiegelurteil eine solch anspruchsvolle Öffentlichkeitsvorstellung erkennen lassen. Es geht davon aus, dass die Argumente sich „in Rede und Gegenrede“ klären (BverfGE 20: 162).

*Abb. 2: Idealtypen öffentlicher Meinung*

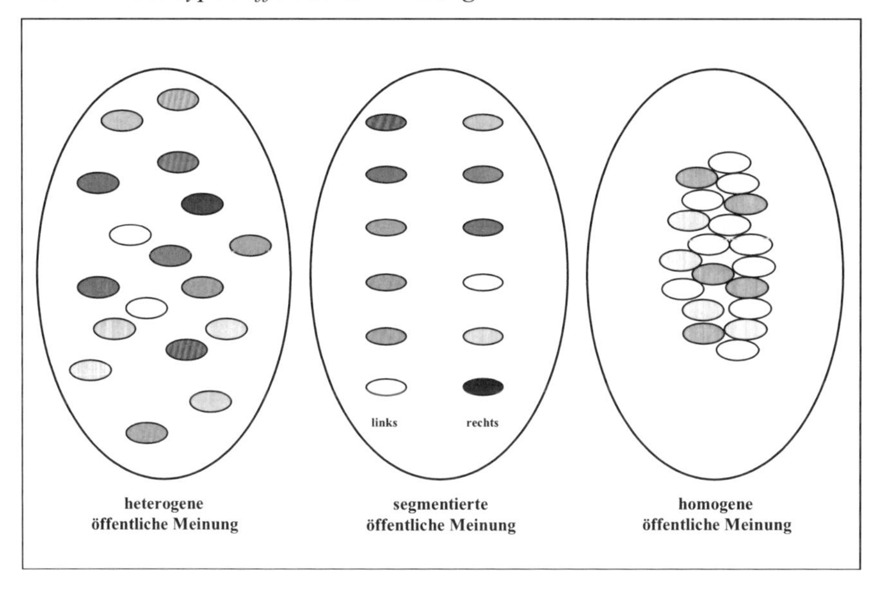


Die einzelnen Elemente in den drei Idealtypen stellen unterschiedliche Beiträge der Öffentlichkeitssprecher dar. Ihr Abstand voneinander und ihre Binnenstruktur indizieren die politisch-ideologische Nähe zwischen den Beiträgen.

## 4 Spezifika der Kommentaröffentlichkeit

Kommentare sind Teil der Medienöffentlichkeit. Sie weisen jedoch einige Spezifika auf, die vor dem Hintergrund der normativen Öffentlichkeitsmodelle besondere Beachtung verdienen. Das betrifft zum einen die Tatsache, dass der Akteursstatus von Medien hier seinen deutlichsten Ausdruck findet. Es betrifft aber auch die Bedeutung des Genres bei der selektiven Relevanzzuweisung für Themen und Akteure sowie den privilegierten Zugang zur Öffentlichkeit, die den Kommentatoren als Öffentlichkeitssprechern hier zukommt.

Im Kommentar ist die Selektivität noch gesteigert. Längst nicht alle Inhalte des Nachrichtenteils werden auch als kommentarwürdig betrachtet. Die typischen Charakteristika der Medienöffentlichkeit dürften hier daher noch stärker hervortreten. Die Analyse der Kommentare in überregionalen Qualitätszeitungen hat Hinweise darauf ergeben, dass über die gesteigerte Selektivität hinaus weitere Merkmale die Kommentaröffentlichkeit von der allgemeinen Medienöffentlichkeit unterscheiden. So lässt sich in Bezug auf die Themenauswahl – wenngleich auf nicht sehr solider empirischer Basis – zeigen, dass Kommentare stärker auf Struktur- und Prozessthemen[15] fokussieren, während in der Nachrichtenberichterstattung im gleichen Zeitraum die Politikbereiche (policies) vergleichsweise mehr Beachtung erfahren haben (Eilders 1999).

Ob hier in Anlehnung an Nachrichtenfaktoren allerdings konkrete „Kommentarfaktoren", also etwa ein Bezug zu Strukturen und Prozessen von Politik, wirksam sind, kann auf der Basis der bisherigen Analysen nicht entschieden werden. Allerdings passt dazu die Auskunft unserer Gesprächspartner in den Redaktionen, dass bei der Auswahl der Kommentarthemen eine gewisse Distanz zum „Klein-Klein" des politischen Tagesgeschehens durchaus erwünscht ist. Kommentare bedeuten eine Chance, die Tagespolitik grundsätzlicher zu reflektieren, indem Ereignisse und Sachverhalte etwa mit spezifischen Bedingungen im politischen System der Bundesrepublik erklärt werden oder indem sie als Ausdruck einer bestimmten politischen Kultur gedeutet werden.

In Bezug auf den Zugang zur Öffentlichkeit treten die Spezifika von Kommentaren im Vergleich zur allgemeinen Medienöffentlichkeit, wie er im Nachrichtenteil sichtbar wird, besonders deutlich hervor. Aus öffentlichkeitstheoretischer Perspektive sind Kommentatoren ein bestimmter Sprechertypus der Medienöffentlichkeit. Während andere Sprecher um die begrenzte Aufmerksamkeit der Medien konkurrieren und nicht mit jedem Sprecherbeitrag die Selektionsschwelle der Medien überwinden, haben Kommentatoren einen privilegierten Zugang zur Öffentlichkeit (vgl. Abb. 1).

In Bezug auf formale politische Entscheidungsgewalt bewegen sich Kommentatoren zwar an der Peripherie des Machtzentrums, durch das Öffentlichkeitsprivileg jedoch genießen sie beträchtliches Einflusspotenzial. Ihre Sichtweisen und Meinungen werden von einem großen Publikum wahrgenommen und lösen dort Resonanz aus.[16] Dass das Öffentlichkeitsprivileg lediglich eine zwischen den Zeitungen variierende, insgesamt aber sehr überschaubare Elite betrifft, verschärft noch den Eindruck, dass es sich hier innerhalb der formalen Peripherie um ein spezifisches Machtzentrum handelt.

---

15 In der angelsächsischen Tradition werden Themenbereiche danach differenziert, ob sie sich auf die materielle Politik und damit auf Sachfragen oder „policies" beziehen, oder ob sie das Institutionensystem von Politik, also die „polity" oder den Prozess der Politik und damit auch den Parteienwettbewerb, also die „politics" betreffen (vgl. Kaase 1998; Neidhardt 2004: 110f.).

16 Vgl. die eingangs erwähnten Analysen von Page (1996).

Mit ihren Sprecherbeiträgen, die den Verarbeitungsfilter des Mediensystems nicht durchlaufen, produzieren die Kommentatoren quasi automatisch öffentliche Meinung. Daher kommt ihnen in der öffentlichen Kommunikation eine Sonderrolle zu (Pfetsch/Eilders/Neidhardt 2004: 43f.). Kommentare weisen entsprechend einen Doppelcharakter auf: Als „Stimmen der Medien" sind sie input in den Verarbeitungsprozess der Öffentlichkeit, als „veröffentlichte" Meinungen sind sie zugleich bereits output. Kommentare lassen sich insofern als Teil der öffentlichen Meinung begreifen.

Die Betrachtung von Kommentaren als spezifisches Segment von öffentlicher Meinung wirft die Frage auf, in welchem Maße dieses Segment die normativen Anforderungen und die spezifischen Vorstellungen der Öffentlichkeitsmodelle erfüllt. Inwiefern entsprechen also Inhalt und Struktur der in den Kommentaren zum Ausdruck kommenden öffentlichen Meinung dem Kriterium der prinzipiellen Offenheit für alle Gesellschaftssegmente und dem Kriterium einer verständigungsorientierten Auseinandersetzung? Wie homogen oder heterogen stellt sich die öffentliche Meinung in den Kommentaren dar?

Weiter oben war argumentiert worden, dass Medien als Akteure ihre Sichtweisen in Kommentaren artikulieren, indem sie bestimmten Realitätsausschnitten Relevanz zuweisen und dazu ihre Meinung formulieren. Als zentrale Dimensionen öffentlicher Meinung werden daher Themen, Akteure und Meinungen betrachtet. Eine Untersuchung von Inhalt und Struktur öffentlicher Meinung muss also hier ansetzen, wenn die Kommentaröffentlichkeit mit den verschiedenen Öffentlichkeitsmodellen in Beziehung gesetzt werden soll.

Dabei geht es nicht um eine empirische Überprüfung der konkurrierenden Öffentlichkeitsmodelle. Diese entziehen sich durch ihren normativen Charakter ohnehin dem Test, durch welches Modell sich die Realität angemessener beschreiben lässt. Die Modelle besitzen heuristischen Wert insofern, als sie die Diskussion bestimmter inhaltlicher und struktureller Merkmale von Kommentaren anleiten können. Sie versetzen uns in die Lage, die Grenzen und Probleme öffentlicher Kommunikation zu entdecken. Die Themen, Akteure und Meinungen, die in Kommentaren angesprochen werden, sowie die zwischen den Zeitungen feststellbare Übereinstimmung in diesen Sichtweisen bzw. die hier deutlich werdenden Konflikte im Mediensystem können auf die in den Modellen entwickelten Kriterien bezogen werden. Die öffentlichkeitstheoretisch instruierte Erfassung von Kommentaren erlaubt so eine Verortung des Genres im Prozess öffentlicher Meinungsbildung.

## 5 Inhalt und Struktur von Kommentaröffentlichkeit

Der Inhalt von Kommentaren lässt sich zunächst über Themen beschreiben. Themen sind dabei unbestimmte Sinnkomplexe, auf die man sich als „Sinnfixierung" kommunikativ beziehen kann und die das „Aneinandervorbeireden" verhindern (Luhmann 1971: 13). Sie strukturieren Realität und dienen als Kristallisationspunkte für Meinungen, die die zweite Ebene der Sinnfixierung darstellen. Themen und Meinungen bilden die Doppelstruktur öffentlicher Meinung. Man kann unterschiedliche Meinungen zu einem Thema haben, aber es gibt keine Meinungen ohne Themen. Für Luhmann sind Themen und nicht Meinungen die wesentliche Größe öffentlicher Meinung: Die Anpassung der „Themenstruktur des politischen Kommunikationsprozesses an den jeweiligen Entscheidungsbedarf der Gesellschaft und ihres politischen Systems" sei wichtiger als die Überzeugungskraft von Meinungen (Luhmann 1971: 14f.).

In den Themen der Kommentare schlagen sich die Relevanzstrukturen der öffentlichen Meinung nieder. Die öffentliche *Meinungs*bildung schließt an diese Relevanzstrukturen an. Das ist umso bedeutsamer, als Themen zwar unbestimmte Sinnkomplexe sind, in der kommunikativen Verwendung in sozialen Kontexten bestimmte Ladungen oder Valenzen annehmen. Sie implizieren Gutes oder Schlechtes, Richtiges oder Falsches, Spannendes oder Langweiliges, Gefährliches oder Harmloses (vgl. auch Neidhardt 2004: 107).[17] Für das Spektrum der überregionalen Qualitätspresse lässt sich zeigen, dass die einzelnen Zeitungen die Themenwahl in ihren Kommentaren auch als Möglichkeit der selektiven Relevanzzuweisung und politischen Profilierung wahrnehmen (vgl. Neidhardt 2004 und Eilders 1999).

Die Meinungen, die sich an der Themenstruktur der öffentlichen Meinung auskristallisieren, lassen sich als mehrdimensionale Konstrukte fassen, die sich in erstens „Frames" oder Deutungsrahmen zu einem Thema und zweitens Positionen dazu unterscheiden lassen. Zu einem Thema wird eine bestimmte Perspektive etabliert, die das Thema rahmt. Innerhalb dieser Perspektive wird dann eine unterstützende oder ablehnende Haltung formuliert.

Die jeweilige Perspektive wird ganz wesentlich dadurch bestimmt, dass bestimmte Aspekte selektiv hervorgehoben werden. Das kann historische oder geographische Bezüge betreffen, bestimmte Werte oder Unterthe-

17 Die Agenda-Setting-Forschung hat dem evaluativen Charakter von Themenselektion mit der Erweiterung ihres Ansatzes zum „Second-Level-Agenda-Setting" Rechnung getragen (vgl. Ghanem 1997; McCombs et al. 2000). Auch hier wird davon ausgegangen, dass Themen bestimmte Ladungen oder Valenzen haben, die sie für bestimmte politische Lager attraktiver machen als für andere.

men. So kann eine Hochwasser-Katastrophe in Bezug auf den Klimaschutz diskutiert werden oder in Bezug auf die humanitären Hilfsaktionen, je nachdem, ob Temperatur-Statistiken, oder Hilfsorganisationen mehr Aufmerksamkeit erhalten. Nach Snow und seinem Team versehen Frames ein Geschehen mit Bedeutung, strukturieren die Erfahrung und leiten individuelles wie gesellschaftliches Handeln (Snow et al. 1986: 464).

Das Framing eines Themas impliziert also eine bestimmte Interpretation des Gegenstands, indem es einen Kontext etabliert und die Perspektive steuert, aus der das Thema betrachtet wird. Je nach Frame ändert sich die Bewertungsgrundlage für einen Gegenstand[18]. Allerdings ist damit nicht schon eine explizite Meinung dezidiert festgelegt.

Frames werden in den meisten Definitionen als Interpretationsschemata bestimmt, die dem Einzelnen die Wahrnehmung und Einordnung des Geschehens ermöglichen und eine Richtung nahe legen, ohne gleich eine konkrete Politikpräferenz zu determinieren. Sie sind im Prinzip offen. Innerhalb eines Frames können unterschiedliche Positionen zu einem Thema vertreten werden (vgl. z.B. Gerhards/Neidhardt/Rucht 1998: 120ff.). Die Wahl des Frames strukturiert allerdings die Meinungsbildung zu einem Thema. Zwischen der Themenwahl und der konkreten Meinung zu einem Thema angesiedelt, lassen sich Frames in Anlehnung an Mannheim als „Tiefenstrukturen öffentlicher Meinung“, als deren „kategoriale Apparatur“ begreifen (Neidhardt 2000: 32).

In den Analysen der Kommentierung der überregionalen Tagespresse wurden 16 Frames bestimmt, mit denen sich der Raum der politischen Handlungsoptionen gut abbilden ließ. Da jeder Frame als Grundkonflikt zwischen einer klassisch linken und einer klassisch rechten Handlungspräferenz konzeptionalisiert war (Eilders 2004; Voltmer 1998), konnte ermittelt werden, ob zu einem Thema überwiegend linke oder rechte Positionen vertreten wurden. Durch ihren abstrakten Charakter sind solche Positionen im Gegensatz zu konkreten, zeit- und ortsgebundenen Meinungen zum politischen Tagesgeschehen stabiler und eignen sich damit besonders gut für die Analyse öffentlicher Meinungsbildung (Neidhardt 2000: 33).

Es ließ sich zeigen, dass weniger als drei oder vier Frames den Diskurs zu einem Themenbereich bestimmen. Einige Politikfelder sind durch einen einzigen Frame quasi hegemonial besetzt. Andere Themenfelder erwiesen sich als besonders schwach hegemonialisiert. Das ist deswegen bedeutsam, weil Frames relativ stabile Valenzen aufweisen. Sie sind mit einem Überhang von entweder typisch linken oder typisch rechten Positionen ver-

18 Vgl. auch Iyengar/Kinder (1987) und Krosnick/Kinder (1990) zum verwandten Priming-Effekt.

knüpft. Das Meinungsklima zu einem bestimmten Thema wird durch das Mischungsverhältnis der verwendeten Frames bestimmt. Das heißt, die Durchsetzung eines Frames trägt erheblich zur Durchsetzung linker bzw. rechter Positionen in Bezug auf dieses Thema bei.

In Bezug auf die in Kommentaren angesprochenen Themen und Meinungen ist zu fragen, inwiefern die verschiedenen gesellschaftlichen Interessenslagen in der Kommentaröffentlichkeit hinreichend repräsentiert sind. Da inhaltsanalytisch erfasste Themen keine Aussagen über die dahinter stehenden Interessen erlauben[19], kann diese Frage nicht einfach beantwortet werden. Zum einen erlaubt jedoch der Grad der Themenfokussierungen zwischen linken und rechten Zeitungen im Medienspektrum eine Einschätzung der Übereinstimmung in Bezug auf die thematischen Anliegen. Zum anderen kann die Konflikthaltigkeit der Meinungen, die zu den jeweiligen Themen vertreten werden, Auskunft über die Repräsentation unterschiedlicher Interessen geben. Ob darüber hinaus Interessen unberücksichtigt blieben, kann freilich nicht bestimmt werden.

Im Untersuchungszeitraum zeigten sich im Spektrum der Qualitätspresse beträchtliche Fokussierungen auf die gleichen Themenbereiche bei gleichzeitig ausgeprägter Uneinigkeit auf der Meinungsebene. In dieser Perspektive zeichnete sich ein relativ breiter Meinungskorridor zwischen linkem und rechtem Spektrum ab. Zumindest auf dieser Dimension sind die konkurrierenden Interessen in den Kommentaren der überregionalen Qualitätszeitungen hinreichend abgebildet. Auf den Grad der Übereinstimmung in Bezug auf eine allgemeine Homogenität oder Heterogenität öffentlicher Meinung in den Kommentaren wird weiter unten noch einmal zurückzukommen sein.

Mit den verschiedenen Themenbereichen, denen in den Kommentaren mehr oder weniger Relevanz zugewiesen wird, kommen auch jeweils unterschiedliche Akteursensembles ins Spiel. Dabei verläuft die Relevanzzuweisung für Akteure hochgradig selektiv. Im jeweiligen Themenkontext werden die Akteure genannt, denen zu einem Thema Relevanz zugebilligt wird. In Bezug auf die Strukturierung öffentlicher Meinung lässt sich die Bedeutungszuweisung für bestimmte Akteure demnach als der Themenwahl nachgeordnete Selektion fassen.

---

19 Auch eine nähere Bestimmung eines idealen Vielfaltsgrades für die angesprochenen Themen erscheint angesichts des dazu quer liegenden Kriteriums der Relevanz nicht möglich.

Die Kommentierung bedeutet für die Akteure zusätzliche Aufmerksamkeit.[20] Die in den Kommentaranalysen ermittelte Akteursauswahl entsprach wegen der geringen Berücksichtigung der Peripherieakteure eher nicht dem Anforderungsprofil deliberativer Öffentlichkeitsmodelle (vgl. Gerhards/Neidhardt/Rucht 1998; Ferree et al. 2002). Lediglich in Bezug auf die Policy-Themen[21] erwies sich Öffentlichkeit als etwas offener und durchlässiger.

Peripherieakteure können in Kommentaren zwar nicht als Sprecher mit eigener Stimme auftreten, können jedoch mit ihren Anliegen und Problemen, für die sie stehen, in Kommentaren sichtbar gemacht werden. Da Kommentare im Prinzip unabhängig von der Tagespolitik sind und daher etwas freier als die Nachrichten Relevanz zuweisen können, besteht die Möglichkeit, dass Kommentatoren sich zu Advokaten dieser in den Medien kaum sichtbaren Interessen machen und ihr Zugangsprivileg zur Öffentlichkeit in deren Sinne nutzen. Die Kommentatoren nutzten die Freiheiten des Meinungsgenres nach unseren Befunden jedoch nicht dazu, Öffentlichkeit für die sonst wenig sichtbaren zivilgesellschaftlichen Akteure herzustellen. Von einer hinreichenden Offenheit für diese Akteurstypen kann keine Rede sein.

In Bezug auf die Diskursivität und die resultierende Entstehung von Verdichtungen von Themen und Meinungen im medialen Verarbeitungsprozess verweist Friedhelm Neidhardt auf den Agitations- und Verlautbarungscharakter der Sprecherbeiträge, die keinerlei Erwartungen an ein hohes Maß an Verständigungsorientierung, Rationalität und Konsens nähren (Neidhardt 1994: 20f.).[22] Gleichwohl lässt der Sprechertyp des Kommentators qua professioneller Orientierung die Erfüllung bestimmter Diskurs-Ansprüche eher erwarten (Neidhardt 1994: 22). Kommentatoren etwa dürften neben Experten und Intellektuellen vergleichsweise diskursiv kommunizieren, da Diskursqualitäten zu ihrem Rollenbild gehören und sie mit Reputationsverlust bei Kollegen und Publikum rechnen müssen, wenn sie von den wissenschaftlichen und intellektuellen Kommunikationsstandards abweichen. Denkbar ist

20 Dabei ist die exponierte Stellung in der Öffentlichkeit nicht immer auch erwünscht. Die überwiegend negativen Bewertungen der kommentierten Akteure machen deutlich, dass es sich bei der Kommentaröffentlichkeit häufig um eine kritische Öffentlichkeit handelt (Pfetsch 2004: 98f.; vgl. auch Lüter 2004: 184ff.).

21 Allerdings variiert der Anteil der Peripherieakteure und der jeweiligen zivilgesellschaftlichen Akteursgruppen auch zwischen den einzelnen Politikfeldern ganz erheblich (Pfetsch 2004: 90).

22 Auch Bernhard Peters sieht die Chance einer zwangfreien Überzeugung auf der Basis eines rationalen Diskurses eher skeptisch (Peters 2001: 666). Habermas selbst ist im Vorwort der Ausgabe von 1990 von einigen seiner Vorstellungen abgerückt (Habermas 1990: 11ff.). Das betrifft u. a. die Wahrscheinlichkeit der Konsenserzielung angesichts der ausgeprägten gesellschaftlichen Heterogenität (vgl. dazu Imhof 2003: 200).

daher, dass der Kommentardiskurs – im Gegensatz zum Mediendiskurs im Nachrichtenteil – in höherem Maße Charakteristika des deliberativen Modells von Öffentlichkeit aufweist.

Damit ist zunächst die Frage aufgeworfen, ob die Kommentatoren sich aufeinander beziehen. Diese Interaktionen wurden in der Inhaltsanalyse des Projekts nicht systematisch überprüft. Ebenso wenig wurde erfasst, ob die Bezugnahmen im Sinne des Diskursmodells fair und rational verliefen. Während die inhaltsanalytischen Befunde keine Aussagen über die Diskursivität zwischen den unterschiedlichen Zeitungen erlauben, ergeben sich daraus doch indirekte Hinweise auf ein gemeinsames „Gesprächsuniversum". So zeigt sich im untersuchten Zeitungsspektrum ein beträchtlicher Grad an thematischer Übereinstimmung. Man kann davon ausgehen, dass die Kommentatoren weitgehend parallele Relevanzzuweisungen vorgenommen haben. Diese dürften nicht ausschließlich dadurch zu erklären sein, dass jeweils die gleichen Auswahlkriterien wirksam waren. Vielmehr legen die Befragungsergebnisse zur Mediennutzung der Kommentatoren die Vermutung nahe, dass die Kommentatoren umfassend über die Relevanzwahrnehmung und die Positionen anderer Medien unterrichtet waren und sich unter anderem auch daran orientiert haben.

In Bezug auf die Meinungen zeigte sich weniger Übereinstimmung zwischen den Zeitungen. Mit der Analyse von Kommentaren der Qualitätspresse wurde ein Segment öffentlicher Meinung in den Blick genommen, das in quantitativer Hinsicht zwar nur einen kleinen Ausschnitt dieser Summe darstellt, hinsichtlich der politischen Positionen das parlamentarische Spektrum weitgehend abbildet. Die daraus resultierenden abweichenden Meinungen zu gemeinsamen Themen deuten jedoch nicht auf einen Mangel an Diskursorientierung hin. Vielmehr münden Diskurse nicht notwendig in einen Konsens. Die öffentliche Meinung in diesem Fall stellt sich auf der Themenebene als relativ homogen dar, während sie auf der Meinungsebene eine heterogene Struktur aufweist. Die Sprecherbeiträge haben sich hier auf gemeinsame Themen, nicht aber zu übereinstimmenden Positionen verdichtet.

Die spezifische Struktur öffentlicher Meinung, die sich in der Kommentierung der überregionalen Tagespresse zeigt, lässt sich mit bestimmten Erwartungen in Bezug auf politische Resonanz verbinden. Öffentliche Meinung ist ein kollektives Produkt, das zwar nicht an ein Mindestmaß an Übereinstimmung gebunden ist (vgl. Abb. 2), jedoch zu einer bedeutenden gesellschaftlichen und politischen Größe dann wird, wenn sie als einheitliche Willensbekundung auftritt. Öffentlicher Meinung wird also v.a. in ihrer Einheitlichkeit eine wichtige Rolle im politischen Entscheidungsprozess zugeschrieben. Erst wenn die öffentlichen Wahrnehmungen und Präferenzen in *eine* Richtung weisen, kann sich ein politischer Impetus entfalten.

Im Rekurs auf Page (1996) kann man somit davon ausgehen, dass Medien die größten Resonanzchancen haben, wenn sie sich dem politischen System gegenüber als „unified actor" präsentieren, anstatt sich mit widersprechenden Relevanzzuweisungen und Meinungsäußerungen gegenseitig zu paralysieren. Gerade die politischen Entscheidungsträger beobachten nicht einzelne Zeitungen, sondern das gesamte Spektrum von Themen und Meinungen im Mediensystem, um damit Hinweise für ihr politisches Handeln zu erhalten. Nehmen sie die Medien als übereinstimmende Größe wahr, dürfte erheblicher Druck entstehen.

Dabei spielen Themen und Meinungen hier eine je unterschiedliche Rolle. Die größten Chancen, eine Problembearbeitung im politischen System zu bewirken, werden einer übereinstimmenden Thematisierung zugeschrieben. Die Richtung dieser Bearbeitung dürfte dagegen eher von entsprechend übereinstimmenden Meinungsäußerungen abhängen. Sind die Meinungen zu einem übereinstimmend kommentierten Thema unterschiedlich, so ist die Richtung der politischen Bearbeitung kaum vorherzusagen. Sie wird v.a. von den Mehrheitskonstellationen im Parlament abhängen und davon, welche spezifischen Zeitungen in welchen „advocacy coalitions" mit welchen Akteuren welche Meinungen vertreten werden.

In der Kommentierung der überregionalen Qualitätspresse zeichnet sich das Bild einer weitgehend thematisch fokussierten Öffentlichkeit ab, das von erheblichen Positionskonflikten gekennzeichnet ist. Offenbar hat sich im Verarbeitungssystem Öffentlichkeit eine übereinstimmende Relevanzwahrnehmung in Bezug auf einige wenige Top-Themen entwickelt. Damit kommt auch zum Ausdruck, dass sich die „carrying capacity" der Öffentlichkeit zu einem gegebenen Zeitpunkt tatsächlich auf einige wenige *gemeinsame* Themen beschränkt. Die Bearbeitungschance für diese Themen lässt sich als vergleichsweise groß einschätzen. Das klassische Links-Rechts-Schema erwies sich insofern als strukturgebend, als die Konflikte v.a. auf der Ebene der Positionen verliefen. Damit bleibt die Richtung der Bearbeitung offen, da aufgrund des Auseinanderfallens der Positionen in der öffentlichen Meinung kein entsprechender Druck aufgebaut werden kann.

Welches der normativen Öffentlichkeitsmodelle die öffentliche Meinung, wie sie in der überregionalen Pressekommentierung zum Ausdruck kommt, am besten abbildet, lässt sich auf der Basis unserer Daten in Bezug auf den Konsonanzgrad, aber auch in Bezug auf das Kriterium der Inklusion diskutieren. Der geringe Konsonanzgrad der öffentlichen Meinung in Bezug auf die Meinungen gibt kaum Anlass, von einem verständigungsorientierten

Diskursprozess zwischen den verschiedenen Kommentatoren auszugehen, an dessen Ende sich die Meinungen aneinander angenähert haben.[23] Trotz der vergleichsweise höheren Übereinstimmung auf der Themenebene entspricht die heterogene Struktur der öffentlichen Meinung damit kaum den Vorstellungen des Diskursmodells.

Die normativen Erwartungen des Diskursmodells werden auch in Bezug auf die Inklusion von Peripherieakteuren nicht erfüllt. Die eingangs festgestellte Freiheit der Kommentatoren, auch jenseits der professionellen Aufmerksamkeitskriterien des Mediensystems – etwa im Sinne einer anwaltschaftlichen Thematisierung – Relevanz zuweisen zu können, wurde in der untersuchten Kommentierung nicht wahrgenommen. Ressourcenarme Akteure wurden auch im Meinungsgenre kaum beachtet.

Insgesamt deutet in der Kommentierung der überregionalen Qualitätspresse wenig darauf hin, dass das untersuchte Segment öffentlicher Meinung anspruchsvollen Öffentlichkeitsvorstellungen entspricht. Öffentlichkeit im Kommentargenre erfüllt zwar Thematisierungsfunktionen und gewährleistet eine informierte Meinungsbildung, indem Themen gemeinsam diskutiert werden und jeweils unterschiedliche Meinungen dazu vertreten werden. Eine Übereinstimmung in der Sache wird im Kommunikationssystem Öffentlichkeit jedoch nicht erzielt. Öffentlichkeit stellt sich damit überwiegend als Streit in Bezug auf gemeinsame Themen dar. Ob der mangelnde Konsens auf den Profilierungsdruck im Medienspektrum zurückzuführen ist oder aber auf unüberwindbare Interessensgegensätze, kann an dieser Stelle nicht beantwortet werden. Dem politischen Entscheidungssystem bleibt es überlassen, konsens- oder kompromissfähige Problemlösungen zu erarbeiten.

## 6 Fazit

Wie lässt sich nun – jenseits der empirischen Einzelbefunde – der Ertrag der öffentlichkeitstheoretischen Fundierung der Kommentaranalysen beschreiben? Konnte der Akteursstatus von Medien mithilfe dieser spezifischen Konzeptionalisierung angemessen herausgearbeitet werden? Ergeben sich vor diesem Hintergrund interessante Anschlussfragen, die die weitere Forschung anleiten können?

---

23 Theoretisch wäre es natürlich denkbar, dass der Diskurs über ein bestimmtes Thema gerade begonnen hat und sich eine Übereinstimmung auf der Meinungsebene erst später einstellt. Für eine solche Entwicklung liefern unsere Daten jedoch keine Hinweise.

Grundsätzlich liegt der Ertrag einer theoretischen Fundierung von Ansätzen und Befunden in einem Forschungsfeld in einer Systematisierung der Konzepte und in einer erweiterten Anschlussfähigkeit an andere Forschungsfelder. Wenngleich nicht alle hier angesprochenen Aspekte sich stringent auf öffentlichkeitstheoretische Konzepte beziehen ließen und in Bezug auf die empirische Bearbeitung viele Fragen offen bleiben, hat die Anwendung der Öffentlichkeitstheorie auf das Meinungsgenre dazu beigetragen, die relevanten Dimensionen herauszuarbeiten.

Die Bedeutung zentraler Konzepte wie Themen und Meinungen konnten bestimmt und auf unterschiedliche normative Vorstellungen zu Funktionen und Leistungen bezogen werden. So wurden etwa Kommentatoren als Sprechertypen mit bestimmten Zugangsprivilegien im Kommunikationssystem Öffentlichkeit beschrieben, Kommentare wurden als output des Verarbeitungssystems und damit als öffentliche Meinung konzeptionalisiert, Themen und Akteure als Kristallisationspunkte von öffentlichem Diskurs und Frames als Tiefenstrukturen öffentlicher Meinung. Die normativen Anforderungen verschiedener Öffentlichkeitsmodelle, wie etwa Inklusion oder Diskursivität wurden in Bezug auf diesen output diskutiert. Gerade die normativen Bezüge haben den Status´ von Kommentaren im Gesamt der öffentlichen Kommunikation deutlich gemacht.

Die Auseinandersetzung mit den spezifischen Privilegien von Kommentatoren im Vergleich mit anderen Öffentlichkeitssprechern einerseits und der empirischen Kommentarrealität andererseits hat darüber hinaus verdeutlicht, welchen Einschränkungen die Wortmeldungen der Medien selbst durch die Ausrichtung an der Medienlogik unterliegen. Das ist insofern besonders bedeutsam, als die Kommentare einen wesentlichen Bestandteil der öffentlichen Meinung darstellen, der unter bestimmten Bedingungen durchaus Wirkungen entfalten kann. Diese Bedingungen betreffen die Makrodimension von Medienkommunikation. Nicht mehr der einzelne Beitrag steht im Vordergrund, sondern die Konstellation von Themen und Meinungen im Mediensystem. Damit lässt sich die Struktur öffentlicher Meinung als wesentliche Einflussgröße im politischen Prozess fassen.

Offen geblieben ist die Frage nach der Diskursivität der Kommentare. Lassen sich Kommentatoren durch Argumente überzeugen, passen sich die Meinungen vom Rande des politischen Spektrums im Laufe einer Debatte den zentraler positionierten Meinungen an oder lässt sich zeigen, dass bestimmte Zeitungen jeweils themenspezifisch die Meinungen anführen? Wie gestaltet sich Meinungswandel im Mediensystem, wie gelangen neue Sichtweisen in die Debatte, wie setzen sie sich durch? Für das Verständnis öffentlicher Meinungsbildung müsste in einer Prozessanalyse die Entwicklung von

Themen und Meinungen zwischen den unterschiedlichen Medien verfolgt werden. Das freilich kann nicht in einer themenübergreifenden Analyse, sondern nur in thematisch fokussierten Studien untersucht werden.

## Literaturverzeichnis

Beierwaltes, Andreas (2000): Demokratie und Medien. Der Begriff der Öffentlichkeit und seine Bedeutung für die Demokratie in Europa. Baden-Baden: Nomos.

BverfGE (1966): 20, 162ff.

Degen, Matthias (2004): Mut zur Meinung. Genres und Selbstsichten von Meinungsjournalisten. Wiesbaden: VS Verlag.

Eilders, Christiane (1997): Nachrichtenfaktoren und Rezeption. Eine empirische Analyse zur Auswahl und Verarbeitung politischer Information. Opladen: Westdeutscher Verlag.

Eilders, Christiane (1999): Synchronization of Issue Agendas in News and Editorials of the Prestige Press in Germany. In: Communications, 24, 3, 301-328.

Eilders, Christiane (2004): Von Links bis Rechts. Deutung und Meinung in Pressekommentaren. In: Eilders, Christiane/Neidhardt, Friedhelm/Pfetsch, Barbara: Die Stimme der Medien. Pressekommentare und politische Öffentlichkeit in der Bundesrepublik. Wiesbaden: VS Verlag, 129-166.

Eilders, Christiane/Neidhardt, Friedhelm/Pfetsch, Barbara (1997): Pressekommentare und öffentliche Meinung. In: Schatz, Heribert/Jarren, Otfried/Knaup, Bettina (Hrsg.): Machtkonzentration in der Multimediagesellschaft? Beiträge zu einer Neubestimmung des Verhältnisses von politischer und medialer Macht. Opladen: Westdeutscher Verlag, 176-187.

Eilders, Christiane/Neidhardt, Friedhelm/Pfetsch, Barbara (2004): Die Stimme der Medien. Pressekommentare und politische Öffentlichkeit in der Bundesrepublik. Wiesbaden: VS Verlag.

Eisner, Manuel (1991): Politische Sprache und sozialer Wandel. Eine quantitative und semantische Analyse von Neujahrsleitartikeln in der Schweiz von 1840 bis 1987. Zürich: Seismo Verlag.

Erbring, Lutz (1989): Nachrichten zwischen Professionalität und Manipulation. Journalistische Berufsnormen und politische Kultur. In: Kaase, Max/Schulz, Winfried (Hrsg.): Massenkommunikation. Theorien, Methoden, Befunde. Sonderheft 30 der Kölner Zeitschrift für Soziologie und Sozialpsychologie. Opladen: Westdeutscher Verlag, 301-313.

Etzioni, Amitai (1969): Elemente einer Makrosoziologie. In: Zapf, Wolfgang (Hrsg.): Theorien des sozialen Wandels. Köln/Berlin: Kiepenheuer & Witsch, 147-176.

Gerhards, Jürgen (1997): Diskursive versus liberale Öffentlichkeit. Eine empirische Auseinandersetzung mit Jürgen Habermas. In: Kölner Zeitschrift für Soziologie und Sozialpsychologie, 49, 1, 1-34.

Gerhards, Jürgen/Neidhardt, Friedhelm (1991): Strukturen und Funktionen moderner Öffentlichkeit. Fragestellungen und Ansätze. In: Müller-Doohm, Stefan/ Neumann-Braun, Klaus (Hrsg.): Öffentlichkeit, Kultur, Massenkommunikation. Beiträge zur Medien- und Kommunikationssoziologie. Oldenburg: bis, 31-89.

Gerhards, Jürgen/Neidhardt, Friedhelm/Rucht, Dieter (1998): Zwischen Palaver und Diskurs. Strukturen öffentlicher Meinungsbildung am Beispiel der deutschen Diskussion zur Abtreibung. Opladen/Wiesbaden: Westdeutscher Verlag.

Ghanem, Salma (1997): Filling in the Tapestry. The Second Level of Agenda Setting. In: McCombs, Maxwell/Shaw, Donald L./Weaver, David (Hrsg.): Communication and Democracy. Exploring the Intellectual Frontiers in Agenda Setting-Theory. Mawha, New Jersey/London: Lawrence Erlbaum Associates Publishers, 3-14.

Habermas, Jürgen (1990): Strukturwandel der Öffentlichkeit. Untersuchungen zu einer Kategorie der bürgerlichen Gesellschaft. Frankfurt a.M.: Suhrkamp. (Nachdruck der Erstausgabe von 1962, Neuwied: Luchterhand).

Habermas, Jürgen (1992). Faktizität und Geltung. Beiträge zur Diskurstheorie des Rechts und des demokratischen Rechtsstaats. Frankfurt a.M.: Suhrkamp.

Habermas, Jürgen (2006). Political Communication in Media Society. Does Democracy still enjoy an Epistiemic Dimension? The Impact of Normative Theory on Empirical Research. Unveröffentlichtes Manuskript eines Vortrags auf der Jahrestagung der International Communications Association in Dresden, 23.6.2006.

Hagen, Lutz M. (1992): Die opportunen Zeugen. Konstruktionsmechanismen von Bias in der Zeitungsberichterstattung über die Volkszählungsdiskussion. In: Publizistik, 37, 4, 444-460.

Heming, Ralf (1997): Öffentlichkeit, Diskurs und Gesellschaft. Zum analytischen Potential und zur Kritik des Begriffs der Öffentlichkeit bei Habermas. Wiesbaden: Deutscher Universitätsverlag.

Hilgartner, Stephen/Bosk, Charles L. (1988): The rise and fall of social problems. A public arenas model. In: American Journal of Sociology, 94, 1, 53-78.

Imhof, Kurt (2003): Öffentlichkeitstheorien. In: Bentele, Günter/Brosius, Hans-Bernd/Jarren, Otfried (Hrsg.): Öffentliche Kommunikation. Handbuch Kommunikations- und Medienwissenschaft. Wiesbaden: Westdeutscher Verlag, 193-209.

Iyengar, Shanto/Kinder, Donald R. (1987): News that Matters. Chicago: Chicago University Press.

Kaase, Max (1998): Politische Kommunikation. Politikwissenschaftliche Perspektiven. In: Jarren, Otfried/Sarcinelli, Ulrich/Saxer, Ulrich (Hrsg.): Politische Kommunikation in der demokratischen Gesellschaft. Ein Handbuch. Opladen/Wiesbaden: Westdeutscher Verlag, 97-113.

Kepplinger, Hans Mathias (1985): Die aktuelle Berichterstattung des Hörfunks. Eine Inhaltsanalyse der Abendnachrichten und politischen Magazine. Freiburg/ Breisgau/München: Alber.

Krosnick, Jon A./Kinder, Donald R. (1990): Altering the foundations of support for the president through priming. In: American Political Science Review, 84, 4, 497-512.

Kurz, Harald (1995): Die Wiedervereinigung im Spiegel der "Tagesthemen"-Kommentare von 1988 bis 1992. Eine sprachwissenschaftliche Analyse. Frankfurt a.M. u.a.: Peter Lang.

Lenk, Hartmut E. H./Tiittula, Liisa (1990): Die implizite Botschaft. Eine kontrastive Untersuchung zum Explizitätsgrad von Bewertungshandlungen in Pressekommentaren/Leitartikeln. In: Der Ginkgo Baum. Germanistisches Jahrbuch für Nordeuropa, 9, 160-181.

Luhmann, Niklas (1971): Öffentliche Meinung. In: Luhmann, Niklas (Hrsg.): Politische Planung. Aufsätze zur Soziologie von Politik und Verwaltung. Opladen: Westdeutscher Verlag, 9-34.

Lüter, Albrecht (2004): Politische Profilbildung jenseits der Parteien? Redaktionelle Linien in Kommentaren deutscher Qualitätszeitungen. In: Eilders, Christiane/ Neidhardt, Friedhelm/Pfetsch, Barbara (2004): Die Stimme der Medien. Pressekommentare und politische Öffentlichkeit in der Bundesrepublik. Wiesbaden: VS Verlag, 167-195.

Ferree, Myra Marx/Gamson, William A./Gerhards, Jürgen/Rucht, Dieter (2002): Four models of the public sphere in modern democracies. In: Theory and Society, 31, 289-324.

McCombs, Maxwell E./Lopez-Escobar, Esteban/Llamas, Juan Pablo (2000): Setting the Agenda of Attributes in the 1996 Spanish General Election. In: Journal of Communication, 50, 2, 77-92.

Neidhardt, Friedhelm (1994): Öffentlichkeit, öffentliche Meinung, soziale Bewegungen. In: Kölner Zeitschrift für Soziologie und Sozialpsychologie, Sonderheft 34. Opladen: Westdeutscher Verlag, 7-41.

Neidhardt, Friedhelm (2000): Öffentlichkeit und Politik. Simmel-Vorlesungen an der Humboldt-Universität. Manuskript, Berlin.

Neidhardt, Friedhelm (2004): Kommentarthemen. Die mediale Policy-Agenda. In: Eilders, Christiane/Neidhardt, Friedhelm/Pfetsch, Barbara (2004): Die Stimme der Medien. Pressekommentare und politische Öffentlichkeit in der Bundesrepublik. Wiesbaden: VS Verlag, 106-128.

Neidhardt, Friedhelm/Eilders, Christiane/Pfetsch, Barbara (2001): Die Stimme der Medien im politischen Prozeß. Themen und Meinungen in Pressekommentaren. Unveröffentlichtes Manuskript: WZB-Abschlussbericht.

Neidhardt, Friedhelm/Eilders, Christiane/Pfetsch, Barbara (2004): Einleitung: Die „Stimme der Medien". Pressekommentare als Gegenstand der Öffentlichkeitsforschung. In: Neidhardt, Friedhelm/Eilders, Christiane/Pfetsch, Barbara (Hrsg.): Die Stimme der Medien. Pressekommentare und politische Öffentlichkeit in der Bundesrepublik. Wiesbaden: VS Verlag, 11-36.

Page, Benjamin I. (1996): The Mass Media as Political Actors. In: Political Science & Politics, 29, 1, 20-24.

Page, Benjamin I./Shapiro, Robert Y./Dempsey, Glenn R. (1987): What moves Public Opinion? In: American Political Science Review, 81, 23-43.

Peters, Bernhard (2001): Deliberative Öffentlichkeit. In: Wingert, Lutz/Günther, Klaus (Hrsg.): Die Öffentlichkeit der Vernunft und die Vernunft der Öffentlichkeit. Festschrift für Jürgen Habermas. Frankfurt a.M.: Suhrkamp, 655-677.

Pfeil, Monika (1977): Zur sprachlichen Struktur des politischen Leitartikels in deutschen Tageszeitungen. Eine quantitative Untersuchung. Göppingen: Alfred Kümmerle.

Pfetsch, Barbara (2004): Geschlossene Gesellschaft? Akteursensembles und Akteursbewertungen in Pressekommentaren. In: Eilders, Christiane/Neidhardt, Friedhelm/Pfetsch, Barbara (2004): Die Stimme der Medien. Pressekommentare und politische Öffentlichkeit in der Bundesrepublik. Wiesbaden: VS Verlag, 74-105.

Pfetsch, Barbara/Eilders, Christiane/Neidhardt, Friedhelm (in Zusammenarbeit mit Stefanie Grübl) (2004): Das „Kommentariat". Rolle und Status einer Öffentlichkeitselite. In: Eilders, Christiane/Neidhardt, Friedhelm/Pfetsch, Barbara (2004): Die Stimme der Medien. Pressekommentare und politische Öffentlichkeit in der Bundesrepublik. Wiesbaden: VS Verlag, 39-73.

Schönbach, Klaus (1977): Trennung von Nachricht und Meinung. Empirische Untersuchung eines journalistischen Qualitätskriteriums. Freiburg/München: Alber.

Schulz, Winfried (1976): Die Konstruktion von Realität in den Nachrichtenmedien. Analyse der aktuellen Berichterstattung. Freiburg/München: Alber.

Schulz, Winfried (1997): Politische Kommunikation. Theoretische Ansätze und Ergebnisse empirischer Forschung zur Rolle der Massenmedien in der Politik. Opladen/Wiesbaden: Westdeutscher Verlag.

Snow, David A./Rochford, E. Burke/Worden, Steven K./Benford, Robert D. (1986): Frame Alignment Processes, Micromobilization, and Movement Participation. In: American Sociological Review, 51, 4, 464-481.

Staab, Joachim Friedrich (1990): Nachrichtenwert-Theorie. Formale Struktur und empirischer Gehalt. Freiburg/Breisgau/München: Alber.

Voltmer, Katrin (1998): Medienqualität und Demokratie. Eine empirische Analyse publizistischer Informations- und Orientierungsleistungen in der Wahlkampfkommunikation. Baden-Baden: Nomos.

Weischenberg, Siegfried (1995): Journalistik, Band 2. Medientechnik, Medienfunktionen, Medienakteure. Opladen: Westdeutscher Verlag.

Weiß, Hans-Jürgen (1985): Die Tendenz der Berichterstattung und Kommentierung der Tagespresse zur Neuordnung des Rundfunkwesens in der Bundesrepublik Deutschland (Oktober 1984 bis Januar 1985). Ergebnisse einer quantitativen Inhaltsanalyse. In: Media Perspektiven, 12, 845-866.

Weiß, Hans-Jürgen (1986): Rundfunkinteressen und Pressejournalismus. Abschließende Analysen und Anmerkungen zu zwei inhaltsanalytischen Zeitungsstudien. In: Media Perspektiven, 2, 53-73.

Weiß, Hans-Jürgen (1988): Meinungsgestaltung im Interesse der Zeitungen? Eine Analyse der Zeitungspublizistik zur Erhöhung der Rundfunkgebühr (Oktober 1987 bis Januar 1988). In: Media Perspektiven, 8, 469-489.

Weßler, Hartmut (1999): Öffentlichkeit als Prozeß. Deutungsstrukturen und Deutungswandel in der deutschen Drogenberichterstattung. Opladen/Wiesbaden: Westdeutscher Verlag.

# Medien als Schnittstelle zwischen politischen und ökonomischen Strukturen – Politische Kommunikation in der Perspektive der Institutionenökonomie

*Alihan Kabalak, Birger P. Priddat und Markus Rhomberg*

## 1 Einleitung

Die Relevanz öffentlicher und insbesondere massenmedialer Kommunikation ergibt sich bereits aus der Frage, wie ermittelt wird, welches dringliche gesellschaftliche Problemlagen und Themen sind, die in der politischen Öffentlichkeit diskutiert werden (sollen). Gesellschaften – so die These – können ohne effiziente Strukturen und Mechanismen zur Ermittlung der Relevanz von Issues nicht längerfristig existieren. In den modernen Demokratien haben die Massenmedien diese Vermittlungsrolle übernommen, „the mass media produce products that somehow influence the public's notion about which issues are more important than others" (Lasorsa 1997: 156). Die Annahme dabei ist, dass das, was die Bürger über Politik wissen, fast ausschließlich aus den Massenmedien erfahren. Dazu stellen sich weitere Fragen nach den Vermittlungskanälen von relevanten Themen zwischen Bürgern und politischen Entscheidungszentren, also nach der Responsivität politischer Systeme.

Die politische Ökonomie schenkt der Funktion der Massenmedien in der öffentlichen Kommunikation wenig Beachtung; Medien werden als reine Mittler von Informationen ohne Einfluss auf Inhalte bestimmt. Dazu fragen wir, wer denn die Relevanz bzw. Bedeutung von gesellschaftlichen Themen bestimmt und nach welchen Kriterien dies geschieht. Unsere These dazu ist, dass die Massenmedien eben nicht als reine Mittler von Informationen dienen, sondern durch die Berichterstattung bzw. die Nicht-Berichterstattung mitbestimmen, welche Issues in der Öffentlichkeit und den politischen Entscheidungszentren diskutiert werden. Dies geschieht über mediale Regelwerke der Selektion (vgl. Rhomberg 2006). Die Medien befinden sich dadurch in einer nicht unerheblichen Machtposition gegenüber den politischen Akteuren und der öffentlichen Diskussion.

Der Versuch, den Begriff der politischen Kommunikation in einen größeren Theoriekontext einzubetten, wollte bisher nicht recht gelingen. Wir wollen politische Kommunikation – besonders in Anbetracht der oben zur

Diskussion gestellten Thesen – in einem Gesamtmodell, vor allem unter Einbeziehung neuerer ökonomischer Theorien, erklären.

## 2 Politischer und ökonomischer Wettbewerb im Zeichen der Massenmedien

Ökonomischer Wettbewerb wird in der klassischen Theorie über Produktqualitäten und -preise geführt. Erfolgsbestimmend ist der effektive und effiziente Wettbewerb als Entdeckungsverfahren von neuem Wissen. Daraus ergeben sich zwei Arten von Innovation: Produkt- und Prozessinnovation. Die Wettbewerber müssen dabei über i) Produktion oder Zukauf von Wissen und ii) die Selektion des einzusetzenden Wissens entscheiden.

Wettbewerb in der Medienökonomie läuft über die kommunikative Wertbelegung des Produkts. Es geht darum, Aufmerksamkeit und Interpretation des Konsumenten für das Produkt zu beeinflussen. Breite Aufmerksamkeit wird über die Publikations- und Verstärkerfunktion der Medien erreicht. Der Schwerpunkt verlagert sich von der Bedienung nachfrageseitig qualitativ vorgegebener Bedürfnisse auf die aktive Bearbeitung der Inhalte der Nachfrage.

Politischer Wettbewerb wird klassisch über Qualität und Kosten alternativer kollektiv bindender Entscheidungsmöglichkeiten geführt. Dazu gehören Entscheidungen über Institutionen und über öffentliche Güter.[1] Die Qualität von Politik misst sich – ökonomisch gesprochen – an individuellen Wählerpräferenzen. Die Kosten der Politik, die die Wähler zu tragen haben, umfassen auch die bürokratische Dimension der Umsetzung von Entscheidungen. Sind die Wähler nicht vollkommen informiert, können sie diese Kosten nicht exakt abschätzen. Dann bleibt der Politik ein gewisser Spielraum, mit Scheinkosten und Scheinnutzen zu argumentieren. Politische Innovationen zielen entsprechend auf Inhalte von Entscheidungen und auf die Kosten von deren Umsetzung zuzüglich besserer Begründungsweisen vertretener Meinungen. Entscheidend sind hierbei wieder Generation und Selektion von Wissen (vgl. Nullmeier 1993; Priddat 2004b; Wohlgemuth 1999, 2003).

Wettbewerb in der Mediendemokratie wird über die Inszenierung von politischen Positionen zu bestimmten Issues und auch Personen in den Medien geführt, die Aufmerksamkeit und Interpretation des Wählers zugunsten des jeweiligen Kandidaten bzw. der jeweiligen Partei beeinflussen sollen. Politische Konkurrenz vollzieht sich also in Besetzung bestimmter Issues

1 Nicht die Güter selbst sind das Produkt der Politik, sondern die Entscheidung über sie.

und deren Interpretation, also dem Gewinnen von Themenhoheit in der öffentlichen Kommunikation. Dabei gilt es, die *Gunst* im Forum der Medien zu erobern.

Die Medien spielen dabei eine aktive Rolle bei der Herstellung von Öffentlichkeit, sie bestimmen Struktur und Dynamik nach medialen Aufmerksamkeitsregeln. Medien werden immer mehr zur Voraussetzung für die Informations- und Kommunikationspraxis politischer Akteure. Überschreiten die Medien dabei aber nicht ihre öffentliche Rolle in Demokratien, die ihnen in normativen Festsetzungen zugedacht wird? „Verändern sie damit nicht das System demokratischer Kontrolle und institutioneller Machtbalance in einer Weise zu ihren Gunsten, wie es dem Modell einer demokratischen Gesellschaft widerspricht" (Schulz 1997: 237)?

Mediale Regeln der Selektion und Präsentation haben heute eine entscheidende Rolle im politischen Prozess übernommen. Auch hier wird Aufmerksamkeit über die Nutzung bzw. Benutzung von Medien erreicht. Traditionell ging die politische Kommunikation davon aus, dass die politischen Akteure Ereignisse produzierten, die dann von Medien selektiert und anschließend in Szene gesetzt wurden. Aktuell dürfte aber eher die These zutreffen, dass die Ereignisse, die die Politik den Medien präsentiert, bereits so stark die Medienlogiken simulieren, dass die Medien diesen medialen Aufbereitungsprozess nicht mehr leisten müssen.[2] Darauf kommen wir zurück.

Wir haben es mit gesteuerten Aufmerksamkeiten zu tun, die politische und ökonomische Werte schaffen und verteilen. Die Medien leiten die Aufmerksamkeit, die sie bei ihren Adressaten (Wählern, Konsumenten) genießen, an Politik und Wirtschaft weiter. Wir müssen dabei also die Programmbereiche Werbung und Nachrichten unterscheiden (Luhmann 1996). In Bezug auf die Nachrichten interpretiert die Redaktion – unter den Bedingungen der medialen Selektionsmechanismen – die politischen Botschaften. Im Programmbereich der Werbung geben die Medien Botschaften als externe unkommentierte Information weiter. Der Konsument muss dafür nicht zahlen; er wendet aber seine knappe Aufmerksamkeit für die Werbung auf (und erbringt damit quasi eine Konsumentenleistung). Medien, die sich ausschließlich über ökonomische Werbung finanzieren, sind für den Rezipienten kostenlos. Solche Medien sind die privaten elektronischen Anbieter (TV, Radio und noch zu weiten Teilen Informationsprovider im Internet) im Ge-

2 Medialisierung meint die „Prägung der von Massenmedien berichteten Inhalte nach Maßgabe einer Medienlogik, d. h. nach medienspezifischen Selektionsregeln und Darstellungsformaten" und die „Prägung der Wirklichkeit aufgrund einer Wechselwirkung oder Reziprozität zwischen Medien und Ereignissen" (Schulz 2003).

gensatz zu den – ebenfalls privaten – Printmedien und den elektronischen öffentlich-rechtlichen Anbietern.[3]

## 3 Politische Kommunikation und Medienleistung

Kanäle der politischen Kommunikation können i) die Fremddarstellung politischer Botschaften nach medialen Regeln sein und ii) die Selbstdarstellung auf unkommentierten Werbeseiten. Letzteres betrifft Kampagnen im Wahlkampf, welche die Parteien vollständig selbst bestimmen. Sie müssen nicht *fürchten*, dass journalistische Selektionskriterien die Botschaft oder die Darstellung verändern (vgl. Lessinger et al. 2003).

Neuere US-amerikanische Studien über Wahlwerbespots legen nahe, dass Agenda-Setting auch durch Kampagnenkommunikation stattfindet: „Political and information campaigns use the agenda-setting-power of advertising to impact the electorate, news coverage, and public policy in an age of integrated, market-driven information and new media technologies" (Roberts 1997: 86). Die Vorteile für Wahlkampfstrategen liegen dabei auf der Hand: Wahlwerbung muss nicht erst die Filtersysteme und Selektionsregeln der Massenmedien passieren mit der Gefahr der Um-Interpretation, der Nicht-Beachtung von Themen etc., die Intentionen der Strategen werden dem Wahlvolk direkt vermittelt. Dennoch – so die überwiegenden Studien – haftet politischer Werbung eben der Hauch der Werbung und nicht der medialen Berichterstattung und damit ein Mangel an Glaubwürdigkeit an.

Vor der Fremddarstellung von politischen Inhalten durch die Medien steht die Selbstdarstellung der Politik für die Redaktion. Politik agiert also weitestgehend medienzentriert, auch wenn sie vorgeben muss, sich am Wählerwillen zu orientieren. Medien sind das *erste Publikum* (oder besser der *erste Rezipient*) der Politik, sie gilt es zu überzeugen. Diese Überzeugungsarbeit läuft entlang der medialen Regelwerke.

In ihrer Rolle als Agenda-Setting Instanzen (Brettschneider 1994: 225, vgl. auch Nullmeier 1993) strukturieren Massenmedien die politischen Themen, die in der politischen Öffentlichkeit diskutiert werden. Die politische Öffentlichkeit dient dabei als *Resonanzboden* (Habermas 2006) für gesell-

---

3 Die öffentlich-rechtlichen Anbieter finanzieren sich zum Großteil über Gebühren, die von den Rezipienten zu entrichten sind, aber auch über Werbung. Eine ähnliche Struktur erkennen wir bei einem Großteil der Printmedien, die sich ebenfalls aus direkten Gebühren, die der Rezipient zu entrichten hat, aber auch und besonders aus Werbung, finanzieren. Eine Sonderform der Medienfinanzierung sind Modelle, die sich explizit von der Werbefinanzierung abwenden und sich nur (oder fast ausschließlich) über die Rezipientenseite finanzieren (Pay-TV) (vgl. Wirtz 2005).

schaftliche Problemlagen. Medien verschaffen Themen Publizität. Massenmedien sind für das Funktionieren von demokratischen Gesellschaften von entscheidender Bedeutung, ihre Rolle ist aber nicht nur die eines Vermittlers, sie übernehmen eine aktive Rolle im politischen Kommunikationsprozess. Sie sind Umweltbeobachtungssysteme, die auf gesellschaftliche und soziale Probleme aufmerksam machen, aktiv thematisieren und auf Verantwortlichkeiten aufmerksam machen.

Wir gehen noch einen Schritt weiter: Die Funktion des politischen Systems liegt in der Verwirklichung gesellschaftlicher Ziele durch das Treffen gesellschaftlich verbindlicher Entscheidungen. „In der Politik liegt der Akzent auf dem Prozess der Entscheidungsfindung über Fragen der Öffentlichkeit – Aktivitäten oder Güter – was getan und wem was zugeteilt werden soll“ (Deutsch 1976: 14). Um diese Ziele zu verwirklichen, entwickeln demokratische Systeme Mechanismen, um gesellschaftliche Ziele zu definieren, Konflikte zwischen verschiedenen gesellschaftlichen Gruppen zu lösen und Ressourcen zu verteilen (vgl. Deutsch 1976: 18-19). Wir sprechen also von der *Responsivität* des politischen Systems gegenüber den Wünschen, Vorstellungen und Themen der Bürger, die das politische System aufnehmen sollte. Doch wie geschieht das? Nach dem Konzept des Policy-Agenda-Setting (Rogers/Dearing 1988: 566) beobachten die politischen Eliten in Parteien und Parlament die Bevölkerungspräferenzen nicht nur anhand ihres unmittelbaren Votums in politischen Wahlen auf unterschiedlichen föderalen Ebenen, sondern auch mit Meinungsumfragen und eben auch durch die veröffentlichte Meinung in den Massenmedien (Fuchs/Pfetsch 1996). Diese veröffentlichte Meinung scheint für das politische System ein „ernstzunehmender Indikator gesellschaftlicher Interessen, Forderungen und Problemlagen“ (Marcinkowski 1998: 10) zu sein. Bei Luhmann dient Nicht-Informiertheit als Exklusionsmechanismus: „Politiker insbesondere können es sich nicht leisten, mittags nicht zu wissen, was morgens in allen Zeitungen stand. Es genügt natürlich prätendiertes Wissen, aber es zahlt sich aus, wenn man immer schon mehr weiß, als in den Zeitungen stand und anderen ihr Wissen erklären kann. Aufgrund dessen spielen in der Politik persönliche Netzwerke für die Weitergabe von nicht (oder noch nicht) öffentlichem Wissen eine erhebliche Rolle. [...] Gehandelt wird hier Information gegen Prestige" (Luhmann 2000: 296-297).

Policy-Agenda-Setting (Rogers/Dearing 1988) postuliert einen direkten Zusammenhang zwischen der politischen Medienberichterstattung und dem Meinungsbildungsprozess in Parteien, Regierung und Parlament und beschreibt somit einen direkten Kanal zwischen Medien-Agenda und Policy-Agenda. Je mehr Aufmerksamkeit die Massenmedien auf ein Thema konzentrieren, desto höher ist die Bedeutung dieses Themas in der Bevölkerung, und desto wichtiger ist das Thema für einen politischen Akteur zu handhaben. In der deutschen Forschungslandschaft ist diese These aber erst sehr lückenhaft untersucht worden (vgl. Sarcinelli/Schatz 2002: 23; Marcinkowski 1998; vgl. auch Liebl 2000).

Die Leistungen, die die Medien für den Rezipienten erbringen, umfassen i) die eben beschriebene Selektion und Festlegung der Agenda, ii) die Fremddarstellung bzw. Präsentation politischer Prozesse im weitesten Sinne, sowie iii) die Lieferung von Begründungen für oder wider bestimmte Meinungen. Wir wollen das näher bestimmen:

i) Die Festlegung der Medienagenda hilft dem Rezipienten, die eigene (knappe) Aufmerksamkeit effizienter einzusetzen und stellt damit eine (geldwerte) Leistung dar. Selektion umfasst sowohl die Auswahl bestimmter Themen, als auch die Zusammenstellung bestimmter Äußerungen als Inszenierung von politischer Konfrontation, die – nach den medialen Selektionsmechanismen – Aufmerksamkeit erzeugt. In diesem Punkt ist die Lieferung politischer Kommunikation mit der anderen wesentlichen Leistung von Massenmedien verwandt: der Unterhaltung.

ii) Die Darstellung von verschiedenen Themen und Standpunkten durch die Medien erleichtert dem Rezipienten, sich eine Meinung zu den behandelten Themen zu bilden. Soweit sich die Medien an ihren normativen Grundsatz der vollständigen, umfassenden Information halten, geht es hier darum, die Umstände der Kommunikation von Issues durch Politiker darzustellen und so den Kontext zu liefern, in den konkrete Äußerungen von Rezipienten gebracht werden können. Hieraus und aus der Selektionsfunktion der Medien speist sich aber die Macht der Medien, auch dann meinungsbildend zu wirken, wenn sie Ansichten präsentieren, die nicht explizit – etwa als Meinung eines Journalisten – ausgewiesen sind.

Grundsätzlich haben Medien und Journalisten damit zwar die Gelegenheit, ihr meinungsbildendes Potential gezielt zugunsten bestimmter politischer Lager einzusetzen und sich das von den Begünstigten entgelten zu lassen. Wegen des Schadens, der dadurch der Glaubwürdigkeit und damit dem Aufmerksamkeitspotential des Medienunternehmens entstünde, wenn dies wiederum zum öffentlichen Thema würde, richtet sich das Interesse des Unternehmens aber insgesamt darauf, bei Rezipienten als (finanziell) unabhängig zu gelten. Das Korrektiv liefert hier die wirtschaftliche Konkurrenz der Medienunternehmen untereinander, schlägt aber nicht auf einzelne Journalisten direkt durch. Journalisten stehen auch in dieser Hinsicht im Agentenverhältnis zum Prinzipal Unternehmen (mit allen Folgen der entsprechenden ökonomischen Modelle) (vgl. Jensen/Meckling 1976 zu den Grundlagen der Agenturtheorie).

iii) Offene und begründete Unterstützung bestimmter politischer Positionen (in Form von journalistischen Kommentaren als direkte Wahlempfehlung[4]) gilt nicht als Manipulation, sondern als Leistung. Sie dient der medialen Funktion, Begründungen für abweichende Meinungen zu provozieren, die neben der neutralen Berichterstattung eine wesentliche Leistung von Medien darstellt. Eine andere Form der Präsentation findet sich als moderierte Diskussionsrunden in den elektronischen Medien. Diese Leistung erzeugt umso mehr Aufmerksamkeit, je glaubwürdiger das Medium ist.

Glaubwürdigkeit ist eine wichtige Imagedimension für öffentliche Personen und Institutionen, aber auch für die Medien selbst. Medien transportieren, erzeugen oder verstärken durch ihre Themenauswahl auf der einen Seite *ein* Image des politischen Systems. In Vollziehung ihrer Nachrichtenwertlogik mit Faktoren wie Negativismus, Konflikt oder Skandal werden vor allem sie für das schwindende politische Interesse des Publikums verantwortlich gemacht. Auf der anderen Seite ist Glaubwürdigkeit aber ein ebenso hoher Imagefaktor für die Medien selbst, „übertragen auf den Agenda-Setting-Ansatz könnte man vermuten, dass die Glaubwürdigkeit der Quelle auch bei der Übernahme der Medienagenda eine Rolle spielt“ (Rössler 1997: 149). Rezipienten weichen bei der Beurteilung einer Nachricht häufig dahingehend aus, die Glaubwürdigkeit der Quelle, nicht jedoch den Wahrheitsgehalt einer präsentierten Information zu bewerten.

In der öffentlichen Arena werben die politischen Akteure um die Zustimmung zu verschiedenen Issues, die auf der politischen Agenda stehen. Politische Akteure und Bürger stehen aber nur in den wenigsten Fällen in direktem Kontakt, Informationen und Kommunikationen werden fast ausschließlich über die Massenmedien vermittelt. Der (politische) Grenznutzen von direkten Wählerkontakten dürfte für sich genommen vernachlässigbar gering sein. Angesichts des Selektionsproblems der Wähler gilt das übrigens für beide Seiten, da es für Bürger schwer abschätzbar ist, welche Veranstaltung zu besuchen sich lohnt und welche nicht. Ihren Wert beziehen solche Veranstaltungen als Pseudo-Events durch die mediale Nachbereitung als Nachrichten über *Bürgernähe*. Politische Kommunikation findet auch dezentral zwischen Bürgern bzw. Wählern statt, als mediale Anschlusskommunikation rekurriert sie aber großteils auf Themen aus der medialen Berichterstattung, „die Öffentlichkeit richtet sich in ihrer Diskussion der Fragen von

---

4 In US-amerikanischen Präsidentschaftswahlkämpfen sind direkte Wahl-Empfehlungen einzelner Medien durchaus üblich. Auch Deutschland hat bei den vergangenen zwei Bundestagswahlen Erfahrungen mit diesen direkten Empfehlungen gemacht.

öffentlichem Interesse danach, welche Themen in den Medien am häufigsten diskutiert werden“ (Eichhorn 1996: 41).

Politiker liefern ihre Selbstdarstellung in Form politischer Themen und entsprechender Entscheidungsvorschläge als Rohmaterial für mediale Vermittlungen. Sie haben ein Interesse, ihre Darstellung mediengerechter Vorselektion zu unterwerfen. Doch bereits das *Rohmaterial*, das den Medien zur Verfügung gestellt wird, ist das Ergebnis von professionellem Issue-Management und Inszenierungsleistungen auf Seiten der Politik (vgl. u. a. Liebl 2000). Dafür zeichnen die Public-Relations-Abteilungen der politischen Organisationen verantwortlich. Wir treffen darum auf miteinander um Zustimmung und Publizität konkurrierende Darstellungen und Begründungen von Issues und deren Entscheidungsfolgen mit Hilfe von politischer PR.

Politische Akteure müssen immer mehr Ressourcen in die Kontrolle und Beobachtung der öffentlichen Arena investieren. Die Berichterstattung der Medien ist für das politische System ein Ersatzindikator für die öffentliche Meinung (Fuchs/Pfetsch 1996): Massenmediale Kommunikation dient dabei als eine Art *Rückkopplungsinstrument*: Welcher Probleme und Lösungen soll sich das politische System bedienen, und was ist beim Publikum durchsetzbar. Medien sind ein sensibles und schnell reaktionsfähiges System. Sie werden immer mehr zur Voraussetzung für die Kommunikationspraxis gesellschaftlicher und politischer Akteure: Ohne Medien gibt es keine anhaltende, stabile Kommunikation zwischen den Akteuren wie auch zwischen Akteuren und Bürgern; Medien dominieren diese Vermittlungsstrukturen.

Die Medien verfügen aber nur über eine begrenzte Kapazität zur medialen Übersetzung von Themen, dies führt zu einem intensiven Wettbewerb um Medienaufmerksamkeit (vgl. Kriesi 2001: 8; Jarren 2001). Und auch die Verarbeitungskapazität der Öffentlichkeit ist in Relation zur Zahl und Komplexität von Themen sehr stark beschränkt. Eine restriktive Auswahl von Themen ist damit unvermeidlich, und „der Auswahlprozess kann offensichtlich nicht einfach die Form einer Tagesordnungsdebatte haben, in der die gesamte Öffentlichkeit sich nach Prüfung möglicher Themen ein Urteil über die Prioritäten der Debatte bildet. Es muss also Formen oder Mechanismen der Auswahl von Themen und der Steuerung von Aufmerksamkeiten geben, die anders wirken“ (Peters 1994: 62).

Die Selektionsmechanismen sind zunächst vor allem bei den Massenmedien selbst zu suchen: „The news is not a reflection of the day; it is a set of stories constructed by journalists about the events of the day“ (McCombs 1993: 11). Empirische Forschungen haben gezeigt, dass jede Form von Massenkommunikation, sei es bei den Print-Medien oder den Elektronischen

Medien, bei der Auswahl und Gewichtung von Ereignissen zur Berichterstattung dieselben Filtersysteme anwendet. Diese Mechanismen sind in der Kommunikationswissenschaft unter dem Begriff der Nachrichtenfaktoren in ihrer Rezeption und Wirkung breit erforscht (Schulz 1976; Eilders 1997).

### *3.1 Medien als 3rd party-enforcer politischer Konkurrenz*

Da Nachrichtenmaterial nicht knapp ist, stellt die Generierung von Ereignissen bzw. Kommunikationen durch die Politik keine Leistung dar, die die Medien zu vergelten hätten. Medien können Nachrichtenknappheit zudem dadurch verhindern, dass sie ihr Potential zu investigativem Journalismus als Drohmittel gegen die Politik einsetzen. Die Politik hat ohnehin ein eigenes Interesse an der Produktion von sog. Pseudo-Events. Das Wissen, das Medien in ihre Produkte *politische Berichterstattung*, *Kommentar* etc. investieren, wird nicht politisch geliefert. *Die Medien versorgen die Politik demnach auf eigene Kosten mit Aufmerksamkeit.* Trotz dieses Leistungsüberschusses der Medien im Verhältnis zur Politik erfolgen keine Kompensationszahlungen dafür (wie es auf Märkten zu erwarten wäre). Zahlungen von Politikern an Medien würden den medialen Selektionsmechanismus außer Kraft setzen und den für die Glaubwürdigkeit notwendigen Eindruck der neutralen Berichterstattung und sachgerechten Kommentierung zerstören. Solch ein öffentlicher Glaube an mediale Objektivität ist die Voraussetzung der Generierung von Aufmerksamkeit. Medien und Politik haben ein Interesse daran, dies aufrecht zu erhalten. Was die Mobilisierung von Aufmerksamkeit angeht, sind die Interessen von Medien und Politik gleichgerichtet.

Politiker sind zudem an der *Verteilung* dieser öffentlichen Aufmerksamkeit (auf Politiker und Themen) und der darauf folgenden Bewertung von politischen Positionen interessiert, nicht aber die Medien. Politiker konkurrieren um die Aufmerksamkeit der Medien, nicht umgekehrt. Den Medien ist es funktional gleich, welcher Politiker mit welchem Thema wessen Aufmerksamkeit erregt und ob sich diese Aufmerksamkeit in Fürsprache oder Ablehnung niederschlägt.

Die Medienunternehmen erfüllen institutionentheoretisch die Bedingung einer neutralen Schiedspartei[5] und zwar eines effizienten *3rd party-enforcers*: Medien profitieren von der politischen Kommunikation auf andere Weise als die beteiligten politischen Akteure. Ihr Interesse liegt direkt in der Aufrechterhaltung der Veranstaltung nach effizienten Regeln und zwar

5 Vgl. Barzel 2002. Im Gegensatz zu Barzel (2002) schreiben wir eine solche Rolle aber nicht allein dem Staat zu (vgl. Priddat 2002).

unabhängig davon, wie sich das Verteilungsergebnis der geregelten Interaktionen darstellt. Im Gegenzug erhalten sie von der Politik Material, das, medial aufbereitet, Wählerinteressen bedient, und sich durch Medienunternehmen ökonomisch nutzen lässt. Der Überfluss medial verwertbarer Ereignisse und Kommunikationsangebote erzeugt ein Aufmerksamkeitsgefälle von der Politik in Richtung der Medien. Wäre das Material knapp, müssten umgekehrt die Medien um die Gunst der Politiker konkurrieren. Sie hätten in diesem Fall einen Anreiz, bestimmte Politiker möglichst gut darzustellen, um sich deren Aufmerksamkeit zu sichern.

Die Generierung von Ereignissen (über die berichtet werden könnte) durch die Redaktionen selbst findet in nur sehr begrenztem Maße statt. Unter Überflussbedingungen ist dies entsprechend wenig, wenn überhaupt nötig. *Die* Neutralität *der Medien wird also durch den Überschuss an politischen Äußerungen garantiert.* Dieser Überschuss schafft aber Beobachtungs- und Selektionskosten politischer Kommunikation, die allein die Medien aufzuwenden haben. Dadurch erfüllen sie aber eine Funktion, die auch der Politik nützt. *Was zu bleiben scheint, ist eine ökonomische Schuld der Politik gegenüber den Medien, die weder direkt ökonomisch (zahlend) noch politisch (Ämter vergebend) beglichen werden kann.*

Die Gegenleistung erfolgt in indirekter Weise. Durch die kostenaufwendige Selektion und Aufbereitung des Materials, das zur medialen Vermarktung taugt, wird der Wettbewerb unter Politikern angetrieben. Angesichts der Konkurrenz um mediale Aufmerksamkeit antizipieren Politiker die Selektionskriterien und den Nachrichtenbedarf der Medien. Sie bemühen sich nun, medial möglichst erfolgreich verwertbare Ereignisse zu generieren. Das ist eine Form von Qualitätswettbewerb, von dem (erfolgreiche) Politiker und Medien gleichermaßen profitieren, die Medien aber auch monetär:

1. Das Aufmerksamkeitspotential beim Bürger als Wähler, das sich die Medien damit aufbauen, können sie als Aufmerksamkeit des Bürgers als Konsument an werbewillige Unternehmen weiter vermarkten.
2. Hinzu kommt, dass gleichzeitig die (Beobachtungs-)Kosten der Medien gesenkt werden. Im Ergebnis profitieren die Medien auf Kosten der politischen Akteure ökonomisch. Das sind Leistungen von der Politik an die Medien, für die ihnen zuteil werdende Aufmerksamkeit.

Man könnte meinen, bei den Kostenersparnissen, welche die Medien anpassungsfähigen Politikern verdanken, handle es sich im Grunde um verdeckte Zahlungen. Diese Form der Leistung an die Medien durch die Politik wird aber gemeinhin nicht als neutralitätsgefährdend eingestuft. Sie liegt im Interesses sowohl des Konsumenten als auch der Wähler und wird unter Konkurrenzbedingungen an diese weitergereicht. Im Unterschied zur Bestechung von Journalisten für parteiische Berichterstattung ist die Leistung des jeweiligen Politikers an die Medien direkt an den Nachrichtenwert gekoppelt.

Die Definition der Regeln des politischen Spiels bringt für die Medien aber auch eine bestimmte Art politischer Macht mit sich, die nicht ohne weiteres unschädlich genannt werden kann. Entscheidend ist für den Neutralitätszusammenhang aber, dass die mediale Fähigkeit zum *Agenda-Setting* nicht als Parteinahme auftritt. Im Sinne der in der Einleitung aufgestellten Thesen geht es beim Agenda-Setting in erster Linie darum, Themen für die öffentliche Diskussion bereitzustellen.

Die Richtung, die Medien dem politischen Geschehen durch selektive Berichterstattung geben, betrifft alle Parteien gleichermaßen. Im Wesentlichen geht es dabei um die Nachrichtenfaktoren, unter Umständen auch zuungunsten genuin politischer Inhalte. Das Agenda-Setting der Medien geht also auf Kosten der Souveränität des politischen Systems als Ganzem, das nun nicht mehr allein über die Inhalte der Politik bestimmt: „Das Mediensystem prägt ganz selbstverständlich auch politischen Sachverhalten seine eigenen Reproduktionsstrukturen auf, verwandelt Politik z. B. in Infotainment und standardisiert sie auf jeden Fall. Umgekehrt instrumentalisieren die politischen Akteure die Medien immer virtuoser für ihre Zwecke, mit dem Gesamtresultat, dass Politik die Bürger überwiegend in Form einer Medienrealität erreicht, die als tagesaktuelle Massenkommunikation die Komplexität von Politik nicht wiederzugeben vermag" (Saxer 1998: 56). Die Macht, die Medien-Agenda mit zu bestimmen, liegt also nicht ausschließlich bei den Medien selbst. Vielmehr reagieren Medien auf externe Themenangebote und inszenierte Pseudo-Ereignisse. Letztere werden von jenen produziert, welche die Selektionsmechanismen der Massenmedien kennen und sich zunutze machen.

Politische Issues müssen sich auf dem Themenselektions-Markt aber nicht nur gegen andere politische Themen durchsetzen, sondern auch gegen Issues aus den verschiedensten Bereichen der Gesellschaft. In großer Konkurrenz steht dabei der Programmbereich der Unterhaltung. Im Wettbewerb um die Top-Agenda versucht Politik – soweit dies möglich ist – Elemente der Unterhaltung einzubauen und Politiker fern des politischen Kontextes zu platzieren, um zusätzliche Rezipienten- und Wählerschichten anzusprechen.

Die Vermittlerrolle verschafft den Medien zwar jene gefürchtete Macht, die Wähleransichten zu beeinflussen, sie verhindert aber auch, dass die Politik im freischwebenden Themenraum ohne Ansehen der Wählerinteressen operiert. Wähler-*Interesse* an Themen ist nun aber – gegen die ökonomische Intuition – wörtlich zu nehmen: Als Nachfrage nach *interessanten*

Themen im Allgemeinen, nicht nur nach Themen, die die Wohlstandsposition des Wählers angehen. Die theoretische Ausweitung des Wählerinteresses über das ökonomische Interesse hinaus verschafft dem Medienmechanismus erst die volle Marktartigkeit nach ökonomischem Muster. Interessierende politische Themen sind nun nicht – wie in der Public Choice – auf ökonomische Entscheidungen mit jenen kollektiven Aspekten beschränkt, die etwa Eigentumsrechte, öffentliche Güter, Externalitäten etc. ausmachen. Politische Themen sind zuerst politisch und in zweiter Linie möglicherweise ökonomisch relevant. Wird das gesamte Themenspektrum des Politischen in die Theorie politischen Wettbewerbs geholt, bekommen Themen einen eigenen Wert. *Politische Kommunikation wird vom kollektiven Verhandlungsprozess zum eigenständigen Konsumgut.*

Wenn dieser Themenmarkt funktioniert, richtet sich die politische Kommunikation an den wechselnden Neugierden, Ideologien etc. der Wähler aus und nicht an vermeintlich objektivierbaren ökonomischen Interessenlagen. Hier, im politischen Konsum, wäre dann auch der systematische Ort der Kommunikation der Wähler untereinander ausgemacht (vgl. Nullmeier 2001, 2003). Politische Themen lassen sich nicht gut individuell konsumieren. Sie sind Gegenstand von kollektivem Konsum. Man konsumiert politisch, indem man miteinander über Politik redet, sich streitet, gegenseitig versichert etc. Dass diese Form des Konsums unökonomisch wirkt, liegt nicht in ihrer Natur, sondern daran, dass die ökonomische Theorie traditionell auf individuelle Bedürfnisbefriedigung abstellt.

### *3.2 Schemen der Konkurrenz*

Die in unserem Konzept berücksichtigten Akteurstypen – Politiker/Parteien, Journalisten, Medienunternehmen, Wirtschaftsunternehmen und Bürger (als Konsumenten und Wähler) – stehen in den politischen und ökonomischen Sphären in verschiedenen Aufmerksamkeitsbeziehungen zueinander. Diese spiegeln strukturell die jeweiligen Angebots-, Nachfrage- und Konkurrenzverhältnisse wider. Im Allgemeinen gilt, dass diejenige Seite, die die Aufmerksamkeit einer anderen gewinnen möchte, dieser dafür Leistungen oder Zahlungen zu erbringen hat. Die derart umworbene Seite ist die einflussreichere (und unter Umständen mächtigere). Über die Kategorie *Aufmerksamkeit* lassen sich also Phänomene politischer und ökonomischer Konkurrenz auf einen Begriff bringen, der sie strukturell vergleichbar macht:

i) Politik: Politiker konkurrieren untereinander über die Medien um die Zustimmung der Wähler. Zustimmung bedingt Aufmerksamkeit, die nur medial mobilisiert werden kann. Demnach konkurrieren Politiker zunächst um die Aufmerksamkeit der Medien. Die Medien selbst konkurrieren untereinander um die Aufmerksamkeit der Rezipienten/Wähler, die sie dann an die Politik weiterreichen können. Was die Erregung von Aufmerksamkeit unter Bürgern betrifft, sind die Interessen der Politik und der Medien also gleichgerichtet. Medien treten als Agenten der Wähler bei der Beobachtung von Politik auf und sind hier dem normativen Anspruch nach neutrale, aber selektive Berichterstatter und sachkundige Kommentatoren. Die politische Funktion von Medien wird also durch das ökonomische Interesse der Medienunternehmen gestützt.

ii) Wirtschaft: Wirtschaftsunternehmen konkurrieren über die Medien um die Zahlungsbereitschaft der Konsumenten. Zahlungsbereitschaft setzt Aufmerksamkeit voraus, die nur medial mobilisiert werden kann (vgl. auch Franck 1998). Hier haben sich Formen kommunikativer Steuerung entwikkelt, die mit dem Begriff Marketing nur unzureichend beschrieben sind (Priddat 2004a, 2004c). Im Gegensatz zur politischen Sphäre lenken Redaktionen die Aufmerksamkeit der Rezipienten ihres Mediums nicht gezielt auf bestimmte Werbeinhalte. Bezüglich dieser speziellen ökonomischen Kommunikation vollbringen Redaktionen also keine Leistungen in Form von Selektion oder sachgerechter Kommentierung. Die Leistung der Medien beschränkt sich darauf, Unternehmen Werbeflächen anzubieten und steht damit in Konkurrenz zu allen Medien, auch den nicht-politischen. Durch die Präsentation ihrer Inhalte in bestimmten Medien profitiert ökonomische Werbung also von deren allgemeinem Aufmerksamkeitspotential, das auf einer von ihr unabhängigen redaktionellen Leistung basiert.

Die (ökonomische) Beziehung von Medien und Unternehmen schlägt sich also in einer spezifischen Konstellation von Aufmerksamkeiten nieder. Medienunternehmen konkurrieren untereinander um die Aufmerksamkeit werbewilliger anderer Unternehmen, indem sie diesen ihr Potential, die Aufmerksamkeit der Konsumenten zu erregen, anbieten.
Ein Medium fungiert also

1. im Politiker/Wähler-Verhältnis als Agent des Wählers, indem es durch seine bezahlte redaktionelle Leistung die Aufmerksamkeit des Wählers und darüber diejenige des Politikers auf sich zieht;
2. im Unternehmen/Konsumenten-Verhältnis als Agent des Unternehmens, indem es das durch seine redaktionelle Leistung erworbene Aufmerksamkeitspotential beim Konsumenten (Wähler) an das Unternehmen gegen Zahlung weiterreicht.

### *3.3 Aufmerksamkeit als Steuerungspotential*

Die Konstellation der Aufmerksamkeiten von Akteuren aufeinander entspricht erstens der Struktur eines Akteursnetzwerks und stellt zweitens asymmetrische Einflussbeziehungen zwischen Akteuren dar. Aufmerksamkeit konstituiert auf Seiten desjenigen, dem sie gilt, ein gewisses Steuerungspotential, das dieser durch richtig gesetzte Anreize ausüben kann. Politisch ist Aufmerksamkeit ein Steuerungspotential von Wahlverhalten und von Bürgerverhalten im Allgemeinen; es spannt sich über das gesamte Netz der Aufmerksamkeiten: von der Politik über die Medien bis hin zum Wähler. Die Aufmerksamkeitsbeziehung von Politiker und Wähler ist über diese Kaskade stets indirekt, medial vermittelt.

Ökonomisch existiert diese Kaskade nicht: Um die Aufmerksamkeit des Konsumenten buhlen gleichermaßen Medien und Unternehmen direkt. Medienunternehmen sind Zwischenhändler von Aufmerksamkeit, die sie an andere Unternehmen verkaufen, greifen aber nicht in die übrige Leistungserstellung ein. Sie haben demnach eine Art katalytischer Funktion.

Nach Gewinn strebende *Medienunternehmen* sind keinen Anreizen ausgesetzt, selbst politisch zu steuern, um bestimmte politische Situationen herbeizuführen: Medien steuern nicht politisch, *wenn* ihre Produzenten kein politisches Interesse hegen, sondern als Unternehmen ein ökonomisches. *Medien generieren, was politische Kommunikation und ökonomische Werbung für andere angeht, neutrales Steuerungspotential, nicht Steuerung.* Sie verwerten dieses Potential ökonomisch, indem sie die in der politischen Berichterstattung und Kommentierung erzeugte Aufmerksamkeit für ökonomische Zwecke verwenden, die sich unabhängig von der konkreten politischen Situation verfolgen lassen: i) über Zahlungen des Rezipienten/Wählers (Zeitungen, Gebühren bei öffentlich-rechtlichen Medien) und ii) über Zahlungen von Unternehmen für Werbung. Allerdings steuern Medien in eigener Sache durchaus wie jedes andere Unternehmen, soweit es ihre ökonomischen Leistungen betrifft: die Qualität der selektiven Berichterstattung über Politik und Unterhaltung wird ins beste Licht gerückt (Nachfragesteuerung).

Die zentrale Funktion der Medien in Demokratien liegt in der Erzeugung von Bekanntheit und Aufmerksamkeit für bestimmte Themen, und je höher der Bekanntheitsgrad eines Themas, desto wahrscheinlicher ist die Annahme, dass darüber die Rezipienten/Bürger/Wähler diskutieren (vgl. Luhmann 1996; Wimmer 2000). Indem Medien bestimmten Themen Publizität verschaffen und damit die Tagesordnungen von Politik und Publikum auswählen, strukturieren und abstimmen, *reduzieren sie die thematische*

*Basis des politischen Systems auf ein – ansonsten unwahrscheinlich – verarbeitbares Maß.*

Medien nutzen in Gesellschaften, die auf die Neutralität der Medien Wert legen, ihr Steuerungspotential nicht politisch. Die dieses Potential begründende Glaubwürdigkeit ist eine Ressource, die sie ökonomisch ausbeuten. *Medien sind kraft ihrer Position im Brennpunkt der Interessen von politischen Akteuren und Wählern in der stärksten politischen Machtposition; sie würden aber in einer funktionierenden Demokratie genau diese Macht aufs Spiel setzen, wenn sie diese selbst ausübten – und in funktionierenden Ökonomien auf Werbeeinnahmen verzichten.*

Nicht von der Beschaffung von Mehrheiten für bestimmte politische Positionen und Lager profitieren Medienunternehmen, sondern von der Bündelung und Aufrechterhaltung der Aufmerksamkeiten von Politikern und Wählern. Anderen Hinweisen auf demokratische Gesinnungen oder Interessen von Wählern oder die Selbstdarstellung der Medien als Demokratiewächter kann man noch gut naive Normativität vorwerfen. Dass einseitige Medien ihren privaten Kapitalgebern Verluste beibringen – wenn Demokratie mehr kommunikativer Konflikt und damit mehr Aufmerksamkeit bedeutet – ist aber ein *positives* Argument unserer institutionenökonomischen Analyse.

Das Argument sticht bei öffentlich-rechtlichen Medien nicht, sofern und soweit sie sich der Konkurrenz um die Aufmerksamkeit von Wählern und Konsumenten nicht stellen müssen *und* auf Werbeeinnahmen verzichten können oder müssen. Wenn aber neben ihnen auch private Medien existieren, müssen sich die öffentlich-rechtlichen Medien entweder dem Konkurrenzdruck beugen oder aber in eigener Sache (normative) Argumente produzieren, um ihre eigene Existenz zu legitimieren.[6]

Empirische Erfahrungen mit Medienunternehmern, die ihre Medien zugunsten eigener politischer Karrieren einsetzen, widerlegen unsere Ausführungen nicht. Sie sprechen lediglich gegen die implizite normative Annahme anderer ökonomischer Ansätze, wonach alle Akteure letzthin nach Gewinnmaximierung streben. Können einige Akteure für Einkommen auf Macht verzichten, können andere sich genauso gut für das Gegenteil entscheiden.

Ein Medienbesitzer mit politischen Ambitionen kann den Nachrichtenwert seines Mediums konsumieren, indem er es als Propagandainstrument einsetzt. Eine Strategie mit verhältnismäßig geringen ökonomischen Kosten könnte die Umschichtung von politischen Inhalten auf Unterhaltung (und

---

6 Die Sonderstellung öffentlich-rechtlicher und staatlicher Medien erfordert eine weitergehende Analyse, die wir an dieser Stelle nicht leisten können.

unterhaltende Propaganda) darstellen, um den Verlust an Aufmerksamkeit durch mangelnden Nachrichtenwert zu kompensieren – wenn die jeweilige Konkurrenzlage in der Medienlandschaft das zulässt. In jedem Fall sind die Einnahmemöglichkeiten eines neutralen Medienunternehmens besser, solange überhaupt Konkurrenz herrscht.

## 4 Schluss

Dass Medien der politischen Kommunikation Restriktionen auferlegen, sie also in bestimmte Bahnen lenken, deutet auf eine institutionelle Funktion. Medien stellen Regeln zur Verfügung, an die sich politische Kommunikation halten muss, um vermittelt zu werden. Zwei Aspekte sind hier relevant:

i) Soweit die Regeln darauf abzielen, die Aufmerksamkeit der Wähler zu wecken, sind Politiker- und Medieninteressen gleichgerichtet. Die Überwindung dieser Regeln von politischer Seite kann dann nur heißen, ihnen auch unter Inkaufnahme von Kosten zu folgen.

ii) Gleichzeitig bestimmen diese Regeln die Formen des politischen Wettbewerbs um die Aufmerksamkeit der Medien, die sich letztlich in der Wählergunst niederschlägt. „Regelüberwindung“ heißt hier, geschickt mit den Medien zu arbeiten, um sich mehr Aufmerksamkeit zu sichern als der politische Gegner. Die politische Zielgröße des Wettbewerbs ist begrenzt und lässt sich, anders als Profit, nicht ausweiten: die Anzahl der politischen Ämter ist konstant. Der Wettbewerb um sie also immer ein Konstantsummenspiel.

Die zweite Funktion verweist auf die Medien als Organisationen, die für die Durchsetzung der institutionellen Regeln sorgen – und zwar aus ökonomischen Interessen. Sie sind also sowohl Produzenten von Institutionen, die politischen Wettbewerb strukturieren, als auch deren *3rd-party-enforcer*. Zwischen Politik und Medien dienen die institutionellen Beschränkungen also einem Koordinationsspiel zur kooperativen Maximierung der Wähleraufmerksamkeit; und zwischen Politikern der politischen Profilierung vor den Medien. Sofern beide Parteien, Medien und Politik, davon profitieren, fällt die Durchsetzung der Regeln leicht, liegt aber letztlich in der Macht der Medien. Denn nur sie profitieren von einem funktionierenden politischen Wettbewerb *unabhängig von seinem Ergebnis*.

## Literaturverzeichnis

Barzel, Yoram (2002): A Theory of the State. Cambridge: Cambridge University Press.

Brettschneider, Frank (1994): Agenda-Setting. Forschungsstand und politische Konsequenzen. In: Jäckel, Michael/Winterhoff-Spurk, Peter (Hrsg.): Politik und Medien. Analysen zur Entwicklung der politischen Kommunikation. Berlin: Vistas, 211-229.

Deutsch, Karl (1976): Staat, Regierung, Politik. Freiburg: Rombach.

Eichhorn, Wolfgang (1996): Agenda-Setting-Prozesse. Eine theoretische Analyse individueller und gesellschaftlicher Themenstrukturierung. München: Reinhard Fischer Verlag.

Eilders, Christiane (1997): Nachrichtenfaktoren und Rezeption. Eine empirische Analyse zur Auswahl und Verarbeitung politischer Information. Opladen: Westdeutscher Verlag.

Franck, Georg (1998): Ökonomie der Aufmerksamkeit. München: Hanser.

Fuchs, Dieter/Pfetsch, Barbara (1996): Die Beobachtung der öffentlichen Meinung durch das Regierungssystem. In: van den Daele, Wolfgang/Neidhardt, Friedhelm (Hrsg.): Kommunikation und Entscheidung. Politische Funktionen öffentlicher Meinungsbildung und diskursiver Verfahren. WZB-Jahrbuch. Berlin: Edition Sigma, 103-138.

Habermas, Jürgen (2006): Strukturwandel der Öffentlichkeit: Untersuchungen zu einer Kategorie der bürgerlichen Gesellschaft; mit einem Vorwort zur Neuauflage 1990, Frankfurt a.M: Suhrkamp.

Jarren, Otfried (2001): „Mediengesellschaft". Risiken für die politische Kommunikation. In: Aus Politik und Zeitgeschichte, 41-42: 10-19.

Jensen, Michael C./Meckling, William H. (1976): Theory of the Firm. Managerial Behavior, Agency Costs and Ownership Structure. In: Journal of Financial Economics, 3: 305-360.

Kriesi, Hanspeter (2001): Die Rolle der Öffentlichkeit im politischen Entscheidungsprozess. Ein konzeptueller Rahmen für ein international vergleichendes Forschungsprojekt. Discussion Paper P 01-701. Berlin: Wissenschaftszentrum Berlin für Sozialforschung (WZB).

Lasorsa, Dominic (1997): Media Agenda Setting and Press Performance. A Social System Approach for Building Theory. In: McCombs, Maxwell/Shaw, Donald L./Weaver, David (Hrsg.): Communication and Democracy. Exploring the Intellectual Frontiers in Agenda-Setting Theory. Mahwah, NJ: Lawrence Erlbaum, 155-167.

Lessinger, Eva-Maria/Moke, Markus/Holtz-Bacha, Christina (2003). „Edmund, Essen ist fertig". Plakatwahlkampf 2002. Motive und Strategien. In: Holtz-Bacha, Christina (Hrsg.): Die Massenmedien im Wahlkampf. Die Bundestagswahl 2002. Wiesbaden: Westdeutscher Verlag, 216-242.

Liebl, Franz (2000): Der Schock des Neuen. Entstehung und Management von Issues und Trends. München: Gerling Akademie Verlag.

Luhmann, Niklas (1996): Die Realität der Massenmedien. Wiesbaden: Westdeutscher Verlag.

Luhmann, Niklas (2000): Die Politik der Gesellschaft. Frankfurt a.M.: Suhrkamp.

Marcinkowski, Frank (1998): Massenmedien und Politikinhalte. Empirische Fallstudie auf einem unterbelichteten Forschungsfeld. Paper. Duisburg: Gerhard-Mercator-Universität.

McCombs, Maxwell (1993): News Influence on Our Pictures of the World. In: Bryant, Jennings/Zillmann, Dolf (Hrsg.): Media Effects. Advances in Theory and Research. Hillsdale, NJ: Lawrence Erlbaum, 1-18.

Nullmeier, Frank (1993): Wissen und Policy-Forschung. Wissenspolitologie und rhetorisch-dialektisches Handlungsmodell. In: Heretier, Adrienne (Hrsg.): Policy-Analyse. Sonderheft 24 der Politischen Vierteljahresschrift, 34, 175-198.

Nullmeier, Frank (2001): Politikwissenschaft auf dem Weg zur Diskursanalyse? In: Keller, Reiner/Hirseland, Andreas/Schneider, Werner/Viehöver, Willy (Hrsg.): Handbuch sozialwissenschaftliche Diskursanalyse. Opladen: Leske+Budrich, 285-311.

Nullmeier, Frank (2003): Sprechakttheorie und Textanalyse. In: Maier, Matthias Leonhard/Hurrelmann, Achim/Nullmeier, Frank/Pritzlaff, Tanja/Wiesner, Achim (Hrsg.): Politik als Lernprozess? Wissenszentrierte Analysen der Politik. Opladen: Leske+Budrich, 211-223.

Peters, Bernhard (1994): Der Sinn von Öffentlichkeit. In: Neidhardt, Friedhelm (Hrsg.): Öffentlichkeit, öffentliche Meinung, soziale Bewegungen. Opladen: VS Verlag, 42-76.

Priddat, Birger P. (2002): „Third party enforcement". Governance im staats-freien globalen Raum. In: Priddat, Birger P./Hegmann, Horst (Hrsg.): Finanzpolitik in der Informationsgesellschaft. Marburg: Metropolis, 231-250.

Priddat, Birger P. (2004a): Politik als Oszillation zwischen Politik und Thematisierung: kommunikative *governance*: In: Aaken, Anne van/Grözinger, Gerd (Hrsg.): Ungleichheit und Umverteilung. Marburg: Metropolis, 93-138.

Priddat, Birger P. (2004b): 2nd-order-democracy. Politikprozesse in der Wissensgesellschaft. In: Collin, Peter/Horstmann, Thomas (Hrsg.): Das Wissen des Staates. Geschichte, Theorie und Praxis, Baden-Baden: Nomos, 72–89.

Priddat, Birger P. (2004c): Kommunikative Steuerung von Märkten. Das Kulturprogramm der Ökonomik. In: Blümle, Gerold/Goldschmidt, Nils/Klump, Rainer/ Schauenberg, Bernd/Senger, Harro von (Hrsg.): Perspektiven einer kulturellen Ökonomik. Münster: LIT, 343-361.

Rhomberg, Markus (2007 i.E.): Das Konzept des Agenda-Setting und seine Relevanz für die Demokratietheorie. Dissertation. Universität Wien.

Roberts, Marilyn (1997): Political Advertising's Influence on News, the Public und Their Behavior. In: McCombs, Maxwell/Shaw, Donald L./Weaver, David (Hrsg.): Communication and Democracy. Exploring the Intellectual Frontiers in Agenda-Setting Theory. Mahwah, NJ: Lawrence Erlbaum, 85-96.

Rogers, Everett M./Dearing, James W. (1988). Agenda-setting research. Where has it been, where is it going? In: Anderson, James A. (Hrsg.): Communication yearbook 11. Beverly Hills: Sage, 555-594.

Rössler, Patrick (1997): Agenda-Setting. Theoretische Annahmen und empirische Evidenzen einer Medienwirkungshypothese. Wiesbaden: Westdeutscher Verlag.

Sarcinelli, Ulrich/Schatz, Heribert (2002): Von der Parteien- zur Mediendemokratie. Eine These auf dem Prüfstand. In: Sarcinelli, Ulrich/Schatz, Heribert (Hrsg.): Mediendemokratie im Medienland. Opladen: Leske+ Budrich, 9-32.

Saxer, Ulrich (1998): System, Systemwandel und politische Kommunikation. In: Jarren, Otfried/Sarcinelli, Ulrich/Saxer, Ulrich (Hrsg.): Politische Kommunikation in der demokratischen Gesellschaft. Opladen: Westdeutscher Verlag, 21-65.

Schulz, Winfried (1976): Die Konstruktion von Realität in den Nachrichtenmedien. Analyse der aktuellen Berichterstattung. Freiburg: Alber.

Schulz, Winfried (1997): Politische Kommunikation. Theoretische Ansätze und Ergebnisse empirischer Forschung. Opladen: Westdeutscher Verlag.

Schulz, Winfried (2003): Politische Kommunikation. In: Bentele, Günter/Brosius, Hans-Bernd/ Jarren, Otfried (Hrsg.): Öffentliche Kommunikation. Handbuch Kommunikations- und Medienwissenschaft. Wiesbaden: Westdeutscher Verlag, 458-480.

Wimmer, Hannes (2000): Die Modernisierung politischer Systeme. Staat, Parteien, Öffentlichkeit. Wien: Böhlau.

Wirtz, Bernd W. (2005): Medien- und Internetmanagement. Wiesbaden: Gabler.

Wohlgemuth, Michael (1999): Democracy as a Discovery Procedure. Towards an Austrian Economic's Process. Discussionpaper 17. Jena: Max-Planck-Institute for research into Economic Systems.

Wohlgemuth, Michael (2003): Democracy as an Evolutionary Method. In: Pelikan, Pavel/Wegner, Gerhard (Hrsg.): The Evolutionary Analysis of Economic Policy. Cheltenham: Edward Elgar, 96-127.

# II. MASSENMEDIEN ZWISCHEN AUTONOMIE UND ABHÄNGIGKEIT –

## UNTERSUCHUNGEN IN DER PERSPEKTIVE DES NEO-INSTITUTIONALISMUS

# Einflussfaktoren auf die Handlungsautonomie der Medien im politischen Prozess westlicher Demokratien – Eine theoretische Analyse

*Peter Maurer*

## 1 Einleitung

Die Frage, inwieweit Medien als autonome Akteure im politischen Prozess gelten können, wird seit einiger Zeit von Vertretern aus Politik und Gesellschaft lebhaft diskutiert. Auffällig bei dieser Diskussion ist, dass viele Politiker eine wachsende Machtfülle der Medien beklagen. Nicht zuletzt die live im Fernsehen übertragene Medienschelte von Bundeskanzler Gerhard Schröder am Abend der Bundestagswahl 2005 führte aller Welt klar vor Augen, wie viel Autonomie den Medien gegenüber der Politik von manchen Spitzenpolitikern zugeschrieben wird. Auch Wolfgang Thierse, der Vizepräsidenten des Deutschen Bundestags, übte kürzlich in einer Grundsatzrede Kritik an der vermeintlichen Medien(über)macht. Er vertrat darin die These, Berufspolitiker seien den Marktgesetzen der Medien unterworfen und bezeichnete sie als „Getriebene", die auf die Medien viel mehr angewiesen seien als umgekehrt. Die Art und Weise, wie die Medien über Politik berichteten, erzeuge einen „fortwährenden Ansehensverlust der demokratischen Institutionen".[1]

Auch unter wissenschaftlichen Beobachtern gelten die Medien längst nicht mehr bloß als Informationsvermittler zwischen Publikum und politischer Elite. Die bis Ende der 1970er Jahre geltende These der „schwachen" Medien wurde in der Folge durch eine Sichtweise abgelöst, wonach Medien als machtvolle Institutionen gelten müssen, die politische Strukturen und Prozesse inklusive deren Ergebnisse beeinflussen (Jarren 1988). In zugespitzter Form wird den Medien der Vorwurf gemacht, sie würden demokratische Institutionen untergraben und selbst an ihre Stelle treten. Dies resultiere in dem, was als „media-driven democracy" (Mazzoleni/Schulz 1999) bezeichnet wird.

1 Vgl.: Die Kaputtmacher. Thierse rüffelt Medien für Umgang mit der Politik, in: Der Tagespiegel vom 12.09.2006.

Die Vorstellungen einer solchen „media-driven democracy" beruhen zumeist auf Entwicklungen in den USA, die dann auf Westeuropa übertragen werden. Eine Übertragung dieses US-amerikanischen Entwicklungsmusters mit seinen Implikationen für die Rolle der Medien auf westeuropäische Länder erscheint jedoch problematisch, da sich sowohl die Merkmale des Mediensystems als auch der politische Prozess beiderseits des Atlantiks folgenreich unterscheiden (Pfetsch 1998, 2000). Mazzoleni und Schulz (1999) schlagen deshalb vor, statt von einer „media-driven democracy" weniger dramatisierend von einer „Mediatisierung der Politik" zu sprechen. Damit wird markiert, dass die Medien nicht mehr bloß als Kommunikationsforen, die von politischen Sprechern genutzt werden können, um die eigenen politischen Botschaften zu verbreiten, sondern als selbständige Organisationen angesehen werden müssen, welche nach eigenen Regeln handeln und eigene Ziele verfolgen.

In empirischen Studien wurde die Rolle der Medien im politischen Prozess innerhalb der vergleichenden politischen Kommunikationsforschung vor allem in Bezug auf Wahlkämpfe untersucht (Mazzoleni 1987; Semetko 1996; Swanson/Mancini 1996). So analysiert Mazzoleni (1987), wie sich die dramatischen Veränderungen im italienischen Mediensystem seit der Einführung des privaten Rundfunks und die Krise der Parteien auf die Interaktion von politischen Parteien und Medien bei der Wahlkampfberichterstattung 1983 ausgewirkt haben. Seine Befunde geben zwar keine klare Antwort auf die Frage nach dem Autonomiegrad der Medien. Er kommt aber zu dem Ergebnis, dass sich die italienischen Medien und Parteien zum Zeitpunkt der Kampagne in einer Übergangsphase zwischen alten und neuen Mustern der Interaktion befanden, d.h. zwischen Abhängigkeit und Autonomie bzw. zwischen der traditionell dominierenden politischen Logik und der aufkommenden Medienlogik. Der sich wandelnde Autonomiegrad der Medien wird mit Veränderungen auf Seiten des Mediensystems sowie der Krise der politischen Parteien in Verbindung gebracht. Auf Seiten des Mediensystems wirkt sich die Einführung einer dualen Rundfunkordnung auf die Freiheitsgrade der Medien aus, während auf der Seite des politischen Systems der Ansehensverlust der Parteien bei den Bürgern sowie parteiinterne Veränderungen als bedeutsam eingestuft werden.

Ausgehend von dieser Problemlage diskutiert der vorliegende Beitrag Dimensionen für eine theoretische Analyse der Medienautonomie im politischen Prozess fortgeschrittener westlicher Demokratien. Im Mittelpunkt stehen drei Typen von Constraints, welche sich auf die Freiheitsgrade der Medien im politischen Prozessen auswirken: Zunächst rückt ein Phänomen in den Blickpunkt, das mit dem Oberbegriff der Postmodernisierung belegt werden kann und einen wichtigen Handlungskontext für mediale Akteure im politischen Prozess darstellt (vgl. Kapitel 2). Auf die interdependente Relation zwischen den Verlaufsbahnen gesellschaftlicher Entwicklung seit den 1960er Jahren und dem perzipierten Bedeutungszuwachs der Medien haben Beobachter wiederholt hingewiesen (u.a. Jarren 1994; Hallin/Mancini 2003, 2004). In ihren Analysen bleibt jedoch unklar, inwieweit die Medien diese Entwicklungen auslösen oder aber selbst von ihr erfasst werden. In diesem Beitrag wird vorgeschlagen, den relativen Bedeutungsverlust politischer Parteien sowie den relativen Bedeutungsgewinn der Medien mit einer Verschiebung individueller Wertepriorität, die Inglehart (1977, 1981) nachgewiesen hat, zu erklären.

In einem zweiten Schritt werden strukturelle Einflussfaktoren des Medien- und des politischen Systems identifiziert, welche die Autonomiepotentiale der Medien im politischen Prozess berühren (vgl. Kapitel 3). Schließlich wird argumentiert, dass auch die politische Kommunikationskultur (Pfetsch 2003) (vgl. Kapitel 4), d.h. die subjektive Seite des Verhältnisses zwischen Medien und Politik, die politische Handlungsrolle der Medien sanktioniert. Die Einstellungsmuster der Akteure sind zentral, weil „die in einer nationalen Medienordnung fixierten Normen ausschlaggebend dafür sind, inwieweit die Medien eines Landes den Ansprüchen des politischen Systems entgegen kommen“ (Pfetsch 2003: 83). Obgleich die theoretische Analyse auf alle fortgeschrittenen Demokratien anwendbar ist, dienen im Folgenden speziell die fortgeschrittenen, westeuropäischen EU-Länder als Bezugspunkt. Für die Rolle der Medien in neuen Demokratien sind zum Teil andere Kontextfaktoren relevant (vgl. Voltmer i.d.B.).

## 2 Die Implikationen sozio-politischer Modernisierungsprozesse: Dealignment und Wertewandel

Die Bedeutung gesellschaftlicher (Post-)Modernisierungsprozesse für die Rolle der Medien im politischen Prozess kann wie folgt resümiert werden: „Modernization leads to a weakening of political parties and emergence of a powerful role of mass media” (Swanson/Mancini 1996: 255). Zwar werden mit diesem Begriff Entwicklungen angesprochen, welche auf der Mikroebene der einzelnen Bürger stattfinden, aggregiert können sie jedoch als Merkmale eines Kollektivs aufgefasst werden. In dieser Sicht stellen sie zentrale sozial-strukturelle Rahmenbedingungen für Medienorganisationen und politische Akteure dar.

Ein zentraler Aspekt gesellschaftlicher Postmodernisierung, der zu einer gestiegenen Autonomie der Medien beiträgt, ist eine Krise der Parteien in fortgeschrittenen Demokratien. Diese kann als Konsequenz der politischen Emanzipation breiter Bevölkerungsschichten angesehen werden, welche selbst ein Effekt verschiedener sozio-politischer Prozesse ist, die mit dem Stichwort der Individualisierung bezeichnet werden. Hierzu zählen die Bildungsexpansion, die Verbreitung elektronischer Massenmedien, der Anstieg des politischen Interesses in der Bevölkerung, ein berufsstruktureller Wandel zur Dienstleistungsgesellschaft, ein für lange Zeit expandierender Wohlfahrtsstaat sowie fortschreitende Säkularisierung und Urbanisierung (Brettschneider/van Deth/Roller 2002; Hallin/Mancini 2003). Im Ergebnis führen diese Entwicklungen zum Aufbrechen der traditionellen politischen Spaltungsstrukturen, auf deren Existenz die starke Stellung der Parteien vor allem in Europa jahrzehntelang gründete.

Andererseits tritt mit dem postmaterialistischen Wertewandel als kulturelles Korrelat der Individualisierung eine Veränderung ein, welche ebenfalls die Bedeutung der Parteien schwächt. Die umfassendste Theorie des Wertewandels hat Inglehart (1998) vorgelegt. Demnach ist individueller und gesellschaftlicher Wertewandel als die kulturelle Seite fortgeschrittener sozio-ökonomischer Entwicklung aufzufassen und stellt insofern eine wichtige Komponente des Übergangs von Gesellschaften zur Postmoderne dar. Die von Inglehart (1977, 1981, 1998) mehrfach untersuchte Verschiebung von materialistischen zu postmaterialistischen[2] Grundwerten ist dabei ein zentraler Aspekt eines noch umfassenderen Wandels von Überzeugungssystemen, der auch politische, religiöse und andere Grundwerte mit einschließt. Die empirisch gut abgesicherte Postmaterialsimus-These besagt vereinfacht ausgedrückt, dass der ökonomische Wohlstand der Nachkriegszeit von den späten 1940er bis zu den frühen 1970er Jahren in Westeuropa zu einer Verbreitung dauerhafter postmaterialistischer Wertorientierungen in der Bevölkerung dieser Länder geführt hat (dies betrifft auch die USA, Japan und weitere Gesellschaften).[3]

Im Kern basiert Wertewandel auf zwei grundlegenden Hypothesen, der Mangelhypothese und der Sozialisationshypothese (Inglehart 1981,

---

2 Konkret handelt es sich dabei um eine Verschiebung von materialistischen Werten, die ökonomische und physische Bedürfnisse, wie wirtschaftliches Wachstum und innere sowie äußere Sicherheit befriedigen, hin zu postmaterialistischen Werten, die ästhetische, intellektuelle oder Selbstverwirklichungsbedürfnisse befriedigen, wie politische Partizipation, Redefreiheit, eine weniger unpersönliche Gesellschaft und eine unberührte Natur (Inglehart 1981, 1998).

3 In einem grundlegenden Aufsatz von Ronald Inglehart (1981) werden Großbritannien, Frankreich, Westdeutschland, Italien, Belgien und die Niederlande untersucht.

1998: 191). Die Mangelhypothese geht davon aus, dass die Wertprioritäten eines Individuums seine sozioökonomische Umwelt reflektieren. Der größte Wert wird auf knappe Güter gelegt. Individuen messen also materiellen Gütern wie ökonomischer und physischer Sicherheit dann den größten Wert bei, wenn diese relativ knapp sind. Sind sie dagegen im Überfluss vorhanden, nimmt ihre Priorität im subjektiven Wertesystem einer Person ab. Solange materielle Bedürfnisse unbefriedigt sind, räumen ihnen Individuen eine höhere Priorität ein als sozialen, intellektuellen oder ästhetischen Bedürfnissen. Daraus folgt im Umkehrschluss, dass dic lange anhaltende ökonomische Aufwärtsentwicklung fortgeschrittener Demokratien durch den Ausbau des Wohlfahrtsstaates und stetiges ökonomisches Wachstum Implikationen für die Wertprioritäten ihrer Bevölkerung hat.

In Verbindung mit der Sozialisationshypothese kann daraus eine Theorie des Wertewandels abgeleitet werden. Die Sozialisationshypothese postuliert, dass individuelle Wertprioritäten einer Person in ihrer formativen Phase, also vor dem Eintritt in das Erwachsenenalter, festgelegt werden und somit die zu jener Zeit herrschenden ökonomischen Rahmenbedingungen erklärungskräftig für ihre Wertprioritäten sind. Mit beiden Hypothesen zusammengenommen lässt sich begründen, dass Wertewandel als geistige Reaktion von Individuen auf spezifische ökonomische Rahmenbedingungen, die während ihrer Jugend herrschten, erklärt werden kann. Diese behalten ihre postmaterialistischen Überzeugungen, die sie in ihren Entwicklungsjahren erworben haben, bei, so dass es in den westlichen Gesellschaften zunehmend zu intergenerationellen Wertedifferenzen kommt. In dem Maße, in dem jüngere Geburtskohorten ältere ersetzen, verändern sie die Verteilung der Wertorientierungen in der Gesamtbevölkerung auf der Makro-Ebene. In der Folge werden traditionelle sozialstrukturelle Spaltungslinien, die eine Gesellschaft prägen, partiell und sukzessive durch neue Werte-Cleavages ersetzt, welche quer zu den bisherigen Konfliktlinien liegen.[4] Folglich werden politische Loyalitäten zunehmend weniger durch die politisierte Sozialstruktur determiniert, sondern durch postmaterielle Wertorientierungen jenseits traditioneller politischer Überzeugungssysteme.

Insbesondere in den am weitesten fortgeschrittenen Demokratien Westeuropas lässt sich der Wandel von materialistischen zu postmaterialistischen Werten empirisch eindeutig nachweisen. Zeitreihenanalysen aus Umfragedaten der Europäischen Union von 1970 bis 1994 weisen für Großbri-

4 „In place of cleavage politics, in which party choice is portrayed as the outcome of social structure and value orientation working together, materialist-postmaterialist conflicts are seen to create divisions between and, in the case of the middle class, among social groups" (Knutsen/Scarbrough 1995: 496).

tannien, Frankreich, Westdeutschland, Italien, die Niederlande, Irland und Dänemark einen statistisch signifikanten Anstieg postmaterialistischer Werteprioritäten aus (Inglehart 1998: 202, 225).[5] Dadurch werden traditionelle Interessenkoalitionen zwischen Parteien und gesellschaftlichen Schichten unterminiert. Die Dichotomie von materiellen und postmateriellen Werten kann in der Terminologie der politischen Soziologie als eine neue politische Konfliktlinie aufgefasst werden, von der angenommen werden kann, dass sie die in den modernen europäischen Demokratien lange Zeit dominanten traditionellen Cleavages, insbesondere das ökonomische, überlagert (Inglehart 1981: 898, 1998: 457). Inglehart (1998: 457) geht in einer neueren Arbeit davon aus, dass diese neu auftauchende Konfliktlinie auf kulturellen Themen und solchen, die die Lebensqualität der Bürger betreffen, gründet.

Wertorientierungen beeinflussen das Vertrauen in politische und soziale Institutionen und prägen „beliefs in government“ (van Deth/ Scarbrough 1995: 535), insbesondere das Vertrauen in die politischen Parteien, welche in modernen Demokratien als „the principle agents of government“ (Knutsen/Scarbrough 1995: 521) gelten können. Die etablierten politischen Parteien zeichnen sich durch Wertestabilität und Strukturkonstanz aus und haben in der Regel Schwierigkeiten, postmaterialistische Werte in ihre Programme zu integrieren. Daher können sie auf die veränderte politische Nachfrage seitens des Publikums nur zeitverzögert reagieren. Den Medien wird dagegen bescheinigt, sie seien offen für neue soziale, kulturelle und politische Themen. Darüber hinaus weisen sie eine hohe Zielgruppenorientierung auf, was ihnen in einer stark ausdifferenzierten und durch themenspezifische Interessengruppen geprägten Gesellschaft einen strukturellen Vorteil gegenüber den politischen Parteien einbringt (Jarren 1994: 26-27). In der Sichtweise mancher Beobachter beschleunigen die Nachrichtenmedien den Wertewandel sogar, indem sie Themen auf die politische Agenda setzen, welche die sich schnell wandelnden Bedürfnisse und Interessen postmaterialistisch orientierter Bürger befriedigen: „The mass media, which are strongly committed to topicality and constantly are in search of new trends, are the pacesetters of these developments“ (Mazzoleni/Schulz 1999: 253).

---

5 An Ingleharts Postmaterialismus-These wurde u.a. kritisiert, dass damit nur eine Dimension des Wertewandels angesprochen sei, dieser aber in Wirklichkeit mehrere Dimensionen umfasse. Diese Kritik basiert jedoch auf einem Missverständnis, denn Inglehart behauptet lediglich, dass die Materialismus/Postmaterialismus-Dimension eine zentrale Komponente im Wertesystem einer Person abbildet, nicht aber, dass es keine anderen Dimensionen gibt. Ein weiterer Kritikpunkt betrifft die Messung des Wertewandels über das Ranking-Verfahren. Diese Technik ist jedoch angemessen, da Inglehart (1998: 166) der Theorie gemäß die Verschiebung relativer Werteprioritäten nachweisen will und nicht das Unterstützungsniveau für bestimmte Werte.

Zusammengenommen gilt, dass die Folgen gesellschaftlicher Modernisierung auf der Mikroebene weit reichende Konsequenzen für die Rolle der Parteien und der Medien im politischen Prozess haben. Die Verbindung zwischen dem Ansehensverlust der Parteien und der angenommenen Zunahme der Bedeutung der Medien im politischen Prozess wird über funktionalistische Erklärungen hergestellt.[6] Da auch politisch interessierte und kompetente Bürger auf Deutungsmuster (*cues*) angewiesen sind, um politischen Ereignissen eine Bedeutung zu verleihen, muss es Instanzen geben, welche diese bereitstellen. Nimmt das Vertrauen vieler Bürger in die politischen Parteien als Produzenten solcher Deutungsmuster ab, müssen andere Institutionen diese Funktion übernehmen. Die Medien sind dafür prädestiniert, weil sie politische Informationen für den Einzelnen kostengünstig bereitstellen. So haben Page, Shapiro und Dempsey (1987) in den 1980er Jahren herausgefunden, dass sich die US-Amerikaner in ihrer Meinung über politische Themen am stärksten an Journalisten und von den Fernsehsendern ausgewählten Experten orientieren.

Auch empirische Befunde zum Vertrauen in Institutionen zeigen, dass die Bürger in westeuropäischen Demokratien den politischen Parteien weit weniger Vertrauen entgegen bringen als den Medien (Tabelle). Die Medien – und hier besonders Fernsehen und Radio – lassen in allen untersuchten EU-Ländern und im EU-Durchschnitt (EU-15) alle politischen Institutionen, insbesondere die Parteien, weit hinter sich. Diese Befunde sind die logische Konsequenz aus Individualisierung und Wertewandel, denn aufgrund der Erosion sozialer Kontrolle und kognitiver Mobilisierung als Resultat von Individualisierungsprozessen erhalten die Bürger erst die geistigen Voraussetzungen, um postmaterialistische und damit verwandte politische Wertekonfigurationen auszubilden, die sich dann auf die relative Wertschätzung politischer und medialer Institutionen auswirken.

Die Befunde können theoretisch so erklärt werden, dass die Differenz zwischen den Vertrauenswerten für Parteien und Medien eine Auswirkung des Bedeutungsverlustes der Parteien ist: „the crisis of the parties has only

6 So gehen Hallin und Mancini (2003: 44) davon aus, „dass die wachsende Verbreitung elektronischer Medien zusammen mit steigender Kommerzialisierung und wachsendem Selbstbewusstsein der Journalisten die Medien selbst zunehmend in eine soziale Institution von zentraler Bedeutung verwandelt hat" und weiter, dass sie „in ihrer Rolle als eigener, besonderer Institutionentyp (...) die traditionellen Vermittlungsorganisationen der Zivilgesellschaft – Kirchen, Parteien, Gewerkschaften – als wichtigstes Verbindungsorgan der Bürger mit ihrer weiteren sozialen und politischen Umwelt weitgehend verdrängt (haben)".

*Tabelle: Vertrauen in Medien und politische Institutionen in 15 EU-Mitgliedsländern (2004)*[a]

| | EU -15 | D | F | UK | I | E | A | B | NL | IRL | S | DK | GR | FIN | L | P |
|---|---|---|---|---|---|---|---|---|---|---|---|---|---|---|---|---|
| Fernsehen | 54 | 59 | 48 | 54 | 37 | 52 | 59 | 65 | 67 | 74 | 64 | 65 | 51 | 72 | 60 | 66 |
| Presse | 46 | 44 | 60 | 20 | 44 | 61 | 49 | 59 | 58 | 47 | 38 | 51 | 46 | 56 | 56 | 53 |
| Radio | 63 | 63 | 67 | 59 | 55 | 67 | 60 | 69 | 68 | 75 | 76 | 74 | 57 | 80 | 62 | 64 |
| Pol. Institutionen[b] | 35 | 36 | 32 | 31 | 25 | 40 | 45 | 36 | 52 | 42 | 40 | 50 | 34 | 43 | 57 | 39 |
| Pol. Parteien | 16 | 11 | 13 | 10 | 13 | 27 | 19 | 20 | 27 | 23 | 21 | 32 | 28 | 21 | 31 | 16 |

a Für jede einzelne Institution sollten die Befragten angeben, ob sie dieser „eher vertrauen oder eher nicht vertrauen". Angegeben ist jeweils der Anteil der Personen, welche der Institution „eher vertrauen". Ein Befragter kann mehr als einer Institution vertrauen.
b Es handelt sich hierbei um den Durchschnitt aus den Werten für nationale Regierungen und Parlamente, Behörden und politische Parteien für das Jahr 2001.
*Quelle:* Europäische Kommission (2001), Europäische Kommission (2004).

expanded the political function of the mass media" (Mazzoleni/Schulz 1999: 256). Zum einen haben die Medien für die Bürger Informationsfunktionen übernommen, welche vorher von den Parteien ausgeübt wurden und zum anderen spielen in verdichteten Kommunikationssituationen wie Wahlkämpfen politische Parteien in der Medienberichterstattung zunehmend eine geringere Rolle als Kandidaten (Dalton 1996: 212-213). Mit anderen Worten begünstigt auch die von den Medien forcierte Personalisierung der Politik ihre eigene Rolle auf Kosten der Parteien.

## 3 Strukturelle Einflussfaktoren im Medien- und politischen System

Über den Wertewandel und die durch ihn ausgelösten sozio-politischen Modernisierungsprozesse hinaus beeinflussen Strukturmerkmale des Medien- und des politischen Systems die Autonomie der Medien. Daniel Hallin und Paolo Mancini (2004: 21-45) gehen in einer neuen Arbeit, in der sie die Strukturen westlicher Mediensysteme systematisch vergleichen, davon aus, dass Mediensysteme auf vier Dimensionen unterschieden werden können:

- Entwicklung des Pressemarktes,
- Politisierung von Presse und Rundfunk,
- Professionalisierung des Journalismus,
- Rolle des Staates im Mediensystem.

Der Ansatz von Hallin und Mancini eignet sich besonders gut zur Analyse medialer und politischer Strukturen und ihrer Effekte auf die Autonomie der Medien, weil er von der soziologischen Modernisierungs- bzw. Systemtheorie[7] animiert ist. In der Logik des Analyserasters zeigt auf allen vier quantitativen Dimensionen ein Pol geringere Differenzierung an, während der andere für die stärkere Abgrenzung bzw. Eigenständigkeit des Mediensystems steht (Hallin/Mancini 2004: 76, 79-80). Abgesehen von der ersten Dimension, die relativ am wenigsten erklärungskräftig ist[8], stehen die Strukturmerkmale mit der Autonomie der Medien in engem Zusammenhang.

Die Dimension der Politisierung von Mediensystemen betrifft den Grad der Parallelität zwischen politischem und medialem System vor allem auf der Meso-Ebene. Er ist hoch, wenn bestimmte Medien bestimmten politischen Lagern zugeordnet werden können, bzw. ein starker organisatorischer oder informeller Einfluss politischer Kräfte auf sie existiert. Auswirkungen auf die mediale Autonomie können politischem Parallelismus sowohl in Bezug auf die Presse als auch im Rundfunk, vermittelt über bestimmte Modelle der Rundfunkregulierung, zugeschrieben werden. Im Bereich der Presse liegt er vor, wenn die Zeitungslandschaft das politische Spektrum abbildet oder Zeitungen politischen Strömungen zuzuordnen sind. Politischer Parallelismus variiert zwar länderspezifisch in Bezug auf Stärke und Erscheinungsformen, aber meist ist damit die Erwartung seitens des Publikums und der politischen Elite verbunden, dass die Zeitungen sich an den politischen Diskursen orientieren. Er zeigt sich insbesondere daran, dass überproportional viele Leser einer bestimmten Zeitung eine bestimmte politische Partei unterstützen.[9]

---

7 Das Analyseraster von Hallin und Mancini wurde vor dem Hintergrund der Theorie der funktionalen Differenzierung sozialer Systeme entwickelt, der zu Folge Differenzierung ein evolutionärer Prozess ist, bei dem sich gesellschaftliche Funktionssysteme strukturell voneinander trennen, um ihre Leistungs- und Anpassungsfähigkeit zu verbessern.

8 Die Dimension unterscheidet zwischen einem durch eine kommerzielle und politisch neutrale Massenpresse geprägten Zeitungsmarkt wie er in den USA vorherrschend ist und einem weniger auf ein Massenpublikum als auf nationale Eliten ausgerichteten Zeitungsmarkt. In Westeuropa existieren jedoch vor allem Mischtypen. Die autonomierelevanten Implikationen dieser Konfigurationen werden unter der Politisierungsdimension angesprochen.

9 Hallin und Mancini (2004: 102, 105, 213) präsentieren Daten für Italien, Spanien und Großbritannien.

In Bezug auf die Steuerung des Rundfunks unterscheiden Hallin und Mancini (2004: 30-31) drei Modelle. Das erste ist eine Konstellation, bei der die Regierung die Rundfunkveranstalter im Sinne einer top-down-Beziehung kontrolliert (politics over broadcasting), während das zweite Modell eine Regelung beschreibt, bei der politische Akteure an der Programmgestaltung und -aufsicht innerhalb der Rundfunkorganisationen mitwirken (politics in broadcasting). Diese beiden Varianten unterscheiden sich schließlich von einem formal autonomen System des Rundfunks, das von politischer Steuerung weitgehend abgeschirmt ist (professional model). Politischer Parallelismus ist dann als hoch anzusehen, wenn die Beziehungen zwischen Politik und Rundfunkorganisationen hierarchisch sind, so dass die Regierung einen direkten Zugriff auf den Rundfunk besitzt, wie es beispielsweise in Frankreich während der Präsidentschaft Charles de Gaulles der Fall war. Ein mittleres Niveau an politischem Parallelismus kann für „politics in broadcasting“-Modelle vermutet werden, wo sich gegenläufige Einflüsse bestimmter politischer Gruppen ausgleichen. Die stärkste Autonomie ist für das professionelle Modell anzunehmen, bei der die Einflussnahme politischer Akteure formal ausgeschlossen ist. Wichtig in unserem Kontext ist schließlich, dass politischer Parallelismus als Struktur vermutlich eine kulturelle Entsprechung aufweist. Beide Aspekte wirken sich auf die Handlungsmöglichkeiten medialer Akteure gegenüber der Politik aus.

Mediensysteme variieren auf einer zweiten Dimension in Bezug auf die Professionalisierung des Journalismus. Sie weisen einen hohen Grad an journalistischer Professionalisierung auf, wenn Journalismus als Institution und Handlungssystem von politischen und anderen sozialen Institutionen klar abgegrenzt ist. Dagegen ist die journalistische Professionalisierung gering, wenn eine Instrumentalisierung durch außerhalb des Mediensystems stehende Akteure vorherrscht. Professionalisierung bezieht sich nicht nur auf Regeln und Standards der Nachrichtenproduktion, sondern auch auf individuelle Einstellungen wie beispielsweise die Selbstwahrnehmung der Journalisten (vgl. Punkt 4). Insofern liegt eine partielle Überlappung mit der politischen Kommunikationskultur vor.

Die dritte relevante Dimension des Analyserasters von Hallin und Mancini bezieht sich auf die Differenzierung zwischen Markt und Staat. Die beiden Pole sind hier eine starke Rolle des Staates im Mediensystem versus eine starke Rolle des Marktes bzw. ein hoher Grad an Kommerzialisierung. Möglichkeiten folgenreicher staatlicher Interventionen in das Mediensystem bestehen vor allem im Bereich des öffentlich-rechtlichen Rundfunks, wo der Staat als Regulierer (oder sogar Eigentümer) auftritt und die Finanzierung sichert. Die Einführung des privat-kommerziellen Rundfunks in den meisten westeuropäischen Demokratien in den 1980er und 1990er Jahren hat diese Interventionsmöglichkeiten verringert. Obwohl sich Kommerzialisierung und politischer Parallelismus nicht ausschließen, hat die Kommerzialisierungswelle im Rundfunk die vormals enge Verbindung zwischen politischen Akteuren und den Medien nachhaltig unterminiert. Gleichzeitig rückte die Expansion der Medienmärkte die Medien zwar weiter weg vom politischen, aber dichter an das ökonomische System heran. Dennoch steht Kommerzialisierung als Strukturvariable des Mediensystems mit der Autonomie der Medien vom politischen System in einem positiven Zusammenhang (Hallin/ Mancini 2004: 282, 291).

Hallin und Mancini (2004: 56)[10] gehen darüber hinaus davon aus, dass die zentralen Institutionen des politischen Systems aufgrund paralleler historischer Entwicklungen mit dem Mediensystem in einem wechselseitigen Einflussverhältnis stehen, in dem je nach historischer Periode mal die eine, mal die andere Seite den stärkeren Einfluss ausübt (Hallin und Mancini 2004: 46-47). Wichtige politische Institutionen sind das Verhältnis von Staat und Gesellschaft (etatistisch/wohlfahrtsstaatlich vs. liberal), die Unterscheidung zwischen einem stärker mehrheits- und stärker konsensdemokratisch ausgestalteten Regierungssystem, die Unterscheidung zwischen einem pluralistischen und einem korporatistischen System der Interessenvermittlung, das politisch-moralische Wertesystems sowie die Intensität gesellschaftlicher Interessengegensätze.

Diese Strukturmerkmale des politischen Systems kovariieren besonders mit verschiedenen Stärken von Professionalisierung und Politischem Parallelismus (Schaubild). Im Einzelnen wird für das Regierungs- und Parteiensystem argumentiert, dass präsidentielle Mehrheitssysteme mit schwacher ideologischer Polarisierung und zwei zur Mitte tendierende Parteien mit politisch neutralen „Catchall"-Medien korrespondieren. Konsensdemokratien bringen dagegen Mehrparteiensysteme und in der Regel stärkere soziopolitische Spaltungen hervor, was auf der Seite des Mediensystems politischen Parallelismus verstärkt (Hallin/Mancini 2004: 51, 61). Die Verbindung zwischen den politischen Werten einer Gesellschaft und der Professionalisierung des Journalismus wird als das Ergebnis einer historischen Entwicklung angesehen: „In fact, the development of journalistic professionalism arises to a large extent from the same historical forces that produced autonomous administrative and legal systems [...] and these developments historically influenced one another in many ways" (Hallin/ Mancini 2004:

10 Für die Plausibilität eines solchen Zusammenhangs spricht, dass „die Routinen medialer Neuigkeitsproduktion" selbst als politische Institution konzeptualisiert werden können (Marcinkowski 2006: 7).

57). Infolge dessen gehen die Professionalisierung des Journalismus und „rational legal authority“ auf dieselben grundlegenden politisch-moralischen Wertorientierungen zurück.

*Schaubild: Zusammenhang zwischen Strukturmerkmalen des politischen und des Mediensystems und Effekte auf die Autonomie der Medien*[a]

| Strukturen des Politisches Systems | | Strukturen des Mediensystems | Effekt auf Autonomie d. Medien[b] |
|---|---|---|---|
| Wertesystem | rational-legal authority | Professionalisierung | + |
| | Klientelismus | Instrumentalisierung | - |
| Regierungssystem | Mehrheitsdemokratie | Catchall-Medien dominant | + |
| | Konsensdemokratie | Politischer Parallelismus | - |
| Ideologische Polarisierung | flache Konfliktlinien | Kommerzialisierung/ Professionalisierung hoch | + |
| | tiefe Konfliktlinien | Politischer Parallelismus hoch | - |
| System der Interessen-vermittlung | liberal | Polit. Parallelismus gering; „professional model“ | + |
| | korporatistisch | Polit. Parallelismus hoch; „politics in broadcasting“[b] | - |
| Rolle des Staates | liberal | Kommerzialisierung | + |
| | etatistisch/ wohlfahrtsstaatlich | Starke Regulierung/ Interventionen | - |

[a] nach Hallin und Mancini (2004), bes. Kap. 3, 8; eigene Darstellung.
[b] + = befördert Autonomie gegenüber der Politik; - = beschränkt Autonomie

Im Gegensatz dazu bringen die Autoren Klientelismus mit einem niedrigeren Professionalisierungsniveau im Journalismus in Verbindung. In einer klientelistisch geprägten politischen Kultur, wo politische Entscheidungen oft in persönlichen Gesprächen und an den politischen Institutionen vorbei ausgehandelt werden, sind auch Journalisten in solche Relationen eingebunden. Sie müssen sich von daher zunächst einmal loyal gegenüber den politischen Akteuren verhalten, von denen sie in Bezug auf politische Informationen abhängen. Diese Abhängigkeit untergräbt Bestrebungen nach einer größeren Professionalisierung ihrer Arbeitsweise und macht die Profession insgesamt anfällig für Instrumentalisierungsversuche. Schließlich standen Medien in Ländern mit einer wohlfahrtsstaatlichen Tradition und einem korporatistischen System der Interessenvermittlung zumindest in der Vergangenheit oft in einer engen Verbindung zu gesellschaftlichen Schichten, Segmenten, Interessengruppen oder politischen Parteien. Diese Verbindungen wirken bis in die Gegenwart nach und implizieren ein höheres Maß an politischem Parallelismus als es Systeme aufweisen, die sich durch eine liberale Staatstradition und ein pluralistisches System der Interessenvertretung auszeichnen.

Die vermuteten Auswirkungen der Kombinationen von politischen und medialen Strukturen auf die Autonomie der Medien sind im Schaubild (S. 84) zusammengefasst. Eine geringe mediale Autonomie gegenüber der Politik ist demnach zu erwarten, wenn sich der politische Kontext durch Klientelismus bzw. eine geringe Akzeptanz demokratisch-rechtsstaatlicher Werte und Normen, Konsensdemokratie, tiefe sozio-politische Konflikte, eine korporatistische Interessenvermittlung und eine starke Rolle des Staates in der Gesellschaft auszeichnet und gleichzeitig ausgeprägter politischer Parallelismus sowie eine geringe Professionalisierung des Journalismus vorherrschen. Umgekehrt ist eine höhere Autonomie zu erwarten, wenn sich der politische Kontext durch eine hohe Akzeptanz demokratischer Normen, mehrheitsdemokratische Institutionen, flache Konfliktlinien, ein liberal-pluralistisches System der Interessenvermittlung sowie eine staatliche laissez-faire Haltung auszeichnet und auf der Seite des Mediensystems eine stärkere Professionalisierung des Journalismus und ideologisch unabhängige Medien vorherrschen.

## 4 Politische Kommunikationskultur

Mediensysteme besitzen wie politische Systeme neben ihrer strukturellen auch eine kulturelle Komponente. Beide Komponenten sind miteinander verbunden. In der Regel wird eine Kongruenz zwischen Struktur und Kultur angenommen, worauf in Zusammenhang mit politischem Parallelismus bereits hingewiesen wurde. Genauso wie ein bestimmtes Verhalten des politischen Systems dadurch erzeugt wird, dass politische Kultur, institutionelle Arrangements sowie situative Faktoren zusammen wirken (Kaase 1983: 158), resultiert der Grad der Autonomie des Mediensystems aus seiner strukturellen und kulturellen Komponente. In Analogie zur politischen Kulturforschung lässt sich für die politische Kommunikation argumentieren, dass politische Kommunikationskultur die Gesamtheit der individuellen Orientierungen der Akteure der politischen Kommunikation gegenüber ihren spezifischen Objektbereichen bezeichnet (Pfetsch 2003: 36).

Im Unterschied zum klassischen Konzept politischer Kultur von Almond und Verba (1963) gehören die Träger der politischen Kommunikationskultur jedoch zu einer professionellen Elite. Diese Gruppe setzt sich aus Journalisten, die über Politik berichten, und politischen Eliten zusammen, die ihre politischen Programme über die Medien an die Öffentlichkeit bringen wollen oder müssen. Das Konzept der politischen Kommunikationskultur umfasst spezifische Einstellungen gegenüber vier Objektbereichen: Dem System der politischen Kommunikation insgesamt, seinem In- und Output sowie dem Selbstbild der Akteure. Von diesen Einstellungsdimensionen sind die Orientierungen dieser durchaus heterogenen Elite gegenüber dem Output der politischen Kommunikation, worunter die Ziele, Mittel und Handlungsrepertoires des Agenda-Settings in der politischen Öffentlichkeitsarbeit fallen, und gegenüber ihrer eigenen Rolle, womit professionelle Ziele, Werte und Normen sowie Einstellungen zu Konflikten angesprochen sind, die theoretisch folgenreichsten (Pfetsch 2003: 48-49).

Träger der politischen Kommunikationskultur sind alle Inhaber zentraler professioneller Kommunikationsrollen aus dem Bereich der Medien und des politischen Systems, also Elite-Journalisten und politische Eliten. Die theoretische Schärfe des Konzepts wird durch die Entwicklung einer Typologie erhöht, wie dies auch für das Konzept der politischen Kultur versucht worden ist. Aus der Kombination der beiden wichtigsten Einstellungsdimensionen, Output und Selbstbild, ergeben sich vier Typen politischer Kommunikationskultur. Dabei handelt es sich um einen parteipolitischen, einen strategischen, einen PR-orientierten und einen medienorientierten Typ. Diese vier Typen beschreiben zunächst einmal grundlegende kulturelle Konstellationen im Verhältnis zwischen Medien und Politik. Jeder dieser Typen ist mit einem spezifischen Grad an medialer Autonomie verbunden (Pfetsch 2003: 51-53). Man kann vereinfacht sagen, dass der parteienorientierte Typ und der medienorientierte Typ an zwei entgegen gesetzten Polen liegen.

Folgenreich in Bezug auf die Autonomie der Medien sind die Unterschiede in der politischen Kommunikationskultur vor allem deshalb, weil sie verschiedene Orientierungen der Akteure gegenüber ihren Rollen beinhalten. Rollen implizieren Verhaltenserwartungen und geben somit normative Orientierungen vor. Da Elite-Journalisten und politische Eliten zum Teil gegensätzliche Ziele verfolgen, ist es für die Beschreibung der politischen Kommunikationskultur wichtig, auf welcher normativen Grundlage ihre Interaktionen stehen. So wirkt eine parteienorientierte politische Kommunikationskultur medialer Autonomie gegenüber der Politik entgegen, weil hier politische Rollenkonstellationen dominant sind. Diese können so charakterisiert werden, dass Politiker als Wählkämpfer, Ideologen oder Lobbyisten angesehen werden, während die Journalisten eine für ihre politischen Ziele funktionale Rolle spielen, etwa als loyale Meinungsjournalisten oder neutrale Vermittler. In einer parteienorientierten politischen Kommunikationskultur gilt soziale Nähe als normative Basis der Interaktion, was einer „emotionale(n) Integration" (Pfetsch 2003: 149) beider Gruppen gleichkommt. Zusammengenommen haben die relativ geringe Distanz zwischen den beiden Akteursgruppen und das spezifische Bild der eigenen Rolle und der der Interaktionspartner zur Folge, dass die politische Logik, also im Kern die Machtkalküle der politischen Parteien bzw. Regierungsakteure, den Prozess der politischen Kommunikation determinieren und die Medien tendenziell im Dienst der Politik stehen.

Eine medienorientierte politische Kommunikationskultur erhöht im Gegensatz dazu die Autonomie der Medien, weil hier Rollenkonstellationen dominant sind, welche den Normen und Zielen der Medien entsprechen. Hier beruht die Interaktion auf den Werten des Journalismus. Diese Rollenkonstellationen schreiben den Medien eine Funktion als Kontrolleure der Politik oder als Unterhalter des Publikums zu und sehen – in Analogie dazu – die politischen Akteure in der Rolle von Kommunikatoren bzw. „Schauspielern". Soziale Nähe spielt dagegen nur eine untergeordnete Rolle. Im Resultat führt dies dazu, dass sich die politischen Akteure an die Regeln der medialen Nachrichtenproduktion anpassen müssen, um ihre Botschaften dem Publikum erfolgreich zu vermitteln. Dies ist typischerweise mit einem hohen Professionalisierungsgrad bzw. einem stark ausgeprägten Selbstbewusstsein des Journalismus verbunden.

Die Bedeutung der Einstellungen der Akteure der politischen Kommunikation gegenüber ihrer eigenen Rolle für die Autonomie der Medien wird auch vor dem Hintergrund dessen deutlich, was Hallin und Mancini als Veränderung des journalistischen Selbstverständnisses beschreiben. Sie behaupten, dass in Westeuropa und den USA in den 1960er und 1970er Jahren ein bedeutender Wandel dieses Selbstverständnisses stattgefunden hat, der weg führte von einem „relativ respektvollen Umgang mit etablierten Eliten und Institutionen hin zu einer aktiveren und unabhängigeren Haltung" (Hallin/Mancini 2003: 47). Diese ist vor allem dadurch gekennzeichnet, dass sich Medienvertreter nicht mehr damit begnügen, ein Sprachrohr der Politik bzw. Forum gesellschaftlicher Akteure zu sein, sondern einen eigenen Einfluss auf politische Institutionen und Entscheidungen sowie öffentliche Debatten ausüben wollen. Obgleich das Ausmaß dieser Entwicklung ihrer Einschätzung nach über verschiedene Länder hinweg variiert, folgte daraus aus ihrer Sicht einerseits die Herausbildung eines explizit journalistischen, von den Parteien abgrenzbaren Diskurses und andererseits die Vorstellung, dass Journalisten in modernen Demokratien als legitime Repräsentanten der öffentlichen Meinung angesehen werden können.

## 5 Schlussfolgerungen

Das Ziel dieses Beitrags war es, aus einer theoretischen Perspektive Einflussfaktoren zu identifizieren, welche als Handlungskontext die Autonomiepotenziale der medialen Akteure im politischen Prozess erweitern bzw. begrenzen. Dazu gehören die angesprochenen sozio-kulturellen Makrophänomene ebenso wie Strukturen des Medien- und des politischen Systems und die Kultur der politischen Kommunikation.

Die Beziehungen zwischen den Variablen können mitnichten einseitig konzeptualisiert werden. So schwächt der Wertewandel nicht nur die Parteibindung vieler Bürger, sondern wirkt sich auch direkt auf professionelle Orientierungen bzw. politische Haltungen von Journalisten und politischen Entscheidungsträgern aus. Denn in dem Maße, in dem Angehörige der stärker durch postmaterialistische Wertorientierungen geprägten Generationen in die Hauptstadtredaktionen einziehen bzw. politische Ämter und Sprecherpositionen besetzen, verbreiten sie diese Wertorientierungen im Milieu der politischen Kommunikation.[11] Die Analyse der vermuteten strukturellen Determinanten hat starke Anhaltspunkte dafür ergeben, dass bestimmte strukturelle Merkmale von Medien- und politischen Systemen zwar in Zusammenhang stehen, die beiden Bereiche sich aber zunehmend auseinander entwickeln. Darüber hinaus besteht auch ein Zusammenhang zwischen diesen Strukturen und der politischen Kommunikationskultur, da institutionelle Constraints ein wichtiger Bestimmungsfaktor der Einstellungsmuster der Akteure sind.

Die theoretische Analyse der Determinanten medialer Autonomiepotenziale liefert darüber hinaus Ansätze für eine vergleichend angelegte empirische Analyse, welche die theoretisch vermuteten Beziehungen klärt. Vorläufig muss auf neuere Studien zur Macht der Medien im Verhältnis zur Politik zurückgegriffen werden, die meist differenzierte Ergebnisse ausweisen. Obgleich Einigkeit darüber herrscht, dass die Rolle der Medien im politischen Prozess westeuropäischer Demokratien insgesamt wichtiger geworden ist, sie teilweise die Funktion der politischen Parteien übernommen haben und sich politische Akteure ihren Regeln zunehmend anpassen müssen

---

11 Ähnlich auch Hallin und Mancini (2004: 272).

(u.a. Marcinkowski 2006: 7-8), kann dies nicht mit einer grenzenlosen Autonomie der Medien gleichgesetzt werden. Mazzoleni und Schulz (1999: 258) sehen das politische System und das Mediensystem in europäischen Demokratien immer noch in einem Gleichgewicht. „Media politics“ bedeutet demnach nicht, dass die Medien die Politik bestimmen, sondern lediglich, dass die Politik nicht mehr ohne sie auskommen kann.

Erweitert man abschließend den Fokus über die traditionellen Medien hinaus auf neue Medien wie das Internet, verkompliziert sich das ohnehin schon komplexe Bild weiter. Aufgrund seiner dezentralen und transnationalen Architektur, die „mit den Entwicklungsmustern und Organisationsprinzipien moderner Infrastrukturen“ (Hoffmann 2005: 13) bricht, partizipativer Elemente und einer konsequent kommerziellen Logik unterläuft es sowohl staatliche Regulierung als auch politische Instrumentalisierung und dürfte insofern ermöglichend auf die Autonomiepotenziale der Medien gegenüber der Politik wirken.

Insgesamt bleibt festzuhalten, dass die Stellung der Medien im politischen Prozess westeuropäischer Demokratien durch das Zusammenspiel eines Sets von Faktoren bestimmt wird, deren relativer Einfluss nur mit einem quantitativ-vergleichenden Forschungsdesign untersucht werden kann. In einem solchen Design müssten die eingeführten theoretischen Konzepte operationalisiert werden, um empirische Evidenzen zu ermöglichen. Dies beinhaltet quantifizierbare länderspezifische Aussagen über die Autonomie der Medien, den Wertewandel, die Verbreitung von Parteibindungen, die Strukturen im politischen und im Mediensystem und die Typen politischer Kommunikationskultur. Nur auf der Grundlage eines solchen Designs kann die Gültigkeit der theoretisch formulierten Beziehungen ermittelt werden.

## Literaturverzeichnis

Almond, Gabriel. A./Verba, Sidney (1963): The Civic Culture. Political Attitudes and Democracy in Five Nations. Princeton: Princeton University Press.

Brettschneider, Frank/van Deth, Jan W./Roller, Edeltraud (2002): Sozialstruktur und Politik. Forschungsstand und Forschungsperspektiven. In: Brettschneider, Frank/van Deth, Jan W./Roller, Edeltraud (Hrsg.): Das Ende der politisierten Sozialstruktur? Opladen: Leske+Budrich, 7-22.

Dalton, Russel J. (1996): Citizen Politics. Public Opinion and Political Parties in Advanced Industrial Democracies. 2. Auflage. Chatham, NJ: Chatham House Publishers.

Europäische Kommission (2001): Eurobarometer. Die öffentliche Meinung in der Europäischen Union. Bericht Nr. 55. Brüssel: Europäische Union.

Europäische Kommission (2004): Eurobarometer. Die öffentliche Meinung in der Europäischen Union. Bericht Nr. 61. Brüssel: Europäische Union.

Hallin, Daniel C./Mancini, Paolo (2003): Amerikanisierung, Globalisierung und Säkularisierung. Zur Konvergenz von Mediensystemen und politischer Kommunikation in westlichen Demokratien. In: Esser, Frank/Pfetsch, Barbara (Hrsg.): Politische Kommunikation im internationalen Vergleich. Theorien, Methoden, Anwendungen. Wiesbaden: Westdeutscher Verlag, 35-55.

Hallin, Daniel C./Mancini, Paolo (2004): Comparing Media Systems. Three Models of Media and Politics. Cambridge: CUP.

Hoffmann, Jeanette (2005): Internet Governance. Zwischen staatlicher Autorität und privater Koordination. In: Internationale Politik und Gesellschaft, 3, 10-27.

Inglehart, Ronald (1977): The Silent Revolution. Changing Values and Political Styles Among Western Publics. Princeton, NJ: Princeton University Press.

Inglehart, Ronald (1981): Post-materialism in an Environment of Insecurity. In: American Political Science Review, 75, 880-900.

Inglehart, Ronald (1998): Modernisierung und Postmodernisierung. Kultureller, wirtschaftlicher und politischer Wandel in 43 Gesellschaften. Frankfurt a.M./ New York: Campus.

Jarren, Otfried (1988): Politik und Medien im Wandel. Autonomie, Interdependenz oder Symbiose? Anmerkungen zur Theoriedebatte in der politischen Kommunikation. In: Publizistik, 33, 4, 619-632.

Jarren, Otfried (1994): Medien-Gewinne und Institutionen Verluste? – Zum Wandel des intermediären Systems in der Mediengesellschaft. Theoretische Anmerkungen zum Bedeutungszuwachs elektronischer Medien in der politischen Kommunikation. In: Jarren, Otfried (Hrsg.): Politische Kommunikation in Hörfunk und Fernsehen. Opladen: Leske+ Budrich, 23-34.

Kaase, Max (1983): Sinn oder Unsinn des Konzepts „Politische Kultur“. In: Kaase, Max/Klingemann, Hans-Dieter (Hrsg.): Wahlen und politisches System. Opladen: Westdeutscher Verlag.

Knutsen, Oddbjørn/Scarbrough, Elinor (1995): Cleavage Politics. In: van Deth, Jan W./Scarbrough, Elinor (Hrsg.): The Impact of Values. Oxford: Oxford University Press, 492-523.

Marcinkowski, Frank (2006): Medien als politische Institution und ihr Beitrag zu einem „schleichenden“ Wandel des Staates. Sektion „Politische Soziologie“ auf dem Kongress der DVPW „Staat und Gesellschaft – fähig zur Reform?“ Münster.

Mazzoleni, Gianpietro (1987): Media Logic and Party Logic in Campaign Coverage. In: European Journal of Communication, 2, 1, 82-103.

Mazzoleni, Gianpietro/Schulz, Winfried (1999): „Mediatization“ of Politics. A Challange for Democracy? In: Political Communication, 16, 3, 247-261.

Page, Benjamin I./Shapiro, Robert Y./Dempsey, Glenn R. (1987): What moves public opinion? In: American Political Science Review, 81, 23-43.

Pfetsch, Barbara (1998): Government News Management. In: Graber, Doris/ McQuail, Denis/Norris, Pippa (Hrsg.): The Politics of News. The News of Politics. Washington, D.C.: CQ Press, 70-93.

Pfetsch, Barbara (2000): Strukturbedingungen der Inszenierung von Politik in den Medien. Die Perspektive von politischen Sprechern und Journalisten. In: Niedermayer, Oskar/Westle, Bettina (Hrsg.): Demokratie und Partizipation. Festschrift für Max Kaase. Wiesbaden: Westdeutscher Verlag, 211-234.

Pfetsch, Barbara (2003): Politische Kommunikationskultur. Politische Sprecher und Journalisten in der Bundesrepublik und den USA im Vergleich. Wiesbaden: Westdeutscher Verlag.

Semetko, Holli A. (1996): Political Balance on Television. Campaigns in the United States, Britain, and Germany. In: Havard International Journal of Press/ Politics, 1, 1, 51-71.

Swanson, David L./Mancini, Paolo (1996): Patterns of Modern Electoral Campaigning and Their Consequences. In: Swanson, David L./Mancini, Paolo (Hrsg.): Politics, Media, and Modern Democracy: An International Study of Innovations in Electoral Campaigning and Their Consequences. Westport, Ct/London: Praeger, 247-276.

van Deth, Jan W./Scarbrough, Elinor (1995): Perspectives on Value Change. In: van Deth, Jan W./Scarbrough, Elinor (Hrsg.): The Impact of Values. Oxford: Oxford University Press, 527-540.

Voltmer, Katrin (2007): Die Transformation der Massenmedien in neuen Demokratien. „Vierte Gewalt im Schatten der Vergangenheit“. In: Pfetsch, Barbara/Adam, Silke (Hrsg.): Massenmedien als Akteure im politischen Prozess. Konzepte und Analysen. Wiesbaden: VS Verlag.

# „Vierte Gewalt" im Schatten der Vergangenheit – Die Transformation der Massenmedien in neuen Demokratien

*Katrin Voltmer*

## 1 Einleitung

In der globalen Demokratisierungswelle, die seit Ende der 80er Jahre weltweit in dutzenden von Ländern zur Überwindung autokratischer Regime geführt hat, haben die Medien eine zentrale Rolle gespielt. Zum Teil von außerhalb des Landes, zum Teil als Untergrundpresse innerhalb des Landes operierend, haben sie dazu beigetragen, den Widerstand gegen das alte Regime zu mobilisieren. Umso überraschender ist es, zu beobachten, dass in zahlreichen der neu entstandenen Demokratien die Demokratisierung der öffentlichen Kommunikation derjenigen anderer Institutionen deutlich hinterherhinkt. Übergriffe der politischen Machthaber in die Berichterstattung, unkontrollierte Kommerzialisierung und mangelhafte journalistische Qualität stehen einer pluralistischen Berichterstattung und damit aufgeklärter demokratischer Willensbildung im Wege. Der Erfolg in der Demokratisierung der Medien variiert jedoch erheblich zwischen verschiedenen neuen Demokratien. Dabei stellt sich die Frage, warum es den Medien in einigen Ländern gelungen ist, sich zu autonomen Akteuren im politischen Prozess zu entwikkeln, während sie in anderen weiterhin als Instrumente der Machthaber dienen. Ein wichtiger Einflussfaktor im Transformationsprozess der Medien – und der politischen Institutionen generell – sind die Strukturen, Normen und Prozesse, die sich unter dem alten Regime herausgebildet haben. Die nach dem Regimewechsel entstehende öffentliche Kommunikationskultur ist deswegen vielfach gebrochen durch die Gleichzeitigkeit von Gegenwart und Vergangenheit, von alten Orientierungen und demokratischem Ideal.

In diesem Beitrag soll der Frage nachgegangen werden, in welchem Maße die Transformation der Medien durch ihre Rolle während des alten Regimes geprägt ist. Die Analyse verfolgt eine komparative Perspektive, die es erlaubt, eine Erklärung für die unterschiedliche Entwicklung der Medien nach Regimewechseln zu finden. Als hermeneutischer Analyserahmen wird dabei auf den in der politikwissenschaftlichen Transitionsforschung entwikkelten pfadanalytischen Ansatz zurückgegriffen, mit dessen Hilfe man neue Demokratien systematisch vergleichen kann. Ein Großteil der bisher vorliegenden Forschung zur Rolle der Medien in neuen Demokratien beschränkt sich auf bestimmte Länder oder Regionen und hat hier zweifellos das Verständnis dieser spezifischen Fälle vertieft (Downing 1996; Paletz/Jakubowicz 2003; Skidmore 1993; Sparks 2001). Eine Erweiterung der Perspektive und der Vergleich über unterschiedliche Regionen hinweg hilft, den Einfluss von Kontextbedingungen auf die Demokratisierungschancen und -defizite in der öffentlichen Kommunikation nach Systemwechseln zu identifizieren.

## 2 Von Instrumenten der Macht zu Kontrolleuren der Macht?

Der Akteursbegriff, der diesen Band als konzeptueller Ariadnefaden durchzieht, bietet einen fruchtbaren Ansatzpunkt, um den Transformationsprozess der Medien in neuen Demokratien zu verstehen. Der Forderung, die Medien als eigenständige Akteure im politischen Prozess zu begreifen (Page 1996), liegt die Annahme zugrunde, dass die Rolle der Medien über eine bloße Vermittlung von politischen Botschaften hinausgeht – und hinausgehen soll. Die Akteursrolle der Medien in Demokratien konstituiert sich dabei durch eine Reihe empirischer und normativer Prämissen:

- Da dem Akteursbegriff eine Konzeption von Handeln als intentionalen, zielgerichteten Aktionen zugrunde liegt (siehe Pfetsch/Adam i.d.B.), können die Medien nur dann als Akteure angesehen werden, wenn sie über den Handlungsspielraum und die Autonomie verfügen, selbst bestimmte Entscheidungen zu treffen und diesen Spielraum auch tatsächlich nutzen. Autonomie bedeutet hier vor allem Freiheit von politischer Manipulation, wenngleich ökonomische Zwänge häufig ebenfalls zu einer Einschränkung autonomen Handelns führen. Folglich können Medien, die lediglich als Sprachrohr bestimmter politischer Akteure dienen, kaum als Akteure mit eigenem Recht angesehen werden.
- Die Medien treten im politischen Prozess als eigenständige Akteure auf, wenn ihr Handeln, das heißt die Auswahl von Themen und deren Interpretation, von eigenen, medienspezifischen Regeln geleitet ist. Diese Regeln werden als „Medienlogik" beschrieben, die sich von der „politischen Logik" abgrenzt, die das Handeln politischer Akteure, insbesondere von Regierungen und Parteien, charakterisiert (Mazzo-

leni 1987; Mazzoleni/Schulz 1999). Da die Implementation der Medienlogik zumindest zum Teil von ökonomischem Gewinnstreben geleitet ist, setzt dieser Aspekt der Medien als eigenständige Akteure ein Mindestmaß wirtschaftlicher Unabhängigkeit bzw. Autonomie in der Verwaltung der finanziellen Ressourcen voraus.

- Während die beiden vorgenannten Kriterien hinreichend sind, um die Medien als eigenständige Akteure zu identifizieren, bedeuten Autonomie und auf Eigenlogik beruhende Operationsweise nicht zwangsläufig, dass die Medien auch als *demokratische* Akteure im politischen Prozess in Erscheinung treten. Diese Rolle erfordert vielmehr zusätzliche Entscheidungen und Praktiken, selbst wenn diese den Machtinteressen politischer Akteure oder den Profitinteressen der Eigentümer entgegen stehen. Normative Medientheorien verweisen vor allem auf zwei Kernaktivitäten, die die Medien als demokratische Akteure ausweisen, nämlich die Bereitstellung relevanter Informationen, um die Grundlage für rationale und effektive Partizipation zu schaffen, sowie die Kontrolle politischer Autorität, um Machtmissbrauch zu verhindern und Transparenz und Responsivität der Regierung zu fördern (Lichtenberg 1990; McQuail 1992).

Wendet man die drei genannten Prämissen auf die Rolle der Medien in demokratischen Transitionsprozessen an, so lässt sich die Schlussfolgerung ziehen, dass die Medien in autokratischen Systemen kaum als Akteure angesehen werden können. Die Kontrolle und Instrumentalisierung durch die politischen Eliten schränken den Handlungsspielraum der Medien in einem Maße ein, das es ihnen unmöglich macht, den politischen Prozess nach eigenen Prämissen zu beeinflussen. Erst der Wechsel zu demokratischer Regierungsweise und die Sicherung der Pressefreiheit schaffen die Voraussetzungen hierfür. Allerdings sollte die große Bandbreite unterschiedlicher Arrangements und Praktiken nicht übersehen werden, die sich nicht nur in autokratischen, sondern auch in demokratischen Systemen beobachten lässt. So kann die Reichweite staatlicher Kontrolle in autokratischen Systemen erheblich variieren, was den Medien – oder einem bestimmten Sektor innerhalb des Mediensystems – mehr oder weniger große Handlungsnischen für eigenständiges Handeln eröffnet. Andererseits finden sich auch in etablierten Demokratien große Unterschiede hinsichtlich der den Medien gesetzten Handlungsgrenzen. So können beispielsweise unterschiedliche Sicherheitsinteressen oder kulturelle Werte das Ausmaß beeinflussen, in dem Regierungen in die Berichterstattung intervenieren (siehe für das britische Beispiel Voltmer/Stamper 2006).

Ferner verdeckt die Gegenüberstellung von „Medienlogik” und „politischer Logik”, dass in der empirischen Praxis politischer Kommunikation die Übergänge zwischen den beiden Operationslogiken häufig fließend sind. Der Grund dafür liegt darin, dass – wie Blumler/Gurevitch (1995) gezeigt haben – zwischen politischen und Medienakteuren ein hoher Grad wechselseitiger Interdependenz besteht, da beide Akteure auf die Leistungen des jeweils anderen angewiesen sind, um ihre eigenen Ziele zu erreichen. Eine Folge dieser wechselseitigen Abhängigkeit ist, dass die Regeln der politischen Kommunikation zwischen politischen und Medienakteuren ausgehandelt werden müssen. Da institutionelle Rahmenbedingungen und situative Machtkonstellationen sowohl zeitlich als auch zwischen Ländern variieren, kann man empirisch jeweils spezifische Mischungsverhältnisse von Medienlogik und politischer Logik beobachten. Pfetsch (2003) hat deswegen eine komplexe Typologie politischer Kommunikationskulturen entwickelt, mit der sich die spezifische Konstellation unterschiedlicher Kommunikationspraktiken in westlichen Demokratien erfassen lässt. Auch für die hier betrachteten Länder lässt sich vermuten, dass spezifische Machtkonstellationen unter nicht-demokratischer Herrschaft den Medien erlauben, zumindest zum Teil ihren eigenen Selektionskriterien in der Berichterstattung zu folgen, während dies nach Regimewechseln durchaus umstritten sein kann.

Schließlich ist auch der Zusammenhang zwischen dem Handeln der Medien als intentionale Akteure und ihrer demokratischen Performanz komplex und oftmals widersprüchlich, da die Selektion und Präsentation politischer Nachrichten weniger von dem Bestreben geleitet ist, zur Qualität der Demokratie beizutragen, als vielmehr von der Notwenigkeit, in einem zunehmend monopolisierten und globalisierten Markt zu überleben. Einerseits kann angenommen werden, dass sich demokratische Leistungen wie Informationsvermittlung und Kontrolle politischer Macht als nicht-intendierte Nebenprodukte der Medienlogik ergeben, z.B. durch die Suche der Medien nach Auflagen steigernden Konflikten, Normverletzungen und „breaking news”. Andererseits haben kritische Beobachter darauf hingewiesen, dass die Medienlogik die Qualität moderner Demokratien in alarmierender Weise untergräbt. Patterson (1997) bezweifelt die Rolle der Medien als demokratische Akteure, da sie, wie sich vor allem in Wahlkämpfen beobachten lässt, die Substanz der politischen Auseinandersetzung vernachlässigen zugunsten einer Gewinnspiellogik, die wenig zur informierten Willensbildung der Bürger beiträgt. Auch die Personalisierung von Politik durch die Medien wird häufig kritisiert und für das Anwachsen von Irrationalität und Populismus verantwortlich gemacht (Mazzoleni et al. 2003). Die negativen Folgen der Medienlogik könnten in neuen Demokratien sogar noch deutlicher zutage treten, da die Bürger hier aufgrund der Umbruchsituation in höherem Maße auf die Informationsleistungen der Medien angewiesen und institutionelle Prozesse und ihr Zusammenspiel mit den Medien noch ungefestigt sind. Es wäre eine Ironie der Geschichte, wenn – wie Bennett (1998) vermutet – die Medien in dem Moment, in dem sie in der Lage sind, sich aus langjähriger politischer Umklammerung zu lösen und als eigenständige Akteure aufzutreten, die Konsolidierung der neu entstehenden Demokratie durch ihre spezifische Operationslogik unterhöhlten.

Aus dem Gesagten lässt sich schlussfolgern, dass die Rolle der Medien im Übergang von einem autokratischen zum demokratischen Regierungssystem eine erhebliche Variationsbreite aufweist, und zwar sowohl im zeitlichen Verlauf der Transition als auch zwischen Ländern. Die Frage ist also nicht, ob die Medien in neuen Demokratien unabhängige Akteure im politischen Prozess sind oder nicht, sondern in welchem Maße sie in der Lage sind, autonome Handlungsfreiräume zu erobern, ihre eigenen Regeln durchzusetzen und den demokratischen Prozess fördernde Praktiken zu implementieren. In ähnlicher Weise wird auch in der aktuellen politikwissenschaftlichen Transitionsforschung eine dimensionale Demokratiekonzeption vertreten im Unterschied zu der Vorstellung, dass sich Demokratie und Nicht-Demokratie als eindeutige Kategorien voneinander unterscheiden ließen. Auch hier richtet sich das Interesse der Forschung also weniger auf die Frage, ob ein Land eine Demokratie ist oder nicht, sondern darauf, in welchem Maße es demokratisch ist (Fuchs 1998; Grugel 2002).

Wie lassen sich jedoch die enormen Unterschiede in der Demokratisierung der politischen Kommunikation in den neuen Demokratien der letzten zwei Jahrzehnte erklären?

## 3 Die Pfadabhängigkeit demokratischer Transformation

Ein Ansatz zur Erklärung unterschiedlicher Demokratisierungserfolge und Demokratisierungsergebnisse ist die Annahme, dass die Qualität demokratischer Institutionen und demokratischer Praktiken der neu entstehenden Demokratie von den spezifischen Merkmalen des autokratischen Systems abhängt, aus dem sie hervorgegangen sind. Es gibt also keine „Stunde Null" nach dem Zusammenbruch des alten Regimes. Die Beobachtung, dass zwischen altem und neuem Regime vielfältige Kontinuitäten bestehen und zu jeweils unterschiedlichen Formen von Demokratie führen, steht im Mittelpunkt der Theorie von der Pfadabhängigkeit demokratischer Transitionsprozesse (Hollifield/Jillson 2000; Greener 2005). Offenkundig folgen Regimewechsel nur selten demokratietheoretischen Rezeptbüchern, sondern sind durch vielfältige Widersprüche und Rückschläge geprägt. Strukturen und Orientierungen, die sich unter dem autokratischen Regime ausgebildet haben, lassen sich nicht in einer Art voluntaristischen Befreiungsschlages über Nacht abschaffen. Sie leben vielmehr auch nach dem Regimewechsel fort und beeinflussen die neu geschaffenen Institutionen und ihre Funktionsweise. Diese Überlegungen lassen sich auch auf die Rolle der Medien in neuen Demokratien anwenden. Demnach ist die Demokratisierung der politischen Kommunikation von dem während des alten Regimes vorherrschenden Verhältnis zwischen politischen und Medienakteuren geprägt.

Die These von der Pfadabhängigkeit demokratischer Transition schließt auch – meist implizite – teleologische Vorstellungen aus, wonach am Endpunkt des Demokratisierungsprozesses die Implementierung des westlichen liberalen Demokratietypus steht. Entsprechend wird für die Medien häufig die Adaption eines bestimmten Journalismusmodells erwartet, das den professionellen Leitideen von Objektivität, Ausgewogenheit und Investigation folgt. Wenn man jedoch die pfadtheoretische Annahme akzeptiert, dass unterschiedliche Ausgangskonstellationen zu jeweils unterschiedlichen Demokratisierungsergebnissen führen, dann ist eher zu erwarten, dass sich neue hybride Formen politischer Kommunikationskulturen herausbilden, die sich von denen in etablierten westlichen Demokratien deutlich unterscheiden.

In der politikwissenschaftlichen Transitionsforschung werden im Allgemeinen die folgenden drei Pfade unterschieden (siehe Hollifield/Jillson 2000; Whitehead 2002):

1. Demokratisierung von Militärdiktaturen, vor allem in Lateinamerika und Südeuropa mit Regimewechseln während der 70er und 80er Jahre;
2. Post-kommunistische Demokratisierung, vor allem in Ost- und Ostmitteleuropa nach dem Zusammenbruch der Sowjetunion in den späten 80er Jahren;
3. Demokratisierung von Ein-Parteien-Diktaturen, insbesondere in Asien, mit Regimewechseln seit den 90er Jahren des 20. Jahrhunderts.

Aufgrund der hohen Abhängigkeit der Medien von politischer Kontrolle und Regulierung soll im Folgenden diese Pfadeinteilung als Ausgangspunkt für eine Analyse unterschiedlicher Demokratisierungsverläufe der Massenkommunikation dienen. Die Frage ist also, in welcher Weise sich die Demokratisierung der Medien in unterschiedlichen Pfadkontexten unterscheidet und wie sich die Rolle der Medien in den alten Regimen auf ihre Struktur und Leistungsfähigkeit in der neu entstehenden Demokratie auswirkt.

Konzeptuell handelt es sich bei den Demokratisierungspfaden um idealtypische Modelle im Weberschen Sinne, das heißt, sie fassen Merkmale in einer Weise zusammen, wie sie in der empirischen Wirklichkeit nicht, oder nur selten anzutreffen sind. Es wird aufgrund dessen nicht schwer sein, Beispiele zu finden, die sich keinem der Idealtypen zuordnen lassen. Gleichzeitig bietet der idealtypische Ansatz ein Instrumentarium, das ein hohes Abstraktionsniveau erlaubt, wie es vor allem in der komparativen Forschung erforderlich ist. Die kommunikationswissenschaftliche Transitionsforschung hat sich bisher vor allem mit der Lage der Medien in Osteuropa beschäftigt (Paletz/ Jakubowicz 2003; Splichal 1994; Voltmer 2000a), was möglicherweise mit der besonderen Dramatik der post-kommunistischen Transitionen erklärt werden kann. Die Konzentration auf Osteuropa hat teilweise zu vorschnellen Verallgemeinerungen bezüglich Struktur und Dynamik postautokratischer medialer Transformationsprozesse geführt, die sich bei einer Ausweitung der komparativen Perspektive kaum halten lassen. Der pfadanalytische Ansatz ermöglicht es, die Besonderheiten der postkommunistischen Transformation in den Blick zu bekommen und gleichzeitig Gemeinsamkeiten mit anderen Demokratisierungsprozessen zu identifizieren.

Ein weiteres Problem der vorgestellten Pfadkonzeptionen besteht in der Koppelung von Regimetyp und regionaler Gruppierung, was Überschneidungen und Inkongruenzen zur Folge hat. So finden sich Militärdiktaturen auch in Asien (z.B. Burma) und Afrika (z.B. Nigeria), kommunistische Regime gibt es auch außerhalb Osteuropas (z.B. in Kuba, Nordkorea und natürlich China), und Einparteiendiktaturen sind nicht auf Asien beschränkt, sondern entstanden auch in vielen anderen Teilen der Welt, insbesondere Afrika, aber auch im Nahen Osten (z.B. Syrien, Irak). Die Beispiele unterstreichen außerdem, dass insbesondere die Demokratisierungsprozesse in Afrika, die in den letzten zwei Jahrzehnten erheblich an Momentum gewonnen haben, ausgeklammert werden. Im Allgemeinen werden sie der Kategorie der „Demokratisierung von Ein-Parteiendiktaturen" zugeordnet, was aber den spezifischen Problemen dieses Kontinents nur unzureichend gerecht wird. Trotz dieser Defizite lassen sich aber auch gute Gründe für eine regionale Gruppierung von Transitionsverläufen finden. So begünstigt regionale Nähe die Intensität von Interaktion zwischen Staaten und deren Bürgern und führt folglich zu kulturellen Gemeinsamkeiten, geteilten geschichtlichen Erfahrungen, ähnlichen Normvorstellungen und in der Folge zu ähnlichen institutionellen Strukturen. So folgt auch Hallin/Mancini's (2004) Typologie von westlichen Mediensystemen einer regionalen Logik, da kulturelle und politische Gemeinsamkeiten zu ähnlichen Strukturen und journalistischen Handlungsmustern führen.

Im Folgenden sollen die Transformationsprozesse der Medien in den einzelnen Demokratisierungspfaden diskutiert und miteinander verglichen werden. Als Analyseleitfaden dienen dabei die oben spezifizierten Kriterien, die die Medien als eigenständige demokratische Akteure kennzeichnen, nämlich Autonomie von politischer Manipulation, durch Medienlogik geleitete Berichterstattung sowie demokratische Performanz.

### *3.1 Massenmedien und Demokratisierung ehemals kommunistischer Regime*

Der Aufstieg und Niedergang des Kommunismus als Staatsdoktrin war zweifellos eine der treibenden Kräfte, die den Verlauf der Weltpolitik des 20. Jahrhunderts geprägt haben. Und man kann annehmen, dass die Entwicklung Chinas als letzter kommunistischer Großmacht das Gesicht des 21. Jahrhunderts ebenfalls entscheidend prägen wird. Kommunistische Regime gründen ihre Legitimität auf dem utopischen Versprechen einer gerechten Gesellschaft, in der alle in gleichem Maße am gesellschaftlichen Wohlstand teilhaben. Um dieses Ziel zu erreichen, haben sich kommunistische Regime nicht nur auf die Kontrolle der politischen Machtstrukturen beschränkt, sondern auch die Eigentumsverhältnisse von Grund auf umgekrempelt. Darüber hinaus erfordert die Durchsetzung der kommunistischen Utopie auch die Umerziehung der Menschen zu Kollektivwesen, die bereit sind, wenn erforderlich, ihre individuellen Bedürfnisse der kommunistischen Idee und den Interessen der Gemeinschaft unterzuordnen. Neben exzessiver Unterdrückung und Gewalt war demzufolge Propaganda ein elementarer Bestandteil zur Sicherung der politischen Herrschaft.

Beide Besonderheiten kommunistischer Regime – die Legitimation durch Ideologie und die Nationalisierung der Wirtschaft – hatten nachhaltige Auswirkungen auf die Funktionsweise der Massenmedien. Als Herzstück einer gigantischen Propagandamaschine wurden sie zum unverzichtbaren Instrument zur Indoktrinierung und Umerziehung der Massen. Da das Ziel eine dauerhafte Mobilisierung und Politisierung war, wurde Unterhaltung prinzipiell als „falsches Bewusstsein" fördernde Ablenkung abgelehnt. Um maximale Kontrolle über die Inhalte der Massenkommunikation zu gewährleisten, wurden die Medien ausnahmslos in den Besitz der Regierung, Partei oder angeschlossener Massenorganisationen gebracht. Ein striktes Lizenzsystem, Rationierung von Papier, restriktiver Zugang zu Vervielfältigungstechnologien sowie Kontrolle über das Distributionssystem machten publizistische Aktivitäten außerhalb des staatlich akzeptierten Bereichs nahezu unmöglich. Gleichzeitig waren die Medien aber auch den Risiken des Wettbewerbs und der Notwendigkeit, auf Publikumspräferenzen zu reagieren, entzogen. Vielmehr garantierten staatliche Subventionen und obligatorische Abonnements der Zentralorgane ausreichende finanzielle Ressourcen.

Trotz ideologischer Säuberungen und anfänglicher ökonomischer Erfolge hatten kommunistische Regime von Anfang an mit zum Teil spontanem, zum Teil organisiertem Widerstand zu kämpfen. Als so genannte *samizdat*-Literatur spielten die Medien auch für die Widerstandsbewegungen eine wichtige Rolle (Skilling 1989). Auch hier dienten die Medien als Kommunikationsinstrumente den Zielen politischer Akteure, in diesem Fall denen der Oppositionsgruppen.

Der kontinuierliche Widerstand und die wachsende Indifferenz der breiten Bevölkerung gegenüber den Mobilisierungskampagnen der Regierung zwangen die politischen Führungen, kommunikative Freiräume zuzulassen. So wurde in späteren Jahren Unterhaltung im Fernsehen in gewissem Maße toleriert, um der Unzufriedenheit und Politikmüdigkeit der Bevölkerung zu begegnen (Voltmer 2000a). In Ungarn entwickelte sich nach der Zerschlagung des Aufstandes 1956 ein weitgehender Konsens zwischen politischen Eliten und Medien, wodurch eine im Vergleich zu anderen Ländern des sowjetischen Blocks relativ große Bandbreite von Themen toleriert wurde, allerdings unter der Voraussetzung, dass die Legitimität des Systems als solches nicht angegriffen wurde. Ein ähnlicher Versuch Gorbatschows, durch *glasnost* die Kooperation der Medien für sein Reformprojekt zu gewinnen, führte bekanntlich nicht zu dem erhofften Erfolg (von Steinsdorff 1994).

Die Transitionsprozesse in diesem Demokratisierungspfad erweisen sich aufgrund der politischen Ökonomie kommunistischer Regime als extrem komplex und fragil. Politische Institutionen und wirtschaftliche Strukturen müssen gleichzeitig umgebaut werden, wobei Erfolge und Misserfolge in einem Bereich Auswirkungen auf den jeweils anderen haben (Linz/ Stepan 1996; Offe 1991). Diese doppelte Transformation prägt auch die Demokratisierung der Medien. Die Schaffung autonomer, staatsferner Organisationsformen bei gleichzeitiger Kommerzialisierung des Medienmarktes hat die Medien in eine existentielle Krise gestürzt, die eine umfassende Demokratisierung der öffentlichen Kommunikation oft erschwert. Die wirtschaftliche Umstrukturierung hatte zur Folge, dass sich die Medien innerhalb weniger Monate harten Wettbewerbsbedingungen ausgesetzt sahen und nicht nur gegen nationale, sondern auch gegen internationale Konkurrenz bestehen mussten – eine Situation, die sie völlig unvorbereitet traf. Gleichzeitig verloren die Medien ihre angestammten Einkommensquellen, während die Anzeigenmärkte aufgrund ihrer Abhängigkeit von der allgemeinen Wirtschaftentwicklung für lange Zeit eine höchst unsichere Finanzierungsgrundlage blieben. Dieses Haifischbecken eines globalisierten Medienmarktes konnten nur die stärksten Medienorgane überleben. Dies waren jedoch in der Regel die ehemaligen Staats- und Parteiorgane, die über genügend organisationelle und finanzielle Ressourcen verfügten, um anfängliche Anpassungsschwierigkeiten zu überbrücken. Paradoxerweise überlebten ehemalige Oppositionsmedien nur in wenigen Fällen den Übergang zur Demokratie. Eines der wenigen erfolgreichen Beispiele ist die polnische Zeitung *Gazeta Wyborcza*, vormals die Stimme der oppositionellen Gewerkschaft Solidarnosz, die heute die größte Zeitung des Landes ist.

Im Verhältnis zwischen Regierung und Medien zeigte sich eine weitere Kontinuität, nämlich das Bestreben der Regierung, Kontrolle über die aus dem ehemaligen Staatsfernsehen hervorgegangenen öffentlich-rechtlichen Rundfunkanstalten zu behalten oder neu zu etablieren. Die Konflikte zwischen Regierung und Fernsehen zogen sich über Jahre hin und nahmen wiederholt dramatische Formen an, die zu Recht mit dem Begriff „Medienkriege" beschrieben werden (Donges 1997). Dies erscheint umso überraschender, als sich die neu gewählten Regierungen in der Regel aus ehemaligen Oppositionspolitikern zusammensetzten, die über Jahre für Meinungs- und Pressefreiheit gestritten hatten. Berücksichtigt man jedoch die Bedingungen des Machterwerbs und Machterhalts in den ersten Jahren nach dem Regimewechsel, dann erscheint das Bestreben, die Autonomie der Medien zu begrenzen, durchaus als rationale Strategie, wenngleich normativ in hohem Maße fragwürdig. Nach Jahrzehnten kommunistischer Herrschaft verfügten die neu- bzw. wieder gegründeten Parteien über keinerlei kampagnenfähige Organisationsstruktur oder mobilisierungsfähige Allianzen mit anderen intermediären Organisationen. Die Konsequenz ist eine hohe Abhängigkeit politischer Akteure von den Medien als einzig verbleibendem Kommunikationskanal mit den Wählern. Die Parteien versuchen aufgrund dieser Tatsache, die Medien als Ersatz für eine effektive Parteistruktur an sich zu binden und für die eigenen Ziele zu instrumentalisieren. Darüber hinaus ist die Parteibindung der Bürger in postkommunistischen Ländern nach wie vor sehr schwach ausgebildet, was zu einem hohen Grad elektoraler Volatilität führt. In dieser Situation ist die Manipulation der Berichterstattung eine Frage des politischen Überlebens.

Diese Beschreibung des Verhältnisses zwischen Regierung und Medien scheint nur allzu bekannt. Auch in den westlichen Demokratien haben nachlassende Parteibindungen mit der daraus folgenden verschärften Konkurrenz zwischen den Parteien um das wahlentscheidende Reservoir an

Wechselwählern zu verschärften Strategien der Medienmanipulation geführt. Während die Parteien in etablierten Demokratien jedoch vor der Entstehung flächendeckender Massenkommunikation und oftmals sogar vor der Einführung des allgemeinen Wahlrechts ihre organisatorischen Wurzeln ausbilden konnten, müssen die Parteien in postkommunistischen neuen Demokratien diese Aufgabe unter den Bedingungen der „Mediokratie" (Meyer 2001) bewältigen. Die entstehenden Parteien unterscheiden sich deswegen in ihrer organisationellen und ideologischen Struktur grundlegend von den etablierten Parteien des Westens (Merkel 1997). Ein extremes Beispiel sind die russischen Parteien, die von Beobachtern als „Medienparteien" (Oates 2006) bezeichnet werden, da ihre Existenz ausschließlich auf Medienpräsenz basiert und oftmals ohne nennenswerte organisationelle Strukturen auskommt. Die symbiotische Abhängigkeit der Parteien von den Medien verhindert hier also die Ausbildung eines stabilen Parteiensystems. Gleichzeitig verhindert sie aber auch die Demokratisierung der Medien, die sich nur mit Mühe – wenn überhaupt – aus der Umklammerung politischer Manipulationsversuche lösen können.

In den meisten postkommunistischen Ländern haben sich die Zeitungen bestimmten politischen Parteien oder Gruppierungen angeschlossen und unterstützen deren Standpunkte und Ziele. Dafür sind unterschiedliche Gründe verantwortlich. So sehen viele osteuropäische Journalisten ihre Rolle vor allem in der Interpretation und Kommentierung politischer Entwicklungen und weniger in der Vermittlung von Information. Objektivität und Neutralität gelten nicht als höchste journalistische Werte und werden sogar eher als Einschränkung von Originalität und Kritik abgelehnt (Neverla/Krominga 1995; Voltmer 2000b). Hier wirkt offensichtlich die journalistische Kultur der Vergangenheit fort mit ihrem Bestreben, die Massen zu erziehen und für eine bestimmte politische Idee zu mobilisieren.

Das vorherrschende Muster öffentlicher Kommunikation ist also externe Vielfalt und damit einhergehend ein hoher Grad an Polarisierung mit der Folge, dass politische oder Parteienlogik die Medienlogik in der Berichterstattung überlagert. De Smaele (2006) spricht – mit Bezugnahme auf die russischen Medien – von „Vielfalt ohne Freiheit", da zwar die Breite der politischen Standpunkte durch die Gesamtheit der Medien abgebildet wird, die einzelnen Medien sich jedoch für die Interessen spezifischer politischer Akteure instrumentalisieren lassen. Dies schließt jedoch Kritik und Enthüllungsjournalismus nicht aus. Im Gegenteil, die politische Berichterstattung in Osteuropa ist durch aggressive Kritik am politischen Gegner und Skandalberichterstattung geprägt, die allerdings häufig auf Gerüchten und Halbwahrheiten beruht. Es ist auch fraglich, ob diese Form der Kritik der Idee der

Presse als „vierter Gewalt" entspricht, da es ihr weniger um den Schutz der Bürger vor Machtmissbrauch geht, sondern Investigation als parteipolitisches Kampfmittel einsetzt, um den politischen Gegner zu verunglimpfen und damit außer Gefecht zu setzen.

### *3.2 Massenmedien und Demokratisierung ehemaliger Militärdiktaturen*

Der südamerikanische Kontinent galt für lange Zeit als Synonym für Militärdiktaturen, Gewalt und massive Menschenrechtsverletzungen. Aber auch Europas südlicher Rand – Spanien, Portugal und Griechenland – stand für lange Jahre unter der Herrschaft der Generäle, Spanien sogar für fast vierzig Jahre. Die Machtübernahme des Militärs wurde häufig als Rettung vor einer drohenden Gefahr von links ausgegeben (z.B. in Chile und Griechenland). So ist es nicht überraschend, dass Militärdiktaturen in vielen Aspekten wie die Kehrseite kommunistischer Regime erscheinen. Teil des antikommunistischen Programms von Militärdiktaturen bestand darin, die marktwirtschaftlichen Strukturen des Landes abzusichern. In vielen Fällen wurden diese sogar gezielt gefördert und ausgebaut. Die marktwirtschaftliche Ausrichtung wurde in der Regel auch im Mediensystem beibehalten mit der Ausnahme zentraler Regierungsorgane, die als Verlautbarungskanäle im Besitz der Regierung oder zentraler politischer Machtträger, wie dem Militär, verblieben. Die Medien in Chile erlebten unter Pinochet sogar einen massiven Modernisierungsschub, indem technische Modernisierung und Kommerzialisierung mit großem Erfolg vorangetrieben wurden (Tironi/ Sunkel 2000).

Wie in jeder Autokratie unterlagen auch in Militärdiktaturen die Medien einer rigorosen Zensur. Diese richtete sich jedoch in erster Linie auf die Unterdrückung regimekritischer Information, während Propaganda als Mittel der Indoktrination eine eher nachgeordnete Rolle spielte. Der Grund dafür liegt darin, dass Militärdiktaturen keine Utopie haben, wenn man von Nationalismus und antikommunistischen Ressentiments absieht. Sie wollen die Menschen nicht umerziehen, sondern stützen sich zur Sicherung ihrer Macht auf Furcht und die schweigende Unterwerfung der Massen (Linz et al. 1995). Je länger dieses Verstummen der Öffentlichkeit andauert, desto mehr legt es sich wie Mehltau über die Gesellschaft und führt zu einer weitgehenden Depolitisierung des öffentlichen Lebens. Da die Medien – mit der Ausnahme regierungseigener Organe – nur in begrenztem Maße für Propagandazwecke eingesetzt wurden, konnten sie relativ unbehelligt überwintern, zumindest solange sie die Grenze des politisch Erlaubten nicht überschritten. Journalisten, die dies dennoch taten, mussten dafür in großer Zahl mit ihrer Freiheit, oftmals sogar mit ihrem Leben bezahlen. Der Ausweg aus dem politischen Gefahrenbereich lag für die Medien in dem Rückzug in die Unterhaltungsproduktion, was durch die kommerzielle Eigentumsstruktur noch gefördert wurde (Skidmore 1993; Wilke 1994). Lateinamerikas Fernsehen war – und ist bis heute – deswegen in außergewöhnlichem Maße von Unterhaltung geprägt. US-amerikanische Massenprodukte wurden in großer Zahl importiert und dem Volk in hohen Dosen verabreicht. Die politische Allianz zwischen antikommunistischen Militärdiktaturen und den USA setzte sich also auch auf kultureller Ebene fort.

Man könnte annehmen, dass ein Mediensystem, das bereits umfassend kommerzialisiert ist, geringeren Transformationsproblemen ausgesetzt ist als solche in postkommunistischen Ländern. Dies ist jedoch nur bedingt der Fall. Zum einen stellt eine marktwirtschaftliche Struktur nicht notwendigerweise ausreichenden Schutz vor politischer Instrumentalisierung dar. Vielmehr versuchen die post-autokratischen politischen Eliten über die Eigentumsstrukturen die Kontrolle über die Medien zu erhalten oder zurückzugewinnen. So werden fast alle großen Fernsehkanäle Lateinamerikas mehr oder weniger direkt von machtvollen Politikern oder deren Familien kontrolliert. Dies erweist sich insbesondere in Wahlkampfzeiten als entscheidender Vorteil für die herrschenden Eliten, erschwert es doch Oppositionsparteien und -kandidaten, ein positives Image zu entwickeln und die Mehrheit der Wähler für sich zu gewinnen.

Wie oben argumentiert wurde, beinhaltet demokratische Transition der Medien mehr als nur die Überwindung der alten Strukturen. Sie bedeutet vielmehr auch die Übernahme einer positiven Rolle in der neu entstehenden Demokratie, insbesondere die Bereitstellung relevanter politischer Information sowie die Kritik an politischen Missständen. Dabei erweist sich der hohe Kommerzialisierungsgrad der Medien, insbesondere des Fernsehens, als zweischneidiges Schwert. Da der Zeitungskonsum, teilweise bedingt durch fortbestehenden Analphabetismus der armen Bevölkerungsteile, sehr niedrig ist, kommt dem Fernsehen eine zentrale Rolle in der Entstehung einer demokratischen Öffentlichkeit zu. Hier hat sich jedoch nach dem Regimewechsel an der Marginalisierung der Politik wenig geändert, und selbst die politische Berichterstattung ist dominiert von „soft news", Sport und Klatsch. Die Informationsleistung der Medien ist also eher unzureichend. Darüber hinaus hat die durch den hohen Kommerzialisierungsgrad verschärfte Dominanz der Medienlogik und die damit einhergehende Unterhaltungsorientierung zu einer zweifelhaften Symbiose mit dem in Lateinamerika ohnehin vorherrschenden personalisierten Politikstil geführt (Waisbord 1995). Ohne Ausnahme haben die neuen Demokratien in Lateinamerika Präsidentialsysteme eingeführt und damit ein hohes Maß an Personalisierung institutionell verankert. Diese Struktur bedient in idealer Weise die medialen Nachrichtenfaktoren, deren Selektionslogik Akteure statt Institutionen, Handeln statt Prozesse und symbolische Politik statt Policydebatten in den Mittelpunkt rückt. Dadurch werden die zentralistischen Tendenzen präsidentieller Systeme zusätzlich verstärkt, insbesondere in Ländern, in denen wirksame institutionelle Kontrollmechanismen der Zentralgewalt weitgehend fehlen oder nur unzureichend arbeiten (Linz 1993). Die Verbindung von Medienlogik und Präsidentialismus wird deswegen von Waisbord als Hindernis einer weitergehenden Demokratisierung angesehen: „Television may contribute to the formation of ‚delegative democracies' and exacerbate personal leaderships in political systems that constitutionally confer great powers to the executive." (Waisbord 1995: 216) Fujimoris Wahlerfolg in der Präsidentschaftswahl in Peru 1990 illustriert diesen Zusammenhang. Er setzte geschickt seine Popularität als Moderator einer Nachrichtensendung ein und war dadurch in der Lage, ohne nennenswerte organisationelle Rückendekkung die Mehrheit der Wähler für sich zu gewinnen. Die aktuellen Wahlergebnisse in Argentinien, Bolivien, Peru und Venezuela, wo Außenseiterkandidaten, die nicht den etablierten europäischstämmigen Eliten angehören, das Präsidentenamt gewannen, weisen ähnliche Muster auf. In allen Fällen trug eine Kombination von hoch personalisiertem Medienwahlkampf einerseits und journalistischer Professionalisierung mit nachlassenden politischen Loyalitäten andererseits dazu bei, die angestammten Kartelle aus Medienkonzernen und etablierten Eliten zu durchbrechen. Die Symbiose zwischen Medienlogik, personalisierter Politik und Präsidentialismus zeigt sich in Extremform in solchen Ländern, in denen die politischen Parteien durch die Unterdrückung unter dem alten Regime so weit geschwächt wurden, dass sie auch nach dem Regimewechsel keine entscheidende Rolle in der Politik mehr spielen. Chile und Uruguay stellen eher die Ausnahme von einem allgemeinen Trend dar. Hier waren die Parteien in der Lage, während der Diktatur zu überwintern und die Bindungen mit ihrer traditionellen Wählerschaft zu bewahren. Es ist sicherlich kein Zufall, dass Wahlkämpfe, und Politik im Allgemeinen, hier weniger durch die Medien geprägt sind als in Bolivien, Peru oder Brasilien, wo nur noch rudimentäre Parteiorganisationen existieren (Espindola 2006).

Die Allianz zwischen populistischen Führern und Medien erweist sich allerdings häufig als unsicher und kurzlebig. Denn dieselbe Logik, die charismatischen Politikerpersönlichkeiten hohe Medienaufmerksamkeit sichert, treibt die Medien auch dazu, Korruption und Machtmissbrauch aufzuspüren.

In der Tat ist Enthüllungsjournalismus – oder mit weniger negativem Unterton „watchdog journalism“ – in lateinamerikanischen Ländern stark verankert (Waisbord 2000). Man könnte also argumentieren, dass die starke Kommerzialisierung der Medien und die damit einhergehende Dominanz der Medienlogik eine demokratietheoretisch wünschenswerte Folge hat und für ein gewisses Maß an Kontrolle in ansonsten stark zentralisierten und notorisch verfilzten Strukturen sorgt. Die häufigen Medienskandale können ferner als ein Indikator dafür angesehen werden, dass die „Vetomacht” des Militärs nachlässt und die Drohung eines Militärputsches, sollte das „Chaos” in der Politik aus der Kontrolle geraten, Journalisten und ihre Quellen immer weniger davon abhält, Machtmissbrauch aufzuspüren und öffentlich bekannt zu machen. Gleichzeitig ist es aber auch fraglich, ob das Wechselbad von charismatischen Führern, die auf den Wogen eines lärmenden Medienrummels ins Präsidentenamt gespült werden, und aggressivem Enthüllungsjournalismus für die Ausbildung einer stabilen demokratischen Kultur langfristig förderlich ist (Schmitt-Beck/Voltmer 2006).

Die Diskussion des aus Militärdiktaturen hervorgehenden Demokratisierungspfades sollte jedoch auch die spanische Transition erwähnen, die von vielen Autoren als Musterbeispiel eines erfolgreichen Regimewechsels angesehen wird (Linz/Stepan 1996). Der spanische Sonderweg hat viele Ursachen, u.a. die Rolle Königs Juan Carlos I. in der Verteidigung der jungen Demokratie gegen die Bedrohung durch das Militär und die stabilisierende Wirkung der Aufnahme Spaniens in die EU. Ein wichtiger Faktor war jedoch auch, dass sich die Medien – zusammen mit dem gesamten politischen Spektrum – während der kritischen Übergangszeit nach Francos Tod dem allgemeinen pro-demokratischen Elitenkonsens anschlossen. Dieser Konsens umfasste nicht nur die bedingungslose Unterstützung der Demokratie, sondern auch die Bereitschaft, die Feindschaften der Vergangenheit zurückzulassen sowie die Verpflichtung zu nationaler Einheit (Barrera/Zugasti 2006). Dieser politische Eliten und Medieneliten umfassende Konsens verschaffte der jungen spanischen Demokratie ein hohes Maß öffentlicher Legitimität und ermöglichte die schnelle Konsolidierung demokratischer Institutionen. Die Schonfrist der Medien endete jedoch nach einigen Jahren, und die Medien begannen, eine kritischere Position gegenüber den politischen Machtinhabern einzunehmen.

### *3.3 Massenmedien und Demokratisierung ehemaliger Einparteidiktaturen*

Dieser Demokratisierungspfad beinhaltet, wie oben erwähnt, Länder aus Asien und Afrika und zeichnet sich damit durch eine Heterogenität aus, die eine idealtypische Analyse der Demokratisierung der Medien in diesen Regionen fast unmöglich erscheinen lässt. Hinzu kommt, dass es bisher nur wenig Literatur zur politischen Kommunikation in diesen Ländern gibt. Dies trifft insbesondere auf Afrika zu, wohingegen in den letzten Jahren, nicht zuletzt angeregt durch ein wachsendes Interesse an China, eine zunehmende Zahl von Studien zu den Medien und ihrem sich wandelnden Verhältnis zu politischen Autoritäten in Asien vorgelegt wurde (Willnat/Aw 2004). Der Schwerpunkt der folgenden Diskussion wird deshalb vor allem auf Asien liegen mit gelegentlichen Verweisen auf Ähnlichkeiten bzw. Unterschiede zu afrikanischen Ländern.

Das allen Ländern dieses Demokratisierungspfades gemeinsame Problem ist Unterentwicklung sowie der Versuch, unter Aufgebot aller Mittel den Anschluss an die Moderne zu finden. In der Tat wird das Festhalten an autokratischen Strukturen mit der Notwendigkeit legitimiert, die Handlungsfähigkeit des Staates zu gewährleisten und dessen Fähigkeit, Entwicklungsprojekte schnell und effizient zu implementieren. Individual- und Gruppeninteressen, die in der Demokratie die treibenden Kräfte des politischen Prozesses sind, werden als kontraproduktiv und den nationalen Entwicklungsinteressen hinderlich angesehen (Clark 2000). Insbesondere in Südostasien hat eine stark etatistische Tradition und die hohe Position der Staatsbürokratie in der sozialen Hierarchie der Gesellschaft diese Sichtweise bestärkt. So haben sich beispielsweise in Taiwan und Südkorea während der Einparteiendiktaturen mächtige Konglomerate aus Wirtschaft und Bürokratie herausgebildet, und es ist eine durchaus offene Frage, inwieweit diese Mischung aus Staatsdirigismus und Protektionismus zu dem erstaunlichen wirtschaftlichen Erfolg dieser Länder beigetragen hat. Dem Primat der Entwicklung wurden auch die Medien unterworfen. Zum Teil waren sie Teil des Entwicklungsprogramms und wurden als Wirtschaftsfaktor gefördert und modernisiert. Vor allem aber wurden sie als ein Instrument der Regierung eingesetzt, um Konsens zu stiften und Entwicklungsprojekte zu legitimieren und durchzusetzen (Park et al. 2000; Lee 2000). Der Unterschied zu Afrika, wo in den meisten Ländern nur sehr schwache staatliche Strukturen aufgebaut werden konnten, ist offensichtlich. Ferner verfügen auch die Medien, einhergehend mit allgemeinen Entwicklungsdefiziten, nur über mangelhafte ökonomische und technologische Ressourcen. Während Südkorea heute das Land mit der höchsten Internetpenetration der Welt ist, ist Fernsehen in den meisten Ländern Afrikas immer noch ein Luxusgegenstand (Okigbo/Eribo 2004).

Zusätzlich zu Entwicklungsrückständen haben viele Länder dieses dritten Demokratisierungspfades auch mit den Nachwirkungen des Kolonialismus zu kämpfen. Ethnische Vielfalt und separatistische Bestrebungen sorgen darüber hinaus für schwer kontrollierbare Spannungen und stellen eine beständige Bedrohung der territorialen Integrität des Staates dar. Neben Entwicklung wird demzufolge Nationenbildung und nationaler Identität höchste Priorität zugeschrieben und häufig – in Abgrenzung zum Westen, seinen Werten und politischen Praktiken – mit ethisch zweifelhaften Mitteln durchgesetzt.

Ein hervorstechendes Merkmal der nach dem Zusammenbruch der Autokratien neu entstehenden Demokratien und ihrer politischen Kommunikationskulturen dieser Länder ist das hohe Maß an Kontinuität. Nahezu ausnahmslos sind die wichtigsten Fernsehkanäle und häufig auch die verbreitungsstärksten Zeitungen im Besitz der Regierung, zum Teil auch des Militärs verblieben. Die Folge ist, dass die politische Berichterstattung weitgehend von der Regierung bzw. der Regierungspartei kontrolliert wird und Oppositionsparteien und Gruppen der Zivilgesellschaft generell nur unzureichenden Zugang zu den Medien haben. In dieser Situation kommt solchen Medien, die sich aus technologischen Gründen zentralstaatlicher Kontrolle entziehen können, besondere Bedeutung zu. So hat in den jüngsten Wahlen in Südkorea das Internet eine entscheidende Rolle gespielt, indem es Oppositionsgruppen die Chance eröffnete, eine von den staatlichen Medien unabhängige öffentliche Debatte politischer Streitthemen zu führen und Gegenkandidaten eine Plattform für ihren Wahlkampf bot. Eine ähnliche Rolle spielt in Taiwan das kommerzielle Satellitenfernsehen (Ferdinand 2000; Rawnsley/Rawnsley 1998; Willnat/Aw 2004). In Afrika erweist sich dagegen vor allem das Radio als ein Medium, das sich aufgrund seiner billigen und flexibel einsetzbaren Technologie der Kontrolle der Regierung leicht entziehen lässt und so Oppositions- und Minderheitengruppen eine Stimme verleiht (Myers 1998).

Trotz der fortbestehenden politischen Instrumentalisierung ist das Verhältnis zwischen Medien und Regierung in vielen aus Einparteiendiktaturen hervorgegangenen neuen Demokratien weniger spannungsreich als man erwarten würde. Der Grund hierfür liegt in der Bereitschaft vieler Journalisten, die Interessen ihres Landes an die erste Stelle zu setzen. Sie sehen aufgrund dieser Tatsache die vorrangige Aufgabe der Medien weniger in der Kritik politischer Macht als vielmehr darin, die Regierung in dem Bemühen zu unterstützen, die Entwicklung des Landes voranzutreiben. Die Tendenz zur Kooperation wird insbesondere in Südostasien noch durch eine Orientierung an so genannten asiatischen Werten gefördert. Diese haben ihre Wurzel in der konfuzianischen Tradition und betonen Harmonie statt Konflikt, Respekt vor Autoritäten statt Auflehnen sowie Vorrang der Gemeinschaft vor den Bedürfnissen des Individuums. Allerdings ist die Akzeptanz dieser Werte nicht auf Länder mit konfuzianischer Tradition beschränkt, sondern findet sich in ähnlicher Form z.B. auch im vorrangig hinduistischen Indien oder islamischen Pakistan. Es ist offenkundig, dass die sogenannten asiatischen Werte der im westlichen Journalismus vorherrschenden Medienlogik und den damit verbundenen journalistischen Präferenzen für Konfrontation, Kritik und Negativismus deutlich widersprechen (Massey/Chang 2002). Zu einem gewissen Grad stehen sie auch im Spannungsverhältnis mit einer Interpretation von Pressefreiheit, die das Individuum durch die öffentliche Kontrolle staatlicher Macht schützen will. Allerdings fällt auf, dass die Gültigkeit asiatischer Werte besonders häufig von politischen Machthabern propagiert wird, um in Abgrenzung zur angeblich westlichen Auffassung von Demokratie die Einschränkung der Pressefreiheit (und anderer individueller Freiheitsrechte) in ihrem Land zu legitimieren.

Ähnliche Auseinandersetzungen lassen sich auch in afrikanischen Ländern beobachten. Auch hier versuchen die Medien, in einer Gratwanderung zwischen politischer Abhängigkeit und Verantwortung angesichts tiefer gesellschaftlicher Spaltungen einerseits und dem demokratischen Ideal einer „vierten Gewalt" andererseits ihre Rolle neu zu definieren. So versuchen sich in Südafrika Journalisten gegen die Vereinnahmungsversuche der Regierung abzugrenzen, indem sie zwischen „nationalem" und „öffentlichem Interesse" unterscheiden (Wasserman/De Beer 2006). Während in ersterem häufig der wenig verschleierte Machtanspruch der Regierung zum Ausdruck komme, sei es die Aufgabe der Medien, das „öffentliche Interesse" im Sinne eines Allgemeinwohls zu verfolgen, was gerade die Konfrontation mit den politischen Machthabern erfordert.

## 4 Schlussbetrachtung

Der Vergleich verschiedener Demokratisierungsverläufe hat gezeigt, dass es den Medien in unterschiedlichem Maße gelingt, sich aus der Rolle eines politischen Machtinstruments zu eigenständigen Akteuren im demokratischen Prozess zu entwickeln. Betrachtet man die Transformation der Medien unter den Kriterien Autonomie von politischer Manipulation, Dominanz der

Medienlogik vor politischer Logik sowie demokratische Performanz, dann ergibt sich ein sehr vielfältiges, zum Teil sogar ambivalentes Bild.

In allen neuen Demokratien gelingt es den Medien nur bedingt, sich von politischer Bevormundung und Instrumentalisierung zu befreien. Dafür sind jedoch in den drei diskutierten Demokratisierungspfaden unterschiedliche Gründe verantwortlich mit jeweils spezifischen Implikationen für die Demokratisierungschancen der politischen Kommunikation. Sowohl in postkommunistischen als auch den aus Einparteiendiktaturen hervorgegangen Demokratien sind die Medien immer noch von der aktiven politischen Rolle geprägt, die sie unter dem alten Regime innehatten. Ob sie im Dienste der Erziehung eines neuen Menschentyps oder im Dienste von Nationenbildung und Entwicklung standen, die Rolle eines neutralen Informationsvermittlers oder einer die Regierung kritisierenden „vierten Gewalt" widerspricht den traditionell verankerten professionellen Orientierungen der Journalisten. Es verwundert daher nicht, wenn die Medien zumindest zum Teil an ihrer überkommenen Rolle festzuhalten versuchen und zu diesem Zweck auch bereit sind, Allianzen mit der Regierung oder bestimmten Parteien einzugehen. Der Verzicht auf Autonomie erfolgt nicht selten sogar freiwillig, um nicht von dem inneren Kreis der Macht ausgeschlossen zu werden. Im Unterschied dazu zeichnen sich die Medien in den neuen Demokratien Lateinamerikas, die aus Militärdiktaturen hervorgegangen sind, durch einen hohen Grad der Depolitisierung aus. Auch hierbei handelt es sich um eine Rolle, die aus vordemokratischer Tradition fortlebt. Allerdings schützt die politische Abstinenz die Medien nicht vor politischer Instrumentalisierung. Im Gegenteil, es ist politischen Akteuren ein Leichtes, die Operationslogik der Medien für die eigenen Zwecke nutzbar zu machen, in der Regel unter der Anleitung westlicher, meist US-amerikanischer Kommunikationsexperten.

Je mehr die Medien unter dem alten Regime eine politische Rolle innehatten und auch unter demokratischen Verhältnissen versuchen, im politischen Machtbereich zu verbleiben, desto weniger gelingt es ihnen, die mit dem Begriff der Medienlogik zusammengefassten Selektions- und Interpretationskriterien zu übernehmen. In der politischen Berichterstattung überwiegt weiterhin eine politische Logik, die sich in vielen osteuropäischen Ländern in Form eines ideologischen Bias und in Asien und Afrika in Form eines Entwicklungsjournalismus und der Verpflichtung auf kulturspezifische Werte niederschlägt. Am Beispiel Lateinamerikas und seiner stark kommerzialisierten Medien lässt sich aber demonstrieren, dass auch die Medienlogik in einem problematischen Spannungsverhältnis steht mit den Konsolidierungserfordernissen der neu entstehenden Demokratie, da sie die bestehenden strukturellen Schwächen wie Personalisierung und Zentralismus fördert und damit die Institutionenbildung erschwert.

Generell lässt sich die Schlussfolgerung ziehen, dass in neuen Demokratien, in denen die Medien – aus welchen Gründen auch immer – nur eingeschränkt eine eigenständige demokratische Rolle übernehmen, die spezifischen Schwächen und Mängel des politischen Systems verstärkt bzw. dessen demokratische Konsolidierung erschwert werden. Dies zeigt sich an der mangelnden Transparenz und der autoritären Exklusion der Opposition in vielen asiatischen Ländern oder dem Populismus und der damit einhergehenden Schwäche institutioneller Prozesse in Lateinamerika. Es lässt sich jedoch auch umgekehrt argumentieren, dass die Chancen der Medien, sich zu autonomen Akteuren zu entwickeln von den Konsolidierungsfortschritten der politischen Institutionen abhängen. So befinden sich die Medien besonders dort unter massivem Instrumentalisierungsdruck, wo politische Parteien nicht in der Lage sind, effektive Organisationsstrukturen und stabile elektorale Unterstützung aufzubauen. Die Medien können offenbar nur so demokratisch sein wie das politische System, in dem sie operieren.

Es wäre jedoch ein Fehler, die Abweichungen vom (westlichen) Ideal demokratischer Medien vorschnell als Defizite oder Versagen zu verbuchen. In vielen Fällen mag dies durchaus zutreffen. Dennoch lassen sich die vielfältigen normativen Dilemmata, denen sich die Medien in neuen Demokratien gegenüber sehen, nicht leugnen. Das viel gerühmte Beispiel Spaniens und seiner erfolgreichen Konsolidierung verdeutlicht das Problem. Hier haben die Medien während der kritischen Übergangszeit nach Francos Tod bewusst darauf verzichtet, die Rolle autonomer, vom politischen Primat unabhängiger Akteure zu übernehmen, um dadurch die Grundlage für einen tragfähigen Konsens in einer durch Bürgerkrieg und Diktatur traumatisierten Gesellschaft zu ermöglichen. Darüber hinaus übersieht die Gegenüberstellung von westlicher professioneller Norm und postautokratischen Defiziten die große Variationsbreite journalistischer Performanz, die auch in etablierten Demokratien besteht. Es bleibt also im Einzelfall zu untersuchen, ob die in neuen Demokratien entstehenden hybriden Formen politischer Kommunikationskulturen den spezifischen Transformationsanforderungen entsprechen oder ob sie vielmehr einer weitergehenden demokratischen Konsolidierung im Wege stehen.

## Literaturverzeichnis

Barrera, Carlos/Zugasti, Ricardo (2006): The Role of the Press in Times of Transition. The Building of the Spanish Democracy. In: Voltmer, Katrin (Hrsg.): Mass Media and Political Communication in New Democracies. London/ New York: Routledge, 23-41.

Bennett, Lance W. (1998): The Media and Democratic Development. The Social Basis of Political Communication. In: O'Neil, Patrick H. (Hrsg.): Communicating Democracy. The Media and Political Transitions. Boulder: Lynne Rienner, 195-207.

Blumler, Jay G./Gurevitch, Michael (1995): The Crisis of Public Communication. London/New York: Routledge.

Clark, Cal (2000): Modernization, Democracy, and the Developmental State in Asia. A Virtuous Cycle or Unraveling Strands? In: Hollifield, James F./Jillson, Calvin (Hrsg.): Pathways to Democracy. The Political Economy of Democratic Transitions. New York/London: Routledge, 160-177.

De Smaele, Hedwig (2006): „In the Name of Democracy". The Paradox of Democracy and Press Freedom in Post-communist Russia. In: Voltmer, Katrin (Hrsg.): Mass Media and Political Communication in New Democracies. London/New York: Routledge, 42-58.

Donges, Patrick (1997): Der „Medienkrieg" und seine Ursachen. Rundfunkpolitik im postkommunistischen Ungarn. In: Schatz, Heribert/Jarren, Otfried/ Knaup, Bettina (Hrsg.): Machtkonzentration in der Multimediagesellschaft? Beiträge zu einer Neubestimmung des Verhältnisses von politischer und medialer Macht. Opladen: Westdeutscher Verlag, 274-287.

Downing, John D.H. (1996): Internationalizing Media Theory. Transition, Power, Culture. Reflections on Media in Russia, Poland and Hungary 1980 - 1995. London: Sage.

Espindola, Roberto (2006): Electoral Campaigning in Latin America's New Democracies. The Southern Cone. In: Voltmer, Katrin (Hrsg.): Mass Media and Political Communication in New Democracies. London/New York: Routledge, 115-132.

Ferdinand, Peter (Hrsg.) (2000): The Internet, Democracy and Democratization. London/Portland: Frank Cass.

Fuchs, Dieter (1998): Kriterien demokratischer Performanz in Liberalen Demokratien. In: Greven, Michael (Hrsg.): Demokratie – eine Kultur des Westens? Opladen: Leske+Budrich, 151-179.

Greener, Ian (2005): The Potential of Path Dependence in Political Studies. In: Politics, 25, 1, 64-72.

Grugel, Jean (2002): Democratization. A Critical Introduction. Basingstoke: Palgrave.

Hallin, Daniel C./Mancini, Paolo (2004): Comparing Media Systems. Three Models of Media and Politics. Cambridge: Cambridge University Press.

Hollifield, James F./Jillson, Calvin (Hrsg.) (2000): Pathways to Democracy. The Political Economy of Democratic Transitions. New York/London: Routledge.

Lee, Chin-Chuan (2000): State, Capital, and Media: The Case of Taiwan. In: Curran, James/Park, Myung-Jin (Hrsg.): De-Westernizing Media Studies. London/ New York: Routledge, 124-138.

Lichtenberg, Judith (Hrsg.) (1990): Democracy and the Mass Media. Cambridge: Cambridge University Press.

Linz, Juan J. (1993): The Perils of Presidentialism. In: Diamond, Larry/Plattner, Mark F. (Hrsg.): The Global Resurgence of Democracy. Baltimore: Johns Hopkins University Press, 108-126.

Linz, Juan J./Stepan, Alfred (1996): Problems of Democratic Transition and Consolidation. South Europe, South America, and Post-Communist Europe. Baltimore: Johns Hopkins University Press.

Linz, Juan J./Stepan, Alfred/Gunther, Richard (1995): Democratic Transition and Consolidation in Southern Europe, with Reflections on Latin America and Eastern Europe. In: Gunther, Richard/Diamandouros, P. Nikiforos/Puhle, Hans-Jürgen (Hrsg.): The Politics of Democratic Consolidation. Southern Europe in Comparative Perspective. Baltimore: Johns Hopkins University Press, 77-123.

Massey, Brian L./Chang, Li-jing A. (2002): Locating Asian Values in Asian Journalism. A Content Analysis of Web Newspapers. In: Journal of Communication, 5, 4, 987-1003.

Mazzoleni, Gianpietro (1987): Media Logic and Party Logic in Campaign Coverage. The Italian General Election of 1983. In: European Journal of Communication, 2, 81-103.

Mazzoleni, Gianpietro/Schulz, Winfried (1999): „Mediatization" of Politics. A Challenge for Democracy? In: Political Communication, 16, 3, 247-261.

Mazzoleni, Gianpietro/Stewart, Julianne/Horsfield, Bruce (Hrsg.) (2003): The Media and Neo-Populism. A Contemporary Comparative Analysis. Westport/London: Praeger.

McQuail, Denis (1992): Media Performance. Mass Communication and the Public Interest. London: Sage.

Meyer, Thomas (2001): Mediokratie. Die Kolonisierung der Politik durch die Medien. Frankfurt a.M.: Suhrkamp.

Merkel, Wolfgang (1997): Die Bedeutung von Parteien und Parteiensystemen im Transformationsprozess. Ein interregionaler Vergleich. In: Merkel, Wolfgang/Sandschneider, Eberhard (Hrsg.): Systemwechsel 3. Parteien im Transformationsprozess. Opladen: Leske+Budrich, 337-371.

Myers, Mary (1998): The Promotion of Democracy at the Grassroots: The Example of Radio in Mali. In: Democratization, 2, 200-216.

Neverla, Irene/Krominga, Kerstin (1995): Journalismus in Osteuropa. Fragen zur Rolle des Journalismus im sozialen Wandel. In: Erbring, Lutz (Hrsg.): Kommunikationsraum Europa. München: UVK Medien, 104-120.

Oates, Sarah (2006): Where's the Party? Television and Election Campaigns in Russia. In: Voltmer, Katrin (Hrsg.): Mass Media and Political Communication in New Democracies. London/New York: Routledge, 152-167.

Okigbo, Charles C./Eribo, Festus (Hrsg.) (2004): Development and Communication in Africa. Lanham: Rowman & Littlefield.

Offe, Claus (1991): Das Dilemma der Gleichzeitigkeit. Demokratisierung und Marktwirtschaft in Osteuropa. In: Merkur, 45, 279-292.

Page, Benjamin I. (1996): The Mass Media as Political Actors. In: Political Science and Politics, 29, 1, 20-24.

Paletz, David L./Jakubowicz, Karol (Hrsg.) (2003): Business as Usual. Continuity and Change in Central and Eastern Europe. Cresskill: Hampton Press.

Park, Myung-Jin/Kim, Chang-Nam/Sohn, Byung-Woo (2000): Modernization, Globalization, and the Powerful State: The Korean Media. In: Curran, James/ Park, Myung-Jin (Hrsg.): De-Westernizing Media Studies. London/New York: Routledge, 111-123.

Patterson, Thomas E. (1997): The News Media. An Effective Political Actor? In: Political Communication, 14, 4, 445-455.

Pfetsch, Barbara (2003): Politische Kommunikationskultur. Ein theoretisches Konzept zur vergleichenden Analyse politischer Kommunikationssysteme. In: Esser, Frank/Pfetsch, Barbara (Hrsg.): Politische Kommunikation im internationalen Vergleich. Grundlagen, Anwendungen, Perspektiven. Wiesbaden: Westdeutscher Verlag, 393-418.

Pfetsch, Barbara/Adam, Silke (2008): Die Akteursperspektive in der politischen Kommunikationsforschung – Fragestellungen, Forschungsparadigmen und Problemlagen, In: Pfetsch, Barbara/Adam, Silke (Hrsg.): Massenmedien als politische Akteure – Konzepte und Analysen. Wiesbaden: VS Verlag.

Rawnsley, Gary D./Rawnsley, Ming-Yeh T. (1998): Regime Transition and the Media in Taiwan. In: Democratization, 5, 2, 106-124.

Schmitt-Beck, Rüdiger/Voltmer, Katrin (2007, im Druck): The Mass Media in Third-Wave Democracies. Gravediggers or Seedsmen of Democratic Consolidation? In: Gunther, Richard/Montero, Jose Ramon/Puhle, Hans-Jürgen (Hrsg.): Electoral Intermediation, Values and Political Support in Old and New Democracies. Europe, East Asia and the Americas in Comparative Perspective. Oxford: Oxford University Press.

Skidmore, Thomas E. (Hrsg.) (1993): Television, Politics, and the Transition to Democracy in Latin America. Baltimore: Johns Hopkins University Press.

Skilling, Gordon H. (1989): Samizdat and an Independent Society in Central and Eastern Europe. Houndsmills: Macmillan.

Sparks, Colin (Hrsg.) (2001): Sonderheft zu Media and Democracy in Asia. In: Javnost/The Public, 8, 2.

Splichal, Slavko (1994): Media Beyond Socialism. Theory and Practice in East-Central Europe. Boulder: Westview.

Tironi, Eugenio/Sunkel, Guillermo (2000): The Modernization of Communications. The Media in the Transition to Democracy in Chile. In: Gunther, Richard/ Mughan, Anthony (Hrsg.): Democracy and the Media. A Comparative Perspective. Cambridge: Cambridge University Press, 165-194.

Voltmer, Katrin (2000a): Massenmedien und demokratische Transformation in Osteuropa. Strukturen und Dynamik öffentlicher Kommunikation im Prozess des Regimewechsels. In: Klingemann, Hans-Dieter/Neidhardt, Friedhelm (Hrsg.): Zur Zukunft der Demokratie. Herausforderungen im Zeitalter der Globalisierung. Berlin: Edition Sigma, 123-151.

Voltmer, Katrin (2000b): Constructing Political Reality in Russia: Izvestiya Between Old and New Journalistic Practices. In: European Journal of Communication, 15, 4, 469-500.

Voltmer, Katrin/Stamper, Judith (2006): Die innenpolitische Sprengkraft von Massenvernichtungswaffen. Zum Verhältnis von Regierung und öffentlichem Rundfunk in Großbritannien. In: Kamps, Klaus/Nieland, Jörg (Hrsg.): Regieren und Kommunikation. Meinungsbildung, Entscheidungsfindung und gouvernmentales Kommunikationsmanagement – Trends, Vergleiche, Perspektiven, Köln: Halem, 285-304.

von Steinsdorff, Silvia (1994): Russland auf dem Weg zur Meinungsfreiheit. Die Pluralisierung der russischen Presse zwischen 1985 und 1994. Münster/ Hamburg: Lit-Verlag.

Waisbord, Silvio R. (1995): The Mass Media and Consolidation of Democracy in South America. In: Research in Political Sociology, 7, 207-227.

Waisbord, Silvio R. (2000): Watchdog Journalism in South America. New York: Columbia University Press.

Wasserman, Herman/De Beer, Arnold S. (2006): Conflicts of Interest? Debating the Media's Role in Post-apartheid South Africa. In: Voltmer, Katrin (Hrsg.): Mass Media and Political Communication in New Democracies. London/ New York: Routledge, 59-75.

Whitehead, Laurence (2002): Democratization. Theory and Experience. Oxford: Oxford University Press.

Wilke, Jürgen (Hrsg.) (1994): Massenmedien in Lateinamerika. Bd. 2. Frankfurt a.M.: Vervuert.

Willnat, Lars/Aw, Annette J. (2004): Political Communication in Asia. Challenges and Opportunities. In: Kaid, Lynda L. (Hrsg.): Handbook of Political Communication Research. Mahwah: Erlbaum, 479-503.

# Massenmedien als Herausforderer oder Agenturen nationaler Eliten? Eine Analyse der deutschen und französischen EU-Erweiterungsdebatte

*Silke Adam*

## 1 Medien als Akteure in Europa

Die bisherige Erfolgsgeschichte europäischen Regierens beruht auf der *Nicht-Öffentlichkeit* hochgradig politischer Prozesse (Brüggemann 2002: 1), hat sich doch die Integration Europas weitgehend hinter verschlossenen Türen abgespielt. Diese Form der Integration stößt an ihre Grenzen. Die Zeit, in der die Bevölkerung der Elite freie Hand ließ, ist vorbei. Der „permissive Konsens" sinkt (Carey 2001: 2) und wandelt sich zu einer „reluctant acceptance" (Mittag/Wessels 2003: 416) oder gar zu einer Ablehnung weiterer Integrationsschritte. Offenkundig wird dies nicht nur im spektakulären „Nein" der Franzosen und Niederländer zur EU-Verfassung, sondern auch in der rückläufigen Beteiligung bei Europawahlen und in den gewaltigen Einstellungsunterschieden zwischen Elite und Bevölkerung bezüglich der europäischen Integration in allen Mitgliedsstaaten (Mittag/Wessels 2003: 418).

Da Integration *ohne* Öffentlichkeit an ihre Grenzen stößt, gilt zu fragen, ob Integration *mit* Öffentlichkeit neue Perspektiven eröffnet. Öffentlichkeit, so die Hoffnung, trage zur Demokratisierung der Union bei und ermögliche es, die Vorstellungen der Bürger aufzunehmen, Europa in deren Köpfen zu verankern und so die Integration voranzutreiben. Andererseits birgt eine öffentliche Auseinandersetzung über die europäische Integration die Gefahr, dass eingespielte Verfahren der Entscheidungsfindung untergraben werden und dadurch Kompromisse kaum noch zu finden sind (Kaase 1998: 49; Kriesi 2001: 18). Forschung, die sich mit europäischer Öffentlichkeit und deren Entstehungsbedingungen beschäftigt, betrachtet die Europäische Union nicht mehr nur als System von Normen, Regeln und politischen Institutionen, sondern vielmehr auch als einen „symbolischen Platz (Eder/Giesen 2001: 245), der die Darstellungskomponente von Politik (Edelman 1976; Sarcinelli 1987, 1994) – und damit heute die Massenmedien – in den Vordergrund rückt. Europaweite Massenmedien sind jedoch rar, englischsprachig und bedienen ein Elitepublikum. Sprachbarrieren des Publikums,

Sprecher, die sich in nationalen Räumen legitimieren müssen, und ein rudimentär ausgebildetes europaweites Mediensystem, verweisen auf die Bedeutung nationaler Medien zur Vermittlung und Darstellung Europas.

Es ginge jedoch zu weit, nationale Medien deshalb schon pauschal als Akteure in Europa zu bezeichnen. Vielmehr wird den Medien in diesem Artikel eine Doppelrolle zugeschrieben (Neidhardt 1994a: 23; Koopmans/ Pfetsch 2003: 5). Als *Informationsvermittler* transportieren sie den Rohstoff, der für das Publikum interessant und bedeutsam erscheint. Diese Vermittlerrolle nehmen sie ein, wenn sie den externen Informationsinput, der an sie herangetragen wird, selektieren. Selektion wird dabei als Daueraufgabe der Medien verstanden (Gerhards 1995: 172). Sie orientieren sich in diesem Selektionsprozess an der Aufmerksamkeit des Publikums. Konflikt, prominente Akteure und die Nähe / Betroffenheit sind zentrale Faktoren, die Ereignisse berichtenswert machen (vgl. zu den Nachrichtenfaktoren Galtung/ Ruge 1965; Schulz 1989; Staab 1990). Europäische Themen und Probleme, so die These (Gerhards 1993: 103ff., 2000: 298), fehlen eben diese Nachrichtenfaktoren. Verwaltungshandeln, Kompromissbildungsprozesse hinter verschlossenen Türen, das Fehlen europäischer Persönlichkeiten und das Fehlen einer machtvollen institutionalisierten Opposition bzw. eines außerparlamentarischen Gegengewichts verhindern eine starke Europaberichterstattung. Nachrichtenwert bekommen europäische Themen hingegen, wenn nationale politische Akteure Europa auf die Agenda setzen und eventuell gar darüber streiten. Genau darauf weist Kevin (Kevin 2003: 175) hin: „What constitutes the ‚news value' of Europe is therefore the link with the nationality, the proximity, and the ‚sensationalism' of the event." Empirisch untermauern kann Adam (Adam 2007) die Bedeutung der nationalen Ebene für die Rezeption von Europa: derselbe Input aus Europa erfährt eine nationale Einfärbung, so dass sich die Debatten zum gleichen Thema zwischen den verschiedenen Ländern unterscheiden. Bei diesen nationalen Rezeptionsprozessen, so Adam (Adam 2007), spielt die strategische Kommunikation nationaler Eliten eine entscheidende Rolle. Medien sind also in ihrer Rolle als Informationsvermittler sehr stark vom externen Input abhängig. Dieser gliedert sich in einen gemeinsamen europäischen Input und die jeweilige nationale Rezeption. Agieren Medien jedoch als *Akteure* (Page 1996) dann werden sie selbst zu Sprechern und machen „ihre eigenen Feststellungen, Begründungen, Bewertungen und Folgerungen zu den Beiträgen anderer Sprecher öffentlich" (Neidhardt 1994a: 23). Der Akteursbegriff ist damit an eine Sprecherrolle gebunden. Medien als Akteure sind Teil eines größeren Wettkampfs, in dem Akteure – politische und mediale – darum konkurrieren, Themen und Meinungen auf die öffentliche Agenda zu setzen (Gerhards/

Neidhardt 1991: 76). Politische und mediale Akteure unterscheiden sich darin, dass erstere den medialen Filter durchdringen müssen, um öffentlich Gehör zu finden, wohingegen letztere direkten Zugang haben. Dieses akteurszentrierte Öffentlichkeitskonzept erlaubt es, die Stimme der Medien mit den Stimmen anderer Akteure, die den medialen Filter durchdrungen haben, zu vergleichen.

Ziel dieses Beitrags ist es, Medien in ihrer Sprecher- bzw. Akteursrolle zu untersuchen und dabei die Stimme der Medien mit den Stimmen anderer politischer Akteure, die in der medialen Öffentlichkeit zu Wort kommen, zu vergleichen. In europäischen Debatten kann potenziell eine Vielzahl anderer politischer Akteure auftreten, bieten doch Medien nicht nur nationalen, sondern ebenso mitgliedsstaatlichen, beitrittsstaatlichen oder europäischen Sprechern ein Forum. Zu zeigen gilt, ob Medien, wenn sie als Akteure agieren, die Stimme nationaler oder transnationaler Akteure verstärken oder ihre eigene Agenda setzen. Besondere Beachtung liegt dabei auf dem Verhältnis medialer Akteure zu den nationalen politischen Akteuren, die in den Medien zu Wort kommen. Vor allem die Indexing Forschung (Bennett 1990) hat diese Beziehung in den Vordergrund gerückt, geht sie doch davon aus, dass die zentrale politische Debatte im jeweiligen Nationalstaat nicht nur die Berichterstattung, sondern auch die eigene Stimme der Medien prägt. Die Bedeutung der nationalen Ebene für Rezeptionsprozesse wurde auch von der Europaforschung hervorgehoben (vgl. bezüglich Debatten Adam 2007; allgemeiner u.a. Cowles/Caporaso et al. 2001). Die (Europa-) Berichterstattung nicht mehr pauschal den Medien zuzuschreiben, sondern Akteure mit ihren öffentlichen Forderungen ins Blickfeld zu rücken, erlaubt es, den öffentlichen Wettstreit verschiedenster Akteure um die Aufmerksamkeit und Zustimmung ins Blickfeld zu rücken. Medien in ihrer Akteursrolle sind damit Spieler unter einer Vielzahl von sozialen Gruppen und Institutionen, die darum kämpfen, die soziale Realität zu definieren und zu konstruieren.

Um zu analysieren, wie Medien als Akteure Europa im Vergleich zu (nationalen) politischen Akteuren thematisieren und framen, wird im Folgenden zuerst ein *Analysekonzept* entwickelt, mit dessen Hilfe man die Stimme verschiedener Sprecher in massenmedialen Debatten vergleichend untersuchen kann. Im Anschluss werden *Hypothesen* bezüglich des Agenda-settings und Framings (national) politischer und medialer Akteure in der deutschen und französischen EU-Erweiterungsdebatte formuliert. Nach einer kurzen Vorstellung der *Datenbasis* erfolgt der *empirische Test*. Abschließend wird die Rolle der Medien als Akteure im europäischen Integrationsprozess nochmals kurz reflektiert.

## 2 Symbolische Netzwerke als Analysekonzept

Folgt man Neidhardt (Neidhardt 1994b: 19f.) dann ist Öffentlichkeit ein leeres Feld, in dem jeder, der etwas zu sagen hat, es sagen kann. Dieses leere Feld wird von drei Akteurstypen geprägt: Sprecher, Vermittler und Publikum. Sprecher versuchen über Vermittler, hier die Medien, das Publikum als Letztinstanz zu beeinflussen. *Sprecher* können sowohl die Medien sein, wenn sie eine Akteursrolle einnehmen, als auch politische Akteure, die den Filter der Medien durchdrungen haben. Diese Sprecher machen bestimmte Themen und Positionen prominent. Kommunikationsinhalte – in Form von Themen und Positionen – und Sprecher nicht isoliert voneinander zu betrachten, erlaubt es, den Wettstreit um die Beeinflussung öffentlicher Meinung besser zu verstehen, entstehen doch Kommunikationsinhalt nicht im luftleeren Raum, sondern werden von bestimmten Sprechern vertreten und von anderen gemieden (Tobler 2001: 23; Carragee/Roefs 2004: 219).

Betrachtet man die Thematisierung und De-Thematisierung verschiedener Sprecher bezüglich eines spezifischen Issues, dann lässt dies Aussagen über ihre Rolle als *Agendasetter* zu. Werden Akteure jedoch zu Agendasettern, dann gilt es zu zeigen, auf welche Art und Weise sie ein Thema diskutieren. Carragee und Roefs (Carragee/Roefs 2004) bezeichnen diese Rolle von Sprechern als ein „*Frame-sponsorship*". Frames sind dauerhafte Muster der Wahrnehmung, der Interpretation, der Präsentation, der Selektion, der Betonung und der Exklusion, durch die Akteure Diskurse organisieren (Gitlin 1980: 7) und anzeigen, was genau zur Debatte steht (Gamson 1989: 35). Sie tun dies, indem sie Probleme definieren, Interessen und Ziele herausstreichen, Bewertungen nahe legen, Gründe diagnostizieren und Handlungen rechtfertigen (Entman 1993; Bleich 2003: 26f.). Framing soll hier auf zwei Ebenen untersucht werden. Auf der Ebene der Aufmerksamkeitsgenerierung geht es darum, zu zeigen, wem bestimmte Sprecher Verantwortlichkeit zusprechen. Darüber hinaus definieren Sprecher jedoch auch ihre Interessen öffentlich, indem sie bestimmte Akteure kritisieren und andere unterstützen und damit Ein- und Ausgrenzung betreiben (Adam 2007).

Die Stimme verschiedener Akteure in Debatten lässt sich demnach anhand ihrer Rolle als Agendasetter und Framesponsor vergleichen. Bei beiden Untersuchungskategorien werden Kommunikationsinhalte an Sprecher rückgebunden, was eine akteursbasierte und relationale Sicht auf Öffentlichkeit impliziert. Akteursbasiert deswegen, da verschiedene Akteure als Sprecher auftreten und diese wiederum Verantwortung, Kritik und Unterstützung anderen Akteuren zuschreiben. Relational bedeutet, dass kommunikative Beziehungen Akteure miteinander verbinden. Möchte man die Rolle eines Akteurs als Agendasetter definieren, dann geht es darum, zu ermitteln, wie viele Verantwortlichkeits-, Kritik- und Unterstützungszuweisungen von ihm ausgehen. Steht hingegen die Rolle eines Akteurs als Framesponsor im Fokus, so rückt die Art der Verantwortungs- bzw. Kritik- und Unterstützungszuweisung in den Mittelpunkt.

Diese relationale und akteursbasierte Perspektive erlaubt es, öffentliche, massenmediale Debatten als Netzwerk zu rekonstruieren. Grundeinheit solcher Netzwerke sind Sprecher, die Verantwortlichkeit, Kritik und Unterstützung an Adressaten richten. Da die Adressaten selbst wiederum zu Sprechern werden können, entsteht durch die Gesamtschau der Kommunikationsbeziehungen ein Netzwerk. Diese Netzwerke sind definiert über die involvierten Akteure und ihre Beziehungen zu einem bestimmten Thema und entsprechen damit der von Pappi (Pappi 1987: 13) vorgeschlagenen Definition für Netzwerke. Solche Netzwerke unterscheiden sich von sozialen oder Policy Netzwerken - dem Kernbereich der soziologischen und politologischen Netzwerkforschung - dadurch, dass hier nicht Sozialbeziehungen die Akteure verbinden, sondern medial vermittelte Kommunikationsbeziehungen. Diese medial vermittelten Netzwerke befassen sich mit der öffentlichen Dimension von Politik, mit dem Ringen der Akteure um Aufmerksamkeit und Zustimmung. In der Terminologie Kriesis (Kriesi 2001: 4) beschreiben diese medial vermittelten Kommunikationsnetzwerke die öffentliche Arena des Politikprozesses, wohingegen Policy-Netzwerke sich mit der parlamentarisch-administrativen auseinandersetzen. Politik wird demnach in eine Herstellungs- und Darstellungskomponente zerlegt (Edelman 1976; Sarcinelli 1987, 1994): erstere Komponente stellt die materielle Politik, den „Nennwert" in den Mittelpunkt. Letztere Komponente zielt auf die expressive Dimension von Politik ab und beschäftigt sich mit deren „Symbolwert". Die Darstellung der Politik, das „symbolische Handeln", stellt dabei keine Abbildung der Realität dar, sondern immer eine konstruierte Wirklichkeit. Aus diesem Grund heraus sollen die medial vermittelten Kommunikationsnetzwerke als „symbolische Netzwerke" bezeichnet werden (ausführlich siehe Adam 2007). Solche Netzwerke können ebenso wie soziale oder Policy Netzwerke aus einer Ego-Netzwerk- oder einer Gesamtnetzwerkperspektive betrachtet werden. Bei ersterer rücken die Sprecher und deren kommunikative Verweise als Ausschnitt aus dem Gesamtnetzwerk in den Fokus. Bei letzterer Perspektive erfolgt die zeitgleiche Gesamtschau aller kommunikativen Beziehungen.

Um symbolische (Ego-) Netzwerke greifbar zu machen, ist eine Inhaltsanalyse massenmedialer Debatten nötig. Die klassische Inhaltsanalyse stößt jedoch an ihre Grenzen, möchte man mit ihrer Hilfe Zusammenhänge und Strukturen, eben den relationalen Aspekt von Öffentlichkeit, abbilden. Akteure und ihre kommunikativen Verweise auf andere Akteure zu erfassen, erfordert eine inhaltsanalytische Interaktionsanalyse. Eine solche ist dadurch gekennzeichnet, dass sie anzeigt, „wer mit wem worüber redet oder was sie miteinander (oder gegeneinander) tun, in welcher Weise sie interagieren und wie sie sich gegenseitig beurteilen“ (Früh 2001: 242). Genau dies leistet die Claims-Analyse (Koopmans/Statham 1999). Bei einer solchen werden zuerst alle Artikel selektiert, die sich mit einem bestimmten Thema auseinandersetzen. Innerhalb jedes Artikels geht es darum, Interaktionskomponenten (Früh 2001: 242), so genannte Claims, zu identifizieren. Ein Claim ist eine strategische Aktion, mit der ein Sprecher seiner Meinung öffentlich Ausdruck verleiht. Sprecher können dabei Journalisten und politische Akteure sein. Strategische Aktionen beziehen sich einerseits auf verbale Äußerungen, andererseits auf Entscheidungen, Policy-Implementierungen, Gerichtserlasse, Demonstrationen, etc. Innerhalb eines Claims weisen Sprecher Adressaten Verantwortlichkeit, Kritik und Unterstützung zu. Eine Claims-Analyse liefert damit das Rohmaterial für die Operationalisierung symbolischer Netzwerke. Das relationale Analysekonzept „symbolische Netzwerke“ lässt sich also mit einer relationalen Methode, der Claims-Analyse, verbinden. Output hiervon sind relationale Daten, die die Beziehungen zwischen den Akteuren wiedergeben. Möchte man diese Daten analysieren, so stoßen traditionelle Analyseverfahren an ihre Grenzen (Scott 2001: 2f.). Solche Verfahren sind dafür geschaffen, lineare Datenstrukturen zu analysieren, in denen jedem Fall bestimmte Eigenschaften oder Attribute zugewiesen werden. Relationale Daten erfordern hingegen eine spezifische Analysemethode: Die Netzwerkanalyse (Wasserman/Faust 1999: 3; Scott 2001: 3).

Den Wettstreit in der massenmedialen Öffentlichkeit aus einer Netzwerkperspektive zu beleuchten, rückt die Verbindung von Sprechern und deren kommunizierten Inhalten in den Vordergrund. Eine solche integrierte Betrachtungsweise geht darüber hinaus, Öffentlichkeit als eine bloße Fundgrube isolierter Elemente von Themen, Meinungen und Akteuren zu betrachten. Vielmehr erlaubt eine solche relationale Sichtweise, die Rolle von Akteuren als Agendasetter und Framesponsoren vergleichend zu analysieren. Darüber hinaus ermöglicht eine solche Perspektive, Interaktionsstrukturen und Disputkonstellationen ans Licht zu bringen (für eine ausführliche Darstellung vgl. Adam 2007). Der Anschluss an die empirische Netzwerkanalyse fundiert diese Untersuchungen mathematisch und eröffnet Visualisierungsmöglichkeiten für komplexe Akteurskonstellationen in öffentlichen Debatten.

## 3 Hypothesen über Agendasetting und Framing in der EU-Erweiterungsdebatte

Mit Hilfe symbolischer Netzwerke lässt sich das öffentliche Agendasetting und Framing politischer und medialer Akteure miteinander vergleichen. Ein solcher Vergleich erlaubt es, zu zeigen, ob Medien als Akteure eine eigenständige Rolle spielen oder die Stimme anderer Akteure verstärken. Besondere Aufmerksamkeit fällt dabei auf das Verhältnis der Medien als Akteure zu den nationalen politischen Akteuren, sind es doch letztere, die Europa Nachrichtenwert geben und dabei die Rezeption europäischer Themen in den Nationalstaaten sehr stark beeinflussen. Sucht man nach möglichen Gründen für den Gleichklang zwischen nationalen politischen und medialen Akteuren oder eben für die Differenz zwischen den beiden, dann reicht ein deskriptiver Vergleich nicht aus. Vielmehr sind Hypothesen nötig, wie sich eben diese nationalen, politischen Akteure bezüglich bestimmter europapolitischer Fragen öffentlich positionieren wollen. Ohne diese Hypothesen ließe sich argumentieren, dass Ähnlichkeiten im Agendasetting und Framing nationaler medialer und politischer Akteure daraus resultieren, dass Medien auch als Informationsvermittler nur das selektieren, was zu ihrer eigenen Stimme passt. Lässt sich hingegen mit Hilfe solcher Hypothesen zeigen, dass mediale Berichterstattung stark vom externen Input abhängt, so kann man die Rolle der Medien als Akteure im Verhältnis zu anderen Akteuren tatsächlich bestimmen: Orientieren sich mediale Sprecher an nationalen Eliten und folgen deren Öffentlichkeitsstrategien oder haben sie sich vom nationalen Anker gelöst und setzen damit ihre eigene Agenda bzw. verstärken die Stimme transnationaler Akteure?

Grundannahme ist, dass nationale politische Akteure ihr Agendasetting und Framing *strategisch* auf die nationale öffentliche Arena ausrichten, sind sie doch abhängig vom nationalen Publikum bei der nächsten Wahl. Diese strategische Öffentlichkeitsorientierung ist umso wichtiger, je schwächer traditionelle Bindungen zwischen Bürgern und Politik. Gerade diese aber, so die weitläufige Annahme, lösen sich im Zuge der Modernisierung (Sarcinelli 1990: 45ff.; Hallin/Mancini 2003: 52): langfristige Identifikationen gehen zurück (Pennings/Lane 1998: 15) und die Anzahl der Wechselwähler bei Wahlen steigt an (Ersson/Lane 1998). Aufmerksamkeit und Zustimmung des nationalen Publikums zu gewinnen, ist damit eine strategische Angelegenheit (Münch 1995: 83; Fuchs/Pfetsch 1996: 135; Kriesi 2001: 2).

Nationale, politische Akteure richten ihre Kommunikationsstrategien auf die *Konfliktkonstellation* in einem Land aus, d.h. daran, wie die Haltung der Elite mit derjenigen der Bevölkerung und Außenseitern übereinstimmt.[1] Da Außenseiter in der öffentlichen Kommunikation zu Europa weitestgehend marginal sind (Koopmans 2004; Adam 2007), wird hier die Konfliktkonstellation auf das Verhältnis von Elite und Bevölkerung verkürzt. Weiß die Elite (bzw. ein Teil von ihr) die Bevölkerung hinter sich, dann ermöglicht dies andere Agendasetting- und Framing-Strategien, als wenn eine Position konträr zur Bevölkerung vertreten wird. Wie die Konfliktkonstellation die Öffentlichkeitsstrategien nationaler Akteure beeinflusst, soll in diesem Beitrag für zwei Konstellationen beispielhaft analysiert werden: Die deutsche und französische EU-Erweiterungspolitik zwischen 2000 und 2002. Dieser Untersuchungsgegenstand bietet sich an, erlaubt er doch, die Konfliktkonstellationen in Ländern zu variieren, die aufgrund ihrer langjährigen Mitgliedschaft in der EU und ihrer Rolle als Motor des Einigungsprozesses große Ähnlichkeiten aufweisen. Die Frage der Erweiterung der Europäischen Union stellt eine der zentralen Fragen europäischer Politik dar. Zwischen 2000 und 2002 fallen dabei die Verhandlungen mit zehn primär osteuropäischen Beitrittsstaaten (inklusive Malta und Zypern), die 2004 schließlich der Europäischen Union in der größten Erweiterungsrunde ihrer Geschichte beitreten. Zeitgleich wird der Türkei eine realistische Beitrittsperspektive eröffnet: Sie wird ein offizieller Beitrittskandidat und in eine Beitrittspartnerschaft eingebunden. Ende 2002 beschließen die europäischen Regierungschefs, den Weg für Beitrittsverhandlungen mit der Türkei frei zu machen.

Die Erweiterung der Europäischen Union wird von der deutschen Elite konsensuell unterstützt. Einzige Ausnahme dabei bildet die Türkeifrage. Die konservative Opposition lehnt deren Mitgliedschaft ab, wohingegen die Regierungskoalition (SPD, Grüne) die Mitgliedschaft unterstützt. Die Bevölkerung in Deutschland ist jedoch gespalten bezüglich der 10 Beitrittsländer (Europäische Kommission 2000a, 2000b, 2001, 2002). Bezüglich Rumänien, Bulgarien und der Türkei hingegen sind sich die Deutschen in ihrer Ablehnung einig. Etwas anders sieht es in Frankreich aus. Zwar trägt Frankreichs Elite, wenn auch anfangs nur zögerlich, die Erweiterung mit. Die französische Bevölkerung jedoch lehnt sie einhellig ab (Europäische Kommission 2000a, 2000b, 2001, 2002). Ihre Ablehnung ist die stärkste in ganz Europa (Ziebura 2003: 307). Aus diesen Konstellationen heraus lassen sich Hypothesen für das Agendasetting und Framing nationaler, politischer Akteure in Deutschland und Frankreich ableiten. So ist zu erwarten, dass natio-

1 Kommunikationsstrategien lediglich aus den Konfliktkonstellation abzuleiten, verkürzt die Erklärungsperspektive. So hat beispielsweise auch die Rolle von Akteuren im Politikprozess der EU Bedeutung (vgl. ausführlich Adam 2007).

nale, politische Akteure in Deutschland das Thema weitaus stärker auf die Agenda setzen als diejenigen in Frankreich (*H1: Agendasetting*). Vor allem die deutsche Regierung wird versuchen, für ihre Position zu werben, um damit den Teil der Bevölkerung, der die Erweiterung unterstützt, zu binden und eventuell den ablehnenden Teil zu überzeugen. Für die deutsche Opposition hingegen ist eine schwächere Thematisierung zu erwarten, bleibt ihr hier doch eine klassische Oppositions-, d.h. Abwehrstrategie verwehrt. In Frankreich hingegen gibt es für die Elite nichts zu gewinnen, wenn sie dieses Thema auf die Agenda setzt: Die Bevölkerung lehnt die Erweiterung der Union strikt ab und die Elite ist wegen der Kohabitation komplett in der Regierungsverantwortung. In Frankreich sind also De-Thematisierungsstrategien nationaler, politischer Akteure zu erwarten.

Wendet man sich dem Framing nationaler Akteure zu, so lässt die Gespaltenheit bzw. die Ablehnung der Bevölkerung erwarten, dass nationale, politische Akteure versuchen werden, eine innenpolitische Debatte zu vermeiden (*H2: Framing als Verantwortlichkeitszuweisung*). Sowohl in Deutschland als auch in Frankreich lohnt es weder für die Opposition, noch für die Regierung, Verantwortlichkeit zu stark im Nationalstaat zu halten, unterstützt doch die komplette Elite die Erweiterung, wohingegen die Bevölkerung diese weitaus kritischer sieht. Lediglich der Opposition in Deutschland stünde es offen, die Türkeifrage zu pushen, um damit die Bevölkerungsbedenken aufzunehmen. Geht man über die Ebene der Aufmerksamkeitsgenerierung hinaus und wendet sich den Interessendefinitionen von Sprechern zu, so ist zu erwarten, dass die deutsche Regierung für ihre Position werben und damit andere Akteure als Koalitionäre definieren wird. Der Opposition hingegen steht es offen, zumindest im Detail Kritik an anderen Akteuren zu üben, steht sie doch selbst nicht in der Regierungsverantwortung. In Frankreich hingegen ist mit weniger Kritik zu rechnen, da die großen politischen Akteure durch die Kohabitation in die Regierung eingebunden sind (*H3: Framing als Interessendefinition*). Die Kohabitation wird wie eine große Koalition, die öffentliche Kritik aus dem Parlament verstummen lässt: Kritisieren die Konservativen die Politik Frankreichs, so treffen sie damit auch ihren eigenen Präsidenten; kritisiert die Linke hingegen den Präsidenten, so impliziert dies immer auch einen Vorwurf an die eigene Regierung, nicht in ausreichendem Maße auf diesen eingewirkt zu haben (Schrameck 2001: 125f.).

Spiegelt sich dieses Agendasetting und Framing nationaler Sprecher in den medialen Debatten wider, so weist dies darauf hin, dass Medien als Informationsvermittler vom externen Input abhängig sind. Als Sprecher hingegen können sie ihr eigenes Agendasetting und Framing betreiben. Ob sie dies nutzen, um sich von den nationalen Eliten zu lösen oder ob sich die strategische Kommunikation nationaler Akteure auch dann wieder findet, wenn Medien ihre eigene Stimme erheben, ist eine empirische Frage. Die Beantwortung dieser Frage jedoch lässt Rückschlüsse auf die Rolle der Medien im europäischen Integrationsprozess zu.

## 4 Die Stimme politischer und medialer Sprecher im Vergleich am Beispiel der deutschen und französischen Erweiterungsdebatten

Um die Stimme politischer und medialer Sprecher gegenüberzustellen, wird hier auf eine Inhaltsanalyse aus einem großen, international vergleichenden Forschungsprojekt mit dem Namen „Europub" zurückgegriffen.[2] Diese Inhaltsanalyse wird in der zuvor beschriebenen Claims-Logik durchgeführt und ist damit anschlussfähig an das Konzept „symbolischer Netzwerke". Die Forschungsmethode wird anhand zweier Zeitungen in jedem Land angewandt: *Le Monde* und *Le Figaro* für Frankreich; die Süddeutsche Zeitung (*SZ*) und die Frankfurter Allgemeine Zeitung (*FAZ*) für Deutschland. In allen Zeitungen steht der Politik- und Wirtschaftsteil in den Jahren 2000, 2001 und 2002 zur Analyse. Einmal pro Woche wird sowohl die rechte, als auch die linke Qualitätszeitung bezüglich des Themenfeldes EU-Erweiterung selektiert. Dabei werden die zwei Qualitätszeitungen eines Landes an unterschiedlichen, im Jahresverlauf rotierenden Wochentagen ausgewählt. Jede Zeitung fließt demnach mit 156 Ausgaben in die Stichprobe ein.[3] An diesen Tagen werden alle Artikel selektiert, die sich mit dem Erweiterungsprozess der Europäischen Union beschäftigen. Innerhalb dieser Artikel werden Claims, die Interaktionskomponenten, codiert. Detaillierte Codiervorgaben und Kategorienschemata finden sich in den Codebüchern (bezüglich der Kommentarcodierung Adam/Berkel et al. 2002; bezüglich der Nachrichtencodierung Koopmans 2002). Auf der Analyseebene schließlich wird jede Beziehungen zwischen einem Sprecher und einem Adressaten als ein Fall für

2 Dieses Projekt ist von der Europäischen Kommission in ihrem fünften Rahmenprogramm finanziert worden (Projektnummer: HPSE-CT2000-00046). Detaillierte Information bezüglich des Projekts findet sich unter: http://europub.wz-berlin.de und bei Koopmans und Statham (Koopmans/Statham 2002). Mein besonderer Dank geht an die anderen Mitglieder des deutschen und französischen Projektteams, die mir erlaubt haben, die Daten auszuwerten: Olivier Baisnée, Barbara Berkel, Jessica Erbe, Olivier Grojean, Virginie Guiraudon, Ruud Koopmans, Barbara Pfetsch, Tobias Schlecht und Ann Zimmermann.

3 Da die Kommentarstichprobe im Forschungsprojekt „Europub" engmaschiger definiert wurde, hier aber mediale Sprecher gleichberechtigt neben politischen stehen sollen, wurden die Datensätze zusammengefügt, indem die Kommentardaten gewichtet wurden (Adam 2007: 129f.).

sich behandelt. Da ein Claim mehrere solche Beziehungen beinhalten kann – bis zu drei Sprecher und bis zu drei Adressaten, d.h. maximal neun Beziehungen sind zugelassen – unterscheidet sich die Analyseebene nochmals von der Codierebene.

Der dualen Rolle der Medien entsprechend werden Claims politischer Akteure nicht getrennt für jede Zeitung ausgewertet - ist doch die Nachrichtenberichterstattung weniger stark ideologisch geprägt - sondern folgt ähnlichen professionellen Standards (Gerhards/Neidhardt et al. 1998: 81).[4] Vielmehr wird ein zeitungsübergreifender Datensatz für Frankreich und Deutschland erstellt (für eine vergleichbare Vorgehensweise Ferree/Gamson et al. 2002). Treten jedoch die Medien selbst als Sprecher in diesen Debatten auf, dann bildet jede Zeitung einen Akteur für sich. Auf diese Weise können die untersuchten Zeitungen gleichberechtigt neben den politischen Akteuren in symbolischen Netzwerken auftreten. Als Sprecher agieren Zeitungen dabei nicht nur im Kommentarteil, sondern auch, wenn sie in der Nachrichtenberichterstattung explizit ihre Meinung äußern. Damit wird deutlich, dass weder die Medien im Allgemeinen, noch der individuelle Journalist hier als Akteur bezeichnet werden soll, sondern die Redaktion die relevante Größe darstellt (Neidhardt 1994a: 12). Innerhalb derselben gibt es sogenannte redaktionelle Linien, die als publizistische Regeln vor allem die Kommentarlinie einer Zeitung prägen (vgl. u.a. Kepplinger 1985: 24ff.; Pfetsch/Eilders et al. 2003: 46f.). Um Varianzen innerhalb von Zeitungen abzudecken, wurde in jedem Land eine links-liberale (*Le Monde*, *SZ*) und eine konservative Qualitätszeitung (*Le Figaro*, *FAZ*) ausgewählt. Wenn es das Datenmaterial zulässt, soll zudem auch die organisatorische Arbeitsteilung innerhalb der Redaktionen ins Blickfeld genommen werden. Ergeben sich unterschiedliche redaktionelle Linien, wenn man die Heimatredaktion und die Korrespondentenbüros miteinander vergleicht?

*Agendasetting:* Um zu zeigen, welche Sprecher wie stark den Diskurs prägen, wird im Folgenden eine Analyse deren Prominenz als Agendasetter vorgestellt. Prominenz von Sprechern in symbolischen Netzwerken lässt sich mit Hilfe des „Outdegrees" (Freeman 1979) berechnen. Der „Outdegree" gibt dabei an, wie viele Verantwortlichkeits-, Kritik- und Unterstützungszuschreibungen von einem Sprecher ausgehen.

Abbildung 1 und Tabelle 1 deuten darauf hin, dass die Konfliktkonstellation in einem Land tatsächlich die Bedeutung nationaler Akteure als

4 Diese Darstellung erlaubt es damit nicht mehr, die Unterschiede in der Berichterstattung der zwei Medien zu untersuchen, lediglich die in den Meinungsäußerungen der untersuchten Medien. Dieser Informationsverlust wird in Kauf genommen, um eine sparsamere Darstellung der vier Vergleichsfälle zu ermöglichen.

Agendasetter prägt. Zumindest bezüglich ihres relativen Gewichts in der Gesamtdebatte entfällt auf nationale Akteure in der deutschen Debatte ein weitaus höherer Anteil als auf die nationalen Akteure in der französischen. In der deutschen Erweiterungsdebatte gehen 42% aller kommunikativen Verweise von deutschen Sprechern aus, in Frankreich sind es gerade einmal 23%. Folglich ist in Frankreich das relative Gewicht transnationaler Akteure größer, v.a. das europäischer und mitgliedsstaatlicher Akteure. Diesen Zusammenhang verdeutlicht Abbildung 1. In der Darstellung wird die relative Bedeutung eines Akteurs als Agendasetter im Gesamtdiskurs über seine Größe ausgedrückt. In den Beschriftungen zeigt sich der Absolutwert: Nur solche Akteure, von denen mindestens fünf kommunikative Verweise ausgehen, wurden beschriftet.

*Abbildung 1a: Agendasetter in der deutschen Erweiterungsdebatte*

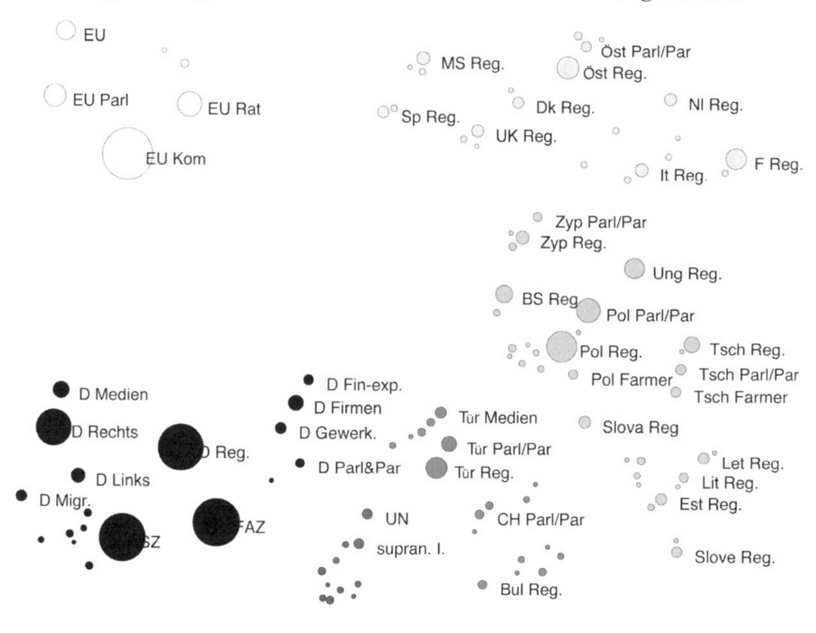


*Darstellung:* Pajek 1.01, Größe der Punkte: Anteil am Outdegree in %, Farbe: weiß = EU, hellgrau = MS, mittelgrau = BS, dunkelgrau = mögliche BS; tiefgrau = supranational / außereuropäisch, schwarz = national; Beschriftung: alle Akteure mit Outdegree ≥ 4; MS = Mitgliedsstaaten; BS = Beitrittsstaaten; Rechts / Links = rechte bzw. linke Parlamentarier / Parteien. → präzise Zahlen finden sich in Tabelle 1.
*Basis kommunikative Beziehungen:* N (ges, D) = 1050.

*Abbildung 1b: Agendasetter in der französischen Erweiterungsdebatte*

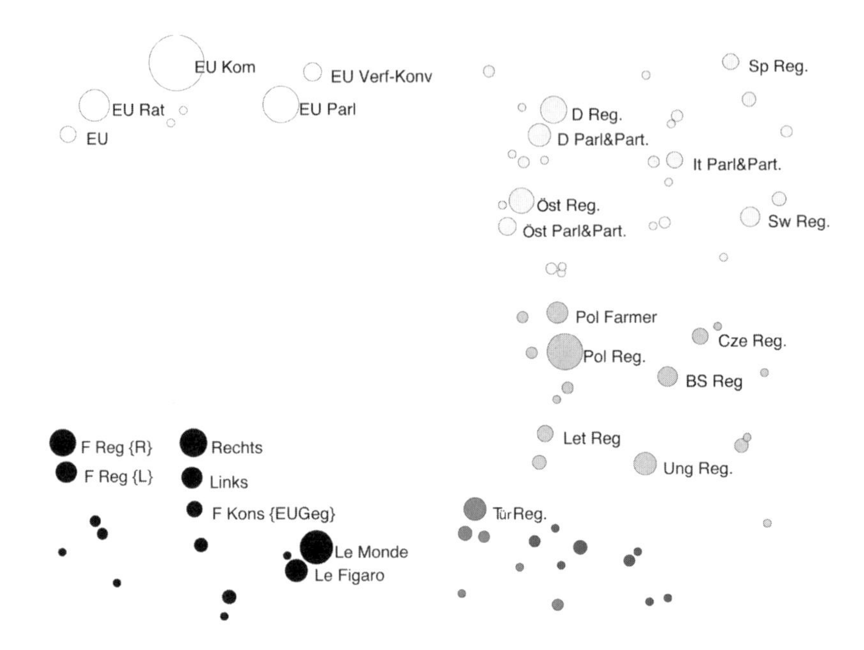


*Darstellung:* Pajek 1.01, Größe der Punkte: Anteil am Outdegree in %, Farbe: weiß = EU, hellgrau = MS, mittelgrau = BS, dunkelgrau = mögliche BS; tiefgrau = supranational / außereuropäisch, schwarz = national; Beschriftung: alle Akteure mit Outdegree ≥ 4; MS = Mitgliedsstaaten; BS = Beitrittsstaaten; Rechts / Links = rechte bzw. linke Parlamentarier / Parteien. → präzise Zahlen finden sich in Tabelle 1.
*Basis kommunikative Beziehungen:* N (ges, F) = 348.

Dieser Unterschied in der Bedeutung nationaler Akteure beruht jedoch nicht nur – wie in Hypothese 1 prognostiziert – auf den nationalen politischen Akteuren, die in Frankreich kein Interesse daran haben, das unliebsame Thema der Erweiterung auf die Agenda zu setzen, sondern ebenso auf den medialen Akteuren. Die Unterschiede zwischen deutschen und französischen Zeitungen lassen sich dabei z.T. durch unterschiedliche Formate erklären, veröffentlichen doch die Untersuchungszeitungen in Deutschland 5 respektive 3 Kommentare pro Tag – die in Frankreich jedoch lediglich einen.

Die Thematisierung nationaler Akteure nur an ihrem relativen Gewicht in Debatten festzumachen, erzeugt ein Problem. Sind nationale Akteure schwach, weil andere Akteure so stark sind? Oder wirken sie stark, weil andere Akteure noch schwächer sind und ihnen die Arena kampflos überlassen? In diesem Fall treffen diese Überlegungen nicht zu: Von nationalen

Akteuren in Deutschland gehen im Untersuchungszeitraum 441 kommunikative Beziehungen aus, von denen in Frankreich gerade einmal 80. Bei 312 analysierten Zeitungsausgaben pro Land ergibt sich damit im Durchschnitt 1,4 kommunikative Verweise pro Ausgabe in Deutschland und 0,25 in Frankreich. Folglich beinhaltet nur jede vierte französische Zeitungsausgabe überhaupt einen kommunikativen Verweis nationaler Akteure bezüglich der Erweiterung.

*Tabelle 1: Agendasetter*

| Outdegree (%) | Deutschland | | Frankreich | |
|---|---|---|---|---|
| *Transnational* | *58,0* | | *77,0* | |
| Vertikal: EU | 18,7 | | 27,0 | |
| Horizontal | 30,6 | | 41,7 | |
| Mitgliedsstaaten | | 10,8 | | 22,7 |
| Beitrittsstaaten | | 19,8 | | 19,0 |
| Andere (u.a. mögliche Beitrittsstaaten) | 8,7 | | 8,4 | |
| *National* | *42,0* | | *23,0* | |
| Politische Akteure | 20,4 | | 15,3 | |
| Regierung | | 9,7 | | 5,7 |
| Legislative / Parteien | | 7,3 (Opp: 5,8) | | 8,0 |
| Mediale Akteure | 21,2 | | 7,5 | |
| Konservative Zeitung | | 10,0 | | 2,3 |
| Links-liberale Zeitung | | 10,0 | | 4,9 |
| N (ges) | 1050 | | 348 | |

*Basis*: alle Kommunikationsbeziehungen, Spaltenprozentuierung

Nationale französische Akteure sind also nicht nur relativ, sondern auch in Absolutzahlen marginal in der Erweiterungsdebatte. Hypothese 1 scheint sich also zu bestätigen, zeigt sich doch deutlich, dass nationale Akteure in Frankreich eine Thematisierung vermeiden. Dies gilt für die politischen Akteure, aber ebenso für die medialen Akteure. Die französischen Medien gleichen das Fehlen einer nationalen Stimme nicht aus. Sie scheinen damit keine Thematisierung gegen das nationale Schweigen zu betreiben und folgen damit den Kommunikationsstrategien nationaler Akteure. Bezüglich des Agendasettings sind mediale französische Akteure damit weniger Herausforderer als Agenturen der nationalen Eliten. Die deutschen Untersuchungszeitungen hingegen nehmen eine bedeutende Akteursrolle ein, gehen von ihnen doch die Hälfte aller Kommunikationsbezüge nationaler Sprecher aus. Dabei zeigt sich kein Unterschied zwischen der links-liberalen und der konservativen Zeitung. Jedoch zeitigt die redaktionelle Arbeitsteilung in Korrespondentenbüro und Heimatredaktion überraschende Ergebnisse: Die konservative *FAZ*, die auf die meisten Korrespondenten in Brüssel zurückgreifen kann, meldet sich mit eigener Stimme aus der Heimatredaktion zu Wort, gehen doch gerade einmal 18% aller kommunikativen Bezüge von Korrespondenten aus – bei der *SZ* sind es immerhin 35%. Spricht man von Medien als Akteuren, dann rücken zumindest in Deutschland – für Frankreich ist eine solche Differenzierung leider nicht möglich – die Heimatredaktionen ins Blickfeld. Diese spielen in der Erweiterungsdebatte eine gewichtige Agendasetting-Rolle. Ob sie dabei in Deutschland Agenturen oder Herausforderer der nationalen Eliten sind, muss eine weitere Analyse ihres Framings zeigen.

*Framing bezüglich der Verantwortlichkeit:* Framinganalysen rücken die Form der kommunikativen Bezüge von Sprechern in den Vordergrund. Auf einer ersten Ebene geht es um die Zuweisung von Aufmerksamkeit. Hypothese 2 postuliert hier, dass nationale, politische Akteure in Situationen, in denen die Bevölkerung in großen Teilen die Position der Eliten ablehnt, Verantwortlichkeit nicht im Nationalstaat halten, sondern nach außen richten. Vorreiter sind dabei - so die Vermutung - die Regierungen, die die unpopuläre Politik direkt zu verantworten haben. Da aber die Opposition die Erweiterungspolitik in beiden Ländern mehr oder weniger mitträgt, sind auch ihr die Hände gebunden, die jeweilige nationale Regierung pauschal zur Verantwortung zu ziehen.

Der Grad der Externalisierung von Verantwortlichkeit in Debatten lässt sich mit Hilfe des E-I Indexes (Krackhardt/Stern 1988: 127) erfassen. Dieser Index beschreibt das Verhältnis von externen zu internen Beziehungen wie folgt: Von allen externen, d.h. nicht auf den Nationalstaat gerichteten Beziehungen eines Akteurs, werden alle internen, d.h. die auf den Nationalstaat gerichteten Beziehungen, abgezogen. Diese Differenz wird schließlich normiert, indem sie durch alle von einem Akteur ausgehenden Beziehungen geteilt wird. Der Index variiert damit zwischen -1 und +1. Ein Wert von -1 zeigt an, dass ein Akteur Verantwortlichkeit lediglich Akteuren aus dem Nationalstaat zuschreibt. Ergibt sich hingegen ein positiver Indexwert, so schreibt der Akteur mehr Verantwortlichkeit transnationalen Akteuren zu als nationalen. Bei einem Wert von 0 hält sich die Domestizierung und Externalisierung die Waage. Tabelle 2 gibt einen Überblick über die Domestizierung und Externalisierung von Verantwortlichkeit der nationalen Akteure im Detail im Vergleich zu allen transnationalen Sprechern.

*Tabelle 2: Externalisierung von Verantwortlichkeit*

| | D Erweiterung | | F Erweiterung | |
|---|---|---|---|---|
| | E-I Index | n | E-I Index | n |
| Nat. Regierung | 0,42 | 100 | 0,70 | 20 |
| Nat. Parlament / Parteien | 0,32 (konserv. Opp: 0,25) | 77 | 0,12 | 28 |
| Nat. Konservative Zeitung | 0,62 (H = 0,73, K = 0,67) | 105 | 0,75 | 8 |
| Nat. Links-liberale Zeitung | 0,70 (H = 0,58, K = 0,63) | 105 | 1,00 | 17 |
| Transnationale Akteure | 0,81 | 609 | 0,82 | 268 |

E-I Index = Outdegree (extern) – Outdegree (intern) / Outdegree (extern + intern); $-1 \leq x \leq 1$
*Legende*: konserv. Opp = konservative Opposition; H = Heimatredaktion, K = Korrespondentenbüro.

Es zeigt sich, dass die politisch Verantwortlichen im Nationalstaat in beiden Ländern Verantwortlichkeit stärker nach außen weisen als nach innen. Dabei sticht die jeweilige Regierung hervor. Sie möchte vermeiden, dass das Thema zu einem innenpolitischen wird. Die Opposition bzw. die Parlaments- und Parteiakteure weisen hingegen eine etwas stärkere Fokussierung auf den Nationalstaat auf. Dies ist nicht verwunderlich, sind sie doch frei von Regierungsverantwortung, was ihnen einen größeren Spielraum lässt.

Bedenkt man, dass die EU-Erweiterung in Deutschland umstritten ist und in Frankreich sogar auf Ablehnung stößt, so stellt sich die Frage, ob die Medien als Akteure die Verantwortung in den Nationalstaat zurückholen, d.h. die nationalen Akteure zur Verantwortung ziehen. Die Daten zeigen deutlich, dass Medien in ihrer Sprecherrolle sich noch stärker als die nationalen politischen Akteure mit der transnationalen Ebene beschäftigen. Mit Werten von 0,62 und 0,70 in Deutschland und 0,75 und 1,00 in Frankreich sind sie es, die Verantwortlichkeit sehr stark nach außen weisen. Sie ähneln in ihrer Verantwortlichkeitsattribution sogar den transnationalen Sprechern, die in den Debatten zu Wort kommen und dabei kaum auf den jeweiligen Nationalstaat verweisen. Aus diesen Daten lässt sich schlussfolgern, dass Medien als Akteure die Kommunikationsstrategien nationaler Akteure nicht durchkreuzen, indem sie die Debatte in den Nationalstaat zurückholen. Vielmehr scheint es, dass sie bezüglich der Externalisierung den Eliten folgen. Dies gilt für die links-liberalen und konservativen Zeitungen. Auch zwischen den Heimatredaktionen und Korrespondentenbüros lässt sich in Deutschland kein Unterschied zeigen.[5]

Eine genauere Analyse, wen (nationale) Akteure, wenn sie den Blick über den Nationalstaat hinausrichten, zur Verantwortung ziehen, ist wegen der De-Thematisierung nationaler Akteure in Frankreich lediglich für Deutschland möglich. Hier rückt eine detaillierte Sicht auf die Art der Verantwortlichkeitszuweisung in den Fokus. Gezeigt wird, wie sich die kommunikativen Bezüge von Sprechern auf europäische, mitgliedsstaatliche, (mögliche) beitrittsstaatliche und nationale Akteure verteilen. Eine Übersicht dazu findet sich in Tabelle 3.

*Tabelle 3: Definition von Verantwortlichkeit (Deutschland)*

| Outdegree-Verteilung | EU (%) | MS (%) | BS (%) | Mög BS (%) | Nat (%) | Rest (%) | n |
|---|---|---|---|---|---|---|---|
| Dt. Regierung | 18,0 | 12,0 | *31,0* | 7,0 | 29,0 | 3,0 | 100 |
| Dt. Konservative | *30,5* | 10,2 | 16,9 | 0,0 | 37,3 | 5,1 | 59 |
| *FAZ* Heimatred. | 19,8 | 23,2 | 13,9 | *15,1* | 18,6 | 9,3 | 86 |
| *FAZ* Korresp. | *42,1* | 21,1 | 15,8 | 0,0 | 21,1 | 0 | 19 |
| *SZ* Heimatred. | 19,1 | 26,5 | 14,7 | *19,1* | 16,2 | 4,3 | 68 |
| *SZ* Korresp. | *43,2* | 29,7 | 8,1 | 2,7 | 13,5 | 2,7 | 37 |
| Transn. Akteure | *25,6* | 23,6 | 25,8 | *10,5* | 9,4 | 5,1 | 609 |

*Legende*: MS = Mitgliedsstaaten; BS = Beitrittsstaaten; mög. BS = mögliche Beitrittsstaaten (noch keinen offiziellen Status als Beitrittskandidat); Nat = National.

Diese detaillierte Sicht auf die Definition von Verantwortlichkeit macht deutlich, dass verschiedene (nationale) Akteure unterschiedliche Schwerpunkte setzen. So nimmt die deutsche Regierung überproportional stark die Beitrittsländer ins Visier. Die konservative Opposition konzentriert sich auf die Europäische Union. Überraschenderweise setzen sie das Thema „Türkei-Beitritt“ nicht auf die Agenda, obwohl sie hier eine gegenläufige Position zur Regierung vertreten und dabei von der Bevölkerung gestützt werden. Wendet man sich auch hier den medialen Akteuren zu, dann wird deutlich, dass Externalisierung von Verantwortlichkeit nicht unbedingt bedeutet, dass die Verantwortlichkeitsdefinitionen nationaler, politischer Akteure eins zu eins übernommen werden. Vielmehr sind es die Medien, die schon im Zeit-

5 Die Daten in Frankreich erlauben eine solche Differenzierung nicht.

raum zwischen 2000 und 2002 die Frage weiterer möglicher Beitrittskandidaten, vor allem die Türkeifrage, auf die Tagesordnung setzen. Dies zeigt sich an ihrer relativ hohen Verantwortlichkeitszuweisung an die möglichen Beitrittsstaaten (im Mittel 16,4%). Während also die größte Erweiterungsrunde der Europäischen Union verhandelt und beschlossen wird, richten die medialen Akteure ihren Blick in die Zukunft und setzen mögliche weitere Erweiterungsschritte auf die Tagesordnung. Sie brechen damit das nationale Schweigen um die zukünftigen Grenzen der Union. Zusammen mit den transnationalen Akteuren setzen sie Zukunftsfragen auf die Agenda.

Interessanterweise zeigt sich auch hier keine Relevanz der redaktionellen Linien. Die konservative *FAZ* und die links-liberale *SZ* definieren Verantwortlichkeit recht ähnlich. Unterschiede ergeben sich jedoch innerhalb der Zeitungen. Der Fokus der Korrespondenten liegt auf der EU an sich; die Heimatredaktionen hingegen sind es, die die möglichen Beitrittsstaaten zur Verantwortung ziehen.

*Framing bezüglich der Interessen*: Framinganalysen, die sich mit der Form der kommunikativen Bezüge beschäftigen, rücken nicht nur die Verantwortlichkeits-, sondern ebenso die Interessendefinitionen in den Fokus. Auf dieser zweiten Ebene des Framings geht es darum, wer wen kritisiert oder unterstützt. Eine solche Analyse erlaubt es, Prozesse der öffentlichen Ein- und Ausgrenzung zu beleuchten. Hypothese 3 postuliert hierbei, dass nationale Regierungen für ihre Positionen werben werden, wohingegen es der Opposition offen steht, Kritik am Detail – trotz prinzipieller Zustimmung zur Erweiterungspolitik – zu üben. In Frankreich jedoch fehlt eine wirkliche Opposition, da durch die Kohabitation alle großen Parteien an der Regierung beteiligt sind. Dies, so die Vermutung, wird die Kritikbereitschaft dämpfen.

Um die Ein- und Ausgrenzungstendenzen verschiedener Sprecher miteinander zu vergleichen, soll hier auf den P-N Index zurückgegriffen werden. Dieser errechnet sich wie folgt: Von allen positiven Kommunikationsbeziehungen, die von einem Akteur ausgehen (positiver Outdegree), werden die von demselben Akteur ausgehenden negativen Kommunikationsbeziehungen abgezogen (negativer Outdegree) und durch alle bewerteten Beziehungen geteilt. Für jeden Akteur lässt sich so ein Wert zwischen -1 und +1 ermitteln. Ein negativer Wert zeigt an, dass ein Akteur mehr negative Thematisierung betreibt als positive. Ein positiver Wert hingegen würde bedeuten, dass von einem Akteur mehr Unterstützungs- als Kritikbeziehungen ausgehen. Der P-N Index verschiedener Sprecher ist in Tabelle 4 dargestellt.

*Tabelle 4: Ein- und Ausgrenzung*

| | D Erweiterung | | F Erweiterung | |
|---|---|---|---|---|
| | P-N Index | n | P-N Index | n |
| Regierung | -0,03 | 76 | +0,60 | 15 |
| Parl. / Parteien | -0,59 | 63 | +0,04 | 23 |
| Konserv. Zeitung | -0,23 (H: -0,18; K: -0,45) | 86 | +0,25 | 8 |
| Links-liberale Zeitung | -0,33 (H: -0,26; K: -0,45) | 83 | -0,54 | 13 |
| Transn. Akteure | -0,26 | 454 | +0,16 | 224 |

*Basis*: positive und negative Beziehungen
*Legende*: H = Heimatredaktion; K = Korrespondentenstab
P-N Index = Outdegree (pos) – Outdegree (neg) / Outdegree (pos + neg); $-1 \leq x \leq 1$.

Die Ergebnisse zeigen deutlich, dass die Regierungen in beiden Ländern mit wesentlich positiveren Thematisierungen auftreten als Parlaments- und Parteiakteure. In Deutschland führt dies dazu, dass die Kritik- und Unterstützungszuweisung der Regierung sich in ungefähr die Waage hält, wohingegen die Parlaments- und Parteiakteure mit einem Wert von -0,59 weitaus mehr Kritik als Unterstützung üben. In Frankreich sticht die Regierung mit einem Wert von +0,6 hervor. Von Parlaments- und Parteiakteuren gehen ungefähr gleich viele Kritik- wie Unterstützungsbezüge aus. Das unterschiedliche Kritikniveau in Deutschland und Frankreich, was sich interessanterweise auch im P-N Index der transnationalen Sprecher niederschlägt (-0,26 für Deutschland, +0,16 für Frankreich), lässt zwei Interpretationen zu. Zum einen könnte es darauf hindeuten, dass in Zeiten der Kohabitation in Frankreich eine öffentliche, kritische Auseinandersetzung nicht stattfindet. Zum anderen ließe sich jedoch auch mutmaßen, dass sich darin unterschiedliche Konflikt- und Konsenskulturen zeigen (Hallin/Mancini 2004; Adam 2007). Welche der Interpretationen zutrifft, lässt sich nur durch weiterführende Analysen klären. Spannend wäre es, zu vergleichen, welchen Wert der P-N Index in Zeiten der großen Koalition in Deutschland annähme und wie er in Frankreich aussähe in Phasen, in denen der Präsident und Premier der gleichen Partei entstammen.

Medien als Akteure, denen häufig der Nachrichtenwert der Kritik als Leitlogik zugeschrieben wird, weisen in Deutschland ein mittleres Kritikniveau auf. Sie haben eine stärkere Tendenz zur Kritik als die Regierung, zugleich jedoch eine wesentlich schwächere Neigung, Kritik zu üben, als die nationale Opposition. Dabei lassen sich wiederum kaum Unterschiede zwischen beiden Zeitungen finden. Auffällig ist jedoch, dass die Korrespondenten ein weitaus kritischeres Bild zeichnen als die Heimatredaktionen. Damit zeigt sich eine Parallelität der Korrespondenten mit der nationalen Opposition; die Heimatredaktionen entsprechen vom Kritikniveau her eher der nationalen Regierung. Bei den französischen Medien zeichnet sich ein überraschendes Bild ab. Die als europafreundlich eingestufte *Le Monde* kann als kritische Stimme Frankreichs in der Erweiterungsfrage bezeichnet werden. *Le Figaro*, die konservative Zeitung, die traditionell als weitaus europakritischer gilt (Guiraudon/Baisnée et al. 2004: 20), entpuppt sich jedoch hier, soweit die extrem niedrigen Fallzahlen überhaupt eine Aussage erlauben, als Unterstützungsgeber. Ob nationale Medien als Akteure dabei Herausforderer oder Agenturen der nationalen politischen Akteure sind, lässt sich mit dieser pauschalen Analyse der Kritik- und Unterstützungsneigung verschiedener Akteure noch nicht zeigen. Vielmehr benötigt man eine genauere Analyse, wer wen tatsächlich kritisiert oder unterstützt. Leider ist dies wegen der geringen Thematisierung nationaler Akteure in Frankreich wiederum nur für die deutsche Debatte möglich.

*Tabelle 5: Interessendefinition (Deutschland)*

| P-N Index | EU | MS | BS | Mögl. BS | Nat | N |
|---|---|---|---|---|---|---|
| Dt. Reg. | *0,1* | -0,3 | *0,2* | *0,0* | -0,3 | 76 |
| Dt. Kons. | -1,0 | -0,7 | -0,6 | -- | -0,6 | 50 |
| *FAZ* Heimatred. | *-0,1* | -0,5 | *0,1* | -0,6 | *0,2* | 68 |
| *FAZ* Korresp. | -0,7 | -0,5 | *0,3* | -- | -0,5 | 18 |
| *SZ* Heimatred. | *0,1* | -0,4 | -0,3 | -0,6 | *0,0* | 54 |
| *SZ* Korresp. | *-0,1* | -1,0 | -0,3 | -- | -0,3 | 29 |
| Trans. Akteure | -0,5 | -0,5 | -0,1 | *-0,1* | -0,2 | 454 |

*Basis*: positive und negative Kommunikationsbeziehungen
*Legende*: MS = Mitgliedsstaaten, BS = Beitrittsstaaten; mögl. BS = mögliche Beitrittsstaaten; Nat = Nationalstaat
P-N Index = Outdegree (pos) – Outdegree (neg) / Outdegree (pos + neg); $-1 \leq x \leq 1$.

Tabelle 5 zeigt den P-N Index verschiedener Sprecher bezüglich europäischer, mitgliedsstaatlicher, (möglicher) beitrittsstaatlicher und nationaler Akteure. Rückt man die Bewertung nationaler Akteure in der deutschen Erweiterungsdebatte in den Fokus, dann entpuppen sich die Heimatredaktionen eher als Agenturen denn als Kritiker. Kritik an der nationalen Politik geht von den Korrespondenten aus und zudem von den nationalen und transnationalen politischen Sprechern. Medien in ihrer Akteursrolle sind damit die einzigen Sprecher, die die nationale Ebene stützen. Würden nationale, mediale und politische Sprecher die gleichen Akteure unterstützen und kritisieren, ließe sich darüber hinaus eine gemeinsame nationale Stimme ausmachen.[6]

Eine einheitliche Stimme aus dem Nationalstaat scheint es in der deutschen Erweiterungsdebatte nicht zu geben, unterscheidet sich doch die Regierung von der Opposition, dem Dauerkritikproduzenten. Lediglich bezüglich der Bewertung mitgliedsstaatlicher Akteure sind sich alle einig: Sie sind durchweg die Sündenböcke der deutschen Debatte. Bezüglich europäischer Akteure jedoch lassen sich zwei Interessendefinitionen unterscheiden: die Regierung und die medialen Akteure lassen die EU in einem ausgewogenen Licht erscheinen, wohingegen die deutschen Konservativen zusammen mit den Korrespondenten der *FAZ* ein sehr kritisches Bild zeichnen. Dieses kritische Bild entspricht dem der transnationalen Akteure. Wenn man bezüglich der EU von einer deutschen Stimme reden möchte, dann sticht deren recht positive Darstellung seitens der deutschen Regierung und der Medien aus der Gesamtdebatte hervor. Auch bezüglich der Beitrittsstaaten lassen sich zwei Interessendefinitionen unterscheiden. Deutlich in die Kritik geraten die Beitrittsstaaten durch die konservative Opposition und die links-liberale Zeitung. Die konservative *FAZ* hingegen unterstützt die Beitrittsstaaten ebenso wie das rot-grüne Regierungsbündnis. Die traditionelle Nähe medialer Akteure zu einem bestimmten Lager ist bei dieser europäischen Frage nicht nur irrelevant, sondern verkehrt sich gar in das Gegenteil. Bezüglich möglicher weiterer Beitrittskandidaten bilden die medialen Akteure eine eigene Stimme: Sie sind es, die die Frage nach zukünftigen Erweiterungsschritte auf die Tagesordnung setzen und dabei eine sehr kritische Stimme erheben.

6 Hier kann nicht festgestellt werden, ob mediale Sprecher den politischen folgen oder umgekehrt, da keine Hypothesen vorliegen, wie die politischen Akteure strategisch agieren.

## 5 Medien als Akteure in Europa – Herausforderer oder Agenturen der nationalen politischen Akteure?

Medien agieren in einer Akteursrolle, wenn sie mit eigener Stimme zu Wort kommen. In dieser Rolle konkurrieren sie mit einer Vielzahl an politischen Sprechern um die Konstruktion der Realität. Ziel des Beitrags war es, eben diese Sprecherrolle der Medien zu analysieren und diese systematisch mit der Stimme anderer Akteure, die in den Medien zu Wort kommen, zu vergleichen. Von besonderem Interesse ist dabei das Verhältnis der an den Nationalstaat gebundenen Medien zu den nationalen Sprechern. Entpuppen sich mediale Akteure als Herausforderer der nationalen Eliten, wenn es um Europa geht, oder sind sie eher Agenturen einer nationalen Interessenvertretung? Um dabei ansatzweise der Frage der Dominanz medialer oder politischer Akteure auf die Spur zu kommen, wurden Hypothesen darüber aufgestellt, wie nationale, politische Akteure den externen Input an die Medien strategisch gestalten, um so ihre Position durch die öffentliche Darstellung abzufedern. In der Berichterstattung der untersuchten Zeitungen zeigt sich dieser strategische Informationsinput. Die De-Thematisierung französischer Eliten aufgrund der opponierenden Bevölkerung in der Erweiterungsfrage zeigt sich in ihrer schwachen Rolle als Agendasetter in der Debatte (*H1*). Darüber hinaus gelingt es nationalen, politischen Sprechern sowohl in Deutschland, als auch in Frankreich, eine innenpolitische Debatte in den Medien zu vermeiden (*H2*). Obwohl in beiden Ländern auch die Nicht-Regierungsakteure nur schwer auf eine klassische Oppositionsstrategie bauen können – die deutsche Opposition trägt die Erweiterung mit; die französische Opposition ist in Zeiten der Kohabitation nicht vorhanden – zeigt sich doch, dass diejenigen, die nicht direkt für die Politik verantwortlich gemacht werden können, eine negativere Sicht der Dinge pflegen (*H3*).

Mediale Akteure entpuppen sich zumindest teilweise als Agenturen der nationalen Eliten. Besonders deutlich wird dies daran, dass die Medien als Akteure in Frankreich das Fehlen einer nationalen Diskussion über die EU-Erweiterung nicht auffangen, ist doch auch ihre Stimme kaum zu hören. In Deutschland hingegen setzen mediale und politische Akteure das Thema auf die Agenda. Auch bezüglich der Verantwortlichkeitsattribution scheint es, dass mediale Akteure in Deutschland und in Frankreich dem Framing nationaler, politischer Akteure folgen. Mediale Akteure holen die Verantwortlichkeit für das unliebsame Thema der Erweiterung nicht in den Nationalstaat zurück. Dies, so die Vermutung, entspricht den Vorstellungen der Eliten, lehnt doch in beiden Ländern ein erheblicher Teil der Bevölkerung den Erweiterungsprozess ab. Darüber hinaus sind es die Heimatredaktionen,

die in der deutschen Erweiterungsdebatte als einzige Sprecher nationale Akteure ausgewogen bzw. gar überwiegend positiv bewerten.
Daraus jedoch zu schlussfolgern, Medien würden in ihrer Sprecherrolle lediglich das Agendasetting und Framing nationaler, politischer Eliten übernehmen, wäre zu kurz gegriffen. So zeigt sich, dass die deutschen Zeitungen in ihrer Akteursrolle die Frage nach der zukünftigen Grenze der Union aufwerfen – in einer Zeit, in der die nationale Politik weitgehend mit der größten Erweiterungsrunde der Union beschäftigt ist. Auch bei der Interessendefinition lässt sich aus den Analysen für die deutsche und französische Debatte nicht auf eine einheitliche nationale Stimme bestehend aus politischen und medialen Akteuren schließen. In Frankreich entpuppt sich *Le Monde* – überraschenderweise – als die kritische Stimme. In Deutschland übernehmen die Medien als Akteure weder den Regierungs-, noch den Oppositionsframe (Pauschalkritik) eins zu eins. Darüber hinaus folgen sie einem eigenen Frame, wenn sie mögliche weitere Erweiterungskandidaten nicht nur auf die Agenda setzen, sondern darüber hinaus auch sehr kritisch bewerten.

Interessanterweise scheint es, dass zumindest in Deutschland der klassische „press-party parallelism“ (Seymour-Ure 1974) bezüglich europäischer Themen keine Rolle spielt.[7] So zeigen sich kaum Unterschiede zwischen dem Agendasetting und Framing der konservativen *FAZ* und der linksliberalen *SZ*. Einer der wenigen Unterschiede wird in der Bewertung der Beitrittsländer offensichtlich. Interessanterweise kehrt sich hier jedoch die traditionelle Nähe um: die *FAZ* stimmt mit ihrer positiven Bewertung mit der linken Koalitionsregierung überein – umgekehrt verstärkt die *SZ* die kritische Stimme der konservativen Opposition in Deutschland. Damit scheint es, dass die innenpolitischen Linien bezüglich europäischer Themen weniger relevant sind. Auch ein EU-Korrespondent der *FAZ* weist auf diesen Umstand hin, wenn er konstatiert, dass Europäische Politik weniger parteigebunden sei.[8] Vielmehr scheint die redaktionelle Arbeitsteilung in Heimatbüro und Korrespondenten zu unterschiedlichen Stimmen zu führen. Ob sich jedoch Brüssel mit seinen EU-Korrespondenten dabei zu einer Brutstätte europäischer Öffentlichkeit entwickelt, belegen diese Daten nicht.

Die untersuchten Medien scheinen eher Agenturen als Herausforderer der nationalen Eliten zu sein, folgen sie doch in weiten Teilen dem Agendasetting und dem Framing der nationalen Eliten. Vor allem in Frankreich tritt

---

7 Für Frankreich sind solche Aussagen bei den hier vorgestellten Daten nicht möglich. Der Grund: In Zeiten der Kohabitation sind alle großen Parteien an der Regierung beteiligt. Folglich müsste man die Daten nicht nach der Funktion, sondern nach der Partei gliedern (für eine detaillierte Übersicht Adam 2007).

8 Interview im Rahmen des Europub-Projektes, 31. Juli 2003.

die Rolle als Herausforderer in den Hintergrund, ist doch die Stimme der Medien so leise, dass selbst ein kritisches Framing kaum eine massive Mobilisierung hervorbringen würde. Am deutlichsten wird die Rolle als Herausforderer bei den deutschen Medien, wenn sie ein kritisches Licht auf mögliche weitere Beitrittskandidaten werfen – und damit auch die Türkeifrage auf die Agenda setzen. Wann jedoch Medien als Akteure tatsächlich eine Herausfordererrolle einnehmen und damit zu „Advokaten der Schwachen" (Wolfsfeld 1997) werden, bedarf weiterer Forschung. Diese Herausfordererrolle wäre dann besonders angebracht, wenn die Elite unterstützt, was die Bevölkerung ablehnt. Diese Konstellation – wie sie exemplarisch in Frankreich bezüglich der Erweiterung existierte – führt jedoch nicht unweigerlich dazu, dass Medien in eine Advokatenrolle schlüpfen. Vielmehr, folgt man Wolfsfeld, (Wolfsfeld 1997) stellt eine solche Advokatenrolle die Ausnahme dar. Möchte man in Zukunft herausbekommen, unter welchen Bedingungen nationale Medien als Akteure in Europa zu Advokaten der Schwachen, der Bevölkerung, werden und so die Eliteintegration durchkreuzen, dann muss die Stimme der Medien und die anderer Akteure in verschiedensten Situationen vergleichend analysiert werden. Dies erfordert ein relationales Analysekonzept wie das der symbolischen Netzwerke, das Sprecher und die von ihnen vertretenen Inhalte miteinander verbindet.

## Literaturverzeichnis

Adam, Silke (2007): Symbolische Netzwerke in Europa. Der Einfluss der nationalen Ebene auf europäische Öffentlichkeit. Deutschland und Frankreich im Vergleich. Köln: Halem.

Adam, Silke/Berkel, Barbara/Firmstone, Julia/Gray, Emily/Koopmans, Ruud/ Pfetsch, Barbara/Statham, Paul (2002): Codebook for content coding of commentaries/editorials. http://europub.wz-berlin.de.

Bennett, Lance W. (1990): „Toward a Theory of Press-State Relations in the United States". In: Journal of Communication, 40, 2, 103-125.

Bleich, Erik (2003): Race and Politics in Britain and France: Ideas and Policymaking since the 1960s. Cambridge: Cambridge University Press.

Brüggemann, Michael (2002): Vermittlungsproblem Europa. Wie EU und Mitgliedsstaaten für die Erweiterung werben. Unpubliziertes Manuskript.

Carey, Sean (2001): In Europe, but not Europeans: The Impact of National Identity on Public Support for the European Union. ECPR Joint Sesssion of Workshops, Grenoble.

Carragee, Kevin M./Roefs, Wim (2004): „The Neglect of Power in Recent Framing Research". In: Journal of Communication, 54, 2, 214-233.

Cowles, Maria Green/Caporaso, James/Risse, Thomas (Hrsg.) (2001): Transforming Europe. Europeanization and Domestic Change. Ithace, N.Y.: Cornell University Press.

Edelman, Murray (1976): Politik als Ritual: die symbolische Funktion staatlicher Institutionen und politischen Handelns. Frankfurt a.M./New York: Campus Verlag.

Eder, Klaus/Giesen, Bernhard (2001): Citizenship and the Making of a European Society. From the Political to the Social Integration of Europe. In: Eder, Klaus/Giesen, Bernhard (Hrsg.): European Citizenship between National Legacies and Postnational Projects. Oxford: Oxford University Press, 245-269.

Entman, Robert M. (1993): „Framing: Toward Clarification of a Fractured Paradigm". In: Journal of Communication, 43, 51-58.

Ersson, Svante/Lane, Jan-Erik (1998): Electoral Instability and Party System Change in Western Europe. In: Pennings, Paul/Lane, Jan-Erik (Hrsg.): Comparing Party System Change. London: Routledge, 23-39.

Europäische Kommission (2000a): Eurobarometer 54.1. November - Dezember 2000.

Europäische Kommission (2000b): Eurobarometer 53. April - Mai 2000.

Europäische Kommission (2001): Eurobarometer 56.2. Oktober - November 2001.

Europäische Kommission (2002): Eurobarometer 57.1. März - Mai 2002.

Ferree, Myra Marx/Gerhards, Jürgen/Gamson, William Anthony/Rucht, Dieter (2002): Shaping abortion discourse. Democracy and the Public Sphere in Germany and the United States. Cambridge: Cambridge University Press.

Freeman, Linton C. (1979): „Centrality in Social Networks: Conceptual clarification". In: Social Networks, 1, 215-239.

Früh, Werner (2001): Inhaltsanalyse. Theorie und Praxis. Konstanz: UVK.

Fuchs, Dieter/Pfetsch, Barbara (1996): Die Beobachtung der öffentlichen Meinung durch das Regierungssystem. In: van den Daele, Wolfgang/Neidhardt, Friedhelm (Hrsg.): Kommunikation und Entscheidung. Politische Funktionen öffentlicher Meinungsbildung und diskursive Verfahren. Berlin: Edition Sigma, 103-138.

Galtung, Johan/Ruge, Mari Holmboe (1965): „The Structure of Foreign News. The Presentation of the Congo, Cuba and Cyprus Crises in Four Norwegian Newspapers". In: Journal of Peace Research, 2, 64-91.

Gamson, William Anthony (1989): „News as framing". In: American Behavioral Scientist, 33, 157-161.

Gerhards, Jürgen (1993): „Westeuropäische Integration und die Schwierigkeiten der Entstehung einer europäischen Öffentlichkeit". In: Zeitschrift für Soziologie, 22, 2, 96-110.

Gerhards, Jürgen (1995): Welchen Einfluss haben die Massenmedien auf die Demokratie in der Bundesrepublik Deutschland? In: Göhler, Gerhard (Hrsg.): Macht der Öffentlichkeit - Öffentlichkeit der Macht. Baden-Baden: Nomos, 149-177.

Gerhards, Jürgen (2000): „Europäisierung von Ökonomie und Politik und die Trägheit der Entstehung einer europäischen Öffentlichkeit." In: Kölner Zeitschrift für Soziologie und Sozialpsychologie, Sonderheft 40: Die Europäisierung nationaler Gesellschaften, 277-305.

Gerhards, Jürgen/Neidhardt, Friedhelm (1991): Strukturen und Funktionen moderner Öffentlichkeit. Fragestellungen und Ansätze. In: Müller-Doohm, Stefan/ Neumann-Braun, Klaus (Hrsg.): Öffentlichkeit, Kultur, Massenkommunikation. Oldenburg: bis, 31-89.

Gerhards, Jürgen/Neidhardt, Friedhelm/Rucht, Dieter (1998): Zwischen Palaver und Diskurs: Strukturen öffentlicher Meinungsbildung am Beispiel der deutschen Diskussion zur Abtreibung. Opladen/Wiesbaden: Westdeutscher Verlag.

Gitlin, Todd (1980): The whole world is watching. Berkeley, CA: University of California Press.

Guiraudon, Virginie/Baisnée, Olivier/Grojean, Olivier (2004): Europub.com: Final case report on communication strategies of the media. France. http://europub.wz-berlin.de, zugegriffen Dezember 2004.

Hallin, Daniel C./Mancini, Paolo (2003): Amerikanisierung, Globalisierung und Säkularisierung. Zur Konvergenz von Mediensystemen und politischer Kommunikation in westlichen Demokratien. In: Esser, Frank/Pfetsch, Barbara (Hrsg.): Politische Kommunikation im internationalen Vergleich. Grundlagen. Anwendungen. Perspektiven. Opladen: Westdeutscher Verlag, 35-55.

Hallin, Daniel C./Mancini, Paolo (2004): Comparing Media Systems. Three Models of Media and Politics. Cambridge: Cambridge University Press.

Kaase, Max (1998): Demokratisches System und die Mediatisierung von Politik. In: Sarcinelli, Ulrich (Hrsg.): Politikvermittlung und Demokratie in der Mediengesellschaft. Beiträge zur politischen Kommunikationskultur. Opladen: Westdeutscher Verlag, 24-51.

Kepplinger, Matthias (1985): Die aktuelle Berichterstattung des Hörfunks. Eine Inhaltsanalyse der Abendnachrichten und politischer Magazine. Freiburg/ München: Alber.

Kevin, Deirdre (2003): Europe in the Media. A Comparison of Reporting, Representation, and Rhetoric in National Media Systems in Europe. London: Lawrence Erlbaum Associates.

Koopmans, Ruud (2002): Content coding of claims-making. Codebook for Europub.com: workpackage 2. http://europub.wz-berlin.de, zugegriffen November 2002.

Koopmans, Ruud (2004): Europub.com: Integrated Report: Cross-National, Cross-Issue, Cross-Time. http:\\europub.wz-berlin.de, zugegriffen September 2004.

Koopmans, Ruud/Statham, Paul (1999): „Political claims analysis: Integrating protest event and political discourse approaches". In: Mobilisation: An International Journal, 4, 40-51.

Koopmans, Ruud/Statham, Paul (2002): The transformation of political mobilisation and communication in European public spheres: A research outline. http://europub.wz-berlin.de, zugegriffen Januar 2002.

Koopmans, Ruud/Pfetsch, Barbara (2003): Towards a Europeanised Public Sphere? Comparing Political Actors and the Media in Germany. Arena Working Paper 23/03.

Krackhardt, David/Stern, Robert N. (1988): „Informal networks and organizational crises: an experimental simulation". In: Social Psychology Quarterly, 51, 2, 123-140.

Kriesi, Hanspeter (2001): Die Rolle der Öffentlichkeit im politischen Entscheidungsprozess. Ein konzeptueller Rahmen für ein international vergleichendes Forschungsprojekt. WZB Discussion Paper P 01-701. Berlin: Wissenschaftszentrum.

Mittag, Jürgen/Wessels, Wolfgang (2003): The "One" and the "Fifteen"? The Member states between procedural adaptation and structural revolution. In: Wessels, Wolfgang/Maurer, Andreas/Mittag, Jürgen (Hrsg.): Fifteen into one? The European Union and its member states. Manchester/New York: Manchester University Press, 413-457.

Münch, Richard (1995): Dynamik der Kommunikationsgesellschaft. Frankfurt a.M.: Suhrkamp.

Neidhardt, Friedhelm (1994a): Öffentlichkeit, öffentliche Meinung, soziale Bewegung. In: Neidhardt, Friedhelm (Hrsg.): Öffentlichkeit, öffentliche Meinung, soziale Bewegung. Opladen: Westdeutscher Verlag, 7-41.

Neidhardt, Friedhelm (1994b): Jenseits des Palavers. Funktionen politischer Öffentlichkeit. In: Wunden, Wolfgang (Hrsg.): Öffentlichkeit und Kommunikationskultur. Beiträge zur Medienethik. Hamburg/Stuttgart: Steinkopf, 19-31.

Page, Benjamin (1996): „The Mass Media as Political Actors". In: Political Science and Politics, 29, 1, 20-25.

Pappi, Franz Urban (Hrsg.) (1987): Methoden der Netzwerkanalyse. München: Oldenbourg.

Pennings, Paul/Lane, Jan-Erik (1998): Introduction. In: Pennings, Paul/Lane, Jan-Erik (Hrsg.): Comparing Party System Change. London: Routledge, 1-19.

Pfetsch, Barbara/Eilders, Christiane/Neidhardt, Friedhelm (2003): Das „Kommentariat". Rolle und Status einer Öffentlichkeitselite. In: Pfetsch, Barbara/ Eilders, Christiane/Neidhardt, Friedhelm (Hrsg.): Die Stimme der Medien. Wiesbaden: VS Verlag, 39-73.

Sarcinelli, Ulrich (1987): Symbolische Politik. Zur Bedeutung symbolischen Handelns in der Wahlkampfkommunikation der Bundesrepublik Deutschland. Opladen: Westdeutscher Verlag.

Sarcinelli, Ulrich (1990): Auf dem Weg in eine kommunikative Demokratie? Demokratische Streitkultur als Element politischer Kultur. In: Sarcinelli, Ulrich (Hrsg.): Demokratische Streitkultur. Theoretische Grundpositionen und Handlungsalternativen in Politikfeldern. Bonn: Bundeszentrale für politische Bildung, 29-51.

Schrameck, Olivier (2001): Matignon. Rive Gauche 1997-2001. Paris: Seuil.

Schulz, Winfried (1989): „Massenmedien und Realität. Die ‚ptolemäische' und die ‚kopernikanische' Auffassung". In: Kölner Zeitschrift für Soziologie und Sozialpsychologie, Sonderheft 30: Massenkommunikation. Theorien. Methoden. Befunde, 135-149.

Scott, John (2001): Social Network Analysis. London/Thousand Oaks/New Delhi: Sage.

Seymour-Ure, Colin (1974): The Political Impact of Mass Media. London: Constable.

Staab, Joachim Friedrich (1990): Nachrichtenwert-Theorie. Formale Strukturen und empirischer Gehalt. Freiburg/München: Alber.

Tobler, Stefan (2001): Bedingungen und Formen transnationaler Öffentlichkeiten. Ein konflikttheoretisches Kommunikationsmodell zur Beurteilung internationaler Politikprozesse am Beispiel des Kommunikationsereignisses „Schädlicher Steuerwettbewerb“ im EU- und OECD-Raum. Lizentiatsarbeit. Zürich, Universität Zürich.

Wasserman, Stanley/Faust, Katherine (1999): Social Network Analysis. Methods and Applications. Cambridge: Cambridge University Press.

Wolfsfeld, Gadi (1997): Media and political conflict. News from the Middle East. Cambridge: Cambridge University Press.

Ziebura, Gilbert (2003): Frankreich am Beginn des 21. Jahrhunderts. Zwischen Europäisierung, Globalisierung und nationaler Selbstbehauptung. Eine Problemskizze. In: Ziebura, Gilbert (Hrsg.): Frankreich. Geschichte, Gesellschaft, Politik. Ausgewählte Aufsätze. Opladen: Leske+Budrich, 297-324.

# Aktive oder passive Berichterstatter? Die Rolle der Massenmedien während des Kosovo-, Afghanistan- und Irakkriegs

*Torsten Maurer, Jens Vogelgesang, Moritz Weiß und Hans-Jürgen Weiß*[1]

## 1 Problemstellung

Die Berichterstattung der deutschen Medien über den Irak-Krieg im Frühjahr 2003 löste eine breite mediale Selbstreflexion journalistischer Qualitätsstandards aus, die insbesondere auf das Fernsehen fokussiert war (vgl. Eilders 2005a, 2005b; Vögele 2004). Eines der zentralen Themen der Medienkritik war die Erörterung der Parteilichkeit und mangelnden Objektivität der Kriegsberichterstattung. Bezogen auf die deutschen Medien wurde der Vorwurf formuliert, die Berichterstattung über den Irak-Krieg würde sich einseitig gegen die USA richten: „Die deutschen Medien haben die amerikanischen Militäraktionen im Irak in den vergangenen Wochen besonders kritisch begleitet, während der Terror des irakischen Diktators Saddam Hussein für sie kaum ein Thema war."[2] Die empirische Auftragsstudie, die dieser exemplarischen Medienkritik der *Frankfurter Allgemeinen Zeitung* (FAZ) zugrunde lag, untersuchte allerdings nicht „die deutschen Medien", sondern lediglich die Berichterstattung der Hauptnachrichtensendungen von ARD, ZDF und RTL.[3] Der Intendant des für die Kriegsberichterstattung im Ersten Programm der ARD zuständigen Südwestrundfunks, Peter Voß, kritisierte die eigenen Journalistinnen und Journalisten mit den Worten: „bei einigen Sendungen konnte man wohl eher den Eindruck haben, im Hinblick auf das

---

1 Der Ausgangspunkt dieses Beitrags ist eine breit angelegte Studie zur deutschen Fernsehberichterstattung über den Irak-Krieg 2003, die im Auftrag von acht Landesmedienanstalten (mabb, brema, LPR, NLM, LfM, MSA, ULR und TLM) unter der Federführung der Landesanstalt für Medien Nordrhein-Westfalen durchgeführt worden ist. Der Forschungsbericht zu der Gesamtstudie wird in der Schriftenreihe Medienforschung der Landesanstalt für Medien Nordrhein-Westfalen publiziert (Veröffentlichung in Vorbereitung). Die hier präsentierte Teilstudie wird durch Anschlussuntersuchungen ergänzt, die im Rahmen akademischer Abschlussarbeiten an der Freien Universität Berlin durchgeführt wurden.

2 Zitiert nach Frankfurter Allgemeine Zeitung, 14.4.2003: Im Krieg findet jeder zu seiner Wahrheit, S. 42.

3 Vgl. Medien Tenor 10, 2003, Forschungsbericht 131, 15.4.2003, S. 33-37.

amerikanische Vorgehen werde stets die negativste Interpretationsvariante gewählt. Was für die amerikanische Position sprechen könnte, wurde und wird weitgehend ausgeblendet"[4].

Der vorwiegend auf subjektiven Programmimpressionen beruhende Vorwurf, die deutsche Fernsehberichterstattung über den Irak-Krieg wäre tendenziös gegen die Kriegspolitik der USA und ihrer Alliierten ausgerichtet, berührt eines der großen, aber auch am meisten umstrittenen Themen der politischen Kommunikationsforschung: die Interaktion zwischen politischem System und Mediensystem. Bezogen auf die Rolle der Massenmedien formierten sich in der US-amerikanischen politischen Kommunikationsforschung im letzten Jahrzehnt zwei unterschiedliche Denkschulen. Benjamin I. Page und Bernhard C. Cohen beispielsweise sehen die Massenmedien – nicht zuletzt aufgrund ihrer herausragenden Position bei der Vermittlung politischer Informationen – in der *aktiven* Rolle politischer Akteure, die durch ihre Veröffentlichungen auf *indirekte* Weise den demokratischen Prozess öffentlicher Deliberation und manchmal sogar politische Entscheidungen beeinflussen können (vgl. Page 1996; Cohen 1994). W. Lance Bennett dagegen hebt die *passive* Rolle der Medien hervor, wenn er annimmt, „mass media news professionals ... tend to ‚index' the range of voices and viewpoints in both news and editorials according to the range of views expressed in mainstream government debate" (Bennett 1990: 106).[5] Bennett geht davon aus, dass dieser elitenorientierte Stil der Medienberichterstattung vor allem bei außenpolitischen Themen und besonders im Kontext von Kriegen zu erwarten ist. Diese Annahme ist inzwischen durch mehrere empirische Studien belegt, die sich allerdings vorwiegend auf die Interaktionsbeziehungen von Politik und Medien *in den USA* beziehen (vgl. Bennett/Paletz 1994; Mermin 1997, 1999). Die Ergebnisse dieser Studien lassen sich zu zwei Thesen verdichten:

1. In bestimmten Kontexten versagen Medien als unabhängige Akteure im Prozess der politischen Kommunikation. Dazu zählen internationale Krisen und Kriege, in die die nationale Politik – direkt oder indirekt – involviert ist.
2. Je stabiler und breiter der Konsens der nationalen Politik im Hinblick auf diese Krisen und Kriege, desto größer ist die Wahrscheinlichkeit, dass sich die Medienberichterstattung an der nationalen Politik orientiert.

---

4 Zitiert nach *Die Welt*, 25.4.2003: „Uns erfasste die Grundströmung". SWR-Intendant Peter Voß über Kritik an der Irak-Berichterstattung im Ersten, S. 30.

5 Zum aktuellen Forschungsstand vgl. Pohr (2005).

Die Bundesregierung und die Parteien der Regierungskoalition hatten sich in der Frage eines Kriegs gegen den Irak schon 2002 unmissverständlich gegen die Politik der US-amerikanischen Regierung positioniert. In der deutschen Bevölkerung formierte sich seit Herbst 2002 ein klarer Meinungstrend gegen eine kriegerische Intervention im Irak.[6] Empirische Belege dafür, dass die Fernsehberichterstattung über den Irak-Krieg im Jahr 2003 anti-amerikanische Stimmungen in der deutschen Bevölkerung gefördert (wenn nicht sogar erzeugt) hat, gibt es nicht. Dennoch ist die Frage berechtigt, ob diese Stimmungen durch die Fernsehberichterstattung „bedient" wurden, und falls ja, mit welchen journalistischen Mitteln.

Die Analysen, deren Ergebnisse im Folgenden vorgestellt werden, sind von dieser Frage geleitet. Untersucht wird die Meinungshaltigkeit der Berichterstattung deutscher Fernsehprogramme über den Irak-Krieg, wie sie zustande kommt und welche Tendenz sie hat. Um jedoch nicht bei der bloßen, quasi-historiographischen Beschreibung der Fernsehberichterstattung über den Irak-Krieg stehen zu bleiben, werden Vergleichsdaten über den Kosovo- und den Afghanistan-Krieg aus den Jahren 1999 und 2001 sowie eine Untersuchung zur Berichterstattung deutscher Zeitungen über diese drei Konflikte herangezogen (vgl. Niedermeier 2005; Eckl 2003). Durch diese breite Datenbasis ist es uns möglich, die Gültigkeit verschiedener theoretischer Erklärungsversuche für die Tendenzen in der deutschen Kriegsberichterstattung abschließend zu diskutieren.

Das Ziel dieser Längsschnittanalysen ist es, einen Zusammenhang zwischen den unterschiedlichen politischen Hintergründen dieser Kriege und der jeweiligen Tendenz der Kriegsberichterstattung in Deutschland herzustellen. Untersucht wird insbesondere, ob es einen Zusammenhang zwischen der Tendenz der jeweiligen nationalen Krisen- bzw. Kriegspolitik und der Tendenz der nationalen Medienberichterstattung über diese Kriege gibt.

## 2 „Tendenziöse Kriegsberichterstattung" - Begriffsdiskussion und Operationalisierung

Der polemische Begriff des Anti-Amerikanismus, der die öffentliche Debatte über eine angeblich einseitige Parteinahme deutscher Medien gegen den Irak-Krieg 2003 prägte, ist kein brauchbarer Ausgangspunkt für empirische Medienanalysen. Im Prinzip wäre es notwendig, den theoretischen und empi-

6 Ende Februar 2003 sprachen sich in einer Forsa-Umfrage 86 Prozent der befragten Deutschen gegen ein militärisches Eingreifen der USA im Irak aus (vgl. *Stern*, 6.3.2003, S. 52).

rischen Gehalt dieses Begriffs zu präzisieren: Ist eine Kritik der Kriegspolitik der amerikanischen Regierung gegen den Irak identisch mit Anti-Amerikanismus? Sind Meldungen im deutschen Fernsehen über Meinungsäußerungen von „Dritten" (Politikern, Demonstranten und anderen, nicht-journalistischen Akteuren) gegen den Irak-Krieg anti-amerikanisch? Oder geht es nur um die kritischen Meinungsäußerungen von Journalisten zum Krieg (vgl. Srp 2005)?

Eine derartige Begriffsdiskussion ist nicht Gegenstand dieses Beitrags. Als generelle Charakterisierung der von Medien verbreiteten Auffassungen über Kriege wird stattdessen von einer „tendenziösen Kriegsberichterstattung" gesprochen. Dabei wird die Kategorie der „Kriegsberichterstattung" in einem breiten, Nachrichtengebung und Kommentierung übergreifenden Verständnis verwendet. Sie schließt alle informierenden, analysierenden und kommentierenden Beiträge ein, die sich auf Kriege, deren Ursachen und Folgen beziehen. Für die Ermittlung einer etwaigen „Tendenz" dieser Beiträge ist es hilfreich, zwischen manifesten und latenten Tendenzen der Kriegsberichterstattung zu unterscheiden.

Die Grundlage dieser Unterscheidung ist eine zentrale professionelle Norm des praktischen Journalismus, die Trennung von Nachricht und Meinung (vgl. Abb. 1). Aus offenen Meinungsäußerungen von Journalisten in Kommentaren, Analysen, Reportagen etc. ergibt sich die *manifeste Tendenz* eines Beitrags. Dieser expliziten journalistischen Kommentierung stehen alle Formen der Nachrichtengebung gegenüber. Ohne dass die Regeln der Trennung von Nachricht und Meinung verletzt werden, resultiert aus den Ereignissen, Themen und Bildern und nicht zuletzt aus den Meinungsäußerungen, über die berichtet wird, eine *latente Tendenz* der Kriegsberichterstattung. Man könnte auch von einer impliziten Kommentierung sprechen.

Die nachfolgenden Analysen sind ausschließlich auf Meinungsäußerungen fokussiert: (a) auf die *Meinungen von Journalisten* (manifeste Tendenz) sowie (b) auf die *Meinungen von Dritten*, über die berichtet wird bzw. die im Rahmen der Fernsehberichterstattung selbst zu Wort kommen (latente Tendenz).[7] In den beiden Studien zur Kriegsberichterstattung im Fernsehen ist die Operationalisierung des Konstrukts kriegsbezogener Meinungsäußerungen identisch und im Hinblick auf die erfassten Formen und Inhalte der Meinungsäußerungen relativ breit angelegt. Die Studie zur Presseberichter-

7 Weitere Formen der impliziten Kriegskommentierung (insbesondere die thematische und visuelle Fokussierung der Berichterstattung) wurden in der Studie zur Fernsehberichterstattung über den Irak-Krieg 2003 erfasst, sie wurden jedoch nicht in die Analysen für diesen Beitrag einbezogen.

stattung hingegen fokussiert recht eng auf die explizite Rechtfertigung bzw. Kritik der Kriege als solche.

*Abbildung 1: Theoretische Dimensionen tendenziöser Berichterstattung*

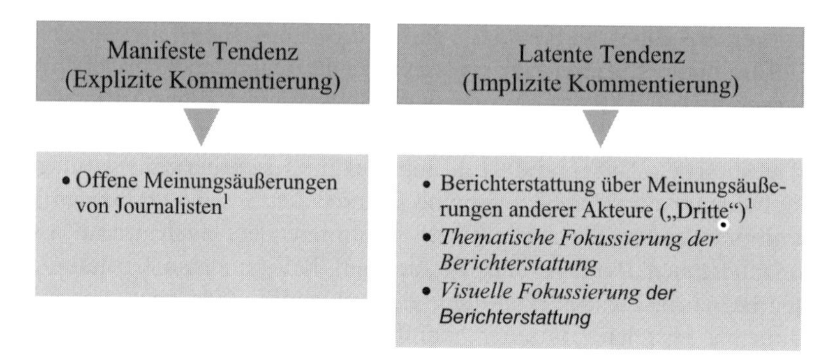


[1] Die nachfolgenden Analysen beziehen sich ausschließlich auf die offenen Meinungsäußerungen von Journalisten und die Meinungsäußerungen von Dritten.

Aus Vergleichsgründen beziehen sich die im Folgenden dargestellten Auswertungen nur auf einen Teil der in den drei Studien durchgeführten Tendenzanalysen. Abgesehen von einem allgemeinen Überblick über den Umfang expliziter und impliziter Kriegskommentierung in den untersuchten Medien geht es ausschließlich um die *Rechtfertigung bzw. Kritik der drei Kriege*. Analysiert werden nur solche Formen der Kommentierung, die in Form expliziter, objektbezogener *positiver oder negativer Wertungen* vorgetragen bzw. zitiert werden.

Hierbei wird in den Studien zur Fernsehberichterstattung zwischen sechs Bewertungsobjekten (bzw. Bewertungsdimensionen) unterschieden: 1. den Kriegen „an sich", 2. der kriegsbezogenen Politik der US-Regierung, 3. der kriegsbezogenen Politik der Regierungen in den angegriffenen Ländern, 4. der kriegsbezogenen Politik der deutschen Bundesregierung, 5. der Politik sonstiger kriegskritischer und 6. der Politik sonstiger kriegsunterstützender Regierungen. Die Pressestudie unterscheidet nur zwischen zwei Bewertungsobjekten, dem jeweiligen Krieg und einer deutschen Kriegsbeteiligung.

## 3 Die deutsche Fernsehberichterstattung über den Irak-Krieg 2003

Die Studie zur Tendenz der deutschen Fernsehberichterstattung über den Irak-Krieg 2003 bezieht sich auf vier Fernsehvollprogramme und zwei Nachrichtenkanäle: ARD/Das Erste, ZDF, RTL und SAT.1 sowie n-tv und N24. Aus den Nachrichten- und Sondersendungen, die von diesen Programmen in den ersten beiden Wochen des Irak-Kriegs (20. März bis 2. April 2003) täglich zwischen 17 und 1 Uhr ausgestrahlt wurden, wurde eine Stichprobe von insgesamt 245 Nachrichten- und Sondersendungen ausgewertet. Die Basis der Tendenzanalyse sind letztlich n=2.753 Fernsehbeiträge bestehend aus Meldungen, Filmbeiträgen, Korrespondentenberichten etc.

Zunächst wird nachfolgend gefragt, welchen Stellenwert Meinungen in der Berichterstattung deutscher Fernsehprogramme über den Irak-Krieg 2003 hatten und welche Rolle dabei einerseits journalistische Meinungsäußerungen und andererseits die Stellungnahmen von Politikern, Bürgern etc. spielten. Vor diesem Hintergrund wird dann untersucht, ob sich diese Meinungen einseitig gegen den Krieg und die Kriegspolitik der USA richteten.

### *3.1 Im Mittelpunkt: Berichterstattung über Meinungen*

In der deutschen Fernsehberichterstattung über den Irak-Krieg waren offen geäußerte Meinungen von Journalisten eine Randerscheinung. In keinem Programm findet man in mehr als 3-6 Prozent der untersuchten Beiträge explizite Stellungnahmen deutscher Fernsehjournalisten zum Krieg. Ganz anders sieht es mit der Berichterstattung über Meinungen Dritter zum Irak-Krieg aus. Zwischen einem Drittel und knapp der Hälfte der Beiträge der jeweiligen Programme vermittelten den Zuschauern – in Form von O-Tönen oder Zitaten – die Auffassungen von Politikern, Bürgern, Experten aus Deutschland, den USA und anderen Ländern über den Krieg (vgl. Abb. 2).

Besonders in den öffentlich-rechtlichen Programmen spielte der Kriegsdiskurs eine zentrale Rolle, fast jeder zweite Beitrag enthielt Stellungnahmen zum Krieg. Aber auch in den deutschen Nachrichtenkanälen war der Stellenwert der Berichterstattung über Meinungen relativ groß. Wie eine Vergleichsuntersuchung zeigt, ist er mit knapp 40 Prozent deutlich größer als z.B. bei CNN (ca. 25 Prozent).[8]

8 Der Vergleichswert bezieht sich auf die Kriegsberichterstattung von CNN TV International/Europe. Vgl. Jabs (2004).

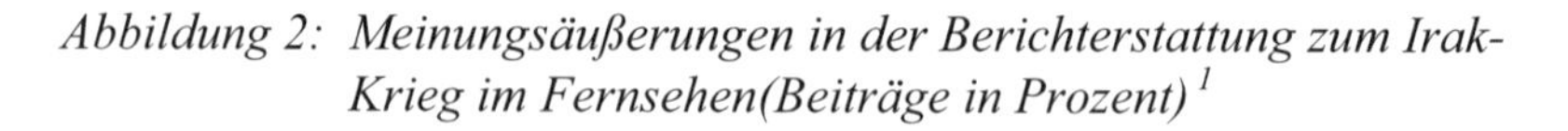

*Abbildung 2: Meinungsäußerungen in der Berichterstattung zum Irak-Krieg im Fernsehen(Beiträge in Prozent)* [1]

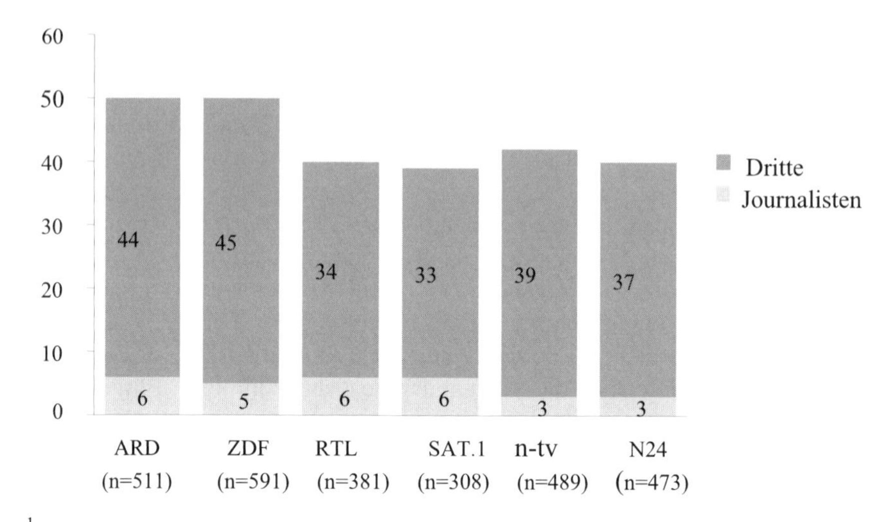


1 *Basis:* Alle untersuchten Beiträge zum Irak-Krieg (n=2.753).

Zumindest während der ersten vierzehn Kriegstage war die explizite und implizite Kommentierung im deutschen Fernsehen auf die grundsätzliche Bewertung des Irak-Kriegs fokussiert: von insgesamt n=2.278 Meinungsäußerungen zum Irak-Krieg bezogen sich n=1.257 auf grundsätzliche Aspekte des Kriegs, d.h. hier wurden seine Legitimation sowie die Positionen der Kriegsparteien, Kriegsgegner und -befürworter explizit positiv oder negativ bewertet.[9] Im Falle der grundsätzlichen Kriegsbewertungen ging es dabei im Wesentlichen um drei Bewertungsdimensionen: den Krieg als solchen, die Kriegspolitik der Bush-Regierung sowie die Politik der sonstigen kriegsunterstützenden Nationen (vgl. Abb. 3).

Von den 1.257 Pro/Contra-Statements, die sich grundsätzlich auf den Irak-Krieg bezogen, sind mehr als 80 Prozent einer dieser drei Bewertungsdimensionen zuzurechnen. Im Vergleich dazu tritt der Diskurs über die Haltung der deutschen Bundesregierung zum Krieg sowie über andere Regierungen, die sich wie die deutsche gegen den Krieg aussprachen, in den

9 Die übrigen 1.021 Stellungnahmen, die im vorliegenden Kontext nicht weiter von Interesse sind, bezogen sich vor allem auf spezifische Aspekte der Kriegsführung bzw. des konkreten militärischen Vorgehens.

Hintergrund. Dasselbe gilt für die Bewertung des Saddam-Regimes. Vor diesem Hintergrund wird die im Folgenden dargestellte Tendenzanalyse auf die drei Schwerpunkte der Grundsatzdiskussion über den Irak-Krieg im deutschen Fernsehen beschränkt.

*Abbildung 3: Dimensionen der Bewertung des Irak-Kriegs im Fernsehen (Meinungsäußerungen in Prozent)* [1]

| | | |
|---|---|---|
| Irak-Krieg „an sich" | 41 | **83 %** |
| Politik der USA | 30 | |
| Politik der sonstigen kriegsunterstützenden Nationen | 12 | |
| Politik der deutschen Bundesregierung | 6 | |
| Politik des Irak | 6 | |
| Politik der sonstigen kriegskritischen Nationen | 5 | |
| *Gesamt* | 100 (N=1.257) | |

1 *Basis:* Alle Stellungnahmen zur grundsätzlichen Bewertung des Irak-Kriegs.

## *3.2 Die Grundtendenz: Kritik am Irak-Krieg*

Betrachtet man zunächst nur die Stellungnahmen von Dritten (Politikern, Bürgern, Experten etc.), über die im deutschen Fernsehen berichtet wurde, könnte das Ergebnis nicht eindeutiger sein. In den ersten beiden Kriegswochen bestimmte eine generelle Kriegskritik sowie die Kritik an der Kriegspolitik der US-Regierung und ihrer Verbündeten ganz eindeutig das „Meinungsklima", das den Deutschen durch das Fernsehen vermittelt wurde (vgl. Abb. 4).

Eine wesentliche Ursache für diese Tendenz der deutschen Fernsehberichterstattung ist darin zu sehen, dass intensiv über die weltweiten Proteste gegen diesen Krieg berichtet wurde. In mehr als 80 Prozent der Fernsehbeiträge, in denen der Irak-Krieg verurteilt und die USA kritisiert wurden, kommen Vertreter der Zivilgesellschaft zu Wort, der Anteil kritischer Statements von Politikern ist dagegen deutlich geringer.

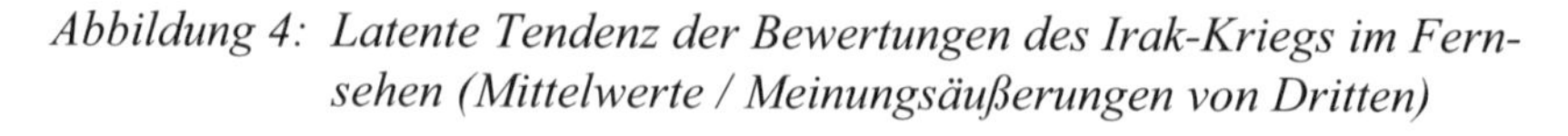

*Abbildung 4: Latente Tendenz der Bewertungen des Irak-Kriegs im Fernsehen (Mittelwerte / Meinungsäußerungen von Dritten)*

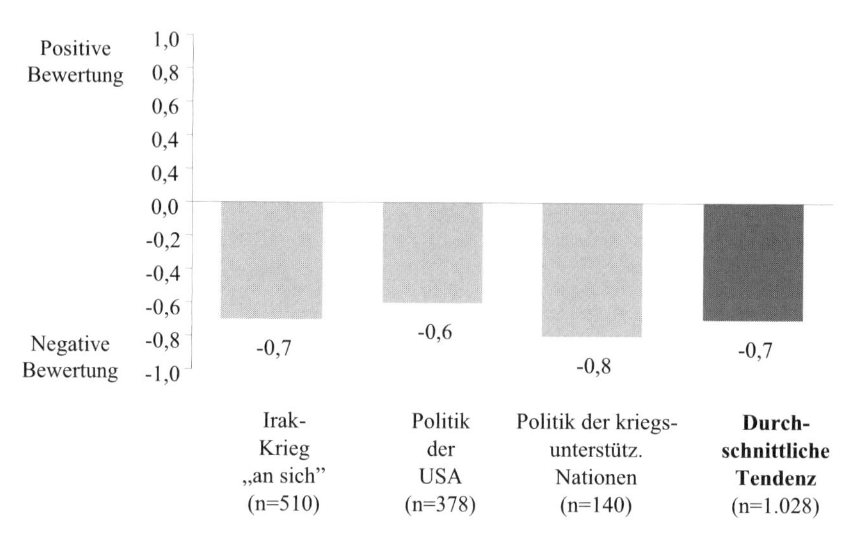


Die Vielzahl der in der Berichterstattung zum Ausdruck kommenden negativen Bewertungen des Irak-Kriegs vermittelte mit Sicherheit den Eindruck einer kriegskritischen Haltung „des" deutschen Fernsehens – unabhängig davon, dass sich in unserer Analyse nur wenige Beispiele für offene journalistische Meinungsäußerungen finden.[10] Allerdings ist die Vermutung nahe liegend, dass hinter der insgesamt negativen Tendenz der berichteten Meinungen nicht nur die Realität der politischen und gesellschaftlichen Proteste steht, die dieser Krieg international ausgelöst hat. Ebenso real dürften auch die subjektiven Einstellungen der deutschen Fernsehjournalisten gewesen sein, die sich in der Tendenz der Nachrichtengebung – im Sinne einer *Synchronisation* von journalistischen Meinungen und Meinungsberichterstattung – widerspiegeln.[11]

Für diese Sichtweise spricht vor allem auch die *Konsonanz* der impliziten Kriegskommentierung in der Nachrichtengebung der deutschen Fern-

10 Trotz ihrer geringen Anzahl (in zwei Wochen bei sechs Programmen nur 18 Fälle) ist die Tendenz dieser wenigen expliziten journalistischen Statements aufschlussreich, denn sie ist ausschließlich negativ.

11 Man spricht in diesem Zusammenhang auch von „opportunen Zeugen". Vgl. Hagen (1992).

sehprogramme. In keinem Programm tendierte die Tendenz der „Meinungsberichterstattung" zu einer Befürwortung des Kriegs (vgl. Abb. 5).

*Abbildung 5: Konsonanz der Bewertung des Irak-Kriegs im Fernsehen (Mittelwerte / Meinungsäußerungen von Dritten)*

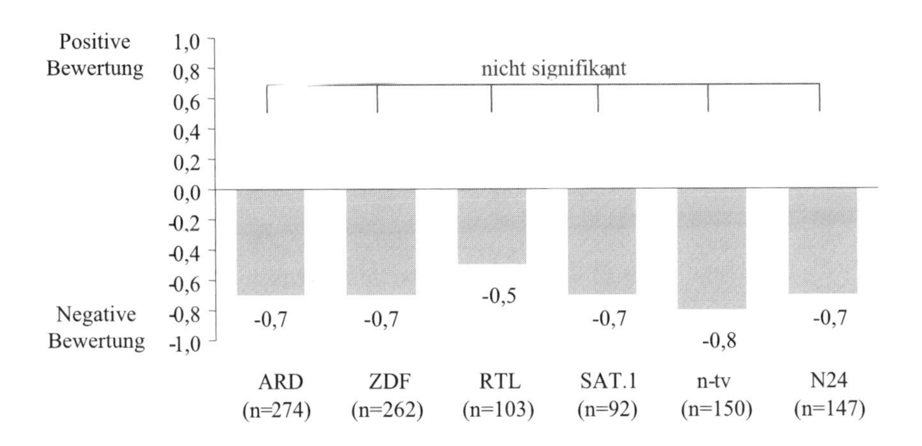


[1] Multiple t-Tests (*Basis:* Durchschnittliche Tendenz pro Programm).

Im Gegenteil, zwischen fünf der sechs analysierten Programme gibt es keinen signifikanten Unterschied in ihrer dominant negativen Tendenz. Nur bei RTL ist das Meinungsspektrum der Kriegsbefürworter und Kriegsgegner etwas weniger negativ als bei den anderen fünf Programmen.

## *3.3 Erste Zwischenbilanz*

In der deutschen Fernsehberichterstattung über den Irak-Krieg 2003 spielte der Diskurs über die Legitimation des Kriegs eine zentrale Rolle. Dabei stand jedoch nicht die explizite Kommentierung des Kriegs durch deutsche Fernsehjournalisten im Vordergrund. Entscheidend ist vielmehr, dass die Fernsehberichterstattung stark auf die diplomatischen und politischen Auseinandersetzungen und ganz besonders, auf die gesellschaftlichen Proteste fokussiert war, die der Krieg weltweit ausgelöst hat. Die Folge dieser Nachrichtenpolitik war ein durchweg negativer Rahmen, in den der Irak-Krieg gestellt wurde.

Ein wesentlicher Unterschied zwischen den einzelnen Programmen war in dieser Hinsicht nicht festzustellen. Insofern kann man als Ergebnis unserer Analysen zur Tendenz der Fernsehberichterstattung über den Irak-Krieg 2003 zusammenfassen, dass das deutsche Fernsehen seinen Zuschauern viele Meinungen zum Irak-Krieg und zur Kriegspolitik der USA präsentierte, jedoch *keine Meinungsvielfalt.*

Was die Ursachen dafür sein könnten und ob das Paradigma des „Anti-Amerikanismus" einen zufrieden stellenden Erklärungsansatz bietet, wird noch zu diskutieren sein. Zuvor wird in den beiden folgenden Abschnitten der Blick auf die deutsche Berichterstattung über die Kriege im Kosovo und in Afghanistan gerichtet, um die Perspektive und empirische Basis dieser Diskussion zu erweitern.

## 4 Im Vergleich: Drei Kriege im deutschen Fernsehen

Der Vergleich der Fernsehberichterstattung über den Irak-Krieg mit der Berichterstattung deutscher Fernsehprogramme über die Kriege in Afghanistan und im Kosovo bezieht sich auf vier Fernsehvollprogramme: ARD/Das Erste, ZDF, RTL und SAT.1. Parallel zur Irak-Studie wurde die Berichterstattung über diese Kriege in einer Stichprobe der Nachrichten- und Sondersendungen untersucht, die von diesen Programmen in der fünften Woche des Afghanistan-Kriegs (5.-11. November 2001) und in der vierten Woche des Kosovo-Kriegs (12.-18. April 1999) zwischen 17 und 1 Uhr ausgestrahlt wurden.[12]

Methodisch – d.h. in der Definition und Auswahl der Untersuchungseinheiten sowie in der Anlage des Untersuchungsinstruments – ist der Vergleich eng an die Konzeption der Studie zum Irak-Krieg angelegt. Basis sind jeweils ca. 65 Nachrichten- und Sondersendungen zu den Kriegen in Afghanistan und im Kosovo und ca. 160 Sendungen zum Irak-Krieg.[13] Untersucht und verglichen wurden insgesamt n=2.412 Fernsehbeiträge, wovon sich n=389 auf den Kosovo-Krieg, n=232 auf den Afghanistan-Krieg und n=1.791 auf den Irak-Krieg bezogen.

---

12 Die Untersuchungszeiträume der Zusatzerhebungen für die Vergleichsstudie sind identisch mit den Programmstichproben, die im Frühjahr 1999 und im Herbst 2001 für die kontinuierliche Fernsehprogrammforschung der Landesmedienanstalten aufgezeichnet wurden. Vgl. Weiß (2005).

13 Im Kontext des Vergleichs der Berichterstattung über drei Kriege hinweg basieren die Ausführungen zum Irak-Krieg nur auf vier Fernsehprogrammen – die in Kap. 3 berücksichtigten Programme n-tv und N24 werden nachfolgend außen vor gelassen.

Das Ziel des Vergleichs ist es, die auf den Irak-Krieg bezogene Tendenzanalyse im Hinblick auf die deutsche Fernsehberichterstattung über die Kriege in Afghanistan und im Kosovo zu replizieren. Hatten Grundsatzdebatten zur Rechtfertigung dieser Kriege denselben hohen Stellenwert? Welche Rolle spielte dabei die explizite journalistische Kommentierung im Vergleich zur Berichterstattung über die Meinung Dritter? Und schließlich: Richtete sich die Tendenz dieser Diskurse ebenfalls einseitig gegen die Kriegspolitik der USA?

## *4.1 Es bleibt dabei: Implizite vor expliziter Kriegskommentierung*

Bestätigt wird das Ergebnis der Irak-Studie, dass explizite Meinungsäußerungen von Journalisten in der Kriegsberichterstattung deutscher Fernsehprogramme eher selten sind (vgl. Abb. 6).

*Abbildung 6: Meinungsäußerungen in der Berichterstattung über drei Kriege im Fernsehen (Beiträge in Prozent)* [1]

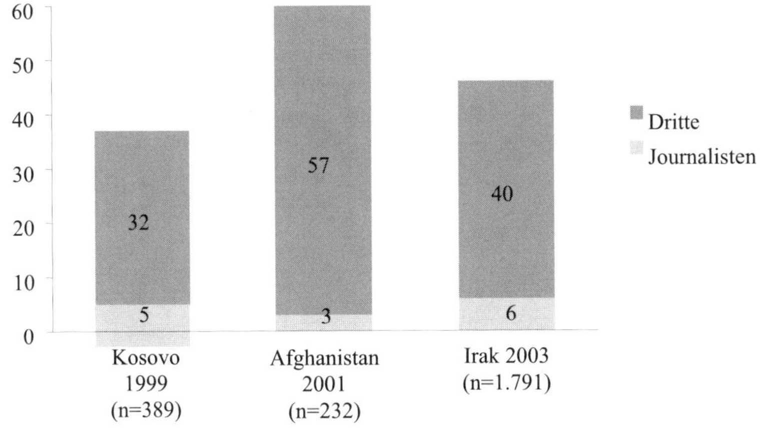

1 *Basis:* Alle untersuchten Beiträge zu den Kriegen (n=2.412).

Wahrscheinlich lässt sich dieses Ergebnis sogar so weit verallgemeinern, dass das Medium Fernsehen in Deutschland keine typische Plattform für die offene Äußerung journalistischer Meinungen in der politischen Berichterstattung ist. „Politische Tendenzen" – z.B. der Kriegsberichterstattung – werden ggf. mit anderen Mitteln des Fernsehjournalismus hergestellt.

Bestätigt wird aber auch, dass das deutsche Fernsehen nicht nur den Irak-Krieg, sondern alle drei Kriege mit einer ausführlichen „Meinungsberichterstattung" zu den jeweiligen Kriegsdiskursen begleitet hat. Offensichtlich eröffnet die Berichterstattung über Meinungen den Fernsehjournalisten ausgezeichnete Möglichkeiten, den Fernsehzuschauern einen Deutungsrahmen zur Bewertung der jeweiligen Kriege anzubieten. Dieser Deutungsrahmen bezog sich in allen drei Fallstudien auf Grundsatzfragen.

Im Mittelpunkt der expliziten Befürwortung bzw. Ablehnung der Kriege steht mit 40-50 Prozent aller berichteten Stellungnahmen primär der „Krieg als solcher" (vgl. Abb. 7). Erst auf nachgeordneten Rängen folgt die Bewertung der Kriegsparteien. Dabei zeigt sich, dass die Fokussierung der deutschen Fernsehberichterstattung auf die Rolle der US-Regierung einen Sonderfall der Berichterstattung über den Irak-Krieg darstellt. Insbesondere im Fall der Berichterstattung über den Afghanistan-Krieg ist sie dagegen stark auf die deutsche Bundesregierung konzentriert.

*Abbildung 7: Dimensionen der Bewertung von drei Kriegen im Fernsehen (Meinungsäußerungen in Prozent)* [1]

| | *Kosovo* | | *Afghanistan* | | *Irak* | |
|---|---|---|---|---|---|---|
| Jeweiliger Krieg „an sich" | 41 | | 49 | | 42 | |
| Politik der USA | 8 | 62% | 5 | 56% | 30 | 83% |
| Politik der sonst. kriegsunterstützend. Nationen | 13 | | 2 | | 11 | |
| Politik der deutschen Bundesregierung | 20 | | 42 | | 6 | |
| Politik des angegriffenen Landes | 14 | | 2 | | 6 | |
| Politik der sonstigen kriegskritischen Nationen | 4 | | - | | 5 | |
| *Gesamt* | 100 (N=132) | | 100 (N=149) | | 100 (N=909) | |

[1] *Basis:* Alle Stellungnahmen zur grundsätzlichen Bewertung des jeweiligen Kriegs. Im Falle des Irak-Kriegs basiert die Verteilung der Bewertungsdimensionen auf der Berichterstattung der Programme ARD/Das Erste, ZDF, RTL und SAT.1 (in den Ausführungen des Kapitels 3 wurde zusätzlich die Berichterstattung von n-tv und N24 mit einbezogen).

Die im Folgenden vorgestellte Tendenzanalyse konzentriert sich nun auf jene Bewertungsdimensionen, die über die drei Kriege hinweg den zentralen Stellenwert einnehmen und zugleich im Hinblick auf den Bezugspunkt der Bewertung vergleichbar sind. So werden nachfolgend jene Meinungsäußerungen berücksichtigt, die sich auf die Kriege „als solche", die Kriegspolitik der USA sowie der Kriegspolitik ihrer Unterstützer beziehen. Im Fall der

Kriege im Kosovo und in Afghanistan betrifft das ca. 60 Prozent der grundsätzlichen Kriegsbewertungen, im Fall des Irak-Kriegs sind es allerdings mehr als 80 Prozent.

## *4.2 Kriegsunterstützung und Kriegskritik*

Betrachtet man nur die grundsätzlichen Stellungnahmen von Dritten (Politikern, Bürgern, Experten etc.), über die im deutschen Fernsehen berichtet wurde, wird offenkundig, dass sich die durch das Fernsehen vermittelten Bewertungen der drei Kriege signifikant voneinander unterscheiden (vgl. Abb. 8). Dabei lohnt es sich, sowohl auf das arithmetische Mittel als auch auf die Standardabweichung zu schauen.

Die Bewertung der Kriege sowie der auf diese Kriege bezogenen Kriegspolitik der USA und ihrer Unterstützer ist im Fall des Kosovo-Kriegs leicht positiv, fast ausgewogen, im Fall des Afghanistan-Kriegs leicht und im Fall des Irak-Kriegs stark negativ.

Die Tendenz der im deutschen Fernsehen berichteten Meinungen zu den drei Kriegen ist im Fall des Irak-Kriegs am homogensten. Am heterogensten ist sie im Fall des Kosovo-Kriegs.

*Abbildung 8: Latente Tendenz der Bewertung von drei Kriegen im Fernsehen (Mittelwerte / Meinungsäußerungen von Dritten)* [1]

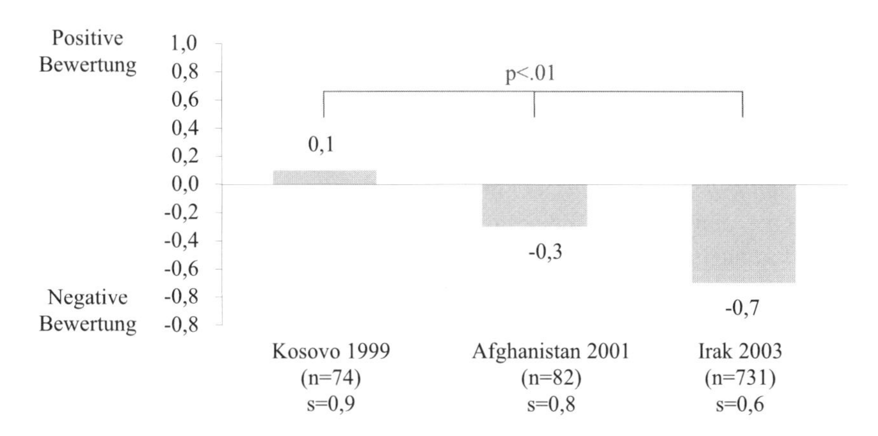


[1] Einfaktorielle Varianzanalyse (*Basis:* Durchschnittliche Tendenz pro Krieg).

### *4.3 Zweite Zwischenbilanz*

Der Vergleich der Tendenz der Berichterstattung deutscher Fernsehprogramme über den Irak-Krieg 2003 mit der Berichterstattung über die Kriege in Afghanistan und im Kosovo bestätigt und relativiert zugleich zentrale Ergebnisse der Irak-Studie. Bestätigt wird der marginale Stellenwert der expliziten journalistischen Kommentierung in der Kriegsberichterstattung deutscher Fernsehprogramme. Die Frage nach der Tendenz der Fernsehberichterstattung über Kriege muss daher auf diejenigen Aspekte der Nachrichtengebung fokussiert werden, die als implizite Kommentierung bzw. latente Tendenz zu interpretieren sind. In diesem Kontext zeigt sich, dass die Berichterstattung über Meinungen einen zentralen Stellenwert in der Fernsehberichterstattung über Kriege hat. Hieraus resultieren relativ konsistente Meinungsprofile, in denen sich die unterschiedliche Beurteilung unterschiedlicher Kriege widerspiegeln.

Nicht zu verallgemeinern ist dagegen die USA-kritische Perspektive, die in der Fernsehberichterstattung über den Irak-Krieg dominierte. Die beiden anderen Kriege werden in der „Meinungsberichterstattung“ deutscher Fernsehprogramme nicht nur weniger kritisch gesehen. Vielmehr zeigt sich in diesen Fällen auch eine breitere Ausdifferenzierung des in der Kriegsberichterstattung wiedergegebenen Meinungsspektrums.

## 5 Kontrollstudie: Drei Kriege in der Tagespresse

Das Ziel der in diesem Abschnitt präsentierten Analysen ist es, die Übertragbarkeit der Ergebnisse der Fernsehanalysen auf den Sektor der national verbreiteten Qualitätspresse zu überprüfen. Hierzu werden die eher konservative *Frankfurter Allgemeine Zeitung* (FAZ) und die als liberal einzuschätzende *Süddeutsche Zeitung* (SZ) untersucht.[14]

Die Analyse dieser Zeitungen wurde unabhängig von den Fernsehanalysen durchgeführt und weicht daher methodisch vor allem in zwei Punkten von diesen ab. Erstens sind die Untersuchungszeiträume der Presseanalyse nicht identisch mit der Fernsehanalyse (Irak-Krieg: drei Wochen vor Kriegsbeginn, 1.-20. März 2003; Afghanistan-Krieg: drei Wochen mitten im Krieg, 1.-17. November 2001; Kosovo-Krieg: fünf Wochen vor Kriegsbeginn, 15. Februar bis 24. März 1999). Zweitens gingen in die Tendenzanalyse nur solche Artikel ein, in denen entweder grundsätzliche Meinungen zu den Kriegen (Kriegskritik vs. Kriegsunterstützung) oder Meinungen zu einem

14 Vgl. Eilders/Neidhardt/Pfetsch (2004).

deutschen Kriegseinsatz (Kritik vs. Befürwortung) geäußert wurden. Auf der Basis dieser Auswahlregel bilden insgesamt n=598 Artikel (knapp 400 zum Irak-Krieg und jeweils ca. 100 zu den Kriegen in Afghanistan und im Kosovo) die Grundlage der Zeitungsstudie.

Die nachfolgenden Analysen beziehen sich auf die allgemeine Einschätzung der drei Kriege.[15] Da der journalistische Kommentar in der Tagespresse – anders als im Fernsehen – nach wie vor seinen festen Platz hat, ist von Interesse, ob Tendenzen nicht nur implizit (in Form von Zitaten in der Nachrichtengebung), sondern auch explizit (in offenen Meinungsäußerungen der Journalisten) nachzuweisen sind. Außerdem wird untersucht, ob die redaktionelle Linie der beiden Zeitungen einen Einfluss auf die Tendenz ihrer Kriegsberichterstattung hat.

## *5.1 Implizite und explizite Kriegskommentierung*

Zwar sind die Befunde der Fernseh- und der Zeitungsanalyse zum relativen Stellenwert von expliziter journalistischer Kriegskommentierung auf der einen und der Berichterstattung über die Meinungen Dritter auf der anderen Seite aus methodischen Gründen nicht direkt vergleichbar. Dennoch gibt die Zeitungsanalyse einen deutlichen Hinweis darauf, dass explizite Kriegskommentare von Journalisten in der deutschen Presse keine Seltenheit sind – im Gegenteil. Etwa 20 Prozent aller untersuchten Beiträge enthielten offene journalistische Stellungnahmen zu den Kriegen.

## *5.2 Kriegsspezifische Berichterstattungstendenzen*

Die deutschen Zeitungsjournalisten bewerteten die drei untersuchten Konflikte signifikant unterschiedlich. Im Fall des Irak-Kriegs sprachen sie sich mit besonderer Vehemenz gegen einen Militäreinsatz aus. Im Gegensatz dazu begrüßten sie in der Kosovo-Krise eine militärische Intervention. In der Afghanistan-Krise gab es unter den Journalisten der beiden Zeitungen sowohl Befürworter als auch Gegner eines militärischen Einsatzes.

Die Meinungen von Politikern, Mitgliedern der Zivilgesellschaft, Experten etc., die in der Berichterstattung der beiden deutschen Zeitungen zu den jeweiligen Kriegen zitiert werden, haben im Prinzip dieselbe Tendenz wie die explizite journalistische Kriegskommentierung. Das heißt, dass die

---

15 Diese wurden in Form von Ratings ermittelt, die sich auf die Artikel als Untersuchungseinheiten beziehen.

drei Kriege auch auf der Ebene der „Meinungsberichterstattung" signifikant unterschiedlich bewertet wurden (vgl. Abb. 9).

*Abbildung 9: Latente Tendenz der Bewertung von drei Kriegen in der Presse (Mittelwerte / Meinungsäußerungen von Dritten)* [1]

[1] Einfaktorielle Varianzanalyse (*Basis:* Durchschnittliche Tendenz pro Krieg).

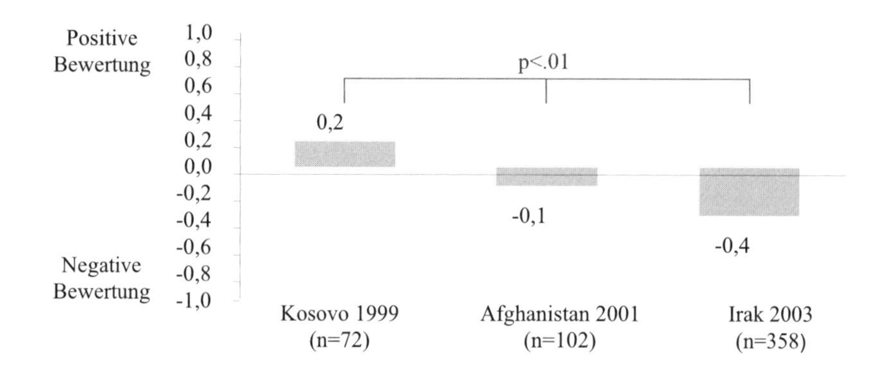


Insgesamt gesehen waren die von den Journalisten zitierten Akteure für einen militärischen Einsatz im Kosovo skeptisch gegenüber einer militärischen Intervention in Afghanistan und durchweg kritisch gegenüber dem Irak-Krieg. Im Vergleich zu den sehr eindeutig explizierten Positionen der Zeitungsjournalisten für einen Kosovo-Krieg und gegen einen Irak-Krieg fallen allerdings die Bewertungen der in den Artikeln zu Wort kommenden Akteure in ihrer Gesamttendenz etwas zurückhaltender aus.

In ihrer Grundstruktur ähneln sich die Daten der Fernseh- und der Zeitungsanalyse zur Tendenz der Berichterstattung deutscher Medien über die drei Kriege. Offenkundig ist zumindest derselbe Trend auf der Ebene der Meinungsberichterstattung: Aus den vom Fernsehen und der Presse weiterverbreiteten Meinungen von Politikern, Experten, Bürgern etc. formieren sich spezifische – eher positive oder eher negative – Auffassungen zu jedem der drei Kriege, die sich von der (berichteten) Einschätzung der anderen Kriege signifikant unterscheiden. Die Daten der Zeitungsstudie erlauben es jedoch, noch einen Schritt weiter zu gehen und mediale gegen kontextuelle Einflussfaktoren auf die Tendenz der Kriegsberichterstattung abzuwägen. Die Ergebnisse einer Regressionsanalyse geben in dieser Hinsicht klare Hinweise (vgl. Abb. 10).

*Abbildung 10: Bedingungsfaktoren der Kriegsbewertung in der Presse*

| *Erklärende Variablen* | *Bewertungen in der Kriegsberichterstattung Beta*[1] |
|---|---|
| [Konstante] | .31* |
| Afghanistan-Krieg | –.39* |
| Irak-Krieg | –.71* |
| Redaktionelle Linie (0=konservativ, 1=liberal) | n.s. |
| Quelle der Bewertung (0=Journalisten, 1=Dritte) | n.s. |
| *n* | 598 |
| *Erklärte Varianz (Korr. $R^2$)* | .12 |

[1] Multiple Regressionsanalyse (*p<.01).

*Synchronisation*: In den untersuchten Zeitungen gibt es keinen signifikanten Unterschied zwischen der expliziten und der impliziten Kommentierung der drei Kriege. Das heißt, dass die Tendenz der journalistischen Stellungnahmen und die Tendenz der berichteten Meinungen anderer Akteure in allen drei Fallstudien zur Kriegsberichterstattung in dieselbe Richtung weisen.
*Konsonanz*: Die konservative und die liberale Zeitung stimmen in der Grundtendenz der jeweiligen Kriegsbewertungen unabhängig von ihrer unterschiedlichen politischen Ausrichtung überein.
*Kriegskontext*: Es bleibt zu konstatieren, dass die unterschiedlichen, zum Teil positiven, zum Teil negativen Bewertungen der drei Kriege signifikant auf medienexterne Faktoren (und hier wiederum vermutlich auf den jeweiligen internationalen und nationalen Kriegskontext) zurückzuführen sind.

## 6 „Indexing" als Leitlinie der Kriegsberichterstattung deutscher Medien

Unsere empirischen Ergebnisse belegen, dass offensichtlich nicht nur in den USA, sondern auch in Deutschland die Berichterstattung von Massenmedien über internationale Krisen und Kriege, stets die Positionen der jeweiligen *nationalen Regierungspolitik* zu diesen Krisen oder Kriegen reflektiert. Führt man die Meinungstendenzen in der deutschen Kriegsberichterstattung vorschnell auf ein zielgerichtetes anti-amerikanisches Veröffentlichungshandeln der hiesigen Massenmedien zurück, ignoriert man die publizistischen Gesetzmäßigkeiten nationaler Kriegsberichterstattung. Überträgt man das Indexing-Konzept auf die hier präsentierten Daten, lassen sich die in unseren Medienanalysen zu den drei Kriegen ermittelten Meinungstendenzen im

Rückgriff auf die deutsche Innenpolitik – genauer: durch die jeweilige Konstellation der politischen Positionierung von Bundesregierung, Regierungskoalition, Opposition und Bevölkerung zum Kosovo-, Afghanistan- und Irak-Krieg – erklären (vgl. Abb. 11).

*Abbildung 11: Politische Positionen zum Kosovo-, Afghanistan- und Irak-Krieg in Deutschland*

| *Akteur* | *Kosovo 1999* | *Afghanistan 2001* | *Irak 2003* |
|---|---|---|---|
| Bundesregierung | Pro | Pro[1] | Kontra |
| Regierungskoalition | Pro | Pro[2] | Kontra |
| Opposition | Pro | Pro | Pro |
| Bevölkerung[3] | Pro | Pro | Kontra |

1 Vor dem Krieg hergestellter Konsens.
2 Während des Kriegs bewältigter Dissens.
3 Den Kosovo-Krieg befürworteten 62 Prozent der deutschen Bevölkerung, den Afghanistan-Krieg 69 Prozent und den Irak-Krieg 12 Prozent (Quelle: forsa).

Im Kosovo-, Afghanistan- und Irak-Krieg hatten die deutschen Medien und Journalisten auf ganz unterschiedliche (innenpolitische) Situationen zu reagieren: Der Kosovo-Krieg fand in Deutschland eine breite politische Unterstützung. Differenzen innerhalb der Regierungskoalition wurden *vor* dem Krieg ausgeräumt. Es gab kein explizites Mandat zur Gewaltanwendung durch den UNO-Sicherheitsrat. Deutsche Soldaten waren an den Kampfeinsätzen beteiligt. Auch der Afghanistan-Krieg wurde in Deutschland politisch unterstützt. Über eine deutsche Militärbeteiligung gab es jedoch im Regierungslager noch während des Kriegs politische Auseinandersetzungen, die letztendlich bewältigt wurden. Die beiden Sicherheitsratsresolutionen 1368 und 1373 bezogen sich sowohl auf das (kollektive) Selbstverteidigungsrecht der USA als auch auf Kapitel VII der UNO-Charta und legitimierten dementsprechend die Gewaltanwendung.[16] Faktisch spielten deutsche Soldaten während der unmittelbaren Kampfhandlungen keine Rolle.

Über die Distanzierung von der Kriegspolitik der USA gegen den Irak herrschte in der Regierungskoalition schon lange vor Kriegsbeginn einhelliger Konsens. Eine militärische Beteiligung wurde kategorisch ausgeschlos-

16 Resolution 1368 (2001). Adopted by the Security Council at its 4370th meeting, on 12 September 2001; Resolution 1373 (2001). Adopted by the Security Council on its 4385th meeting, on 28 September 2001. In: http://www.un.org/docs/scres/2001/sc2001.htm (15.05.2006)

sen. Es gab kein explizites Mandat zur Gewaltanwendung durch den UNO-Sicherheitsrat. Die deutschen Oppositionsparteien kritisierten die Regierungspolitik, sie sprachen sich andererseits jedoch auch nicht eindeutig für einen Krieg *ohne* UNO-Mandat aus.[17]

Eine Möglichkeit, die immer schärfer gewordene Kritik durch die deutschen Medien zu erklären, wäre das klassische „rally around the flag"-Phänomen. Das heißt, über Kriege wird generell eher kritisch berichtet, so lange die Soldaten des eigenen Landes nicht unmittelbar beteiligt sind. Ist dies jedoch der Fall, sollen die eigenen Soldaten in der nationalen Öffentlichkeit weitestgehend positiv dargestellt werden. Die „Konsonanz der latenten Tendenz" (Abb. 12) impliziert zwar, dass die deutschen Medien umso negativer berichten, je weniger die Bundeswehr in die unmittelbaren Kampfhandlungen eingreift – von der praktisch gleichberechtigten Beteiligung im Kosovo bis hin zur völligen Ablehnung im Irak. Jedoch, und dies ist der entscheidende Punkt, ist dieses Phänomen nicht unabhängig von der deutschen Regierungsposition. Schließlich ist nur schwer vorstellbar, dass der Bundestag eines Tages eine militärische Aktion verabschiedet, *ohne* dass die Regierung den Antrag dazu eingebracht hätte. Auf diese Weise ist diese Interpretation unserer Ergebnisse nicht so sehr eine konkurrierende Erklärung zum Indexing-Konzept, sondern kann vielmehr als eine differenzierte Ergänzung verstanden werden.

Eine andere Möglichkeit, die latenten Tendenzen der deutschen Kriegsbewertung zu erklären, ist die völkerrechtliche Legitimität der drei untersuchten Kriege. Je größer der internationale Konsens über die Rechtmäßigkeit der jeweiligen militärischen Operationen ist, desto positiver müssten die deutschen Journalisten eigentlich über diese berichten. Schließlich ist anzunehmen, dass die völkerrechtliche Legitimität auf entscheidende Weise die journalistische Nachrichtenproduktion normativ prägt. In diesem Fall hätte die deutsche Medienberichterstattung jedoch am positivsten über den Afghanistan-Einsatz und – wie empirisch belegt – am negativsten über den Irak-Krieg berichten müssen (vgl. Greenwood 2002; Wedgwood 2002). In den vorgestellten Ergebnissen finden sich allerdings keine empirischen Belege dafür, dass die völkerrechtliche Legitimität die Tendenzen der deutschen Kriegsberichterstattung nachhaltig beeinflusst hat. Insbesondere die durchweg positive Berichterstattung über den vom UN-Sicherheitsrat *nicht* autorisierten Luftkrieg gegen Restjugoslawien spricht gegen die Annahme,

---

17 Vgl. z.B. die Rede der Oppositionsführerin Angela Merkel auf der Münchener Sicherheitskonferenz im Februar 2003. In: http://www.securityconference.de/konferenzen/rede.php?menu_2003=&menu_konferenzen=&sprache=de&id=103& (15.05.2005)

dass die völkerrechtliche Legitimität auf die deutsche Kriegsberichterstattung maßgeblich eingewirkt hat.

Abbildung 12 belegt die ausgeprägte Konsonanz der „Meinungsberichterstattung" von Fernsehen und Tagespresse zu jedem der drei Kriege. Diese latente Meinungstendenz reflektiert ferner auch die jeweilige Ausrichtung der deutschen Politik gegenüber den Kriegen im Kosovo, in Afghanistan und im Irak. Am deutlichsten tritt das in der eher positiven Tendenz der Berichterstattung über den Kosovo-Krieg auf der einen und der eher negativen Tendenz der Berichterstattung über den Irak-Krieg auf der anderen Seite zu Tage – eindrucksvoller kann das Indexing-Konzept von Bennett kaum belegt werden.

*Abbildung 12: Konsonanz der latenten Tendenz der Kriegsbewertung deutscher Medien (Mittelwerte / Meinungsäußerungen von Dritten)*

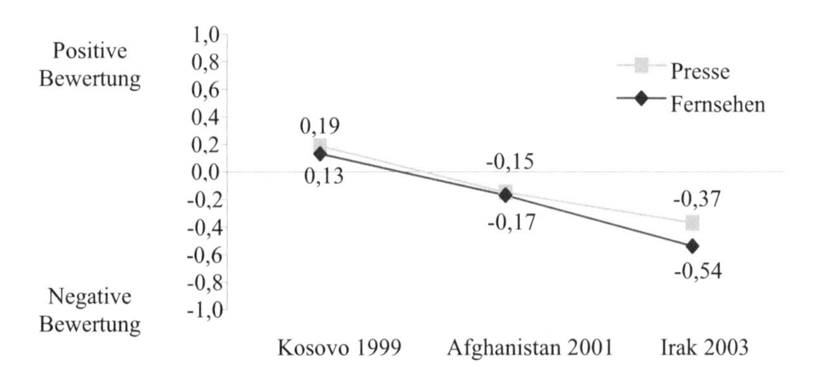


[1] Einfaktorielle Varianzanalyse ($p<.01$).

Mit Blick auf den Irak-Krieg lautet unser (paradoxer) Befund: Was in der öffentlichen Debatte den deutschen Medien als Anti-Amerikanismus und den amerikanischen Medien als übertriebener Patriotismus vorgeworfen wird, ist in Wirklichkeit dasselbe – die Reproduktion der jeweiligen nationalen Regierungspolitik mit den Mitteln der Massenkommunikation. Dieser Befund entspricht weitgehend dem, was Jonathan Mermin im Hinblick auf die amerikanische Politik in Somalia (1992) herausgefunden hat: „Television is clearly a player in the foreign policy arena, but the evidence from Somalia is that *journalists set the news agenda and frame the stories they report in close collaboration with actors in Washington*" (Mermin 1997: 403; Hervorhebung durch die Autoren). Somit ist abschließend festzuhalten, dass der Vergleich der deutschen Berichterstattung zu den drei Kriegen nahe legt, dass hierzulande ähnliche Mechanismen wirken, wie sie die US-amerikanische Forschung nachgewiesen hat.

Allerdings ist Vorsicht geboten, die in diesem Beitrag vorgestellten Daten *ausschließlich* auf die im Indexing-Konzept postulierte Elitenorientierung der Medien zurückzuführen. Im Rückgriff auf die Ergebnisse von Meinungsumfragen kann nämlich gezeigt werden, dass die deutschen Medien in ihrer Kriegsberichterstattung nicht nur die Meinungstendenz der deutschen Eliten, sondern auch die Einstellungen der deutschen Bevölkerung abbildeten, die die Kriege im Kosovo und in Afghanistan mehrheitlich befürwortete und den Irak-Krieg mehrheitlich ablehnte. Vergleicht man die Abbildungen 11 und 12, so wird deutlich, dass über den in der deutschen Bevölkerung am wenigsten umstrittenen Krieg (Afghanistan) negativer berichtet wird als über den Kosovo-Krieg von 1999. Dieser Umstand kann eher dadurch erklärt werden, dass sich die deutschen Journalisten beim Afghanistan-Einsatz am bewältigten Dissens innerhalb der Regierungskoalition orientierten als an der vorherrschenden öffentlichen Meinung. Demgegenüber erklärt die einheitliche deutsche Position von Regierung und Opposition im Kosovo-Konflikt die durchweg positive Bewertung durch die deutschen Journalisten.

Dass die deutschen Medien zuvorderst mit der nationalen Regierungsposition auf einer Linie lagen, verstärkt das Argument der nationalen Determination der deutschen Kriegsberichterstattung. Darüber hinaus geben die hier vorgestellten Ergebnisse auch Anlass dazu, die selbst auferlegte beschränkte Gültigkeit des Indexing-Konzepts auf die USA zu hinterfragen. Schließlich scheinen ähnliche Mechanismen auch in der deutschen Nachrichtenproduktion – zumindest in der Kriegsberichterstattung – am Werk zu sein. Ohne abschließend die These zu vertreten, dass „indexing" die *einzige* mögliche Erklärung für die unterschiedlichen Dimensionen tendenziöser Berichterstattung in Deutschland sei, wurde dennoch gezeigt, dass es zumindest zahlreiche Indizien dafür gibt, diesem publizistischem Mechanismus in zukünftigen Studien zur Kriegsberichterstattung stärker nachzugehen.

Ein „Freispruch" für die Medien und Journalisten in Deutschland ist das nicht. Unsere empirischen Ergebnisse zeigen, dass die deutschen Medien in den drei untersuchten Kriegen eher in der Rolle des *passiven Berichterstatters* und weniger als *aktive Vermittler* agierten. Deswegen sollte man in Zukunft nicht so sehr ihren angeblichen Anti-Amerikanismus, sondern vielmehr ihre Kritikfähigkeit und Unabhängigkeit gegenüber der nationalen Regierungspolitik thematisieren, wenn es um die Qualität der Berichterstattung über internationale Konflikte und Krisen geht. Die Ergebnisse unserer Inhaltsanalyse verweisen insbesondere auf das Problem der „opportunen Zeugen“, die der Kriegsberichterstattung einen einseitigen Charakter verleihen. Die Tatsache, dass der deutsche Außenminister Fischer nicht „überzeugt“ von der amerikanischen Position vor dem Irak-Krieg war, bedeutet noch nicht automatisch, dass Argumente *für* eine mögliche Intervention keine Rolle im öffentlichen Diskurs in Deutschland zu spielen haben. Dies wurde schließlich auch von der politischen Opposition angebracht. Jedoch fand diese Position keinen Platz in der medialen Berichterstattung. Diese *einseitige Fokussierung auf die nationale Regierungsposition* ist zumindest aus demokratietheoretischer Perspektive problematisch. Gerade aus diesem Grund könnte es von großer Bedeutung sein, der in diesem Beitrag angesprochenen Problematik in Zukunft stärker nachzugehen. Diese Schlussfolgerung kommt nicht überraschend, ist sie doch eine ähnliche Forderung, wie sie auch von W. Lance Bennett im Kontext seiner Untersuchungen zum amerikanischen Mediensystem formuliert worden war.

## Literaturverzeichnis

Bennett, W. Lance (1990): Toward a Theory of Press-State Relations in the United States. In: Journal of Communication, 40, 2, 103-125.

Bennett, W. Lance/Paletz, David (Hrsg.) (1994): Taken by Storm. The Media, Public Opinion, and U.S. Foreign Policy in the Gulf War. Chicago/London: The University of Chicago Press.

Cohen, Bernhard C. (1994): A View from the Academy. In: Bennett, W. Lance/ Paletz, David (Hrsg.): Taken by Storm. The Media, Public Opinion, and U.S. Foreign Policy in the Gulf War. Chicago/London: The University of Chicago Press, 8-11.

Eckl, Christian (2003): Orientiert sich die Berichterstattung zum Für und Wider eines Kriegseinsatzes in den Printmedien an der Stellung der Bundesregierung zu Konflikten? Unveröffentlichte Lizentiatsarbeit. Freie Universität Berlin.

Eilders, Christiane (2005a): Medien im Irak-Krieg. Leistungen und Grenzen der Selbstreflexion. In: Weiß, Ralph (Hrsg.): Zur Kritik der Medienkritik. Wie Zeitungen das Fernsehen beobachten. Schriftenreihe Medienforschung der LfM Nordrhein-Westfalen, Bd. 48. Berlin: Vistas, 281-336.

Eilders, Christiane (2005b): „Amis brauchen Umerziehung“. Erkenntnisse und Argumentationsmuster der deutschen Medienkritik im dritten Golfkrieg. In: Medien & Kommunikationswissenschaft, 53, 2-3, 333-351.

Eilders, Christiane/Neidhardt, Friedhelm/Pfetsch, Barbara (2004): Die Stimme der Medien. Pressekommentare und politische Öffentlichkeit in der Bundesrepublik. Wiesbaden: VS Verlag.

Greenwood, Christopher (2002): International law and the „war against terrorism". In: International Affairs, 78, 2, 301-317.

Hagen, Lutz M. (1992): Die opportunen Zeugen. Konstruktionsmechanismen von Bias in der Volkszählungsberichterstattung von FAZ, FR, SZ, taz und Welt. In: Publizistik, 37, 4, 444-460.

Jabs, Thorsten (2004): Nationale Perspektiven in der Berichterstattung deutscher und amerikanischer Nachrichtensender über den Irak-Krieg 2003. Ein Vergleich von n-tv, N24 und CNN. Unveröffentlichte Magisterarbeit. Freie Universität Berlin.

Mermin, Jonathan (1997): Television News and American Intervention in Somalia. The Myth of a Media-Driven Foreign Policy. In: Political Science Quarterly, 112, 3, 385-403.

Mermin, Jonathan (1999): Debating War and Peace. Media Coverage of U.S. Intervention in the Post-Vietnam Era. Princeton: Princeton University Press.

Niedermeier, Peter (2005): Nationale Perspektiven in der Kriegsberichterstattung im deutschen Fernsehen 1999-2003. Kosovo (1999), Afghanistan (2001), Irak (2003). Unveröffentlichte Magisterarbeit. Freie Universität Berlin.

Page, Benjamin I. (1996): The Mass Media as Political Actors. In: Political Science and Politics, 29, 1, 20-24.

Pohr, Adrian (2005): Indexing im Einsatz. Eine Inhaltsanalyse der Kommentare überregionaler Tageszeitungen in Deutschland zum Afghanistan-Krieg 2001. In: Medien & Kommunikationswissenschaft, 53, 2-3, 261-276.

Srp, Uwe (2005): Antiamerikanismus in Deutschland. Theoretische und empirische Analyse basierend auf dem Irakkrieg 2003. Studien zur Zeitgeschichte, Bd. 43. Hamburg: Verlag Dr. Kovac.

Vögele, Meike (2004): Kritischer Medienjournalismus als Chance für eine bessere Kriegsberichterstattung? In: Zeitschrift für Kommunikationsökologie, 6, 1, 67-70.

Wedgwood, Ruth (2002): The Law's Response to September 11. In: Ethics & International Affairs, 16, 1, 8-13.

Weiß, Hans-Jürgen (2005): Konzeption und Methode der ALM-Studie. In: Arbeitsgemeinschaft der Landesmedienanstalten in der Bundesrepublik Deutschland (Hrsg.): ALM-Programmbericht – Fernsehen in Deutschland 2005. Programmforschung und Programmdiskurs. Berlin: Vistas, 213-228.

# III. INSTRUMENTE UND STRATEGIEN POLITISCHEN MEDIENHANDELNS –

## HANDLUNGSTHEORETISCHE FALLSTUDIEN

# Gatekeeper, Diskursproduzenten und Agenda-Setter – Akteursrollen von Massenmedien in Innovationsprozessen

*Annie Waldherr*

## 1 Einleitung

Innovationsprozesse werden nicht nur von Wissenschaftlern, Entwicklern und Unternehmern vorangetrieben. Da Innovationen schöpferisch und zerstörend zugleich sind (1964), bedingen sie stets auch beachtlichen wirtschaftlichen und gesellschaftlichen Wandel. Die Politik stellt dabei die Weichen im Rahmen der Forschungs-, Wirtschafts-, und Innovationspolitik, indem sie Fördermittel vergibt und gesetzliche Rahmenbedingungen festlegt. Gerade bei bahnbrechenden Innovationen wie der Gen- und Biotechnologie werden Grenzen überwunden und Tabus gebrochen, was die gesamte Gesellschaft vor große Herausforderungen stellt. Es besteht daher ein großer Bedarf an öffentlichem Diskurs, um Nutzen und Risiken abzuwägen und auszuhandeln, welche Innovationen die Gesellschaft künftig tragen und fördern will. In diesem Diskurs spielt öffentliche Kommunikation und damit die in Massenmedien fixierte Öffentlichkeit eine wichtige Rolle.

Während Innovation für die Ökonomie[1] die erfolgreiche Einführung eines Produktes am Markt ist (Fagerberg 2004), lenkt die Soziologie ihr Interesse auf die sozialen Wahrnehmungsmuster und Kommunikationsprozesse, die darüber entscheiden, ob eine Neuheit eine Innovation genannt wird oder nicht (Braun-Thürmann 2005; Aderhold/Richter 2006). Für Aderhold und Richter ist die kollektive Attribuierung von Neuheit ausschlaggebend, um von einer Innovation zu sprechen. Sie gehen davon aus, dass Neuheiten, die am Markt erfolgreich und von der Gesellschaft akzeptiert und als überra-

---

1 In der ökonomischen Innovationsforschung bezeichnet der Begriff Innovation eine Neuheit, die zu einem neuen Produkt, einem neuen Prozess, einer neuen Marketingmethode oder einer neuen Organisationsmethode führt (OECD 2005). Wichtig ist hierbei, dass nicht die Idee oder die Erfindung selbst ausschlaggebend ist, sondern deren erfolgreiche Einführung und Durchsetzung auf dem Markt (Implementierung) (Fagerberg 2004). Die OECD greift für die Definition des Begriffs Innovation auf eine Mindestanforderung zurück: Eine Innovation muss neu (oder spürbar besser) für das anwendende Unternehmen sein (OECD 2005: 46).

schend erlebt werden, die besten Chancen haben, als Innovationen angesehen zu werden.

Innovationsprozesse kann man in zwei Teilprozesse unterscheiden: (1) die Implementierung als die Durchsetzung einer Erfindung im Unternehmen und auf dem Markt und (2) die Attribution als die Wahrnehmung der Erfindung als neu für das Unternehmen und als neu für den Markt. Während das Management von Wirtschafts- oder Forschungsorganisationen in den meisten Fällen den Implementierungsprozess steuern kann, ist es kaum möglich, den Attributionsprozess zu kontrollieren. Dies liegt zunächst daran, dass viele Akteure aus verschiedenen gesellschaftlichen Teilsystemen[2] – insbesondere Bildung und Forschung, Wirtschaft und Politik – an diesen Definitionsprozessen beteiligt sind (OECD 2005). Um der Komplexität der Prozesse und dem Spektrum der beteiligten Akteure aus verschiedenen Teilbereichen gerecht zu werden, sprechen neuere Ansätze der Innovationsforschung von „Innovationssystemen" (Lundvall 1992; Nelson 1993; Malerba 2005) oder sogar von „hybriden Innovationssystemen" (Kuhlmann 1999).

Bemerkenswert ist an der Diskussion über Innovationssysteme, dass in den meisten Konzepten die Rolle der öffentlichen Debatte nicht berücksichtigt wird. Dabei ist anzunehmen, dass gerade der Attributionsprozess diskursiv verläuft, sich also Akteure unterschiedlicher Teilsysteme in verschiedenen Foren darüber austauschen, ob eine Erfindung als Innovation zu werten und zu fördern ist. Diese Auseinandersetzungen finden nicht hinter verschlossenen Türen statt, sondern sind medial vermittelt und werden damit öffentlich[3]. Dann unterliegen sie der Logik und Dynamik öffentlicher Debatten und Diskurse. Die Medien bieten ein Forum, in dem die gesellschaftliche Akzeptanz einer Innovation öffentlich ausgehandelt und begründet wird. Akteure aus der Politik beobachten den Mediendiskurs, um sich über die öffentliche Meinung und über Aktivitäten anderer Akteure zu informieren (Fuchs/Pfetsch 1996). Gleichzeitig versuchen verschiedene gesellschaftliche Akteure aus Politik, Wirtschaft etc. in den Medien zu Wort zu kommen und den Diskurs entsprechend ihrer Interessen zu beeinflussen. Aufgrund der Wichtigkeit der öffentlichen Sphäre für den Innovationsprozess und der Medien für die öffentliche Sphäre argumentiert dieser Beitrag, dass das Mediensystem als Teil des Innovationssystems zu begreifen ist.

Für die öffentlichen Debatten über Innovationen wird im Folgenden der Begriff Innovationsdiskurs verwendet. Diskurs bezeichnet nach Haber-

---

2 Diese drei Teilsysteme werden auch im Verständnis der OECD (2005) als wichtig für ein Innovationssystem betont.

3 Als intermediäres System vermittelt die Öffentlichkeit zwischen den übrigen Teilsystemen und dem Laienpublikum (Gerhards/Neidhardt 1991).

mas (1995) eine von Vernunft geprägte Debatte, die den Austausch von Argumenten und Gegenargumenten beinhaltet. Foucault (1997) hat in seiner kritischen Theorie des Diskurses jedoch darauf hingewiesen, dass Diskurse immer auch mit Macht- und Deutungsansprüchen zu tun haben, und dass durch Diskurse gesellschaftliche Praktiken legitimiert oder delegitimiert werden können (siehe auch Fairclough 2001). Medien bieten zum einen gesellschaftlichen Akteuren ein öffentliches Forum und zum anderen agieren sie selbst als aktive Teilnehmer mit eigener Stimme und gestalten somit den Diskurs mit.

Vor diesem Hintergrund wird in diesem Beitrag untersucht, in welchen Formen die Medien als Akteure in Innovationsdiskursen auftreten. Die Untersuchung erfolgt in zwei Schritten: Zunächst wird anhand der Literatur zum Agenda-building diskutiert, inwiefern Medien als Akteure in Diskursen handeln können. Danach wird gefragt, wie sich die theoretisch herausgearbeiteten Rollen von Medien in Innovationsdiskursen abbilden lassen. Im Weiteren werden empirische Studien über die Gen- und Biotechnologiedebatte in Europa und den USA als empirische Fallstudien herangezogen. Im Mittelpunkt stehen die Fragen, wie aktiv sich die Medien in den jeweiligen Debatten zeigen, unter welchen Bedingungen sie sich einmischen und die Debatte gestalten und mit welchen Methoden das Handeln der Medien erfasst werden kann. Am Ende des Beitrags steht ein aus den Erkenntnissen der Studien abgeleitetes Modell über Bedingungen, Formen und Folgen von Medienhandeln in Innovationsdiskursen. Dabei wird auch auf mögliche Einflüsse der Innovationsdiskurse auf den politischen Prozess eingegangen.

## 2 Medien als Akteure – konzeptuelle Überlegungen

### *2.1 Agenda-Building als grundlegende Perspektive*

In der Öffentlichkeitssoziologie werden die Prozesse und Dynamiken, in denen unterschiedliche Akteure aus Wirtschaft, Politik, Wissenschaft etc. die öffentliche Diskussion und die Medienagenda beeinflussen, in der Perspektive der Agenda-Building-Forschung (Cobb/Ross/Ross 1976; Rogers/Dearing 1988) erforscht. Öffentlichkeit wird in dieser Literatur als Arena konzipiert, in der verschiedene Akteure mit ihren Problemdefinitionen um Aufmerksamkeit konkurrieren (Hilgartner/Bosk 1988). Als zentrale strukturierende Ideen dienen dabei sog. Frames (Snow/Rochford, Worden/Benford 1986; Gamson/Modigliani 1989; Gerhards/Neidhardt/Rucht 1998). Unter Frames versteht man einen interpretativen Rahmen oder ein Muster, in das Fakten und Ereignisse eingeordnet und entsprechend gedeutet werden. Gamson und Modigliani (1989: 3) sprechen von „interpretative packages." Gerhards et. al (1998) verwenden als deutsches Synonym den Begriff „Deutungsmuster". Entman (1993) weist darauf hin, dass Framing durch Auswahl und Hervorhebung geschieht, „in such a way as to promote a particular problem definition, causal interpretation, moral evaluation, and/or treatment recommendation fort he item described" (Entman 1993: 52). Frames entstehen meist nicht von selbst, sondern werden von gesellschaftlichen Akteuren strategisch formuliert und eingesetzt. Damit diese Deutungsprozesse in Gang gesetzt und forciert werden, sind Themenunternehmer nötig, die die Durchsetzung von spezifischen Interpretationen professionell voranbringen. Gamson und Modigliani (1989: 6) bezeichnen diese Figur des politischen Unternehmers als Sponsor. Frame-Sponsoren sind nicht unbedingt individuelle Akteure, sondern meist Organisationen, die für ihre Anliegen professionelle Sprecher einsetzen. Öffentlichkeit kann also beschrieben werden als ein von Interessen und Macht geprägter diskursiver Wettkampf strategischer Akteure (Pan/ Kosicki 2003; Carragee/Roefs 2004).

Die Integration medienkonstruktivistischer Gedanken[4] in diese Perspektive führt dazu, dass neben dem Einfluss dieser Framesponsoren auch die Mechanismen und Arbeitsroutinen, die innerhalb des Mediensystems liegen, betrachtet werden (Gerhards/Schäfer 2006: 28ff.). Die Medien folgen also nicht blind den Einflüssen der strategischen Akteure, sondern haben ihre eigenen Filtermechanismen und Strategien zur Selektion von Themen. Genau hier beginnt der eigene Einfluss der Medien, der es notwendig macht, auch die Medien selbst als Akteure mit eigenen Zielen und Strategien zu konzipieren. Erst wenn diese Perspektive eingenommen wird, lässt sich theoretisch erklären, warum ein Thema, das gegenüber den Medien von externen Sponsoren forciert wird, eine nur schwer vorhersehbare Themenkarriere durchläuft. Folgende Varianten sind möglich:

- Das Thema taucht nicht oder nur schwach auf der Medienagenda auf.
- Das Thema wird in den Medien thematisiert, aber nicht unter dem intendierten Deutungsmuster. Eventuell wird es sogar kontrovers diskutiert.
- Das Thema und die gewünschten Deutungsmuster erhalten Medienaufmerksamkeit.

4 Der Medienkonstruktivismus geht davon aus, dass die Medien durch die Auswahl und Bearbeitung von Themen die Realität nicht einfach spiegeln, sondern vielmehr konstruieren. Diese Perspektive illustrieren z.B. Beiträge im Sammelband von Merten, Schmidt und Weischenberg (1994).

Im ersten Fall entscheiden die Journalisten, ein Thema nicht auf die Agenda zu setzen, obwohl es von externen Akteuren heftig forciert wird. Dies ist eine Form des Gatekeepings (vgl. White 1950), die den Einfluss der Journalisten als Akteure besonders deutlich macht. Auch im zweiten Fall handeln die Medien als Akteure, indem sie eben nicht die Deutungsmuster externer Akteure übernehmen, sondern ein Thema neu rahmen und unter Umständen sogar problematisieren. Im letzten Fall kann von reinem Agenda-Building gesprochen werden, wenn nicht nur das Thema den Sprung auf die Medienagenda geschafft hat, sondern auch die von den Framesponsoren gewünschten Deutungsmuster. Reines Agenda-Building setzt also eine relativ schwache Rolle der Medien voraus. Natürlich müssen die zuständigen Redakteure auch hier eine Entscheidung treffen, das Thema zu bringen. Die weitere Deutung des Themas überlassen sie aber ganz den externen Akteuren.

Ebenso gibt es den Fall, dass ein Thema von gesellschaftlichen Akteuren zurückgehalten wird und der Kontakt mit den Medien aktiv vermieden wird. Nisbet und Huge (2006) sprechen in Anlehnung an Bachrach und Baratz (1977) dabei von „non-decisions“, die hinter verschlossenen Türen getroffen werden. Es gibt natürlich auch den Fall, dass die Medien von sich aus ein Thema aufgreifen, das nicht von Akteuren strategisch unterstützt wird. In diesem Fall handelt es sich um klassisches Agenda-Setting der Medien. In Verbindung mit investigativem Journalismus, der Missstände aufdeckt und über Skandale berichtet, ist dies die stärkste Form einer Akteursrolle der Medien. So gibt es genug Beispiele, in denen politische oder wirtschaftliche Akteure dem Druck der Medienöffentlichkeit nachgeben mussten und Entscheidungen revidierten.

Agenda-Building als Thematisierung oder Dethematisierung durch externe Akteure und Agenda-Setting als Thematisierung und Investigation durch die Medien können als Endpunkte eines Kontinuums gesehen werden, das die Intensität der Einflussnahme durch die Medienmacher beschreibt. Zwischen diesen beiden Extremen sind zahlreiche Varianten zu vermuten, etwa die gezielte Auswahl und Gewichtung von Fakten für oder gegen eine Entwicklung, die Kepplinger (1989) als instrumentelle Aktualisierung in die wissenschaftliche Diskussion um den Medieneinfluss einführte. Eine ähnliche Argumentation verfolgt Hagen (1992), indem er zeigt, dass auch die Auswahl und Einbettung von Expertenstatements in die Berichterstattung ähnliche Effekte hat. Hier werden die Experten gewissermaßen für oder gegen eine Position eingesetzt und damit instrumentalisiert. Die Medienmacher wählen „opportune Zeugen.“ Ten Eyck und Williment (2003) weisen darauf hin, dass nicht nur sichtbare Strategien wie die prominente Platzierung von Themen und Sprechern zu einer unterschiedlichen Gewichtung und letztendlich Legitimität von Positionen führen können. Sie beschreiben die Möglichkeit, dass Akteuren, zu denen ein enger und von Vertrauen geprägter Kontakt besteht, die Möglichkeit gegeben wird, sich unkommentiert zu äußern, während die Aussagen anderer Sprecher stark von Seiten der Journalisten redigiert und interpretiert werden: „When this happens, certain voices are given more credibility than others, even if the amount of space or time given to each side is the same" (Ten Eyck/Williment 2003: 132).

Es ist eine empirische Frage, wie das Kräfteverhältnis zwischen Medien und externen Framesponsoren aussieht, und ob es besser mit dem Begriff des Agenda-Settings oder des Agenda-Buildings beschrieben wird. Denn hinter den Aktivitäten der externen Akteure und der Medienmacher stehen ganz unterschiedliche Ziele und Absichten, die meist nicht transparent und explizit sind. Dass Informationen und Deutungsmuster für die Berichterstattung ausgewählt werden, steht also nicht zur Frage, sondern inwiefern diese Selektion bewusst in der einen oder der anderen Richtung geschieht und wie transparent diese Entscheidungen gemacht werden.

## *2.2 Akteurskonstellationen in Agenda-Building-Prozessen*

Um die Rolle der Medien als Akteure in Innovationsdiskursen weiter zu systematisieren, wird im Folgenden eine Heuristik von Agenda-Building-Konstellationen vorgeschlagen. Dieses Modell ordnet die Rollen, die die Medien einnehmen können, und konfrontiert sie mit den Rollen der externen Framesponsoren. Die Systematik wird von zwei Achsen getragen: den Aktivitäten externer Themen- und Framesponsoren sowie den Aktivitäten der Medien (vgl. Schaubild 1). Beide Akteursgruppen stehen sich in verschiedenen Agenda-Building-Konstellationen gegenüber. Wächst der Einfluss der Medienakteure, geht der Einfluss der Framesponsoren zurück. Dies kann aus verschiedenen Gründen sowohl freiwillig als auch unfreiwillig geschehen. Entdecken die Medien ein Eigeninteresse an einem Thema und beginnen sie aktiv, eigene Frames zu etablieren, eigene Positionen zu vertreten oder investigativ zu recherchieren, geht der Einfluss externer Akteure zwangsläufig zurück. Es ist jedoch auch denkbar, dass die Framesponsoren sich von sich aus zurückziehen, und die Medien dann den fehlenden Input durch eigene Aktivitäten kompensieren. Diesen Aufwand betreiben sie wiederum nur, wenn sie aus bestimmten Gründen ein Eigeninteresse an dem Thema entdekken, seien es Gewinnmaximierung oder ein politisches Interesse.

*Schaubild 1: Verschiedene Formen der Medienaktivität*

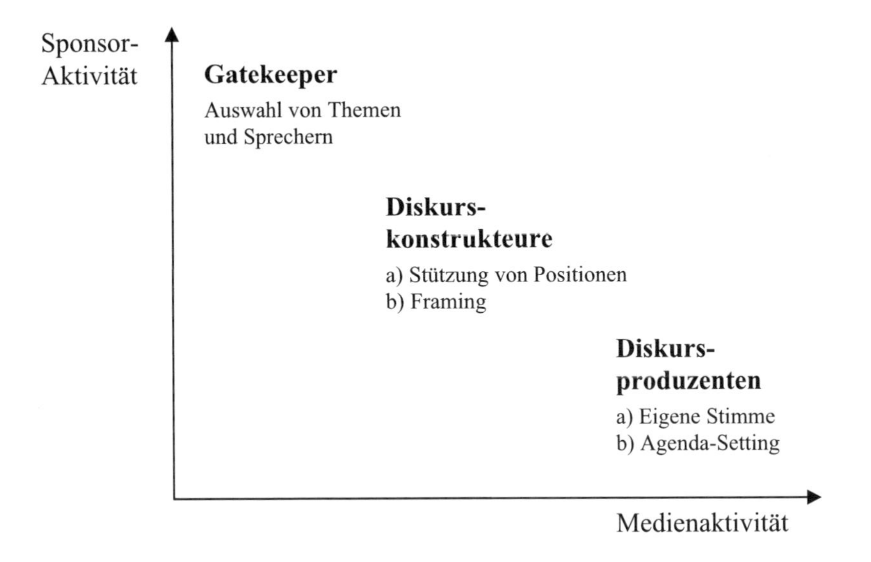


Das Pendant zum Agenda-Building der externen Akteure ist das *Gatekeeping* der Medien. Da meist ein Mangel an Aufmerksamkeit besteht und die Kapazität der Öffentlichkeit daher begrenzt ist, müssen Journalisten unter der Flut an Agenda-Building-Versuchen ständig Auswahlentscheidungen treffen. Unter Gatekeeping wird in dieser Systematik die reine Auswahlentscheidung von Themen und Akteuren mit ihren Deutungsmustern verstanden. Hier besteht die Handlung der Medien also in der Entscheidung, ob sie ein angebotenes Thema oder einen Akteur in der Medienarena zulassen oder nicht. Gatekeeping stellt die schwächste Form einer Akteursrolle der Medien dar, da die ständige Auswahl von Themen eine Daueraufgabe der Medien ist (Gerhards 1995). Schwer festzustellen ist, wie bewusst und zielorientiert diese Entscheidungen getroffen werden und welche Ziele überhaupt verfolgt werden (Page 1996). Auf mögliche Interessen, die Einfluss auf die Medienaktivität haben, wird bei der Diskussion des Fallbeispiels noch eingegangen.

Beginnen die Medien, Informationen nicht nur passiv zu filtern, sondern zielorientiert auszuwählen und zu gewichten, werden sie von reinen Gatekeepern zu aktiven *Diskurskonstrukteuren*. In der Berichterstattung können die Medien (a) zielorientiert Positionen stützen; zum einen durch die bewusste Auswahl und Gewichtung von Fakten (instrumentelle Aktualisierung nach Kepplinger 1989), zum anderen durch Auswahl und Einbettung von Sprechern (opportune Zeugen nach Hagen 1992). Da externe Sprecher als Frame-Sponsoren zumeist ein bevorzugtes Deutungsmuster propagieren, nehmen die Medien durch die Auswahl der Sprecher ebenfalls am (b) Framing eines Themas teil. Besonders aktiv zeigen sich die Medien etwa, wenn sie ein Thema umframen, indem sie bisher im Diskurs benachteiligte Akteure und ihre Deutungsmuster in der Berichterstattung aufwerten. Somit können die Medien im Verlauf einer Debatte neue Frames einführen und etablieren, die nicht den dominanten Frames der externen Akteure entsprechen und damit ein Thema z.B. problematisieren.

Die höchste Stufe der Aktivität erreichen Medien, wenn sie nicht nur aus den angebotenen Themen, Sprechern und Deutungsmustern den Mediendiskurs konstruieren, sondern wenn sie selbst zu *Diskursproduzenten* werden (Gerhards/Schäfer 2006). Dies geschieht, (a) wenn Journalisten in Kommentaren und Leitartikeln ihre eigene Stimme erheben und selbst Position beziehen. Noch stärker zeigt sich diese Akteursrolle jedoch, (b) wenn Medien ein Thema pro-aktiv aufgreifen und investigativ nach weiteren Themen, Fakten und Sprechern recherchieren, die ihnen nicht von externen Akteuren angeboten werden.

## 3 Medien als Akteure in Innovationsdiskursen

Im Weiteren soll nun geklärt werden, wie sich die abstrakt formulierten Rollen von Medien in Agenda-Building-Prozessen in Innovationsdiskursen niederschlagen können. Welchen Einfluss können die Medien über den Diskurs letztendlich auf den Innovationsprozess und seine Teilprozesse nehmen?

Der *Implementierungsprozess* liegt zu allererst in der Hand der Innovatoren, d. h. des Unternehmens oder des Erfinders, der eine neue und viel versprechende Idee hervorgebracht hat. Hier ist das Unternehmertum gefragt, das Schumpeter (1964) vielfach beschwört. Investitionen müssen getätigt und Überzeugungsarbeit geleistet werden. Bahnbrechende Innovationen im Sinne der „schöpferischen Zerstörung“ erzeugen notgedrungen wirtschaftlichen und sozialen Wandel. Festgefahrene Strukturen im Unternehmen, seiner Infrastruktur und seiner Umwelt müssen aufgebrochen und neu gestaltet werden. Nicht selten ist dazu auch die Unterstützung des politischen Systems nötig. Die Medien können hier Vermittlungsarbeit leisten. Indem sie über neue Ideen und Erfindungen berichten, führen sie Aufmerksamkeit für sie herbei. Akteure aus Industrie und Forschung wissen das und nutzen Medienpräsenz strategisch, um finanzielle Ressourcen zu mobilisieren und Einfluss auf die politischen Rahmenbedingungen zu nehmen.

Aufmerksamkeit für eine Neuheit hilft auch beim letzten Schritt im Implementierungsprozess, der Markteinführung. Neue Produkte müssen bekannt gemacht werden. Ihr Nutzen muss nicht nur an potenzielle Investoren, sondern auch an die potenziellen Konsumenten kommuniziert werden, damit Innovationen am Markt erfolgreich sein können. Vor allem für Innovationen, die den Endkunden betreffen, werden daher häufig Werbung und Öffentlichkeitsarbeit eingesetzt, um den Bekanntheitsgrad der Marktneuheiten zu steigern. Ob Medienmacher einer Innovation Aufmerksamkeit schenken, entscheiden sie bewusst oder unbewusst als *Gatekeeper*. Nur bei starkem Medieninteresse an dem Thema ist denkbar, dass eigene investigative Recherchen durchgeführt werden und die Medien als Agenda-Setter und damit als *Diskursproduzenten* auftreten.

Außerdem handeln Medien als Diskursproduzenten, wenn sie Innovationen und ihren Nutzen bewerten, etwa, indem Journalisten Kommentare oder Verbraucherartikel veröffentlichen, ihre Kritikfunktion wahrnehmen und Innovationen problematisieren. Einfluss auf die Bewertung von Innovationen haben die Medien jedoch auch als *Diskurskonstrukteure*, wenn sie Fakten gewichten oder mehr oder weniger Raum für die Bewertungen und Einschätzungen anderer Akteure geben, z.B. Politiker, Verbraucherschützer oder einfache Bürger. Über die Bewertung können Medien wiederum Einfluss auf den Implementierungsprozess nehmen. Medienaufmerksamkeit und ein positiver Medientenor, der für eine breite Unterstützung durch die gesellschaftlichen Kräfte spricht, sind wesentliche Faktoren für eine erfolgreiche Markteinführung und letztlich für Markterfolg und Akzeptanz.

Im *Attributionsprozess* haben Medien eine wichtige Rolle, wenn es darum geht, Erfindungen oder Produktneuheiten den Status einer Innovation zuzuschreiben. In der Kommunikation über Produktneuheiten und Entwicklungen ist der Begriff Innovation ein mächtiges Deutungsmuster. Innovation wird mit anderen positiven Begriffen wie Fortschritt, Wachstum und Zukunft assoziiert und bildet somit einen Rahmen, der neue Produkte in ein positives Licht stellt. Suchman und Bishop (2000) zeigen auf der Organisationsebene, wie US-amerikanische Manager unliebsame Maßnahmen wie Entlassungen als Innovationen rahmen, um damit Widerstände in der Belegschaft auszuräumen:

> „At least in the US, and to some extent within Western economies more generally, innovation is accepted without question to be a positive good. In a semiotics of bipolarized, differently valued opposites 'innovation' is the preferred alternative to 'stagnation' or 'resistance to change'. This means that framing agendas under the rubric of innovation and change is inevitably a strategic move, appropriating the positive value of the term for whatever the agenda to be pursued in its name might comprise" (Suchman/Bishop 2000: 331).

Nicht nur in der betrieblichen, auch in der öffentlichen Kommunikation wird gerne und häufig auf das Schlagwort zurückgegriffen: die von der Regierung Schröder angestoßene Initiative „Partner für Innovation" ist nur ein Beispiel. Akteure aus Wissenschaft, Politik und Industrie bemühen sich, ihre Ideen, Produkte und Agenden öffentlich als Innovationen zu framen, und treten damit als Framesponsoren auf. Dabei beinhaltet der Innovations-Frame die Attribution von Neuheit ebenso wie eine positive Bewertung von Innovation als Fortschritt. Der strategische Einsatz dieses Frames begründet sich auf dem letztlich erhofften Erfolg der Ideen in der Öffentlichkeit in Form von Zustimmung und auf dem Markt in Form von Gewinnen.

Der Erfolg des Frames Innovation ist jedoch fragwürdig. Bei einer Befragung von 376 Kommunikationsfachleuten und 84 Journalisten zu ihrer Einschätzung, Bewertung und kommunikativen Vermittlung von Innovationen, standen die Journalisten dem Begriff Innovation überwiegend kritisch gegenüber (Mast, Huck/Zerfaß 2005). Angesichts dieses Befundes stellt sich die Frage, welchen Wert der Begriff Innovation als Frame im öffentlichen Diskurs hat. Genau an dieser Stelle zeigt sich die Rolle der Medien als *Diskurskonstrukteure*: Sie können die angebotenen Frames anderer Akteure und Lobbyisten übernehmen und gewichten oder aber neue Frames etablieren, in denen die Fakten anders als ursprünglich beabsichtigt geordnet und interpretiert werden. Natürlich ist auch denkbar, dass Journalisten in ihren Meinungsartikeln eigene Frames entwickeln oder Frames mit einer Bewertung verbinden. In diesen Fällen wäre dann von einer Rolle als *Diskursproduzenten* zu sprechen.

Der Begriff Innovation ist nicht der einzige Frame, der für die Kommunikation von Innovationen zur Verfügung steht. Es ist davon auszugehen, dass es meist konkurrierende Frames gibt, die von verschiedenen Akteuren forciert werden und aus denen Medienproduzenten wählen können. Weitere denkbare Frames im Zusammenhang mit Innovationen sind etwa Zukunftstechnologie, Fortschritt, Wandel, aber auch Risiko.

Der Attributionsprozess wird beeinflusst vom Implementierungsprozess und umgekehrt. Die Bedeutung einer erfolgreichen Implementierung, d. h. Markterfolg und soziale Akzeptanz sind Erfolgsfaktoren für die Zuschreibung von Neuheit (Aderhold/Richter 2006). Umgekehrt kann aber auch der Attributionsprozess auf den Implementierungsprozess rückwirken: Erfolgversprechende Neuheiten, die als bahnbrechende Innovationen gerahmt werden, erhalten aus diesem Grund Investitionen und Fördermittel, die ihnen erst zum Durchbruch verhelfen. Innovationsdiskurse, an denen die Medien maßgeblich beteiligt sind, nehmen also auch Einfluss auf strategische Agenden von Politik, Wissenschaft und Wirtschaft, die planen und entscheiden, in welche Innovationsprojekte in Zukunft besonders viel investiert wird.

Zusammenfassend treten Medien als Akteure in Innovationsdiskursen auf, indem sie Innovationen thematisieren oder nicht thematisieren und positiv oder negativ bewerten. In diesen Funktionen nehmen sie Einfluss auf den Implementierungsprozess. Außerdem sind die Medien im Attributionsprozess maßgeblich an der Zuschreibung von Deutungsmustern zu Innovationen beteiligt. Dabei ist der Begriff Innovation selbst als Deutungsmuster zu verstehen.

Der Einfluss des Mediendiskurses auf den Innovationsprozess ist bisher ein Desiderat. Jedenfalls liegen m. W. keine empirischen Studien vor, die die Zusammenhänge umfassend untersucht haben. Gleichwohl liegen eine Reihe von empirischen Studien vor, welche die Rolle der Medien im öffentlichen Diskurs um Innovationen untersuchen. Einige dieser Studien werden im nächsten Abschnitt exemplarisch auf die Rolle der Medien als Akteure in Innovationsdiskursen befragt.

## 4 Medien als Akteure in der Gen- und Biotechnologiedebatte?

### *4.1 Fragestellung und Auswahl der Studien*

Kaum eine andere Innovation wurde kommunikationswissenschaftlich und öffentlichkeitssoziologisch so intensiv untersucht wie die Gen- und Biotechnologie. In der politischen und ökonomischen Debatte zählt die Gentechnologie zu den wichtigen Basisinnovationen unserer Zeit. Da ihre Prinzipien und Erkenntnisse in zahlreichen unterschiedlichen Anwendungsfeldern zum Einsatz kommen, zählt sie zu den Querschnitts- oder Schlüsseltechnologien, denen großes Wachstumspotential zugesprochen wird (BMWi 2006). Die Technologie ist außerdem eine Innovationen mit hohem Ressourcen- und Öffentlichkeitsbedarf (Gerhards/Schäfer 2006), die in zahlreichen Anwendungsfeldern die Grundfragen menschlicher Existenz berührt. Gerade deshalb ist davon auszugehen, dass der öffentliche Diskurs für dieses Innovationsfeld eine wichtige Rolle spielt.

Über öffentliche Debatten zur Gen- und Biotechnologie wurden zahlreiche, zum Teil international vergleichende Studien in den unterschiedlichsten Ländern durchgeführt. Ziel dieses Abschnitts ist es, diese Fülle an Studien zu sichten, um Antworten auf die Frage nach der Rolle der Medien in Innovationsdiskursen zu finden. Während in Abschnitt 2 die möglichen Formen einer Akteursrolle der Medien und in Abschnitt 3 die Bedeutung der

Medien in Innovationsdiskursen aufgezeigt wurden, soll anhand der Debatte um die Gen- und Biotechnologie untersucht werden, wie aktiv die Medien sich empirisch in Innovationsdiskursen zeigen. Außerdem wird nach den Bedingungen gefragt, unter denen Medien eine aktive Rolle einnehmen und nach der Methode, mit denen diese nachgewiesen werden kann. Dazu werden einige der zentralen Studien einander vergleichend gegenüber gestellt und konkret auf ihren Beitrag zur Fragestellung hin untersucht. Die Studien wurden auf folgende Forschungsfragen hin gesichtet:

a) Inwiefern kann eine eigenständige Akteursrolle der Medien in der Debatte empirisch festgestellt werden?
b) Wann und unter welchen Bedingungen werden die Medien zu Akteuren?
c) Wie lässt sich methodisch eine aktive Rolle der Medien nachweisen?

Aufgrund der Fülle an Studien, die seit Beginn der neunziger Jahre durchgeführt wurden, musste eine handhabbare Auswahl getroffen werden. Gesichtet wurden aktuelle Studien, die in den letzten fünf Jahren in einschlägigen internationalen Fachzeitschriften veröffentlicht wurden. Einzige Ausnahme ist die Studie von Gerhards und Schäfer (2006), die als Monographie veröffentlicht wurde, aufgrund ihrer Aktualität und Relevanz dennoch aufgenommen wurde. Zusätzlich konzentriert sich die Auswahl auf westliche industrielle Gesellschaften in Europa und den USA, die politisch und kulturell viele Gemeinsamkeiten haben. Aufgenommen wurden Studien, die sich mit dem Mediendiskurs über die Gen- und Biotechnologie allgemein oder bestimmten Unterthemen befassen. Die Studien sollten konzeptionell eine Rolle der Medien im öffentlichen Diskurs vorsehen und diese quantitativ untersuchen. Schließlich sollten die Ergebnisse eine Interpretation der aktiven oder weniger aktiven Rolle der Medien zulassen. Eine Übersicht über die ausgewählten Studien und Informationen zu ihrer Fragestellung und ihren Methoden gibt Tabelle 1.

*Tabelle 1: Übersicht über die gesichteten Studien*

| Studie | Thema | Methode |
|---|---|---|
| Cook, Robbins und Pieri (2006) | Die Berichterstattung britischer Tageszeitungen über die Debatte um gentechnisch veränderte Nahrungsmittel | Inhaltsanalyse der Tageszeitungen Daily Mail, Guardian, Sun und The Times von Januar bis Juli 2003, Experteninterviews, Fokusgruppen |
| Gerhards und Schäfer (2006) | Der Mediendiskurs über die Humangenomforschung in Deutschland und den USA | Inhaltsanalyse der Berichterstattung von je zwei Qualitätszeitungen aus fünf Ländern von 1999 bis 2001, Inhaltsanalyse von Internetseiten, Experteninterviews mit am Diskurs beteiligten Akteuren in Deutschland und den USA |
| Nisbet und Huge (2006) | Aufmerksamkeitszyklen und Frames in der Pflanzenbiotechnologiedebatte in den USA | Inhaltsanalyse der Berichterstattung der New York Times und Washington Post über 25 Jahre ab 1978 |
| O'Mahony und Schäfer (2005) | Der Mediendiskurs über die Humangenomforschung in Deutschland und Irland | Inhaltsanalyse großer überregionaler deutscher (Süddeutsche, FAZ, Welt) und irischer (Irish Independent, Irish Times, Irish Examiner, Sunday Business Post) Tageszeitungen im Jahr 2000 |
| Holliman (2004) | Die Berichterstattung britischer Medien über das Klonen | Inhaltsanalyse der Berichterstattung von überregionalen, regionalen und Boulevardzeitungen sowie Fernsehnachrichten 1996 und 1997, Experteninterviews mit Medienmachern und Wissenschaftlern, Fokusgruppen |
| Ten Eyck und Williment (2003) | Das Framing der Gentechnologie in der amerikanischen Qualitätspresse | Inhaltsanalyse der Berichterstattung von New York Times (1971-2001) und Washington Post (1977-2001) |
| Nisbet, Brossard und Kroepsch (2003) | Die Rolle der Medien in der Debatte um die Stammzellenforschung in den USA | Inhaltsanalyse der Berichterstattung der New York Times und Washington Post von 1975 bis 2001, Erhebung von Agenda-Building-Indikatoren |
| Bonfadelli, Dahinden und Leonarz (2002) | Medienberichterstattung und Bevölkerungseinstellungen zur Biotechnologie in der Schweiz | Inhaltsanalyse der Berichterstattung der Neuen Zürcher Zeitung von 1997 bis 1999, Einstellungsdaten von zwei Eurobarometerumfragen 1997 und 2000 |
| Kohring und Matthes (2002) | Das Framing der modernen Biotechnologie durch die deutsche Presse | Inhaltsanalyse der Qualitätsmedien FAZ, taz und Spiegel von 1992 bis 1999 |
| Nisbet und Lewenstein (2002) | Die Berichterstattung über Biotechnologie in der amerikanischen Qualitätspresse | Inhaltsanalyse der Berichterstattung von New York Times und Newsweek von 1970 bis 1999 |

### *4.2 Die Rolle der Medien in der Gen- und Biotechnologiedebatte*

Für die Beantwortung der Frage nach der empirischen Rolle der Medien im Diskurs wurde versucht, die Ergebnisse der Studien in die Akteurskategorien einzuordnen, die in Abschnitt 2 entwickelt wurden: Gatekeeper, Diskurskonstrukteure und Diskursproduzenten. Da die beiden letzteren Kategorien sehr breit sind und unterschiedliche Konzepte umfassen, wurden sie in jeweils zwei Unterkategorien unterteilt. Die Stützung von Positionen durch und das Framing der Medienberichterstattung gehören zur Rolle der Medien als Diskurskonstrukteure. Die Kategorie der Diskursproduzenten umfasst die Konzepte der eigenen Stimme und des Agenda-Settings.

*Gatekeeper:* Bei den gesichteten Studien zeigt sich ein relativ eindeutiges empirisches Bild (siehe Tabelle 2). Übereinstimmend weisen die Ergebnisse auf eine Gatekeeper-Rolle der Medien hin. Besonders deutlich konnte diese Rolle gezeigt werden, wenn Themen von den Medien nicht beachtet wurden und außen vor blieben. Zum Beispiel stellten Cook et al. (2006) in ihrer Analyse fest, dass in der Sun so gut wie keine Artikel zum Thema gentechnisch veränderter Lebensmittel veröffentlicht wurden und vermuten, dass das Thema von der Berichterstattung über den Irakkrieg überschattet wurde. Die Analyse von Nisbet und Huge (2006) über die Pflanzentechnologiedebatte in den USA ist ebenfalls ein sehr gutes Beispiel für die Gatekeeper-Rolle der Medien. Das Thema war im Vergleich zu anderen Themen nur schwach auf der Medienagenda vertreten und wurde hauptsächlich in den spezialisierten Ressorts Wissenschaft und Wirtschaft behandelt. Damit blieb der Raum für eine größere Anzahl an Artikeln begrenzt und die große Medienaufmerksamkeit aus. Sie identifizierten außerdem Phasen, in denen das Thema überhaupt nicht auf der Agenda stand. Nisbet und Huge folgern daraus für den politischen Prozess:

> „...absent a media spotlight on plant biotechnology, industry and scientists were able to better manage the scope of participation, keeping decision making behind closed doors and away from wider social input“ (Nisbet/Huge 2006: 22).

*Diskurskonstrukteure*: Im Gesamtbild zeigten die gesichteten Studien auch, dass unterschiedliche Akteure unterschiedlich oft zu Wort kamen. Damit bekamen auch ihre *Positionen* und *Frames* unterschiedlich starkes Gewicht in der Berichterstattung. Besonders dominant zeigten sich in vielen Studien die etablierten gesellschaftlichen Akteure: Wissenschaftler, Politiker (und hier v. a. Regierungsmitglieder) und Akteure aus der Wirtschaft (Bonfadelli et al. 2002; Nisbet/Lewenstein 2002; Ten Eyck/Williment 2003; Gerhards/Schäfer 2006). O'Mahony und Schäfer (2005) sowie Gerhards und Schäfer (2006) zählten auch Journalisten zu den Akteuren mit den häufigsten Aussagen. In den meisten Studien war der Diskurs überwiegend von positiven Positionen dominiert. Einzige Ausnahme ist hier die Studie von Bonfadelli et al. (2002), die den Mediendiskurs in der Schweiz als äußerst ausgewogen in den Argumenten für und wider die Gentechnologie beurteilt.

Cook et al. (2006) zeigten Unterschiede zwischen verschiedenen Tageszeitungen, die entsprechend ihrer Blattlinie Positionen in Bezug auf gentechnisch veränderte Lebensmittel unterschiedlich stark stützten: Daily Mail und Guardian veröffentlichten mehr Artikel gegen die Technologie, die Times hingegen mehr Artikel dafür.

*Tabelle 2: Medien als Akteure in der Gen- und Biotechnologiedebatte*

| Studie | Gatekeeper | Diskurskonstrukteure | | Diskursproduzenten | |
|---|---|---|---|---|---|
| | | Stützung Position | Framing | Eigene Position | Agenda-Setting |
| Cook et al. (2006) | x | x | x | | |
| Gerhards/Schäfer (2006) | x | x | x | x | |
| Nisbet/Huge (2006) | x | x | x | | |
| O'Mahony/Schäfer (2005) | x | x | x | x | |
| Holliman (2004) | x | x | x | | x |
| Ten Eyck/Williment (2003) | x | x | x | | |
| Nisbet et al. (2003) | x | x | x | | |
| Bonfadelli et al. (2002) | x | | x | | |
| Kohring/Matthes (2002) | x | x | x | | |
| Nisbet/Lewenstein (2002) | x | x | x | | |

*Anmerkungen:* x = liegt vor. Für eine Beschreibung der Akteurskategorien siehe Abschnitt 2 und Schaubild 1.

Dominanter Frame in den Debatten um Themen der Gen- und Biotechnologie war „Fortschritt" (Nisbet/Lewenstein 2002; Ten Eyck/Williment 2003; O'Mahony/Schäfer 2005). Allgemeiner gesagt dominierten technische (Nisbet/Huge 2006), wissenschaftliche und medizinische Frames (Gerhards/Schäfer 2006). In den USA war auch der „ökonomische" Frame sehr wichtig (Ten Eyck/Williment 2003; Gerhards/Schäfer 2006). In der Schweiz wurde der Frame „öffentliche Verantwortung" (public accountability) sogar noch häufiger verwendet als „Fortschritt" und „Ökonomie" (Bonfadelli et al. 2002). Aufgrund dieser deutlichen Ergebnisse und der Dominanz etablierter gesellschaftlicher Akteure wird von der Mobilisierung eines Bias (Nisbet/ Lewenstein 2002) und einer Hegemonie dominanter Akteure (Gerhards/ Schäfer 2006) gesprochen.

Zunächst zeigt die Dominanz des Frames Fortschritt, dass die Gentechnologie in den Diskursen überwiegend als neu und innovativ wahrgenommen wurde. Der Attributionsprozess ist somit erfolgreich verlaufen. Während die Dominanz der positiven Frames und Positionen in der Berichterstattung offensichtlich erscheint, ist es jedoch sehr schwierig, zu differenzieren, inwiefern die Gewichtung ihrer Positionen und Deutungsmuster bewusst geschah im Sinne der instrumentellen Aktualisierung und des Framing. Manche Autoren kommen zum Schluss, dass die Bio- und Gentechnologiedebatte hauptsächlich von extramedialen Akteuren im Sinne des Agenda-Building gestaltet wurde (Nisbet/Lewenstein 2002; Holliman 2004; Gerhards/Schäfer 2006). Die Medienmacher waren aber insofern Diskurskonstrukteure, als sie die dominanten Deutungsmuster und die positiven Positionen auch in ihrer Berichterstattung stark gewichteten und somit verstärkten. Um hierüber aber genauere Aussagen treffen zu können, müsste das gesamte Angebot an Themen, Sprechern, Fakten und Deutungsmustern im Grunde bekannt sein, aus dem die Medien wählen und gewichten. Dies ist bei einer reinen Inhaltsanalyse, auf der die meisten der Studien beruhen, jedoch nicht möglich, da nur das Ergebnis dieses Konstruktionsprozesses untersucht werden kann. Die Kategorien Gatekeeping und Diskurskonstruktion sind empirisch auch insofern schwierig zu trennen, als kumulierte Auswahlentscheidungen schließlich im Aggregat auch zu einem unterschiedlichen Gewicht von Frames und Positionen führen können, ohne dass die Medienmacher weitere Mittel einsetzen, z.B. unterschiedliche Platzierung, Kommentierung und Länge der Berichterstattung.

Teilweise ist es jedoch gelungen, den Einfluss der Medien auf die Debatte durch aktives Framing herauszustellen. Zum einen konnten Länderunterschiede festgestellt werden. So waren z.B. im Diskurs um die Humangenomforschung in Deutschland politische Akteure, Akteure der Zivilgesellschaft sowie Geistes- und Sozialwissenschaftler stärker vertreten als in den USA, während dort Wirtschaftsakteure stärker repräsentiert waren. Hierdurch hatte der Diskurs in Deutschland immerhin mehr kritische Stimmen als in den USA (Gerhards/Schäfer 2006). Ähnliche Ergebnisse brachte der Vergleich des deutschen mit dem irischen Diskurs (O'Mahony/Schäfer 2005). Allerdings können diese Unterschiede nicht nur auf die unterschiedlichen Handlungen und Strategien der Medien zurückgeführt werden, sondern auch auf allgemeine kulturelle Unterschiede und unterschiedliche Möglichkeitsstrukturen der Akteure. Dies gilt auch, wenn der Vergleich über verschiedene Themen gezogen wird. So stellten etwa Ten Eyck und Williment (2003) fest, dass medizinische Themen in der Gentechnologie sehr viel positiver gerahmt werden als Ernährungsthemen. Sie erklärten dies mit dem tief in der amerikanischen Gesellschaft verankerten Wert der Gesundheit und der damit verbundenen Vision der Heilung von Krankheiten.

Deutlicher zeigt sich, wie Medien die Debatte aktiv formen können, wenn verschiedene Zeitungen mit unterschiedlichen Blattlinien einander gegenübergestellt werden. So fanden Kohring und Matthes (2002) Unterschiede zwischen den bevorzugten Deutungsmustern der deutschen Qualitätsmedien FAZ, taz und Der Spiegel in der Berichterstattung über die Biotechnologie: Die taz benutzte häufig die Frames „moralisches Risiko“ und „notwendige Regulierung“, während die FAZ mehr den Nutzen und ökonomische Aspekte betonte. Der Spiegel konzentrierte sich dagegen stark auf Forschung in der Biomedizin, wobei der Fokus sich über die Zeit von der Betrachtung der Risiken hin zur Betonung des Nutzens verschoben hat.

Eine weitere Strategie, das gezielte Framing der Medienmacher kenntlich zu machen, liegt auf der sprachlichen Ebene. In einer qualitativen Betrachtung der Berichterstattung über Proteste gegen Stammzellenforschung in den USA fiel Ten Eyck und Williment (2003) auf, dass einzelne Aktivisten häufiger als Radikale und Ökoterroristen etc. bezeichnet und damit als illegitime Akteure im Diskurs dargestellt wurden. Auch Cook et al. (2006) richteten in ihrer Analyse besonderes Augenmerk auf Metaphern und emotionale Beiwörter in der Berichterstattung. Daneben machten sie noch weitere kommunikative Strategien der Presse aus. So stellten sie fest, dass in der Berichterstattung häufiger mögliche Entwicklungen anstatt tatsächlicher Fakten berichtet werden. Quellen und Autoritäten wurden mit ihren Argumenten häufig in indirekter Rede zitiert, während in der Blattlinie gegenläufige Positionen überwiegend in Leserbriefen dargestellt wurden. Solche sprachlichen Feinheiten erfordern linguistische Entscheidungen der Medienmacher, mit denen sie den Diskurs sprachlich rahmen.

Ein Fall des Re-Framings bzw. der Problematisierung durch die Medien wurde im Zusammenhang mit dem Sonderthema Klonen gefunden. Nisbet und Lewenstein (2002) fiel in ihrer themenübergreifenden Analyse auf, dass in der amerikanischen Debatte um die Technologie des Klonens die Arena für bisher benachteiligte Akteure und ihre Frames geöffnet wurde. Holliman (2004) bestätigte dies für die britische Berichterstattung über das geklonte Schaf Dolly. Neben naturwissenschaftlichen Experten, die generell die häufigste Quelle waren, kamen nun auch andere Akademiker, Politiker und religiöse Sprecher zu Wort. Die Debatte bekam ethische und politische Dimensionen und wurde so kontrovers geführt, dass wichtige öffentliche

Personen sich gezwungen sahen, ein Statement abzugeben (z.B. Präsident Clinton). Vor allem die Aussicht auf ein mögliches Klonen von Menschen erschien skandalträchtig und war ein wichtiges Interpretationsmuster, in das die Ereignisse gestellt wurden.

Nisbet et al. (2003) stellten fest, dass die Möglichkeit zur Problematisierung ganz entscheidenden Einfluss auf das Interesse der Medien generell an einem Thema hat. Ganz im Gegensatz zur Pflanzentechnologie schaffte es die Debatte um die Stammzellenforschung an die Spitze der Medienagenda in den USA. Nisbet et al. argumentieren, dass das Thema in offenen und konfliktreichen politischen Arenen (z.B. im Kongress) diskutiert wurde. Dadurch gelang es den Journalisten, dramatische Narrative zu konstruieren. Neue kritische und ethische Frames aus anderen gesellschaftlichen Kontexten bekamen eine Chance. Das Thema der Pflanzenbiotechnologie (Nisbet/ Huge 2006) blieb hingegen stets in administrativen Arenen, die keine Konflikte und damit keine dramatischen Narrative bieten und daher nicht so stark unter der Beobachtung der Medien stehen.

*Diskursproduzenten:* Während die meisten Studien ein mehr oder weniger aktives Framing der Bio- und Gentechnologiedebatte durch die Medien zeigten, konnte eine *eigene Stimme* der Medien zum Thema so gut wie gar nicht ausgemacht werden. Lediglich in den Studien von Gerhards und Schäfer (2006) sowie O'Mahony und Schäfer (2005) machten Aussagen der Journalisten einen beachtlichen Teil der Berichterstattung aus. Gerhards und Schäfer (2006) untersuchten die Aussagen von Journalisten zur Humangenomforschung im Vergleich zu den Aussagen extramedialer Akteure. Dabei überprüften sie zwei Thesen: (1) Die journalistischen Bewertungen weichen von denen der extramedialen Akteure ab, da ihre Interessenungebundenheit sie weniger anfällig macht für affirmative Positionen. Diese These wurde bestätigt, obwohl die Journalisten grundsätzlich dem jeweiligen Bewertungsklima ihres Landes verhaftet blieben, d. h. amerikanische Journalisten bewerteten positiver, deutsche hingegen kritischer. (2) Journalisten nehmen Bewertungen entsprechend der politischen Linie ihrer Zeitung vor. Diese These wurde nur sehr schwach bestätigt. Dies verwundert umso mehr, als der Anteil der Aussagen von Journalisten zum Thema genauso hoch war wie der der extramedialen Akteure. Gerhards und Schäfer führten das Ergebnis zum Teil auf das abstrakte Grundlagenforschungsthema der Humangenomforschung zurück. Sie zeigten, dass, sobald die Berichterstattung Bezug auf konkrete Anwendungen, wie den genetischen Fingerabdruck nahm, die Bewertung durch die Journalisten kritischer wurde und auch andere Akteure als die gesellschaftlich etablierten in den Diskurs einbezogen wurden.

Auch O'Mahony und Schäfer (2005) verzeichneten einen großen Anteil der Aussagen zur Humangenomforschung von Journalisten. Bei der Analyse von Diskurskoalitionen gingen die Autoren der Frage nach, welche Akteure sich besonders auf welche Frames beziehen. Interessanterweise wurde die Gruppe der Journalisten keiner Diskurskoalition eindeutig zugeordnet, d. h. Journalisten benutzten eine größere Bandbreite unterschiedlicher Frames als andere Akteure. Während in den beiden Studien also eine Stimme der Medien zum Thema ausgemacht werden konnte, fehlte eine eindeutige Position der Journalisten zum Thema. Es lag also keine Konsonanz der Medienberichterstattung vor.

Im Fall Dolly war die Rolle der britischen Medien so stark, dass auch ein Fall des *Agenda-Setting* durch investigativen Journalismus beobachtet werden konnte. Im Gegensatz zur Berichterstattung über die ersten Klonexperimente mit den Schafen Morag und Megan, verschafften sich die Journalisten eigenhändig Informationen, so dass sie schon vor der offiziellen Veröffentlichung in der Fachzeitschrift Nature über die Dolly-Experimente berichten konnten. Als Voraussetzung hierfür nennt Holliman (2004), dass die Journalisten durch die vorangehenden Experimente mit Morag und Megan schon auf die Geschichte eingespurt und somit sehr sensibel für den Nachrichtenwert weiterer Experimente waren. Auch dieser Fall ist damit ein Beispiel für die aktivierende Funktion von Narrativen.

Zusammenfassend lässt sich sagen, dass der Diskurs über Gen- und Biotechnologie überwiegend von etablierten extramedialen Akteuren dominiert wurde. Die Medien agierten als Gatekeeper und Diskurskonstrukteure, indem sie allenfalls durch die Auswahl und Gewichtung von Positionen und Frames eine Tendenz herbeiführten. Dies wurde bei den Debatten um die Stammzellenforschung und das Klonen besonders deutlich. Eine klare eigene Position verfolgten die Medien im Diskurs nicht. Dementsprechend hielten sie sich als Diskursproduzenten deutlich zurück.

## 5 Schlussfolgerungen

In diesem Beitrag wurde untersucht, inwiefern Medien sich als Akteure an Innovationsdiskursen beteiligen. Hierzu wurde zunächst theoretisch begründet, welche Formen eine Rolle der Medien als Akteure annehmen kann und welche Bedeutung die Medien in Innovationsdiskursen und damit auch für den Innovationsprozess haben. Schließlich wurde die Gen- und Biotechnologiedebatte als Beispiel herangezogen, um die empirische Rolle der Medien im Diskurs um eine Basisinnovation näher zu betrachten.

Die Stimme der Medien war in der Bio- und Gentechnologiedebatte nicht eindeutig zu bestimmen (Forschungsfrage a). Vielmehr übernahmen und gewichteten die Medien Positionen und Deutungsmuster der extramedialen Akteure, die sich am Diskurs beteiligten. In bestimmten Fällen und mit bestimmten Methoden konnte jedoch ein besonders aktives Framing der Debatte durch die Medien nachgewiesen werden. Daraus lassen sich Schlussfolgerungen ableiten, unter welchen Bedingungen Medien zu Akteuren wurden (Forschungsfrage b) und mit welchen Methoden dies erfasst werden kann (Forschungsfrage c).

*Bedingungen*: Es zeigte sich, dass Merkmale der Innovation und der damit verbundenen Themen und ihre Nachrichtenwerte eine wichtige Rolle spielen. So waren die Medien aktiver in der Generierung neuer Frames und der Einbeziehung neuer Akteure, wenn Grundfragen der menschlichen Existenz und ethische Grenzen berührt wurden. Abstraktere Grundlagenforschungsthemen (z.B. Humangenomforschung) wurden weniger hinterfragt als konkrete Anwendungen, bei denen Bezüge zu ethischen Fragen hergestellt werden konnten (z.B. Stammzellenforschung, Klonen). Bezüge zu kulturell tief verankerten Visionen erhöhten das Medieninteresse, wie z.B. die Heilung von Krankheiten durch medizinische Gentechnologie. Medien zeigten sich außerdem als besonders aktiv, wenn sie bereits auf ein Thema eingespurt waren, es also schon einen Narrativ gab, an den sie anknüpfen konnten, so geschehen bei der Berichterstattung über das geklonte Schaf Dolly. Besonders wirksam waren Narrative, wenn die Themen Konflikt und Dramatik versprachen und in offenen politischen Arenen verhandelt wurden.

Es ist zu vermuten, dass außerdem Bedingungen eine Rolle spielen, die innerhalb der Medien selbst liegen, wie z.B. ein strategisches eigenes Interesse an einem Thema durch Betroffenheit, denkbar etwa bei Innovationen, die im Bereich der Telekommunikation liegen. Bei der Gentechnologie hingegen ist anzunehmen, dass die Medien relativ unabhängige Diskursteilnehmer sind (Gerhards/Schäfer 2006). Ein weiterer Einflussfaktor für die Aktivität des Mediums ist, inwiefern eine ausgeprägte politische Linie verfolgt wird, die handlungsleitend bei der Auswahl bestimmter Themen und Sprecher sowie der Darstellung von Fakten ist. Aber auch das Selbstverständnis des Mediums oder des Journalisten als neutraler Informationsvermittler auf der einen oder aktiver Willensbilder auf der anderen Seite kann durchaus unterschiedlich und ebenfalls handlungsleitend sein.

*Methoden:* Als fruchtbare Methode, um ein aktives Framing der Medien zu erfassen, erwies sich der Vergleich. Beim Vergleich verschiedener Länder können jedoch Störfaktoren auftreten, z.B. können sich der kulturelle Kontext und die Möglichkeitsstrukturen der beteiligten Akteure signifikant unterscheiden. Beim Vergleich der Berichterstattung verschiedener Medien in einem Land zum selben Thema können die Unterschiede hingegen relativ gut auf die Kommunikationsstrategie der Medien zurückgeführt werden. Weitere methodische Möglichkeiten sind die Untersuchung explizit meinungsorientierter Darstellungsformen, wie z.B. Kommentare und Leitartikel, oder der Fokus auf sprachliche Kommunikationsstrategien, z.B. der Gebrauch wertender Metaphern und Beiwörter auch in tatsachenorientierten Berichten. Zu diskutieren ist auch, ob die inhaltsanalytische Methode allein überhaupt ausreicht, um Aussagen über das Handeln der Medien zu treffen oder ob Befragungen der Kommunikatoren integriert werden sollten. Schließlich könnte durch eine Befragung der Journalisten und Redakteure besser beurteilt werden, ob der Einsatz der Frames strategisch geschieht oder nur Ergebnis von Arbeits- und Selektionsroutinen ist. Im Pendant hierzu müsste auch eine Befragung der wichtigsten Framesponsoren eines Themas integriert werden, um möglichst genau das Zustandekommen des Mediendiskurses nachzuzeichnen. Nötig wäre also eine Agenda-Building-Studie mit einem möglichst umfassenden Mehr-Methoden-Design.

Tabelle 3 zeigt eine Übersicht, die die beschriebenen Bedingungen und Formen des Medienhandelns integriert und aufzeigt, welche Folgen diese für den Innovationsprozess haben können. Die genannten Bedingungen beeinflussen, inwiefern die Medien ein Interesse an einem Innovationsthema finden, sei es themeninduziert, geprägt durch die politische Linie und das Selbstverständnis des Mediums oder aufgrund eines strategischen Eigeninteresses. Je stärker das geweckte Interesse, desto aktiver werden sich die Medien als Akteure im Diskurs zeigen. Bei mittlerem Interesse beschränken sich die Medien auf eine Gatekeeper- und Moderatorenrolle im öffentlichen Diskurs, bei hohem Interesse ist die Wahrscheinlichkeit hoch, dass die Medien ihre eigene Stimme erheben und Themen investigativ verfolgen. Im Verlauf des Diskurses entscheidet sich, ob der Attributionsprozess erfolgreich für die Technologie verläuft, ob sie also als neu wahrgenommen wird oder nicht. Im weiteren Schritt ist auch die Bewertung der Innovation wichtig. Selbst wenn eine neue Technologie als Innovation wahrgenommen wird, kann sie als gut und nützlich angesehen werden oder als schädlich und risikobehaftet. Je nach Richtung der Position, die die Medien dabei vertreten, resultiert dies in einer Unterstützung des Innovationsprozesses und damit der Legitimierung von politischen Entscheidungen zur Förderung der Innovation (z.B. medizinische Gentechnologie) oder im Protest gegen die Innovation und damit ihrer Delegitimierung (z.B. Klonen). Nur für öffentlich akzeptierte und legitimierte Innovationen werden öffentliche Fördermittel bereitgestellt und entsprechende Rahmenbedingungen für Forschung und Entwicklung geschaffen, erhalten oder verändert. Solche Wirkungen werden sich jedoch nur zeigen, wenn der Medientenor über die verschiedenen Medien hinweg möglichst einheitlich ist, wenn also eine konsonante Medienstimme auszumachen ist (Neidhardt, Eilders/Pfetsch 1998).

*Tabelle 3: Bedingungen, Formen und Folgen von Medien als Akteuren*

| Bedingungen | Formen | Folgen für | | |
|---|---|---|---|---|
| | | Attribution von Neuheit | Bewertung der Innovation | Implementierung der Innovation |
| *Themenbezogen:*<br>Ethische Grenzen<br>Träume, Visionen<br>Anwendungen<br>Narrative<br>Konflikte, Dramatik<br>Offene politische Arenen | Gate-keeper<br>Diskurs-konstrukteur | Erfolgreich | *Legitimierung* (Unterstützung)<br>*Delegitimierung* (keine Unter-stützung, Protest) | Erfolgreich<br>Nicht erfolgreich |
| *Medienbezogen:*<br>Politische Linie<br>Eigeninteresse<br>Journalistisches Selbstverständnis | Diskurs-produzent | Nicht erfolgreich | | |

Gerade die Frage, welche Folgen eine aktive Teilnahme der Medien am Diskurs letztendlich für die Implementierung und damit für den Markterfolg von Informationen hat, wurde bisher weder in der Öffentlichkeits-, noch in der Innovationsforschung umfassend untersucht. Welche Rolle spielt es, ob die Medien eine Innovation unterstützen oder kritisieren? Inwiefern kann dies den Innovationsprozess fördern oder behindern? Erste Ansätze liefern Nisbet und seine Kollegen (2003, 2006), indem sie zeigen, dass Medienaufmerksamkeit die Zahl der partizipierenden Akteure am politischen Prozess insgesamt erhöht, da sie die Debatte öffentlich macht. Doch bleibt offen, welche Vorteile oder Nachteile für den politischen Prozess daraus entstehen. Besonders interessant ist auch die Frage, welche positive oder negative Bedeutung fehlender Mediendiskurs, also eine Nicht-Beachtung einer Innovation in der Öffentlichkeit für den Innovationsprozess hat. Um diese Fragen zu beantworten, ist eine Inhaltsanalyse der Medienberichterstattung allein nicht ausreichend. Hier sind Mehr-Methoden-Designs notwendig, die Experteninterviews und eine Analyse der Diskurse in den Arenen Politik, Wirtschaft und Wissenschaft mit einschließen.

## Literaturverzeichnis

Aderhold, Jens/Richter, Götz (2006): Paradoxe Innovationsstrukturen - Orientierungs- und Lernerfordernisse für KMU. In: Abel, Roland/Bass, Hans H./ Ernst-Siebert, Robert (Hrsg.): Kleine und mittelgroße Unternehmen im globalen Innovationswettbewerb. Technikgestaltung, Internationalisierungsstrategien, Beschäftigungswirkungen. Münster, Hamburg: Lit-Verlag, 9-43.

Bachrach, Peter/Baratz, Morton S. (1977): Macht und Armut. Eine theoretisch-empirische Untersuchung. Frankfurt a.M.: Suhrkamp.

BMWi (2006): kompetenznetze.de 2006/2007: Networks of competence in Germany. Berlin, Bundesministerium für Wirtschaft und Technologie.

Bonfadelli, Heinz/Dahinden, Urs/Leonarz, Mirko (2002): Biotechnology in Switzerland: High on the public agenda, but only moderate support. In: Public Understanding of Science, 11, 113-130.

Braun-Thürmann, Holger (2005): Innovation. Bielefeld: transcript.

Carragee, Kevin M./Roefs, Wim (2004): The Neglect of Power in Recent Framing Research. In: Journal of Communication, 54, 214-233.

Cobb, Roger/Ross, Jennie-Keith/Ross, Marc Howard (1976): Agenda building as a comparative political process. In: The American Political Science Review, 70, 126-138.

Cook, Guy/Robbins, Peter T./Pieri, Elisa (2006): „Words of mass destruction“: British newspaper coverage of the genetically modified food debate, expert and non-expert reactions. In: Public Understanding of Science, 15, 5-29.

Entman, Robert M. (1993): Framing: Toward clarification of a fractured paradigm. In: Journal of Communication, 43, 51-58.

Fagerberg, Jan (2004): Innovation: A guide to the literature. In: Fagerberg, Jan/ Mowery, David/Nelson, Richard (Hrsg.): The Oxford handbook of innovation. Oxford: Oxford University Press, 1-27.

Fairclough, Norman (2001): Language and power. London: Longman.

Foucault, Michel (1997): Die Ordnung des Diskurses. Frankfurt a.M.: Fischer.

Fuchs, Dieter/Pfetsch, Barbara (1996): Die Beobachtung der öffentlichen Meinung durch das Regierungssystem. In: van den Daele, Wolfgang/Neidhardt, Friedhelm (Hrsg.): Kommunikation und Entscheidung. Politische Funktionen öffentlicher Meinungsbildung und diskursiver Verfahren, WZB-Jahrbuch. Berlin: edition sigma, 103-138.

Gamson, William A./Modigliani, Amedeo (1989): Media discourse and public opinion on nuclear power: A constructionist approach. In: American Journal of Sociology, 95, 1-37.

Gerhards, Jürgen (1995): Welchen Einfluss haben die Massenmedien auf die Demokratie in der Bundesrepublik Deutschland? In: Göhler, Gerhard (Hrsg.): Macht der Öffentlichkeit – Öffentlichkeit der Macht. Baden-Baden: Nomos, 149-177.

Gerhards, Jürgen/Neidhardt, Friedhelm (1991): Strukturen und Funktionen moderner Öffentlichkeit: Fragestellungen und Ansätze. In: Müller-Dohm, Stefan/ Neumann-Braun, Klaus (Hrsg.): Öffentlichkeit, Kultur, Massenkommunikation: Beiträge zur Medien- und Kommunikationssoziologie. Oldenburg: Bibliotheks- und Informationssystem der Universität Oldenburg.
Gerhards, Jürgen/Neidhardt, Friedhelm/Rucht, Dieter (1998): Zwischen Diskurs und Palaver: Strukturen öffentlicher Meinungsbildung am Beispiel des Abtreibungsdiskurses in der Bundesrepublik. Opladen: Westdeutscher Verlag.
Gerhards, Jürgen/Schäfer, Mike-Steffen (2006): Die Herstellung einer öffentlichen Hegemonie: Humangenomforschung in der deutschen und der US-amerikanischen Presse. Wiesbaden: VS Verlag.
Habermas, Jürgen (1995): Strukturwandel der Öffentlichkeit. Untersuchungen zu einer Kategorie der bürgerlichen Gesellschaft. Frankfurt a.M.: Suhrkamp.
Hagen, Lutz (1992): Die opportunen Zeugen. In: Publizistik, 37, 444-460.
Hilgartner, Stephen/Bosk, Charles L. (1988): The rise and fall of social problems: A public arenas model. In: The American Journal of Sociology, 94, 53-78.
Holliman, Richard (2004): Media coverage of cloning: A study of media content, production and reception. In: Public Understanding of Science, 13, 107-130.
Kepplinger, Hans Mathias (1989): Instrumentelle Aktualisierung. Grundlagen einer Theorie publizistischer Konflikte. In: Kaase, Max/Schulz, Winfried (Hrsg.): Massenkommunikation. Theorien, Methoden, Befunde. Opladen: Westdeutscher Verlag, 199-220.
Kohring, Matthias/Matthes, Jörg (2002): The face(t)s of biotech in the nineties: How the German press framed modern biotechnology. In: Public Understanding of Science, 11, 143-154.
Kuhlmann, Stefan (1999): Politisches System und Innovationssystem in „postnationalen" Arenen. In: Grimmer, Klaus/Kuhlmann, Stefan/Meyer-Krahmer, Frieder (Hrsg.): Innovationspolitik in globalisierten Arenen. Neue Aufgaben für Forschung und Lehre: Forschungs-, Technologie- und Innovationspolitik im Wandel. Opladen: Leske+Budrich, 11-39.
Lundvall, Bengt-Ake (1992): National systems of innovation. London: Frances Pinter.
Malerba, Franco (2005): Sectoral systems of innovation: A framework for linking innovation to the knowledge base, structure and dynamics of sectors. In: Economics of Information and New Technology, 14, 63-82.
Mast, Claudia/Huck, Simone/Zerfaß, Ansgar (2005): Journalisten und Unternehmen: Meinungen, Erfahrungen, Perspektiven. Ergebnisse der Studie INNOVATE 2004. In: Mast, Claudia/Zerfaß, Ansgar (Hrsg.): Neue Ideen erfolgreich durchsetzen. Das Handbuch der Innovationskommunikation. Frankfurt a.M.: Frankfurter Allgemeines Buch, 58-67.
Merten, Klaus/Schmidt, Siegfried J./Weischenberg, Siegfried (Hrsg.) (1994): Die Wirklichkeit der Medien. Opladen: Westdeutscher Verlag.
Neidhardt, Friedhelm/Eilders, Christiane/Pfetsch, Barbara (1998). Die Stimme der Medien im politischen Prozeß: Themen und Meinungen in Pressekommentaren, Discussion Paper FS III 98-106. Berlin, Wissenschaftszentrum Berlin (WZB).
Nelson, Richard (Hrsg.) (1993): National innovation systems: A comparative analysis. New York, NY: Oxford University Press.

Nisbet, Matthew C./Brossard, Dominique/Kroepsch, Adriane (2003): Framing science. The stem cell controversy in an age of press/politics. In: Press/Politics, 8, 36-70.

Nisbet, Matthew C./Huge, Michael (2006): Attention cycles and frames in the plant biotechnology debate: Managing power and participation through the press/policy connection. In: Press/Politics, 11, 3-40.

Nisbet, Matthew C./Lewenstein, Bruce V. (2002): Biotechnology and the American media: The policy process and the elite press 1970-1999. In: Science Communication, 23, 359-391.

O'Mahony, Patrick/Schäfer, Mike S. (2005): The „book of life" in the press: Comparing German and Irish media discourse on human genome research. In: Social Studies of Science, 35, 99-130.

OECD (2005): Oslo Manual: Guidelines for collecting and interpreting innovation data: OECD.

Page, Benjamin I. (1996): The mass media as political actors. In: Political Science and Politics, 29, 20-24.

Pan, Zhongdang/Kosicki, Gerald M. (2003): Framing as a strategic action in public deliberation. In: Reese, Stephen D./Gandy, Oscar H./Grant, August E. Hrsg.): Framing public life: Perspectices on media and our understanding of the social world. Mahwah, NJ: Lawrence Erlbaum, 35-65.

Rogers, Everett M./Dearing, James W. (1988): Agenda-Setting research: Where has it been, where is it going? In: Anderson, James A. (Hrsg.): Communication yearbook 11. Newsbury Park, CA: Sage, 555-594.

Schumpeter, Joseph A. (1964): Theorie der wirtschaftlichen Entwicklung. Berlin: Duncker & Humblot.

Snow, David A./Rochford, E. Burke J./Worden, Steven K./Benford, Robert D. (1986): Frame alignment processes, micromobilization, and movement participation. In: American sociological review, 51, 464-481.

Suchman, Lucy/Bishop, Libby (2000): Problematizing „innovation" as a critical project. In: Technology Analysis & Strategic Management, 12, 327-333.

Ten Eyck, Toby A./Williment, Melissa (2003): The national media and things genetic: Coverage in the New York Times (1971-2001) and the Washington Post (1977-2001). In: Science Communication, 25, 129-152.

White, David M. (1950): The gatekeeper. A case study in the selection of news. In: Journalism Quarterly, 27, 383-390.

# „Guter Boulevard ist immer auch außerparlamentarische Opposition" – Das Handeln von *Bild* am Beispiel der Berichterstattung über Hartz IV

*Carsten Reinemann*

## 1 Medien als politische Akteure

Betrachtet man Medien als Akteure, dann nimmt man eine akteurszentrierte bzw. handlungstheoretische Perspektive ein. Dies bedeutet, dass Akteure und ihr Handeln die Basis aller Betrachtungen und Erklärungen bilden – auch der Erklärung von Makrophänomenen. Da der Terminus „Medien" aber recht unspezifisch ist und in der Kommunikationswissenschaft sehr unterschiedlich verwendet wird, soll hier stattdessen von *journalistischen Akteuren* die Rede sein. Journalistische Akteure können einzelne Journalisten oder Medienorganisationen bzw. Redaktionen sein. Allgemein kann man Organisationen dann als (korporative) Akteure betrachten, wenn sie handlungsfähig sind. Handlungsfähigkeit ist dann anzunehmen, wenn Akteure Interessen und allgemeine Handlungsorientierungen haben (z.B. Werte), Ziele verfolgen, über Ressourcen verfügen (z.B. Wissen, Einfluss, Mitarbeiter), diese Ressourcen zur Erreichung ihrer Ziele einsetzen, sich selbst als Akteur verstehen und auch von anderen als solche betrachtet werden (z.B. Schimank 2000; Jarren/Donges 2002). All dies trifft in der Regel auf Medienorganisationen zu. Ihr Handeln sowie die aggregierten Effekte ihrer Interaktionen können deshalb auf handlungstheoretischer Basis erklärt werden. Ob man „die Medien" in ihrer Gesamtheit als Akteur bezeichnen sollte, erscheint vor diesem Hintergrund immer dann zweifelhaft, wenn sich ihre Ziele, Interessen, ihre Berichterstattung etc. unterscheiden.

Wann werden journalistische zu politischen Akteuren? Page (1996: 20) schlägt vor, journalistische dann als politische Akteure zu bezeichnen, wenn sie zielgerichtet und in einheitlicher Art und Weise handeln, um politische Ziele zu erreichen. Dies kann seiner Ansicht nach direkt oder indirekt geschehen. Als direktes politisches Handeln bezeichnet er jede Art von Lobbyarbeit durch Verantwortliche von Medienunternehmen. Als indirektes politisches Handeln bezeichnet Page dagegen den Versuch journalistischer

Akteure, mittels ihrer Berichterstattung die politischen Präferenzen des Medienpublikums und darüber auch politische Entscheidungen zu beeinflussen.

Ziel des vorliegenden Beitrags ist es, die Handlungen verschiedener journalistischer Akteure anhand der Berichterstattung über die Hartz IV-Reform zu untersuchen. Theoretische Basis der Analyse ist der strukturell-individualistische Ansatz. Er wird hier in erster Linie als Heuristik betrachtet, d.h. seine Grundgedanken dienen als Richtschnur der Analyse. Besondere Aufmerksamkeit wird dabei der *Bild*-Zeitung geschenkt, als Vergleichsmaßstab werden jedoch auch andere Tageszeitungen herangezogen. Der Grund für die Fokussierung auf *Bild* liegt in der Bedeutung, die Deutschlands größte Boulevardzeitung als Einflussfaktor auf andere Medien, ihr Publikum und politische Akteure hat:

Trotz deutlicher Auflagenverluste in den letzten 20 Jahren erreicht *Bild* täglich zwischen 11 und 12 Millionen Leser. Davon sind ca. 40 Prozent (= 4,7 Mio.) Exklusivleser, die keine andere Tageszeitung regelmäßig nutzen (MA 2004). Dabei hat die Bedeutung von *Bild* innerhalb des politischen Systems und des Journalismus in den letzten Jahrzehnten zugenommen. Politische Journalisten halten *Bild* heute mit weitem Abstand für den journalistischen Akteur mit dem größten Einfluss auf die Bevölkerungsmeinung und zählen *Bild* zu den drei Medien, die am ehesten ein bundespolitisches Thema setzen können. Außerdem ist *Bild* zur meistzitierten Tageszeitung Deutschlands avanciert (Reinemann 2003). Dass *Bild* in besonderer Weise politische Entscheidungen beeinflussen kann, lassen auch Aussagen politischer Akteure vermuten (z.B. in Perger/Haman 2004).

Die Fokussierung auf die Analyse des Handelns von *Bild* bedingt, dass verschiedene andere Aspekte, die im Hinblick auf das Thema Hartz IV ebenfalls interessant wären, hier nur am Rande berücksichtigt werden können. Dazu zählen vor allem kurz- und längerfristige Wirkungen der Berichterstattung auf Wahlverhalten und politische Einstellungen der Menschen in den neuen und alten Bundesländern sowie die Wirkungen auf politische Akteure. Sie zeigten sich einerseits in Versuchen der Instrumentalisierung des Themas in den Landtagswahlkämpfen in Sachsen und Brandenburg, andererseits in Nachbesserungen der Reform. Auch die besondere Beziehung von *Bild* zu ihrem Kolumnisten Oskar Lafontaine, der als Redner bei einer Leipziger Montagsdemonstration auftrat, kann hier nicht näher beleuchtet werden. Dies gilt auch für eine weitere Folge von Hartz IV bzw. der Agenda 2010: Die Gründung der WASG.

## 2 Theoretischer Hintergrund: Der strukturell-individualistische Ansatz

In den Sozialwissenschaften werden verschiedene handlungstheoretische Ansätze vertreten (dazu z.B. Diekmann/Voss 2004; Gabriel 2004). Der gemessen an der Zahl aktueller Überblickspublikationen erfolgreichste ist der sog. *strukturell-individualistische Ansatz* (Opp 2004). Sein Grundprinzip ist die Annahme, dass Akteure in Entscheidungssituationen versuchen, unter jeweils gegebenen Restriktionen ihre Präferenzen (Ziele, Motive, Wünsche) möglichst gut zu realisieren. Ziel des Ansatzes ist die Erklärung kollektiver Phänomene auf der Basis individuellen Handelns, das in einen sozialen Kontext eingebettet ist. Der handlungstheoretische Kern des Ansatzes besteht immer häufiger aus einer „weichen" Variante von Rational Choice (RC). Als solche bezeichnen verschiedene Autoren diejenige Variante des RC-Ansatzes, die die „subjektive Rationalität" von Akteuren in den Mittelpunkt stellt. Das bedeutet beispielsweise, dass subjektiv wahrgenommener Nutzen und subjektive Erwartungen an die Stelle objektiv gegebener Wahrscheinlichkeiten treten. Darüber hinaus werden z.B. Informationskosten, Heuristiken und die soziale Einbettung individuellen Handelns berücksichtigt (z.B. Diekmann/Voss 2004; Opp 2004).

Vertreter des strukturell-individualistischen Ansatzes gehen davon aus, dass Handeln durch die *subjektive Definition* einer Handlungssituation bestimmt wird. Wie Akteure eine Situation konkret definieren, hängt einerseits von äußeren Bedingungen der sozialen Situation, andererseits von den inneren Bedingungen der Akteure ab. Die *äußeren Bedingungen* können in gesellschaftlichen oder institutionellen Strukturen, in zeitlichen und materiellen Ressourcen, im Handeln anderer Akteure sowie allgemein in allen Formen von akteurs-externen Ereignissen und Informationen bestehen (z.B. die „Nachrichtenlage"). *Innere Bedingungen* können auf der Ebene der Medienorganisationen z.B. verlegerische oder redaktionelle Vorgaben, redaktionelle Traditionen oder auch die Wettbewerbssituation sein. Auf der Ebene einzelner Journalisten können sie z.B. in professionellen oder politischen Einstellungen, Wissen und Erfahrungen bestehen (dazu z.B. Esser 1999).

Die äußeren Bedingungen einer Situation werden vor dem Hintergrund der inneren Bedingungen wahrgenommen, interpretiert und die jeweils relevanten Präferenzen (Ziele, Motive) aktualisiert. Aus der Definition der Situation leiten Akteure im nächsten Schritt die relevanten Handlungsalternativen, die möglichen Konsequenzen des Handelns, deren Bewertungen sowie die Erwartungen über deren Eintreten ab. Die Evaluation der Alternativen, die man mit der Wert-Erwartungstheorie oder einer anderen Entscheidungstheorie modellieren kann, führt dann zur Auswahl einer Handlungsalternative und zum eigentlich sichtbaren Handeln (Schaubild 1).

*Schaubild 1: Die Entstehung und die Folgen der Definition einer Situation im strukturell-individualistischen Ansatz*

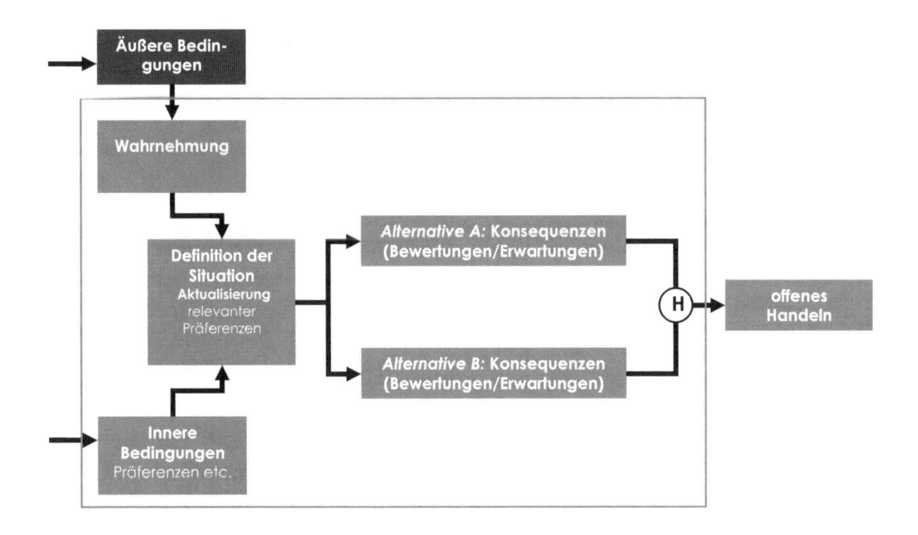


*Anmerkungen: H* = Anwendung der Wert-Erwartungstheorie zur Evaluation und Auswahl der Handlungsalternativen. Eigene Darstellung nach Kunz 2004: 205 und Esser 1999: 166.

Die im strukturell-individualistischen Ansatz häufig zur Erklärung der Wahl zwischen Handlungsalternativen angewandte Wert-Erwartungstheorie ist inhaltlich leer. Sie gibt nur eine abstrakte Entscheidungsregel vor: Es wird stets die Handlungsalternative gewählt, von der sich ein Akteur subjektiv den größten Nutzen verspricht. Die Theorie sagt aber nichts darüber, welche *konkreten* Präferenzen aktualisiert, welche Handlungsalternativen gesehen, wie deren Konsequenzen bewertet und mit welcher Sicherheit ihr Eintreten erwartet wird. Dies muss für die jeweils interessierenden Akteure und das jeweils zu erklärende Handeln erst spezifiziert werden. Dies geschieht mittels sog. *Brückenannahmen*. Sie beschreiben „welche Aspekte von den Akteuren in einer Handlungssituation als relevant eingeschätzt werden, ob sie diese Aspekte positiv oder negativ bewerten und welche Erwartungen sie über ihr Auftreten haben“ (Kunz 2004: 104-105).

Will man die Entstehung journalistischer Entscheidungen rekonstruieren, so ist im Hinblick auf die inneren Handlungsbedingungen zunächst von Bedeutung, welche *Präferenzen* im Zuge der Situationsdefinition aktualisiert werden. Als handlungsrelevante Präferenzen journalistischer Akteure kommen beispielsweise ökonomische, publizistische oder soziale Ziele in Frage. Dazu zählen z.B. die Gewinnmaximierung bzw. die Maximierung von Auflagen und Reichweiten, das Streben nach journalistischer Qualität, die Erreichung bestimmter politischer Ziele oder das Streben nach Anerkennung und Prestige. Die Präferenzen einzelner Journalisten und ihrer Redaktionen können sich dabei durchaus unterscheiden.

Wie können journalistische Akteure diese Ziele erreichen? Da die konkreten Handlungsalternativen eines Akteurs weder Teil des strukturell-individualistischen Ansatzes, noch der Wert-Erwartungstheorie sind, bietet es sich an, die potentiellen Handlungsalternativen journalistischer Akteure aus allgemeinen Erkenntnissen der Journalismusforschung abzuleiten (dazu auch Reinemann 2007). Über alle makrotheoretischen Vorstellungen hinweg besteht hier weitgehend Einigkeit darüber, dass die grundlegendste journalistische Entscheidung diejenige zwischen den Handlungsalternativen „publizieren" und „nicht publizieren" ist (z.B. Kepplinger 1998; Altmeppen 2000). Allerdings ist vor und nach der eigentlichen Publikationsentscheidung eine Vielzahl weiterer Entscheidungen notwendig, um der Berichterstattung Gestalt zu geben. Und auch hier muss jeweils wieder zwischen verschiedenen Alternativen gewählt werden. Denkt man vom Endergebnis des journalistischen Handelns her, also der Berichterstattung, dann betreffen diese Entscheidungen im Wesentlichen vier Fragen: Wie umfangreich und prominent soll über ein Thema berichtet werden? Welche Aspekte sollen hervorgehoben, welche vernachlässigt werden? Wie soll das Geschehen bzw. Thema bewertet werden? Welche journalistischen Gestaltungsmittel sollen in der Berichterstattung eingesetzt werden? Die hier angesprochenen Merkmale stellen in der Medieninhaltsforschung die wichtigsten Indikatoren dar, um die Intensität und Tendenz der Berichterstattung über ein politisches Thema zu bestimmen (im Überblick Maurer/Reinemann 2006).

Zu analytischen Zwecken kann man die journalistischen Entscheidungen über diese Charakteristika der Berichterstattung in eine idealtypische Abfolge bringen und somit als Entscheidungsprozess modellieren. Im Hinblick auf die *Thematisierung* muss demnach zunächst entschieden werden, ob, wann, wie umfangreich und wie lange eine Nachricht oder ein Thema publiziert wird. Dann geht es um die Frage des *Framings*, also darum, aus welcher Perspektive ein Sachverhalt betrachtet wird. Das Framing spiegelt sich beispielsweise in der Auswahl von Akteuren oder Themenaspekten (z.B. Scheufele 2003). Diese Auswahl impliziert dann häufig schon die Entscheidung über die *Bewertung* eines Sachverhalts. Diese kann implizit oder in expliziten Urteilen vermittelt werden. Schließlich müssen auch Entscheidungen über die *Art der journalistischen Aufbereitung* gefällt werden. Diese betreffen beispielsweise die Frage, wie personalisiert, emotional oder ausgewogen die Berichterstattung sein soll.

Auch das Spektrum der *Handlungskonsequenzen*, die Journalisten bei ihren Entscheidungen ins Kalkül ziehen können, ist groß. Die subjektiv relevanten Handlungskonsequenzen können sich beispielsweise auf die Person des einzelnen Journalisten (z.B. seine Karriere), die Medienorganisation (z.B. ihren Publikumserfolg), das gesamte Mediensystem (z.B. die Entstehung einer Berichterstattungswelle) oder den Gegenstand der Berichterstattung beziehen (z.B. der mögliche Rücktritt eines Politikers). Ob diese Handlungskonsequenzen jeweils positiv oder negativ bewertet werden und welches Gewicht ihnen jeweils beigemessen wird, dies hängt vor allem von den (aktualisierten) Präferenzen der journalistischen Akteure ab.

Im weiteren Verlauf dieses Beitrags steht das Handeln von Tageszeitungen im Mittelpunkt. Sie werden als korporative journalistische Akteure verstanden. Das manifeste aggregierte Ergebnis des individuellen Handelns der Mitarbeiter einer Tageszeitungsredaktion *und* ihrer Interaktionen ist die Berichterstattung dieser Zeitung. Im Rahmen dieser Interaktionen werden fortwährend kollektive Situationsdefinitionen produziert, die sich in den für die Berichterstattung maßgeblichen Entscheidungen niederschlagen. In diesem Fall in ihrer Berichterstattung über die Hartz IV-Reform. Die Berichterstattung einzelner Medien ist also ein kollektives Phänomen auf der Mesoebene der Medienorganisationen. Daneben kann man kollektive Effekte des Handelns verschiedener Medien auch auf der Makroebene des gesamten Mediensystems bzw. Journalismus untersuchen. Im Fall von Hartz IV könnte dies z.B. der Tenor der gesamten Medienberichterstattung sein. Die kollektiven Phänomene stellen sich dabei als aggregierte Merkmalverteilungen dar, die empirisch mit Befragungen oder Inhaltsanalysen gemessen werden können. Wie diese aggregierten Merkmalverteilungen aus dem individuellen Handeln einzelner Journalisten und Medienorganisationen sowie deren Interaktionen entstehen, wird mit Aggregationsregeln beschrieben (Schaubild 2, dazu z.B. Jäckel 2001).

*Schaubild 2: Die Erklärungslogik und die Analyseebenen des strukturell-individualistischen Ansatzes am Beispiel Hartz IV*

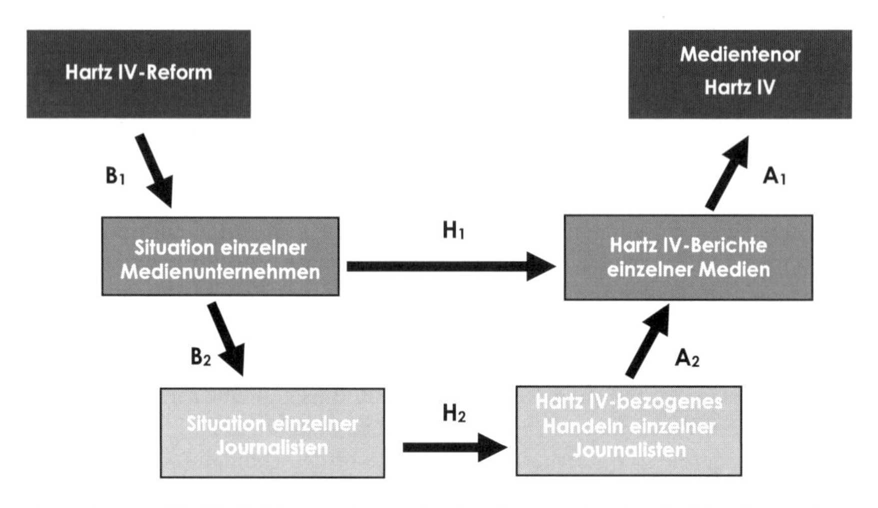


*Anmerkungen: B1, B2*: Brückenannahmen, die die relevanten Aspekte der Situation sowie Bewertungen und Erwartungen bestimmen; $H_1$, $H_2$: Anwendung der Wert-Erwartungstheorie zur Evaluation und Auswahl der Handlungsalternativen. *A1, A2*: Aggregationsregeln zur Erklärung kollektiver Effekte bzw. Phänomene. Eigene Darstellung in Anlehnung an Kunz 2004: 205; Esser 1999: 166.

## 3 Die Handlungslogik journalistischer Akteure: Hartz IV und *Bild*

Im Mittelpunkt dieser Untersuchung steht die übergeordnete Fragestellung, wie der journalistische Akteur *Bild* in seiner Berichterstattung über Hartz IV gehandelt hat und warum dies der Fall war. Von besonderem Interesse ist, inwieweit die spezifischen Präferenzen (Ziele, Motive) von *Bild* Einfluss auf die Berichterstattung genommen haben. Da keine Informationen über die tatsächlichen internen Entscheidungsprozesse in der Redaktion vorliegen, sollen dazu – soweit möglich – wichtige äußere und innere Bedingungen des Handelns von *Bild* rekonstruiert werden. Dazu zählen das tatsächlich beschlossene Hartz IV-Gesetz sowie allgemeine Handlungsorientierungen von *Bild*, die sich aus verschiedenen Quellen herleiten lassen. Welche Präferenzen letztlich entscheidend waren und welche nicht, lässt sich auf dieser Basis zwar nicht zweifelsfrei klären, jedoch durchaus plausibel vermuten.

### 3.1 Die äußeren Bedingungen des Handelns: Die Hartz IV-Reform

Die äußeren Bedingungen des Handelns der journalistischen Akteure bestanden im Fall der Berichterstattung über Hartz IV aus verschiedenen Komponenten: Dazu zählt in erster Linie die Hartz IV-Reform mit ihren Maßnahmen selbst. Ihre Entstehung und ihre wesentlichen Elemente sollen hier deshalb kurz skizziert werden. Neben dem Gesetzestext bilden natürlich auch die kommunikativen Aktivitäten politischer Entscheidungsträger und Verbände, die Reaktionen und Proteste der Bevölkerung sowie die Berichterstattung anderer Medien weitere äußere Bedingungen des journalistischen Handelns. Ihre Wahrnehmung durch die *Bild*-Redaktion kann hier zwar nicht rekonstruiert werden. Man sollte jedoch bedenken, dass die Interaktionen der genannten Akteure und Ereignisse stets in einem dynamischen Prozess ablaufen. Die Berichterstattung der journalistischen Akteure bildet dabei eine wesentliche äußere Bedingung des Handelns der anderen Akteure, deren Reaktionen wiederum zur äußeren Bedingung der nächsten Handlungen der journalistischen Akteure werden. So kann man beispielsweise vermuten, dass die Berichterstattung der Medien die Proteste gegen die Reform mit ausgelöst haben, über die die Medien dann ihrerseits wieder berichteten.

Das Hartz IV-Gesetz galt als wichtigstes Element der von der Regierung Schröder initiierten Arbeitsmarktreformen. Hartz III und IV wurden erstmals im Oktober 2003 mit rot-grüner Mehrheit im Bundestag beschlossen. Nachdem der unions-dominierte Bundesrat im Vermittlungsausschuss einige Verschärfungen durchgesetzte hatte (etwa bei den Zumutbarkeitsregeln), passierte das Gesetz am 19. Dezember 2003 Bundestag und Bundesrat. Nur die PDS stimmte erneut gegen die Vorlage. Widerstand kam außerdem von den Gewerkschaften, Sozialverbänden und Vertretern des linken Flügels der SPD, die wenig später die Wahlinitiative Arbeit und soziale Gerechtigkeit (WASG) gründeten.

Im Rahmen des Hartz IV-Gesetzes wurde eine Fülle von Einzelmaßnahmen beschlossen, die hier nicht alle dargestellt werden können. Kern war die „Zusammenlegung" von Arbeitslosen- und Sozialhilfe für Erwerbsfähige zum Arbeitslosengeld II (Alg II), das sich wie die Sozialhilfe an der „Bedürftigkeit" der Betroffenen orientiert (dazu z.B. Becker/Hauser 2006). Betroffen waren vor allem etwa eine Million erwerbsfähige Sozialhilfeempfänger, die bislang nicht von der Bundesagentur für Arbeit (BAA) betreut wurden, und etwa 2 Millionen Langzeitarbeitslose, die bislang Arbeitslosenhilfe (Alhi) erhalten hatten. Aufgrund der im Vergleich zu den alten Ländern höheren Arbeitslosenquote (18,1 vs. 8,1% im Juni 2004) und des höheren Anteils an Langzeitarbeitslosen (59 vs. 39%), traf Hartz IV die neuen Länder besonders. Der Regelsatz allerdings lag mit 331 Euro um 14 Euro niedriger als im Westen.

Die Folgen von Hartz IV wurden bereits 2004 differenziert beurteilt: Für erwerbsfähige Sozialhilfeempfänger und Bezieher geringer Arbeitslosenhilfe wurde mit Verbesserungen gerechnet, für Empfänger höherer Arbeitslosenhilfe Einbußen erwartet. Dabei ging man davon aus, dass ca. 500.000 bisherige Arbeitslosenhilfe-Bezieher keinen Anspruch auf Arbeitslosengeld II mehr haben würden (= 23%). Eine aktuelle Studie zeigt, dass Hartz IV tatsächlich nicht nur zu Einbußen führt: Für 60 Prozent der Betroffenen verschlechtert sich die Situation, 40 Prozent dagegen profitieren (Becker/Hauser 2006).

In der ersten Jahreshälfte 2004 stritten Bund und Länder über die Finanzierung der Reform und die Zuständigkeit für die Betreuung der Langzeitarbeitslosen. Um die Inhalte der Reform ging es dabei nicht mehr. Die Konflikte wurden am 1. Juli beigelegt. Bundestag und Bundesrat stimmten dem sogenannten. „Optionsgesetz" am 2. bzw. 9. Juli endgültig zu, zunächst allerdings gegen die Stimmen der ostdeutschen Länder. Sie signalisierten erst nach weiteren finanziellen Zusagen des Bundes am 12. Juli ihre Zustimmung. Am 19. Juli verschickten die Arbeitsagenturen die ersten Fragebögen an mögliche Berechtigte.

Größerer öffentlicher Protest hatte sich zum ersten Mal im April 2004 artikuliert, als in Berlin, Stuttgart und Köln knapp 500.000 Menschen gegen die Agenda 2010 und Hartz IV demonstrierten. Erst ab Anfang Juli jedoch drang das Thema ins Bewusstsein vor allem der ostdeutschen Bevölkerung. Mitte Juli hielten etwa 25 Prozent, Ende Juli knapp 50 Prozent der Ostdeutschen Hartz IV für das wichtigste politische Problem. Die eigentliche Protestwelle begann am 26. Juli in Magdeburg, also knapp vier Wochen nach der Einigung im Vermittlungsausschuss und acht Monate nach dem ersten Bundestags-Beschluss. Auch die weiteren Proteste spielten sich vor allem in den neuen Bundesländern ab. Sie erreichten in der zweiten Augusthälfte ihren Höhepunkt und klangen ab Anfang September wieder ab. Nach Schätzungen hatten Ende August bundesweit jeweils etwa 70.000 Menschen an den Montagsdemonstrationen teilgenommen (Rucht/Yang 2004). Erst die Proteste bzw. die Medienberichterstattung darüber brachten dem Thema auch in den alten Bundesländern mehr Aufmerksamkeit.

Die Folgen der Proteste bzw. der Medienberichterstattung betrafen zum einen die Reform selbst. So beschloss die Bundesregierung bereits am 11. August drei eher marginale „Nachbesserungen" (Zeitpunkt der ersten Auszahlung, Vermögensfreibetrag für Kinder, Anerkennung von Ausbildungsversicherungen). Sie stellen sich bei näherer Betrachtung als Akte symbolischer Politik angesichts der bevorstehenden Landtagswahlen dar. Gravierender wirkten sich Medienberichterstattung und Proteste auf die Landtagswahlen in Brandenburg und Sachsen am 26. September aus. Hartz IV wurde – von allen Parteien völlig unerwartet – zum dominierenden Wahlkampfthema (Hoppe 2004). Dabei versuchten neben PDS und DVU bzw. NPD auch Vertreter von CDU und FDP, aus einem Widerstand gegen die Reform Kapital zu schlagen. Da beide Parteien jedoch der Reform zugestimmt hatten, wurde ihr Sinneswandel von Medien und politischen Gegnern als populistisch angeprangert. Profitieren konnten in Brandenburg vor allem die PDS (+4.8%) und in Sachsen die NPD (+7.8%).

### *3.2 Die inneren Bedingungen des Handelns: Die Präferenzen von Bild*

Die Rekonstruktion der Handlungslogik journalistischer Akteure ist von entscheidender Bedeutung, wenn man das Ergebnis ihres Handelns – die Berichterstattung – befriedigend erklären will. Dafür wiederum ist es notwendig, diejenigen Präferenzen zu identifizieren, die für ihre Entscheidungen tatsächlich relevant werden. Journalistische Präferenzen werden in verschiedenen Ansätzen der Nachrichtenforschung als relevant betrachtet. Dazu zählen insbesondere die Konzepte der *instrumentellen Aktualisierung*, der *opportunen Zeugen* und der *Synchronisation*, in denen politischen Präferenzen oder Positionen zu Sachfragen Einfluss auf die Berichterstattung unterstellt wird (Schönbach 1977; Kepplinger et al. 1989; Hagen 1992).

Besonders deutlich herausgearbeitet wird die Rolle von Präferenzen journalistischer Akteure im Zwei-Komponenten-Modell der Nachrichtenauswahl – auch wenn sie dort nicht als Präferenzen bezeichnet werden (Kepplinger/Ehmig 2006). Denn hier werden Publikationsentscheidungen nicht nur durch Ereignismerkmale (Nachrichtenfaktoren), sondern auch durch die für einen journalistischen Akteur spezifischen *Selektionskriterien* erklärt. Erst sie verleihen den Ereignismerkmalen ihren Nachrichtenwert und ermöglichen die Erklärung des Befundes, dass verschiedene Medien selbst bei gleicher Ereignislage unterschiedlich berichten. In der Terminologie des strukturell-individualistischen Ansatzes stellen diese Selektionskriterien nichts anderes als Präferenzen journalistischer Akteure dar. Da gerade Boulevardmedien ihre Berichterstattung in hohem Maße output-orientiert gestalten (Dulinski 2003), kann man annehmen, dass ihren Präferenzen (Selektionskriterien) im Vergleich zu anderen, eher an der Ereignislage orientierten Medien eine relativ hohe Bedeutung als Erklärungsgröße zukommt.

Zur Herleitung der in einer bestimmten Situation relevanten Präferenzen (*Brückenhypothesen*) existieren verschiedene Verfahren. Dazu zählen die analytische Herleitung, das Konzept sozialer Produktionsfunktionen, die Orientierung an Common-sense- bzw. Hintergrundwissen und die direkte empirische Konstruktion (dazu Kunz 2004: 104-123). Für die empirische Konstruktion bieten sich im Fall journalistischer Akteure vor allem drei Möglichkeiten an. Man kann erstens versuchen, aus der früheren Berichterstattung auf die Präferenzen journalistischer Akteure zu schließen. Solche Schlussfolgerungen vom Inhalt auf Motive von Kommunikatoren werden in der Medieninhaltsforschung als *diagnostischer Ansatz* bezeichnet. Allerdings sind entsprechende Schlussfolgerungen ohne weitere externe Daten problematisch (dazu Maurer/Reinemann 2006). Zudem liegen Analysen der *Bild*-Berichterstattung über sozialpolitische Themen bislang nicht vor. Zweitens kann man Redakteure direkt zu den Zielen befragen, die sie im Rahmen ihrer Berichterstattung verfolgen oder verfolgt haben. So wird in Umfragen häufig nach Berufsmotiven oder dem Rollenselbstverständnis gefragt (z.B. Scholl/ Weischenberg 1998). Allerdings ist die Relevanz solch allgemeiner Präferenzen für konkrete Entscheidungsprozesse durchaus fraglich.

Eine dritte Möglichkeit ist die Analyse einschlägiger Dokumente, in denen sich relevante Akteure explizit zu ihren Präferenzen äußern. Diese Vorgehensweise erscheint gerade bei *Bild* gerechtfertigt, da die Axel Springer AG eine Reihe von Unternehmensgrundsätzen schriftlich fixiert hat und sich der Chefredakteur von *Bild* in Interviews immer wieder zu den Zielen seiner Zeitung äußert. Da bei Bild eine strenge Chefredakteursverfassung mit stark hierarchisierten Entscheidungsprozessen herrscht (Dulinski 2003), können seine Aussagen als valide Indikatoren für potentiell handlungsrelevante Präferenzen des Blattes gelten.

Die Präferenzstruktur von *Bild* wird zumindest potentiell durch die Grundsätze und Leitlinien der Axel Springer AG geprägt. Relevant sind im Zusammenhang mit der politischen Berichterstattung insbesondere die Unternehmensgrundsätze, die Festlegungen zur Unternehmenskultur und die Leitlinien der journalistischen Unabhängigkeit. Die *Unternehmensgrundsätze* betreffen die Ablehnung jeglicher Art von politischem Totalitarismus und die Verteidigung der freien sozialen Marktwirtschaft (www.axelspringer.de). Teil der Festlegungen zur *Unternehmenskultur* ist die Forderung nach Integrität gegenüber den Lesern (www.axelspringer.de ) und in seinen *Leitlinien zur journalistischen Unabhängigkeit* bekennt sich der Verlag schließlich ausdrücklich zu den Festlegungen des Pressekodex und konkretisiert diesen in verschiedenen Punkten (www.axelspringer.de ).

Vor diesem Hintergrund verfolgt *Bild*, wie die meisten privatwirtschaftlich organisierten Medien, allerdings das Ziel der Gewinnmaximierung und Kostenführerschaft. In der Literatur wird argumentiert, dass gerade Boulevardmedien besonders gewinnorientiert und deshalb besonders output- und publikumsorientiert seien. Wesentliches Merkmal der Output-Orientierung ist die Produktstandardisierung, die zu instrumenteller Aktualisierung und Serialisierung von Themen führt. Die medieninternen Vorstellungen darüber, wie die inhaltliche Struktur eines Blattes auszusehen habe, werden hier im Verhältnis zur tatsächlichen Nachrichtenlage besonders bedeutsam. Dic starke Publikumsorientierung wiederum führe zu einer Adäquanzstrategie. Die Erwartungen und Einstellungen des Publikums würden besonders intensiv aufgenommen, antizipiert und entsprechend gehandelt. So würden z.B. in der Regel keine Positionen vertreten, die der Mehrheitsmeinung des eigenen Publikums widersprächen (z.B. Dulinski 2003). Aufgrund der zunehmenden ökonomisch motivierten Bedeutung der Publikumsorientierung im deutschen Journalismus dürften solche Strategien im Übrigen künftig auch bei anderen Medien an Bedeutung gewinnen (Hohlfeld 2003).

Mit welchen publizistischen Mitteln *Bild* das Primärziel der Gewinnmaximierung erreichen will, dazu hat sich auch ihr Chefredakteur in der Vergangenheit mehrfach geäußert. Er nennt in erster Linie die „Nachrichten- und Meinungsführerschaft“. Sie besteht für Diekmann u.a. darin, Themen zu setzen, exklusive Informationen als erste zu bringen und dabei die Themen aufzugreifen, die die Leser bewegen (Milz 2003: 22). Ein wichtiger Aspekt sei dabei auch die Provokation, die aber anders als vor der Einführung des privaten Fernsehens „eindeutig im gesellschaftspolitischen Bereich“ liege. Außerdem müsse „guter Boulevard“ mehr leisten als Illustrierte und Nachrichtenmagazine: „Er muss Stimmungen aufgreifen, Diskussionen anstoßen, Missstände nennen. Guter Boulevard ist immer auch außerparlamentarische Opposition, ist das Sprachrohr des kleinen Mannes gegen ‚die da oben'“ (Milz 2003: 24).

Insgesamt stellt sich die Präferenzstruktur des Akteurs *Bild* als komplexes Geflecht aus ökonomischen, publizistischen und politischen Zielen dar. Die Aussagen von Kai Diekmann zeigen, dass *Bild* sich auch als politischer Akteur versteht, der bestimmte politische Grundhaltungen hat und die Interessen einer bestimmten Bevölkerungsgruppe gegenüber der Politik vertreten will. Wie sich die verschiedenen Präferenzen tatsächlich auf die Berichterstattung über Hartz IV ausgewirkt haben, wird im Folgenden untersucht.

## 4 Forschungsfragen und -methode

Ziel der folgenden Inhaltsanalyse ist es, die oben differenzierten journalistischen Entscheidungen im Output der Berichterstattung zu identifizieren. Zu diesem Zweck sollen die folgenden Forschungsfragen beantwortet werden: (1) *Thematisierung:* Wie umfangreich und prominent berichtete *Bild* über die Hartz IV-Reform? (2) *Framing:* Über welche Akteure und Aspekte der Hartz IV-Reform berichtete *Bild*? (3) *Bewertung:* Wie bewertete *Bild* die Hartz IV-Reform? (4) *Journalistische Aufbereitung:* Wie wurden die Hartz IV-Berichte journalistisch aufbereitet?

Obwohl nicht alle potentiell handlungsrelevanten Bedingungen rekonstruiert werden können, lassen sich auf Basis einer Analyse dieser Merkmale zum einen Aussagen über die relative Stärke des Einflusses der äußeren und inneren Handlungsbedingungen von *Bild* machen. Dies wird dadurch möglich, dass neben *Bild* noch weitere Medien untersucht werden. Aus dem Vergleich kann man ersehen, ob die Entscheidung zwischen verschiedenen Handlungsalternativen spezifisch für *Bild* war oder von anderen Medien ähnlich getroffen wurde. Je größer die Unterschiede, desto wahrscheinlicher haben akteursspezifische Präferenzen den Ausschlag bei der Wahl zwischen den Handlungsalternativen gegeben. Je kleiner die Unterschiede, desto eher waren die Entscheidungen extern determiniert, ereignisinduziert bzw. von allgemein journalistischen Präferenzen (Normen) geprägt. Die Richtung der Entscheidungen ermöglicht daneben auch Schlussfolgerungen darüber, welche Präferenzen tatsächlich handlungsrelevant geworden sind.

Die Forschungsfragen wurden mit einer quantitativen Inhaltsanalyse untersucht. Untersuchungszeitraum waren die acht Wochen zwischen dem 1. Juli und dem 31. August 2004. Analysiert wurden neben der Leipziger Ausgabe der *Bild-Zeitung* zwei regionale und zwei überregionale Tageszeitungen. Bei den regionalen Tageszeitungen sollte eine aus den neuen, eine aus den alten Bundesländern, bei den überregionalen Tageszeitungen ein linksliberales und ein konservatives Blatt einbezogen werden (in den neuen Ländern erscheint keine überregionale Tageszeitung). Die Wahl fiel auf die *Allgemeine Zeitung Mainz* (AZ), die *Leipziger Volkszeitung* (LVZ), *Die Welt* (Welt) und die *Süddeutsche Zeitung* (SZ).

Codiert wurden alle Beiträge auf Titelseiten sowie in den Ressorts Politik, Wirtschaft, Regionales/Lokales und Vermischtes, die sich auf Hartz IV bzw. die Proteste dagegen bezogen. Erfasst wurden u.a. Themen und Akteure, die Bewertung verschiedener Aspekte der Reformen sowie die Nennung von mehr als 60 Einzelaspekten der Reform. Die Inhaltsanalyse wurde von vier geschulten Codierern durchgeführt. Sie wurden sowohl mit dem Codebuch, als auch mit dem Hartz IV-Gesetz vertraut gemacht. Die Reliabilität der Codierung wurde anhand von zehn zufällig ausgewählten Beiträgen vor Beginn der Codierung geprüft. Die Reliabilität der hier präsentierten Kategorien lag zwischen .74 und 1.00 (durchschnittliche paarweise Übereinstimmung). Zur Analyse der Daten sei angemerkt, dass in der Regel auf die Berechnung statistischer Signifikanzen verzichtet wird, da es sich um eine Vollerhebung der relevanten Berichterstattung im Untersuchungszeitraum handelt. Ausnahme sind die Korrelationsanalysen.

## 5 Ergebnisse

### *5.1 Thematisierung*

Im Untersuchungszeitraum erschienen in den Tageszeitungen 807 Beiträge über die Hartz IV-Reform und die Proteste gegen sie. Etwa gleich viele Beiträge veröffentlichten die beiden überregionalen Blätter *SZ* (n=201) und *Welt* (n=188) sowie die *LVZ* (n=197). Nur etwa halb so viele Beiträge finden sich in *Bild* (n=119) und *AZ* (n=102). Allerdings ist der für politische Information reservierte redaktionelle Raum in *Bild* deutlich kleiner als in den anderen Blättern, so dass man auf Basis der Zahl der Artikel von einer relativ starken Beachtung des Themas durch das Blatt sprechen kann. Wenn man die Platzierung der Beiträge innerhalb des Blattes betrachtet, deutet dagegen nichts darauf hin, dass *Bild* Hartz IV insgesamt intensiver thematisiert hat als die anderen Zeitungen: Der Anteil der Beiträge, die entweder auf der Titelseite standen oder Aufmacher einer Innenseite waren, betrug bei *Bild* 45 Prozent. Nur die *SZ* machte das Thema noch weniger prominent auf (42%), während die *LVZ* die Hartz IV-Artikel am besten platzierte (59%).

Betrachtet man die Berichterstattung im Zeitverlauf, so sind die weitaus meisten Beiträge erst im Laufe des August erschienen. Die Abonnementzeitungen publizierten zwar schon aus Anlass der Verabschiedung des Gesetzes Anfang Juli relativ viele Beiträge. Das Interesse ebbte jedoch dann bis Ende Juli teilweise deutlich ab, um zunächst in der *LVZ* und mit der Ausweitung der Demonstrationen dann auch in den anderen Blättern wieder stark anzusteigen. *Bild* agierte etwas anders. Während das Blatt dem Thema Anfang des Monats Juli deutlich weniger Aufmerksamkeit widmete als die anderen Zeitungen, berichtete es in der dritten Juli-Woche sehr viel intensiver. Nach einem Rückgang Ende Juli thematisierte *Bild* die Reform Anfang August wieder stärker, um dann wie die anderen Blätter auch in diesem Monat intensiv über die Hartz IV-Proteste zu berichten (Schaubild 3).

Der große Umfang der Berichterstattung der *LVZ* erklärt sich offensichtlich daraus, dass die Redakteure intensiv die Auswirkungen von Hartz IV auf ihre Leserschaft bzw. die regionalen Proteste thematisierten. Dies zeigt sich auch darin, dass die *LVZ* den höchsten Anteil von Beiträgen im Lokal- und Regionalteil publiziert hat (20%). Damit nehmen Artikel mit lokalem und regionalem Bezug in der *LVZ* zehn- bzw. zwanzigmal so viel Raum ein wie in den beiden überregionalen Blättern. Die *AZ* veröffentlichte nur knapp halb so viele ihrer Hartz IV-Artikel im Regional- oder Lokalteil. Dies lag vermutlich an der geringeren Betroffenheit und Protestneigung der Mainzer *AZ*-Leser. Bemerkenswert ist, dass auch *Bild* immerhin 16 Prozent ihrer Artikel im Regionalressort publizierte. Die Berichterstattung wurde also in nicht unerheblichem Umfang auf Leipzig bzw. die neuen Länder zugeschnitten. Darüber hinaus fand eine Regionalisierung auch auf der Titel- und sogar der Politikseite 2 statt (s.u.). Auf diesen Seiten erschienen also in der Leipziger Ausgabe Hartz IV-Beiträge, die in der Bundesausgabe und der Ausgabe Mainz-Wiesbaden nicht zu finden waren. Dies deutet auf eine starke und teilweise regionalisierte Publikumsorientierung hin, die primär ökonomisch motiviert sein dürfte.

*Schaubild 3: Der Umfang der Berichterstattung über Hartz IV im Zeitverlauf*

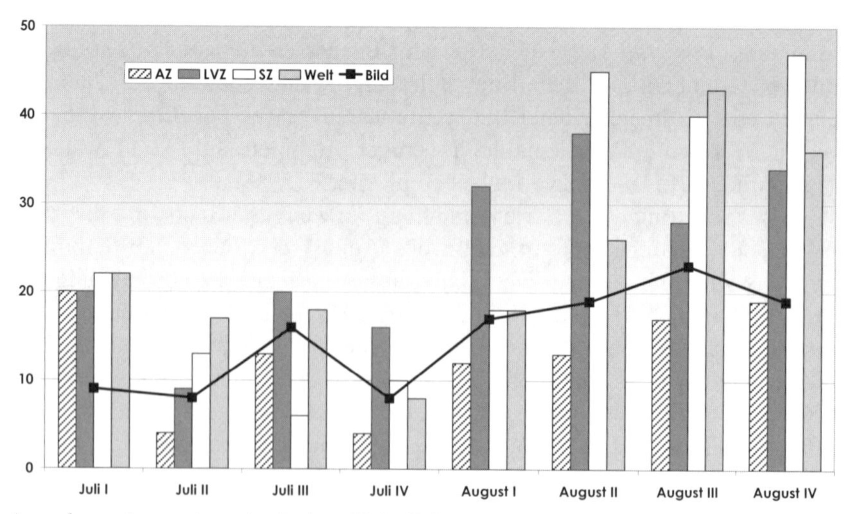


*Anmerkung:* Ausgewiesen ist die Anzahl der Beiträge.

## 5.2 Framing

Wie bereits angedeutet, verschob sich der Fokus der Berichterstattung im Laufe des Untersuchungszeitraums deutlich. Dies lässt sich gut anhand der Themen nachvollziehen, von denen pro Beitrag bis zu fünf erhoben wurden. Während die Tageszeitungen im Juli noch in allen Beiträgen die Maßnahmen der Reform thematisierten, taten sie dies im August nur noch in etwa der Hälfte der Artikel. Auch der Anteil der Beiträge, die konkrete Kritik an Hartz IV enthielten, sank von Juli zu August von 54 auf 39 Prozent. Etwa gleich blieb der Anteil der Artikel, die sich mit den Auswirkungen von Hartz IV beschäftigten (56 vs. 52%). Allerdings standen im Juli noch die Auswirkungen auf die Betroffenen im Mittelpunkt, während es im August zunehmend um die politische Instrumentalisierung der Proteste und das Verhältnis zwischen neuen und alten Bundesländern ging. Dominiert wurde der August allerdings von den Protesten gegen Hartz IV. Sie waren Gegenstand von knapp drei Vierteln aller Beiträge (Juli: 6%). *Bild* und die anderen Zeitungen unterschieden sich in ihrer Themenstruktur allerdings kaum voneinander. Auf dieser recht allgemeinen Ebene ergeben sich also keine Hinweise auf die Relevanz *Bild*-spezifischer Präferenzen.

Eindeutigere Hinweise liefert die Struktur der dargestellten Akteure. Im Rahmen der Codierung konnten bis zu fünf Akteure pro Beitrag verschlüsselt werden. Auffällig ist zunächst, dass in *Bild* die wenigsten Bundespolitiker auftauchen, wobei ihr Anteil allerdings in der *LVZ* fast ebenso niedrig lag. Mit Abstand am höchsten war dagegen in *Bild* mit 28 Prozent der Anteil der Betroffenen. Dabei handelte es sich in erster Linie um Arbeitlose bzw. Langzeitarbeitslose. Erwerbsfähige Sozialhilfeempfänger kamen dagegen sehr viel seltener vor und wurden dann auch meist nicht als mögliche Begünstigte der Reform dargestellt. Die verschiedenen Gruppen von Betroffenen wurden also auch in *Bild* sehr unausgewogen thematisiert. Man kann deshalb auf Basis der Akteursstruktur nicht davon sprechen, dass *Bild* in ihrer Berichterstattung generell als „Sprachrohr des kleinen Mannes“ fungiert hat. Vielmehr machte auch *Bild* – wie die anderen Blätter – deutliche Unterschiede zwischen den möglichen Profiteuren und Verlierern der Reform (Tabelle 1).

*Tabelle 1: Akteure der Berichterstattung über Hartz IV*

| | Allgemeine Zeitung Mainz % | Leipziger Volks-zeitung % | Süddeutsche Zeitung % | Die Welt % | Bild % |
|---|---|---|---|---|---|
| Bundespolitik | 47 | 35 | 46 | 53 | 34 |
| Betroffene | 17 | 21 | 20 | 16 | 28 |
| *Allgemein* | *3* | *3* | *1* | *1* | *6* |
| *Alg/Alhi*[1] | *10* | *10* | *16* | *12* | *17* |
| *Sozialhilfe*[2] | *3* | *2* | *3* | *2* | *3* |
| *Demonstranten* | *2* | *2* | *1* | *2* | *3* |
| Gewerkschaft etc. | 10 | 13 | 9 | 7 | 9 |
| Landespolitik | 9 | 15 | 8 | 11 | 8 |
| BAA[3] | 9 | 8 | 6 | 6 | 8 |
| Sonstige | 9 | 9 | 11 | 7 | 12 |
| Summe | 101 | 101 | 100 | 100 | 99 |
| N (Akteure) | 454 | 769 | 805 | 740 | 395 |

*Anmerkung:* Ausgewiesen ist der Anteil der jeweiligen Gruppe an allen Akteuren. Es konnten bis zu fünf Akteure pro Beitrag verschlüsselt werden; [1] Arbeitslose, Empfänger von Arbeitslosenhilfe / Langzeitarbeitslose; [2] Sozialhilfeempfänger; [3] Bundesagentur für Arbeit.

### *5.3 Bewertung*

Um die Bewertung von Hartz IV zu untersuchen, wurde die Tendenz der Darstellung von mehreren Aspekten der Arbeitsmarktreform auf Beitragsebene mit fünfstufigen Skalen gemessen. Die entsprechenden Urteile mussten nicht von den Autoren der Artikel selbst stammen, entscheidend war allein der Gesamteindruck, den der Beitrag hinterließ. Nimmt man alle Zeitungen zusammen, wurden die konkreten Maßnahmen und die Umsetzung von Hartz IV am häufigsten bewertet (59%). In mehr als einem Viertel der Artikel wurden die finanziellen Auswirkungen (32%) bzw. die Intentionen oder Ideen des Gesetzes (26%) bewertet. Wir betrachten im Weiteren, wie häufig die einzelnen Zeitungen diese Aspekte bewerteten und in wie vielen der wertenden Beiträge sie ein negatives oder sehr negatives Urteil fällten.

Die konkreten Maßnahmen und die Umsetzung von Hartz IV bewerteten *Bild, AZ* und *LVZ* jeweils in etwa zwei Dritteln ihrer Artikel, *SZ* und *Welt* dagegen nur in etwa der Hälfte der Beiträge. Nimmt man alle Zeitungen zusammen, fiel das Urteil in mehr als der Hälfte der betreffenden Beiträge negativ aus (56%). *Bild* unterschied sich dabei mit einem Anteil von 61 Prozent kaum von den meisten anderen Blättern. Aus dem Rahmen fiel nur die *AZ*: Nur in einem Viertel ihrer Beiträge urteilte sie negativ.

Die finanziellen Auswirkungen für die Betroffenen bewerteten *Bild* (40%) und die *LVZ* (48%) sehr viel häufiger als *AZ* (34%), *SZ* (22%) und *Welt* (20%). Die Urteile fielen dabei in *LVZ*, *Bild* und *Welt* am negativsten aus. Negative Auswirkungen für die Betroffenen erwarteten zwischen drei Viertel und knapp 70 Prozent der betreffenden Artikel. Die Beurteilung in *SZ* (59%) und *AZ* (54%) war differenzierter.

Im Hinblick auf die Intensität der Bewertung der Ideen und Intentionen von Hartz IV liegt *Bild* mit einem Anteil von 30 genau in der Mitte. *AZ* (39%) und *LVZ* (34%) bewerteten diesen Aspekt häufiger, *SZ* (25%) und *Welt* (18%) seltener. Allerdings fiel das Urteil über die Ideen der Reform in *Bild* sehr viel negativer als in den übrigen Tageszeitungen aus: Knapp die Hälfte der wertenden Artikel übte vornehmlich Kritik. Dies traf bei den anderen Zeitungen nur auf 10 (*AZ*) bis 37 Prozent (*LVZ*) der Beiträge zu.

Insgesamt scheint *Bild* also durchaus kritisch gegenüber Hartz IV gewesen zu sein. Das Bemühen um eine Interessenvertretung der potentiellen Verlierer der Reform könnte also eine handlungsrelevante Präferenz gewesen sein. Betrachtet man jedoch die Bewertung im Zeitverlauf, ergibt sich ein anderer Eindruck, denn *Bild* wechselte innerhalb von acht Wochen zweimal seine Position: In den ersten beiden Juli-Wochen war *Bild* durchaus überzeugt von der Reform und stellte die Hartz IV-Maßnahmen sogar am positivsten von allen fünf Tageszeitungen dar. Damit setzte sich der Tenor der Berichterstattung aus dem Oktober und Dezember 2003 zunächst fort. Ab Mitte Juli beurteilte *Bild* die Hartz IV-Maßnahmen allerdings plötzlich ganz anders und skandalisierte verschiedene Aspekte der Reform, über die zuvor entweder neutral oder gar nicht berichtet worden war. In der dritten Juli- und der ersten Augustwoche urteilte *Bild* nun negativer als allen anderen Zeitungen. Ab der zweiten Augustwoche kehrte sich dieser Trend dann langsam wieder um und Ende August bewertete *Bild* die Maßnahmen dann wieder am positivsten von allen Blättern.

Keine der anderen Zeitungen war so unbeständig in ihrem Urteil. Dies zeigt die auf Basis der wochenweise aggregierten Werte berechnete Standardabweichung der Beitragstendenzen. Sie liegt bei *Bild* mit .80 ungefähr doppelt so hoch wie bei den anderen Zeitungen, deren Werte zwischen .45 und .36 liegen. *SZ*, *Welt* und *LVZ* beurteilten die Hartz IV-Maßnahmen während des gesamten Zeitraums stets kritisch. Die *AZ* bewertete die Maßnahmen dagegen ab Mitte Juli zusehends besser. Am konstantesten urteilte die *LVZ*. Sie blieb bei ihrer eindeutig kritischen Haltung. Um die Veränderungen zu veranschaulichen, sind in Schaubild 4 die Mittelwerte der Bewertungen wochenweise abgetragen. Die leichte Verbesserung des Tenors der *Bild*-Berichterstattung in der letzten Juliwoche erklärt sich daraus, dass beim Abdruck des Alg II-Fragebogens kaum eine aktive Skandalisierung stattfand.

*Schaubild 4 Die Bewertung der Hartz IV-Maßnahmen im Zeitverlauf*

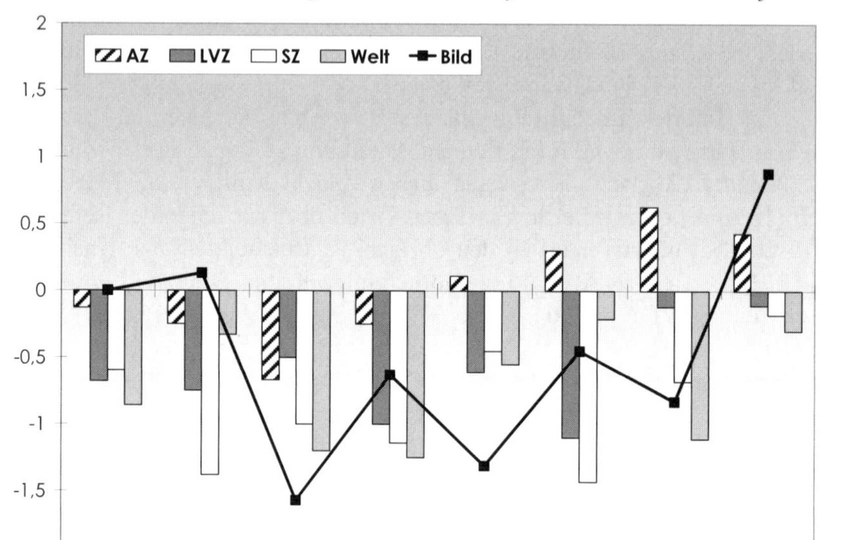


*Anmerkung:* Ausgewiesen sind Mittelwerte auf einer Skala von -2 „sehr negativ" bis +2 „sehr positiv". Basis sind alle Artikel, in denen die Hartz IV-Maßnahmen bewertet wurden.

Wie dramatisch die Schwankungen der *Bild*-Berichterstattung waren, soll im Folgenden anhand einiger Beispiele illustriert werden: Einen Tag nach der Einigung im Vermittlungsausschuss stellte *Bild* auf Seite 2 viele wesentlichen Maßnahmen von Hartz IV detailliert und vergleichsweise sachlich dar (2.7.). Dabei präsentierte die Redaktion auch zwei Seiten aus einem Fragebogen zur Erfassung von Vermögensverhältnissen. Eine Skandalisierung der Maßnahmen oder des Fragebogens ist nicht zu erkennen. Im Gegenteil: Unter der Überschrift „Der Kurs stimmt" schreibt Georg Gafron in einem Seite 2-Kommentar:

> „Es geht also doch, die rot-grüne Bundesregierung und die Opposition haben sich zusammengerauft. Herausgekommen ist dabei der brutalste Einschnitt in Sozialleistungen seit Bestehen der Bundesrepublik. Das wird vielen weh tun. Und dennoch führt an dieser Rosskur kein Weg vorbei [...] Für Härtefälle sind dann immer noch Korrekturen drin. Der eingeschlagene Kurs aber ist mutig und gut."

Drei Tage später (5.7., S. 2) wurden die Gewerkschaften aufgrund ihrer Ablehnung von Hartz IV massiv kritisiert und am 13. und 14. Juli die Einigung zwischen Bundesregierung und Ost-Ministerpräsidenten bejubelt. Dabei hieß es beispielsweise:

> „Hartz IV: Mehr Geld für Ost-Arbeitslose!" (13.7., S. 2).
> „Hartz IV: Extra-Geld für den Osten! Bald 100.000 neue Jobs?" (14.7., Titelseite)
> „Hartz IV: Was heißt das für uns im Osten. Hier warten Sie schon auf die Ost-Millionen" (14.7., S. 11).

Dabei wurden zwar viele Maßnahmen nochmals korrekt dargestellt, aber auch der irreführende Eindruck erweckt, Hartz IV bringe einen Geldsegen für den Osten und diene dort der Schaffung neuer Arbeitsplätze. Tatsächlich bezog sich die Einigung aber auf zusätzliche Mittel für öffentlich geförderte Arbeitsgelegenheiten („1-Euro-Jobs"). Bemerkenswerterweise erschienen diese Artikel weder in der *Bild*-Bundesausgabe noch in der Ausgabe Mainz-Wiesbaden, sondern nur in der Leipziger Ausgabe.

Am 19.7. schlug *Bild* dann ganz andere Töne an. An diesem Tag verschickten die Arbeitsagenturen die ersten Fragebögen zur Erfassung der Vermögensverhältnisse an Langzeitarbeitslose und erwerbsfähige Sozialhilfeempfänger. Unter dem Titel „Murks IV" hieß es im Seite 2-Kommentar:

> „Schon wieder so eine verkorkste Reform! Jetzt soll also das neue Arbeitslosengeld II den Arbeitsmarkt umkrempeln. Dabei gibt es statt neuer Arbeitsplätze nur noch mehr Formulare und statt weniger mehr Bürokratie für Arbeitslose [...] Jede Menge Ärger, Verunsicherung und höhere Belastung der Betroffenen auf der einen Seite. Hilflose Ausflüchte und gegenseitige Schuldzuweisungen der Politiker auf der anderen."

Begleitet wurde der Kommentar im Innenteil von einem großen Fallbeispielartikel, in dem Betroffene unter der Überschrift „Wir sind arbeitslos ... und werden bald noch ärmer" ihre Ängste schilderten. Dabei wurden z.B. die neuen Regelsätze erwähnt, aber nicht mehr, dass auch Miete und Heizungskosten übernommen werden. Einen Tag später begann dann eine über acht Tage laufende Serie, in der auf jeweils mindestens einer halben Druckseite zwei der 16 Seiten des Fragebogens abgedruckt wurden. Franz Josef Wagner richtete seine tägliche Post aus diesem Anlass an „Liebe Fragebogen-

Gefolterte". Neu waren allerdings weder der Fragebogen, noch die Bedenken gegen ihn. Spätestens Anfang Juli war nicht nur vom Bundes-Datenschutzbeauftragten, sondern auch von Seiten verschiedener Parteien Kritik an seinem Umfang und der Art der Fragen laut geworden.

Ab Anfang August begann die offensive Skandalisierung von Hartz IV. Sie bezog sich vor allem auf die Vermögensgrenzen für Kinder unter 15 Jahren. Der Aufmacher am 4. August lautet: „Wegen Hartz IV: Regierung will an Sparbücher der Kinder!", der auf Seite 2 vom großen Bericht „Mein Sparbuch kriegt ihr nicht" begleitet wird. Auch der Aufmacher des nächsten Tages „Macht doch gleich Hartz IV für Kinder" widmet sich diesem Thema. Er wurde begleitet von einer „Post von Wagner" an Peter Hartz:

> „Lieber Peter Hartz, wenn Ihr Name fällt, dann spitzen die Hunde die Ohren, fangen die Großmütter an zu weinen, und die Kinder, die wenigen, die wir noch in Deutschland haben, verstecken sich mit ihren Sparschweinchen unter der Bettdecke."

Ab dem 7. August veränderte *Bild* erneut die Position zu Hartz IV, wie zuerst in einem Kommentar von Hugo Müller-Vogg deutlich wird. Dafür gab es offenbar zwei Auslöser: Zum einen wurde bekannt, dass die in Sachsen-Anhalt begonnenen Kundgebungen, die wie 1989 als „Montagsdemonstrationen" bezeichnet wurden, am darauf folgenden Montag ausgeweitet werden sollten. Zum anderen hatten Demoskopen erstmals darauf hingewiesen, dass die PDS, die ebenfalls zu Protesten aufrief, bei den anstehenden Landtagswahlen von der Anti-Hartz-Stimmung profitieren könnte. Bis Ende August setzt sich der Meinungsumschwung von *Bild* parallel zur Ausweitung der Proteste fort. Anschaulich wird dies in einem Seite 2-Kommentar vom 25. August. Tags zuvor war Bundeskanzler Schröder bei einem Besuch in den neuen Ländern mit Eiern beworfen worden:

> „Es hilft alles nichts! „**Weder das** *Protestgeschrei gegen die Hartz-Reformen noch die Eierwürfe gegen den Kanzler ändern etwas an der Wahrheit. An den Tatsachen, die wir in Deutschland viel zu lange verdrängt haben.* **Wahr ist:** Die Kassen des Staates sind leer. Was an Sozialleistungen heute noch finanzierbar ist, muss denen zugute kommen, die wirklich bedürftig sind. **Wahr ist:** Wer über Vermögen verfügt, dem darf zugemutet werden, einen Teil seiner Rücklagen aufzubrauchen – bevor der Staat hilft. Denn die neue Arbeitslosenhilfe muss von allen aufgebracht werden, die Arbeit haben: Auch von der Kassiererin im Supermarkt und dem Brummifahrer." (Hervorhebungen im Original)

So war *Bild* wieder dort angekommen, wo sie am 2. Juli gestartet war.

## 5.4 *Journalistische Aufbereitung*

Selbst wenn journalistische Akteure in ähnlichem Umfang über ähnliche Themen und Akteure berichten und einen Sachverhalt ähnlich bewerten, kann sich die journalistische Umsetzung deutlich unterscheiden. Im Rahmen der Analyse wurden auf Beitragsebene vier Merkmale der journalistischen Darstellung auf fünfstufigen Skalen gemessen. Dabei ging es um die Frage, ob die Beiträge (1) tatsachenbetont oder spekulativ (2) personen- oder sachthemenbezogen, (3) nüchtern oder emotional und (4) einseitig oder ausgewogcn waren.

*Schaubild 5: Die journalistische Aufbereitung der Hartz IV-Berichte*

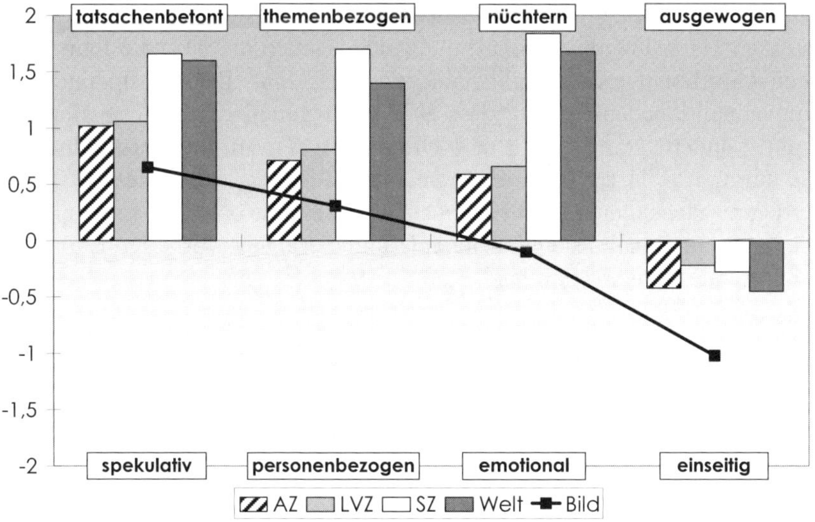

*Anmerkung*: Ausgewiesen sind Mittelwerte fünfstufiger semantischer Differentiale, denen hier Werte von -2 bis +2 zugewiesen wurden. Die Enden der Skalen waren mit den Gegensatzpaaren „spekulativ-tatsachenbetont", „personenbezogen-sachthemenbezogen", „emotional-nüchtern" und „einseitig-ausgewogen" bezeichnet.

Wie kaum anders zu erwarten, berichtete *Bild* spekulativer, personalisierter, emotionaler und einseitiger als die anderen Zeitungen. Besonders groß waren die Unterschiede im Hinblick auf den Grad der Emotionalisierung (Schaubild 5). Seine Bedeutung gewinnt dieser Befund erst vor dem Hintergrund der Meinungswechsel von *Bild*. Es stellt sich die Frage, ob die negativen Beiträge über Hartz IV ebenso aufbereitet wurden wie die positiven. Die

Analysen zeigen, dass dies nicht der Fall war. Sowohl bei *Bild* als auch bei der *LVZ* gibt es einen signifikanten Zusammenhang zwischen der Tendenz der Darstellung und allen Merkmalen der journalistischen Aufbereitung: Je stärker in einem Bericht die Hartz IV-Maßnahmen kritisiert wurden, desto personalisierter, spekulativer, emotionalisierter und einseitiger war er. Je positiver dagegen die Beiträge, desto sachthemenbezogener, tatsachenbetonter, nüchterner und ausgewogener waren sie aufbereitet. Für die anderen Zeitungen zeigen sich jeweils nur einzelne Zusammenhänge, die wir hier vernachlässigen können (Tabelle 2).

Dass die Tendenz der Hartz IV-Darstellung und der journalistischen Aufbereitung bei *LVZ* und *Bild* in ähnlicher Weise zusammenhängt, suggeriert zunächst, dass beide journalistischen Akteure ähnlich gehandelt haben. Tatsächlich unterscheiden sich die getroffenen Entscheidungen und ihr Ergebnis jedoch beträchtlich. Erstens ist die *LVZ* anders als *Bild* ihrer Linie der Kritik an Hartz IV treu geblieben. Zweitens setzte die *LVZ* die journalistischen Mittel sehr viel zurückhaltender ein als *Bild*. Die signifikanten Zusammenhänge bedeuten also, dass *Bild* nicht nur ihr Urteil über Hartz IV zweimal änderte, sondern mit dem Urteil auch den Stil der Darstellung: Als *Bild* anfing, die Hartz IV-Maßnahmen zu kritisieren, setzte sie alle ihr zur Verfügung stehenden Mittel mit höchster Intensität ein. Das Ergebnis war eine hoch-emotionale, skandalisierende und die eigene vorherige Linie konterkarierende Berichterstattung.

*Tabelle 2: Zusammenhang zwischen der Bewertung der Hartz IV-Maßnahmen und der journalistischen Aufbereitung der Beiträge*

| | Bild-Zeitung | Allgemeine Zeitung Mainz | Leipziger Volkszeitung | Süddeutsche Zeitung | Die Welt |
|---|---|---|---|---|---|
| themenbezogen | .29** | - | .24** | - | -.25** |
| tatsachenbetont | .40** | - | .31** | - | - |
| emotional | .40** | .48** | .46** | - | - |
| einseitig | .41** | - | .27** | .27** | - |
| N | 81 | 67 | 127 | 101 | 99 |

*Anmerkung*: Ausgewiesen sind signifikante Korrelationskoeffizienten (Pearson, zweiseitig). Basis sind jeweils alle Beiträge, in denen die Hartz IV-Maßnahmen bewertet wurden.
* $p < .05$; ** $p < .01$.

## 6 Zusammenfassung und Diskussion

Am Anfang dieses Beitrags stand eine knappe Diskussion des strukturell-individualistischen Ansatzes, des derzeit erfolgreichsten handlungstheoretischen Ansatzes in den Sozialwissenschaften. Ausgehend von seinen Grundannahmen wurde das Handeln journalistischer Akteure als eine Kette von Entscheidungen betrachtet, bei denen die Akteure jeweils zwischen verschiedenen Handlungsalternativen wählen müssen. Relevant für die Entscheidungsfindung sind einerseits die äußeren Bedingungen einer Situation (z.B. die Ereignislage), andererseits die inneren Bedingungen der Akteure (z.B. Ziele, Motive). Das Ergebnis der journalistischen Entscheidungen wird im journalistischen Output sichtbar. Bei identischen äußeren Bedingungen kann man Unterschiede in der Berichtererstattung verschiedener Medien deshalb plausibel auf unterschiedliche innere Bedingungen zurückführen.

Den Ausgangspunkt der empirischen Analyse bildete die allgemeine Frage, welche Präferenzen eines journalistischen Akteurs Bedeutung für sein Handeln gewinnen. Beispielhaft wurde dies anhand des Handelns von *Bild* im Zusammenhang mit der Berichterstattung über die Hartz IV-Reform im Juli und August 2004 untersucht. Annahmen über möglicherweise relevante Präferenzen wurden aus verschiedenen Quellen zusammengetragen. Wie *Bild* im Hinblick auf Thematisierung, Framing, Bewertung und journalistische Aufbereitung tatsächlich gehandelt hat, wurde im Vergleich mit anderen Tageszeitungen inhaltsanalytisch untersucht. Dieser Vergleich war notwendig, um bestimmen zu können, welche Merkmale der Berichterstattung primär auf die Ereignislage zurückgehen und welche auf die spezifischen Präferenzen von *Bild* zurückzuführen sind. Die Befunde können folgendermaßen zusammengefasst werden:

(1) *Thematisierung*: Umfang und Zeitpunkte der Thematisierung von Hartz IV lassen insgesamt nicht erkennen, dass die Vertretung der Interessen aller Betroffenen im Sinne einer Abwendung der Reform die primär handlungsleitende Präferenz von *Bild* gewesen ist. In diesem Fall hätte man erwartet, dass die Verabschiedung der Reform im Bundestag und Bundesrat im Oktober bzw. Dezember 2003 – die nicht im Untersuchungszeitraum lagen – spätestens aber der Beschluss Anfang Juli im Vermittlungsausschuss von entsprechend intensiver Berichterstattung begleitet worden wäre. Dies war jedoch nicht der Fall. Eine im Vergleich zu den anderen Blättern intensivere Berichterstattung begann erst mit der Verschickung der Fragebögen, zu einem Zeitpunkt also, als eine Einflussnahme auf die maßgeblichen Inhalte der Reform bereits so gut wie aussichtslos war. Die Tatsache, dass sich ein recht großer Teil der *Bild*-Berichterstattung im Leipziger Regionalteil findet und

auch Titelseite und Seite 2 zumindest punktuell regionalisiert sind, ist dagegen ein deutlicher Beleg für eine starke (regionalisierte) Publikumsorientierung (Adäquanzstrategie), die letztlich ökonomisch motiviert ist.

(2) *Framing:* Die von Hartz IV Betroffenen kommen in *Bild* tatsächlich am häufigsten vor. Dies könnte man durchaus als Indiz dafür werten, dass *Bild* tatsächlich das Sprachrohr der „kleinen Leute“ war. Allerdings beschränkte sich *Bild* darauf, mit den Empfängern von Arbeitslosenhilfe diejenigen in den Mittelpunkt der Berichterstattung zu rücken, die zu den Verlierern der Reform zählen. Erwerbsfähige Sozialhilfeempfänger und Bezieher geringer Arbeitslosenhilfe kommen als potentielle Gewinner dagegen kaum vor. Steuern zahlende Geringverdiener („die Kassiererin“), die man sicher auch als „kleine Leute“ bezeichnen könnte, werden als Financiers sozialer Transferleistungen erst dann ins Spiel gebracht, als *Bild* seine Meinung zu Hartz IV ändert. Auch dies deutet nicht darauf hin, dass eine generelle Interessenvertretung „der kleinen Leute“ handlungsleitende Präferenz in der Hartz IV-Berichterstattung gewesen ist. Vielmehr scheint sich *Bild* jeweils diejenigen „kleinen Leute“ als Objekt einer vermeintlichen Interessenvertretung ausgesucht zu haben, die zu einem bestimmten Zeitpunkt in die Argumentation passten. Gleichzeitig kamen die politisch Verantwortlichen der Bundesebene vergleichsweise selten vor.

(3) *Bewertung:* Die beiden Meinungswechsel in nur acht Wochen sind sicherlich das auffälligste Merkmal der *Bild*-Berichterstattung über Hartz IV. Sie stellen keinen Beleg für eine echte Interessenvertretung der wie auch immer definierten Gruppe der „kleinen Leute“ dar. Vielmehr deuten sie darauf hin, dass im Laufe des Untersuchungszeitraums aufgrund der Veränderung externer Bedingungen jeweils andere Präferenzen von *Bild* handlungsleitend wurden: Anfang Juli schloss *Bild* zunächst an seine zustimmende Berichterstattung vom Oktober und Dezember 2003 an. Was den ersten Meinungswandel Ende Juli, Anfang August letztlich ausgelöst hat, kann hier nicht mit letzter Sicherheit geklärt werden. Möglich ist, dass man bei *Bild* die zunehmende Ablehnung und Verunsicherung gerade in den neuen Ländern wahrzunehmen begann und die Gelegenheit nutzte, sich selbst an die Spitze der Kritiker zu setzen. Aufgrund der zuvor geäußerten Zustimmung zu Hartz IV, kann man dafür allerdings kaum politisch-advokatorische, sondern vermutlich am ehesten ökonomische Motive verantwortlich machen. Darauf deutet u.a. die Serialisierung beim Abdruck des Fragebogens und der ihn begleitenden „Erklärungen“ hin.

Als Ursache des zweiten Meinungsumschwungs Anfang August dagegen kann man recht eindeutig politische Überlegungen verantwortlich machen: Durch die Aufrufe zu „Montagsdemonstrationen“ und die steigenden Umfragewerte für die PDS und die rechtsextremen Parteien sah sich *Bild* ganz offensichtlich genötigt, publizistisch gegenzusteuern. Kritik an Hartz IV war also nur so lange erlaubt, wie sie von *Bild* und genehmen Akteuren kam oder sich eher auf Nebensächlichkeiten bezog. Bezeichnenderweise wurde die Umstellung auf Regelsätze oder die Anrechnung von Vermögen und Einkommen bei Erwachsenen, die für die größten Einbußen bei den Empfängern von Arbeitslosenhilfe verantwortlich waren, von *Bild* keineswegs skandalisiert. Man kann deshalb vermuten, dass es nie das Ziel von *Bild* war, Hartz IV zu verhindern oder rückgängig zu machen. Um so „populistischer" war die Skandalisierung Anfang August.

(4) *Journalistische Aufbereitung: Bild* entschied sich in ihrer Berichterstattung über Hartz IV erst dann für die intensive Verwendung boulevardtypischer Stilmittel, als sie begann, Teile der Reform zu skandalisieren. Davor und danach fanden sich durchaus informative und umfassende Beiträge zu den einzelnen Maßnahmen der Reform. Es ist also nicht so, dass eine nüchterne, ausgewogene, sachliche und an Themen orientierte Berichterstattung überhaupt keine Handlungsalternative des Boulevardjournalismus wäre. Vielmehr kann sich auch ein Boulevardblatt an den Maßstäben journalistischer Qualität orientieren. Tut es das nicht, ist auch dies das Ergebnis einer bewussten Entscheidung.

(5) *Medienvergleich:* Auf die Wirksamkeit spezifischer innerer Bedingungen kann man bei gleichen äußeren Bedingungen nur dann plausibel schließen, wenn sich das Handeln verschiedener Akteure unterscheidet. Tatsächlich unterschied sich die Berichterstattung von *Bild* im Hinblick auf den Verlauf der Thematisierung, die dargestellten Akteure, den Verlauf der Bewertung und die eingesetzten journalistischen Darstellungsmittel deutlich von den anderen untersuchten Zeitungen. Da davon auszugehen ist, dass alle Medien ähnliche Informationen über die Ereignislage hatten, ist anzunehmen, dass die internen Bedingungen der Entscheidungsfindung (Präferenzen) von *Bild* maßgeblich zu diesen Unterschieden beigetragen haben.

Zusammenfassend kann man feststellen, dass das Handeln des journalistischen Akteurs *Bild* ganz offensichtlich von unterschiedlichen Präferenzen beeinflusst war, deren Handlungsrelevanz sich als Reaktion auf die wandelnden äußeren Bedingungen ebenfalls veränderte. Dabei dürfte die Veränderung der äußeren Bedingungen (Bevölkerungsmeinung/Proteste) zum Teil auch durch das vorherige Handeln von *Bild* und anderen Medien verursacht worden sein. Die eigene, eher an Sachargumenten orientierte Linie wurde zunächst zugunsten einer populistischen, vermutlich ökonomisch motivierten Skandalisierung aufgegeben. Nachdem die Folgen der Proteste bzw. der

Berichterstattung offenbar wurden, folgte ein erneuter, eher politisch-weltanschaulich motivierter Schwenk.

Obwohl systematische Analysen für andere Themen nicht vorliegen, kann man dennoch davon ausgehen, dass abrupte Meinungswechsel gerade für *Bild* nicht untypisch sind. Dies muss allerdings nicht immer auf ein Oszillieren zwischen ökonomischen und weltanschaulichen Präferenzen zurückzuführen sein, sondern kann auch einfach aus einer populistischen Anpassung an Ereignis- und Stimmungslagen resultieren. Man denke beispielsweise an die Berichterstattung über Jürgen Klinsmann, die lange Zeit äußerst kritisch war und sich erst mit den Erfolgen bei der Fußball-WM wandelte. Auf einen Zug aufzuspringen, ist also gerade für *Bild* sicherlich nicht ungewöhnlich.

Aus theoretischer Sicht hat die Analyse deutlich gemacht, dass der strukturell-individualistische Ansatz ein geeigneter Rahmen zur Untersuchung des Handelns journalistischer Akteure ist. Insbesondere die Differenzierung zwischen inneren und äußeren Handlungsbedingungen, die Forderung nach einer Rekonstruktion der Präferenzstruktur journalistischer Akteure sowie die Annahme sich wandelnder Situationsdefinitionen sind von großem heuristischen Wert. Zöge man beispielsweise nur Nachrichtenfaktoren zur Handlungserklärung heran, könnte man die sich wandelnde Intensität der Berichterstattung und die Meinungswechsel von *Bild* kaum erklären.

Aus medienkritischer Sicht bleibt noch zu ergänzen, dass die Handlungsweise von *Bild* nicht dem entspricht, was das Blatt selbst im Hinblick auf die Integrität des Handelns von politischen Akteuren erwartet. Für einen Akteur, der außerparlamentarische Opposition sein will, waren weder Zeitpunkt, noch Form, noch Inhalte der Einflussnahme auf den politischen Entscheidungsprozeß überzeugend gewählt. Außerdem wurde Bild keineswegs seinem eigenen Anspruch gerecht, Sprachrohr *der* kleinen Leute zu sein. Zudem neigt auch der Chefredakteur von *Bild* dazu, die Verantwortung für die unbeabsichtigten Folgen des eigenen Handelns von sich zu weisen (Kepplinger/Knirsch 2000). Vorwürfe, seine Zeitung habe mit ihrer Berichterstattung zu einer Hartz IV-Hysterie und damit zu den Wahlerfolgen von PDS und rechtsextremen Parteien beigetragen, ließ Kai Diekmann nicht gelten. Vielmehr hätte seine Zeitung die Aufklärungsarbeit geleistet, die eigentlich die Regierung hätte leisten müssen. Diekmann: „Wir können nichts dafür, wenn sich die Rattenfänger von der PDS und der NPD jetzt da anhängen" (*SZ*, 18./19.9.2004). Ein Politiker, der so mit der eignen Verantwortung umgeht, wäre angesichts seines tatsächlichen Handelns von *Bild* vermutlich längst zum Rücktritt aufgefordert worden.

## Literaturverzeichnis

Altmeppen, Klaus-Dieter (2000): Entscheidungen und Koordinationen. Dimensionen journalistischen Handelns. In: Löffelholz, Martin (Hrsg.): Theorien des Journalismus. Ein diskursives Handbuch. Opladen: Westdeutscher Verlag, 293-310.

Becker, Irene/Hauser, Richard (2006): Auswirkungen der Hartz IV-Reform auf die personelle Einkommensverteilung. Ergebnisse von Simulationsanalysen. Berlin: Edition Sigma.

Dulinski, Ulrike (2003): Sensationsjournalismus in Deutschland. Konstanz: UVK.

Diekmann, Andreas/Voss, Thomas (Hrsg.) (2004): Rational-Choice-Theorien in den Sozialwissenschaften. Anwendungen und Probleme. München: Oldenbourg.

Esser, Hartmut (1999): Soziologie. Spezielle Grundlagen. Band 1. Situationslogik und Handeln. Frankfurt a.M./New York: Campus.

Gabriel, Manfred (Hrsg.) (2004): Paradigmen der akteurszentrierten Soziologie. Wiesbaden: VS Verlag.

Hagen, Lutz (1992): Die opportunen Zeugen. Konstruktionsmechanismen von Bias in der Zeitungsberichterstattung über die Volkszählungsdiskussion. In: Publizistik, 37, 444-460.

Hohlfeld, Ralf (2003): Journalismus und Medienforschung. Theorie, Empirie, Transfer. Konstanz: UVK.

Hoppe, Antje (2004): Straßenkämpfe. Wahlen in Sachsen, Brandenburg und im Saarland. In: Politik & Kommunikation, 18-26.

Jäckel, Michael (2001): Über welche Brücke muss man gehen? Die Mehr-Ebenen-Analyse und ihre Relevanz für die Rezeptionsforschung. In: Rössler, Patrick/ Hasebrink, Uwe/Jäckel, Michael (Hrsg.): Theoretische Perspektiven der Rezeptionsforschung. München: R. Fischer, 35-58.

Jarren, Otfried/Donges, Patrick (2002): Politische Kommunikation in der Mediengesellschaft. Akteure, Prozesse und Inhalte. Band 2. Wiesbaden: Westdeutscher Verlag.

Kepplinger, Hans Mathias (1998): Der Nachrichtenwert der Nachrichtenfaktoren. In: Holtz-Bacha, Christina/Scherer, Helmut/Waldmann, Norbert (Hrsg.): Wie die Medien die Welt erschaffen und wie wir darin leben. Opladen: Westdeutscher Verlag, 19-38.

Kepplinger, Hans Mathias/Brosius, Hans-Bernd/Staab, Joachim Friedrich/Linke, Günter (1989): Instrumentelle Aktualisierung. Grundlagen einer Theorie publizistischer Konflikte. In: Kaase, Max/Schulz, Winfried (Hrsg.): Massenkommunikation. Theorien, Methoden, Befunde. Opladen: Westdeutscher Verlag, 199-220.

Kepplinger, Hans Mathias/Ehmig, Simone (2006): Predicting news decisions. An empirical test of the two-component theory of news selection. In: Communications, 31, 1, 25-43.

Kepplinger, Hans Mathias/Knirsch, Kerstin (2000): Gesinnungs- und Verantwortungsethik im Journalismus. Sind Max Webers theoretische Annahmen empirisch haltbar? In: Rath, Matthias (Hrsg.): Medienethik und Medienwirkungsforschung. Opladen: Westdeutscher Verlag, 11-44.

Maurer, Marcus/Carsten Reinemann (2006). Medieninhalte. Eine Einführung. Wiesbaden: VS Verlag.

Milz, Annette (2003): Volkserreger. In: Medium Magazin, 11, 20-24.
Kunz, Volker (2004): Rational Choice. Frankfurt a.M.: Campus.
Opp, Karl-Dieter (2004): Die Theorie rationalen Handelns im Vergleich mit alternativen Theorien. In: Gabriel, Manfred (Hrsg.): Paradigmen der akteurszentrierten Soziologie. Wiesbaden: VS Verlag, 43-68.
Page, Benjamin (1996): The mass media as political actors. In: Political Science & Politics, 29, 1, 20-24.
Perger, Werner A./Hamann, Götz (2004): Die Angst-Macher. In: Die Zeit, 9.
Reinemann, Carsten (2003): Medienmacher als Mediennutzer. Kommunikations- und Einflussstrukturen im politischen Journalismus der Gegenwart. Köln/ Weimar/Wien: Böhlau.
Reinemann, Carsten (2007, im Druck): Subjektiv rationale Akteure. Das Potential handlungstheoretischer Erklärungen für die Journalismusforschung. In: Altmeppen, Klaus/Hanitzsch, Thomas/Schlüter, Carsten (Hrsg.): Journalismustheorie: Next Generation. Soziologische Grundlegung und theoretische Innovationen. Wiesbaden: VS Verlag.
Rucht, Dieter/Yang, Mundo (2004): Wer demonstriert gegen Hartz IV? Befragung am 13. September in vier Städten. In: WZB-Mitteilungen, 106, 51-54.
Scheufele, Bertram (2003): Frames – Framing – Framing-Effekte. Theoretische und methodische Grundlegung des Framing-Ansatzes sowie empirische Befunde zur Nachrichtenstrukturierung. Wiesbaden: Westdeutscher Verlag.
Schimank, Uwe (2000): Handeln und Strukturen. Einführung in die akteurtheoretische Soziologie. Weinheim/München: Juventa.
Schönbach, Klaus (1977). Trennung von Nachricht und Meinung. Empirische Untersuchung eines Qualitätskriteriums. Freiburg: Alber.
Scholl, Armin/Weischenberg, Siegfried (1998): Journalismus in der Gesellschaft. Theorie, Methoden und Empirie. Opladen: Westdeutscher Verlag.

# „And the winner should be..." Explizite und implizite Wahlempfehlungen in der *Bild-Zeitung* und der *Sun*

*Frank Brettschneider und Bettina Wagner*

## 1 Explizite und implizite Wahlempfehlungen: Werden die Massenmedien vom Beobachter zum Akteur?

Am 16.9.2002 wurde in Deutschland ein Tabu gebrochen. Als erste bundesrepublikanische Zeitung sprach die *Financial Times Deutschland* (FTD) eine Wahlempfehlung aus. Die in Hamburg erscheinende Wirtschaftszeitung rief in einem ganzseitigen Leitartikel dazu auf, der Union und damit ihrem Kanzlerkandidaten Edmund Stoiber die Stimme zu geben. Die Union böte die besten Aussichten für eine Politik des wirtschaftlichen Wachstums und der internationalen Integration. Versehen war die Empfehlung mit folgendem Hinweis: „Unsere Absicht ist es, mündigen und kritischen Lesern einen Diskussionsbeitrag zu liefern". Andere meinungsführende Medien – aber auch einige Wissenschaftler – lehnten die Praxis des Endorsements ab. „Ein Blatt, das sich mit einer Empfehlung in das politische Geschäft einmische, so der allgemeine Tenor, verliere seine Unabhängigkeit und damit seine Glaubwürdigkeit" (Rettich 2002: 10). Journalisten sind dann nicht mehr nur Beobachter, sondern selbst politische Akteure, die in die Entscheidungsfindung der Wählerinnen und Wähler eingreifen. Die *Bild-Zeitung* (16.9.2002) befragte Journalisten, was sie von Endorsements hielten:

- Günther Nonnemacher, Herausgeber der *FAZ*, meinte: „Nein, eine direkte Wahlempfehlung für eine Partei oder einen Kandidaten, das kommt bei uns nicht in Frage".
- Helmut Markwort, Chefredakteur des *Focus*: „Der deutsche Leser träumt von einer unabhängigen Zeitung. Er würde uns eine Wahlempfehlung übel nehmen".
- Carl Graf Hohenthal, Vize-Chefredakteur der *Welt*: „Es ist nicht die Aufgabe einer Zeitung, dem Leser Wahlempfehlungen zu geben".

Siegfried Weischenberg (2002) ging noch weiter. Er bezeichnete das Endorsement abwertend als „Amerikanisierung" und als „Bevormundung der Leser": „Journalisten sollen informieren, kritisieren, kontrollieren und orientieren – nicht aber missionieren". Walter Hömberg (2002) schloss sich, wenn auch weniger entschieden, an: „Im Unterschied zu Richtungsblättern, wie sie in der Weimarer Republik vorherrschten, vermitteln Forumszeitungen ein breites Spektrum politischer und gesellschaftlicher Positionen. Eine explizite Wahlempfehlung für eine Partei ist da ein Rückschritt".

Nicht überall lösen Wahlempfehlungen solche Diskussionen aus. In anderen Ländern gehören sie bereits seit längerem zum journalistischen Alltag und sind dort auch unumstritten. Die *New York Times* hat seit 1852 bei jeder Präsidentschaftswahl einen der Kandidaten empfohlen. Andere amerikanische Tageszeitungen gingen zu Beginn des 20. Jahrhunderts dazu über, ihren Lesern im Kommentarteil eine Wahlempfehlung zu geben. Diese Endorsements kamen also gerade zu jener Zeit auf, als sich die Zeitungen von ihren parteibezogenen Bindungen lösten und zu Massenblättern entwickelten, für die der kommerzielle Erfolg im Mittelpunkt stand. Dass die Praxis der Endorsements in den USA nicht zu politischen Auseinandersetzungen führt, hat sicher auch damit zu tun, dass sich die politische Ausrichtung, die im Kommentarteil erkennbar wird, selten im Nachrichtenteil widerspiegelt. Mit anderen Worten: Die amerikanischen Zeitungen kommen im Wahlkampf ihrer Rolle als Vermittler neutraler Informationen weitgehend nach. Zugleich jedoch sprechen sie in ihrem Kommentarteil Wahlempfehlungen aus. Bei der letzten amerikanischen Präsidentschaftswahl 2004 unterstütze – einer Auflistung der *Washington Post* zufolge – 205 den republikanischen Amtsinhaber George W. Bush und 213 seinen demokratischen Herausforderer John F. Kerry (vgl. Mitchell 2004).

Auch in Großbritannien sind Endorsements unumstritten. Dort waren sie ebenfalls seit Anfang des 20. Jahrhundert verbreitet. Nach dem Zweiten Weltkrieg hielten sich die Zeitungen dann jedoch mit Wahlempfehlungen zurück. Erst seit Mitte der siebziger Jahre wurden wieder vermehrt Endorsements formuliert – meist von den Boulevard- und den Massenblättern. Diese unterstützten bis Mitte der neunziger Jahre überwiegend die konservative Partei. Dann aber wurde aus der „Tory press" die „Tony press". Von den 19 überregionalen Zeitungen unterstützten bei der Unterhauswahl 2001 13 die amtierende Labour-Regierung. Lediglich drei Zeitungen sprachen sich für die Konservativen aus.

Stellen offene Wahlempfehlungen den journalistischen Sündenfall dar, weil durch sie Journalisten einen Rollenwechsel von politischen Beobachtern hin zu politischen Akteuren vollziehen? Trifft die dahinter stehende Vermutung zu, dass das Nicht-Aussprechen eines Endorsements mit Objektivität oder Neutralität gleichzusetzen ist? Angesicht der umfangreichen Literatur zum *News Bias*-Ansatz in der Journalismusforschung muss man Zweifel an diesen Annahmen haben.

Von den expliziten Wahlempfehlungen, wie sie die Endorsements oder auch eindeutige Aussagen in Kommentaren darstellen, gilt es, die impliziten Wahlempfehlungen zu unterscheiden. Um implizite Wahlempfehlungen handelt es sich, wenn eine Zeitung oder ein Sender eine Partei oder einen Kandidaten in der Berichterstattung bevorzugt, ohne dass dies als Wahlempfehlung kenntlich gemacht wird. Dass dies keine seltene Praxis ist, weisen zahlreiche Studien zur *News Bias*-Forschung nach (vgl. u.a. Pionierstudie von Klein/Maccoby 1954; Überblick in Kepplinger 1989). News Bias, also die Unausgewogenheit der Berichterstattung, kann auf sehr vielfältige Art und Weise hergestellt werden. Zu den gängigsten Konstruktionsmechanismen zählen a) das Verleihen publizistischer Prominenz, b) die Bewertung von Parteien und Politikern, c) das Einsetzen „opportuner Zeugen“ und d) die „Instrumentelle Aktualisierung“.

*Verleihen publizistischer Prominenz:* Eine erste, wenn auch relativ vage Möglichkeit des Herstellens von News Bias ist es, einen der Kontrahenten besonders häufig zu Wort kommen zu lassen (bzw. über ihn zu berichten), während man seinen Gegner deutlich seltener seine Positionen darstellen lässt (bzw. über ihn berichtet). Allerdings garantiert eine überdurchschnittliche Medienpräsenz noch keineswegs einen politischen Vorteil im Wahlkampf. Was nützt es einer Partei schon, wenn über sie oft, aber negativ berichtet wird? Eine implizite Wahlempfehlung liegt daher nur dann vor, wenn die überdurchschnittliche Medienpräsenz mit einer zumindest neutralen, besser noch mit einer positiven Bewertung einhergeht.

- *Bewertung von Parteien und Politikern:* Hierbei geht es nicht um die Bewertungen, die sich legitimer Weise in Kommentaren finden, sondern es geht um manifeste Bewertungen im Nachrichtenteil einer Zeitung oder einer Nachrichtensendung. Wird dort ein Kandidat oder eine Partei deutlich positiver dargestellt als der politische Gegner, so kann von einer impliziten Wahlempfehlung gesprochen werden.
- *Einsetzen „opportuner Zeugen“:* Bewertungen müssen nicht immer aus der Feder der Journalisten stammen. Um sich nicht dem Vorwurf auszusetzen, sie würden einseitig berichten, können Journalisten andere Akteure zu Wort kommen lassen, die ihre eigene Grundhaltung vertreten – eben jene „opportunen Zeugen“ (Hagen 1992). So finden in publizistischen Konflikten immer wieder jene Personen Gehör, die mit der redaktionellen Linie einer Zeitung übereinstimmen. Andere Stimmen gehen hingegen unter.

- *Instrumentelle Aktualisierung:* Die „Instrumentelle Aktualisierung" basiert auf einer ähnlichen Vorgehensweise (vgl. Kepplinger et al., 1989a). Hier kann News Bias erzeugt werden, indem in einem publizistischen Konflikt vor allem über Gegebenheiten berichtet wird, die der eigenen Seite nutzen oder die der gegnerischen Seite schaden (Agenda-Setting). Auch kann versucht werden, über jene Gegebenheiten seltener, weniger umfangreich und schlechter platziert zu berichten, die der eigenen Seite schaden oder die der gegnerischen Seite nutzen (Agenda-Cutting).

Es steht also außer Frage, dass auch diejenigen Medien, die keine explizite Wahlempfehlung (Endorsement) aussprechen, wertend berichten und somit, in den Worten Weischenbergs, ihre Leser „bevormunden" können – nur subtiler und für die Rezipienten verborgener. Jene Medien werden dann ebenfalls zu politischen Akteuren. „The concept of ‚political actor', applied to the media or anyone else, implies observable *action* that is *purposive* (though perhaps functional rather than consciously intended) and sufficiently *unified* so that it makes sense to speak of a single actor. A critical question, therefore, concerns whether – or to what extent – media outlets do in fact use their publications and broadcasts in a purposive and unified fashion to pursue policy objectives" (Page 1996: 20). Die Absicht besteht darin, bei der nationalen Wahl für die bevorzugte Partei bzw. ihren Spitzenkandidaten eine möglichst günstige Ausgangsbasis in der öffentlichen Meinung zu schaffen.

Die Frage, ob Medien zum Mittel der expliziten oder der impliziten Wahlempfehlung greifen, ist auch vor dem Hintergrund der Diskussion über den Einfluss der Medienberichterstattung auf das Wählerverhalten von Bedeutung. Sie stellt sich insbesondere für Boulevardzeitungen, da sie nicht nur über eine sehr hohe Auflage verfügen, sondern gerade von jenen Wählerinnen und Wählern gelesen werden, die in ihrer Wahlentscheidung nicht so stark festgelegt und damit für Medieneinflüsse relativ offen sind (vgl. Semetko/Schönbach 2003: 56).

## 2 Forschungsfragen und Datengrundlage

Der vorliegende Beitrag soll folgende Fragen beantworten:

1. Gab es vor der britischen Unterhauswahl 2001 und vor der deutschen Bundestagswahl 2002 in den jeweils führenden Boulevardzeitungen der beiden Länder (*Sun* und *Bild-Zeitung*) implizite Wahlempfehlungen? Wie berichtete im Bundestagswahlkampf 2002 die *Bild-Zeitung*, die als

Untertitel „unabhängig – überparteilich“ im Namen trägt, die aber schon während des Wahlkampfes dem Vorwurf ausgesetzt war, eine Partei – nämlich die Union – zu bevorzugen? Und wie berichtete vor der britischen General Election 2001 die *Sun*, die ihr Endorsement für Labour abgab, aber in der ersten Wahlperiode Tony Blairs oftmals der Labour-Regierung kritisch gegenüber stand? Entsprach ihre Berichterstattung der Richtung des Endorsements?

2. Wie sind diese impliziten Wahlempfehlungen gegebenenfalls konstruiert worden? Nutzen die Zeitungen die Verleihung publizistischer Prominenz, die Bewertung, den Einsatz „opportuner Zeugen“ und/oder die „Instrumentelle Aktualisierung“, um implizite Wahlempfehlungen auszusprechen?
3. Wie sind implizite und explizite Wahlempfehlungen normativ zu beurteilen?

Um die ersten beiden Forschungsfragen beantworten zu können, wurde eine quantitative Inhaltsanalyse der Berichterstattung der *Sun* und der *Bild-Zeitung* durchgeführt. Die *Bild-Zeitung* und die *Sun* sind die jeweils führenden Boulevardzeitungen mit der höchsten Auflage in ihrem Land. Während jedoch die *Bild-Zeitung* aus der Sicht politischer Beobachter im Bundestagswahlkampf 2002 eher zur Union neigte, sprach sich die *Sun* 2001 in ihrem Endorsement für die Labour-Party aus und unterstützte diese stärker noch als bei der vorangegangenen Unterhauswahl 1997 (vgl. Seymour-Ure 2002: 138). In Format, Aufmachung und Inhalt sind sich beide Boulevardzeitungen hingegen relativ ähnlich. Ein Vergleich der *Sun* und der *Bild-Zeitung* kann zeigen, ob sich die bei den expliziten Wahlempfehlungen bestehenden unterschiedlichen Traditionen (die *Sun* spricht Endorsements aus, die *Bild-Zeitung* nicht) auch bei der Konstruktion von impliziten Wahlempfehlungen finden, oder ob sich die Boulevardzeitungen in dieser Hinsicht ähnlich sind.

Einbezogen wurden sämtliche Artikel der *Sun* und der *Bild-Zeitung* in den jeweils letzten vier Wochen vor der britischen Unterhauswahl 2001 und der deutschen Bundestagswahl 2002, die einen Bezug zu den jeweiligen Wahlen aufweisen. Die Inhaltsanalyse wurde auf der Aussagenebene durchgeführt. Aus Gründen der Vergleichbarkeit wurden von sämtlichen Aussagen in diesen Artikeln jedoch nur jene analysiert, die sich auf die beiden Volksparteien und ihre Spitzenkandidaten bezogen. Insgesamt wurden 1.277 Aussagen in der *Bild-Zeitung* identifiziert. Davon entfielen 869 Aussagen (68,1 Prozent) auf die SPD, die Union bzw. auf Schröder oder Stoiber. In der

*Sun* entfielen 1.816 Aussagen (71,6 Prozent) der insgesamt 2.538 Aussagen auf Labour, die Conservatives, Blair bzw. Hague. Für jede Aussage wurden u.a. der Akteur, das Thema, der Urheber der Aussage und die Tendenz verschlüsselt.

# 3 Implizite Wahlempfehlungen

## *3.1 Verhalten 1: Verleihen publizistischer Prominenz*

Wie bereits erwähnt, besteht eine Möglichkeit für eine implizite Wahlempfehlung darin, die präferierte Partei bzw. den präferierten Spitzenkandidaten überdurchschnittlich oft in den Mittelpunkt der Wahlkampfberichterstattung zu stellen. Sichtbarkeit verleiht „politisches Gewicht". In den Massenmedien deutlich unterrepräsentiert zu sein, kann hingegen als Nachteil angesehen werden.

Vor der britischen Unterhauswahl 2001 entfielen 50 Prozent aller wahlbezogenen Aussagen in der *Sun* auf die Labour-Party und ihren Spitzenkandidaten und Premierminister Tony Blair. Lediglich 22 Prozent der Aussagen entfielen auf die oppositionellen Konservativen und ihren Parteiführer und Spitzenkandidaten William Hague (vgl. Schaubild 1). Bei diesem massiven Ungleichgewicht in der Berichterstattung fiel es den Conservatives schwer, ihre eigenen Themen in die Berichterstattung zu transportieren.

Auch in der Berichterstattung vor der deutschen Bundestagswahl 2002 findet sich eine Diskrepanz in der Häufigkeit, mit der über die SPD und Gerhard Schröder einerseits sowie über die Union und Edmund Stoiber andererseits berichtet wurde: Während auf den Bundeskanzler und seine Partei 41 Prozent der gesamten wahlbezogenen Berichterstattung entfielen, wurden sein Herausforderer und die Union lediglich in 27 Prozent der Berichterstattung thematisiert. Interessanterweise entfielen in der *Sun* jeweils mehr Aussagen auf die Parteien, als auf die Kandidaten, während in der *Bild-Zeitung* deutlich häufiger über die Kandidaten berichtet wurde als über die Parteien. Auf die SPD und die Union entfallen sogar etwa gleich viele Aussagen. Der Unterschied in der Häufigkeit der Berichterstattung ist hier fast vollständig auf die deutlich stärkere Medienpräsenz von Gerhard Schröder gegenüber Edmund Stoiber zurückzuführen.

*Schaubild 1: Publizistische Prominenz der Parteien und ihrer Kandidaten vor der britischen Unterhauswahl 2001 in der Sun und vor der deutschen Bundestagswahl 2002 in der Bild-Zeitung*

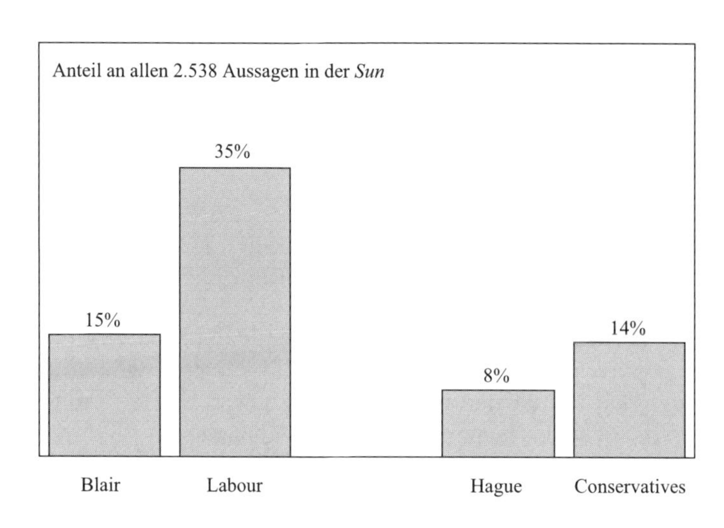


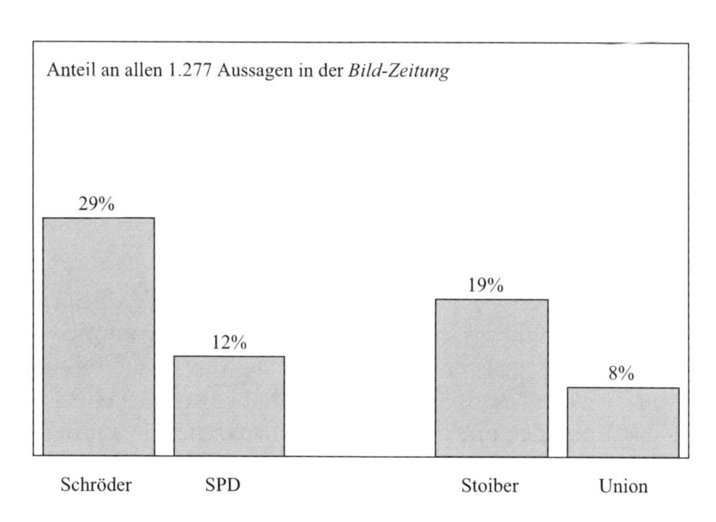

Ob die in beiden Ländern anzutreffenden ungleichen Häufigkeiten in der Berichterstattung auf implizite Wahlempfehlungen hindeuten, ist indes fraglich. Sehr viel wahrscheinlicher drückt sich in diesen Diskrepanzen der Amtsbonus der amtierenden Regierungsparteien aus. Sie verfügen institutionell über mehr Möglichkeiten, aktiv Themen zu setzen und Berichterstattungsanlässe zu schaffen, als die Opposition. Zudem muss eine häufige Berichterstattung nicht zwangsläufig von Vorteil sein. Sollte die Bewertung der SPD und Gerhard Schröders in der *Bild-Zeitung* negativ ausfallen, dann wäre eine häufige Berichterstattung sogar von Nachteil.

### *3.2 Verhalten 2: Bewertung von politischen Parteien und Kandidaten*

Eine zweite Möglichkeit, eine implizite Wahlempfehlung auszusprechen, besteht in der positiven bzw. neutralen Bewertung der bevorzugten Partei bzw. des bevorzugten Kandidaten bei gleichzeitig negativer Bewertung der gegnerischen Partei bzw. des nicht präferierten Kandidaten.

Sowohl die *Sun* als auch die *Bild-Zeitung* haben von dieser Möglichkeit deutlichen Gebrauch gemacht (vgl. Schaubild 2). In der *Sun* hielten sich positive und negative Aussagen über Tony Blair und New Labour in etwa die Waage. Dabei wurde Blair geringfügig positiver dargestellt als seine Partei. Über die Conservatives wurde hingegen eindeutig negativ berichtet. Dies konnte auch die positive Berichterstattung über Hague nicht ausgleichen, da sie nur einen geringen Anteil an der Gesamtberichterstattung ausmachte (vgl. Schaubild 1). Die häufige Berichterstattung über Blair und Labour – in Verbindung mit der neutralen Bewertung – kann daher als Vorteil gewertet werden.

Noch deutlicher ist die Lage bei der *Bild-Zeitung*: Über die Union und über Edmund Stoiber wurde im Saldo neutral berichtet. Gerhard Schröder und – noch stärker – die SPD wurden hingegen deutlich negativ bewertet. Die häufige Berichterstattung über Schröder und die SPD – in Verbindung mit der negativen Tendenz – kann daher als Nachteil gewertet werden. Hier zeigt sich, dass das Verleihen publizistischer Prominenz stets in Verbindung mit der Tendenz der Berichterstattung zu beurteilen ist. In der *Bild-Zeitung* kann diesbezüglich von einem Hinweis auf eine implizite Wahlempfehlung zuungunsten der SPD und Gerhard Schröders gesprochen werden.

*Schaubild 2: Tendenz der Aussagen über die Parteien und ihre Kandidaten vor der britischen Unterhauswahl 2001 in der Sun und vor der deutschen Bundestagswahl 2002 in der Bild-Zeitung*

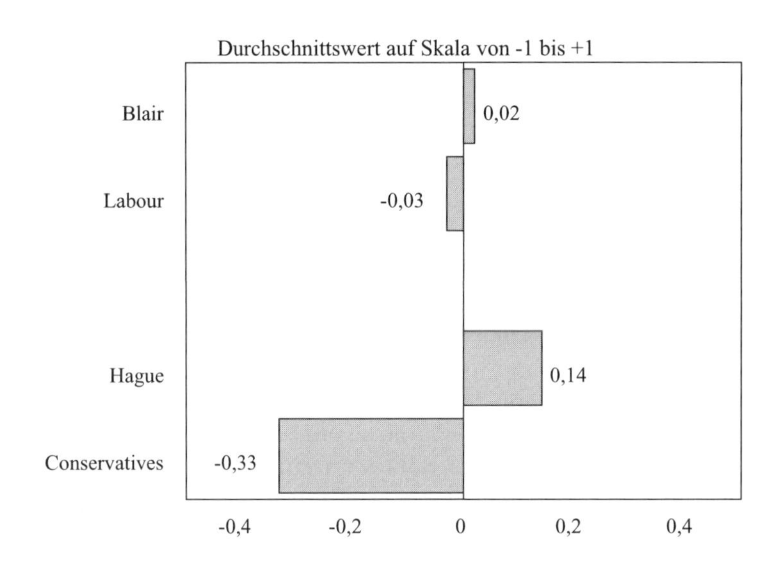


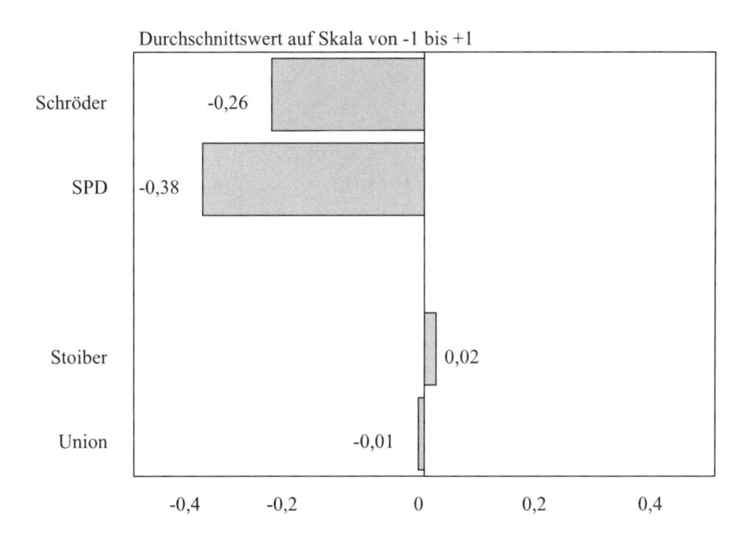

Gleichwohl: Die Wirkung der manifesten Bewertungen von Parteien und ihren Spitzenpolitikern wird durch die selektive Wahrnehmung der Rezipienten etwas eingeschränkt: Menschen mit politischen Prädispositionen – etwa mit einer Bindung an eine politische Partei – nutzen die Medieninhalte ihrer Präferenz entsprechend. D.h. sie wenden sich vor allem jenen Medieninhalten zu, die sie in ihren bereits bestehenden Ansichten bestärken. Diese selektive Wahrnehmung führte zu der Vorstellung, dass wertende Berichterstattung bestehende Parteipräferenzen nicht in ihrer Richtung verändern, sondern dass sie diese nur in der Intensität verstärken kann (vgl. Brettschneider 2005). Allerdings gilt dies in geringerem Maße für negative Meldungen über Politiker. Bei diesen Meldungen wird der „Schutzschild" der selektiven Wahrnehmung löchrig (vgl. Donsbach 1991). Oder anders formuliert: Negative Meldungen über Gerhard Schröder werden nicht nur von den Unions-Anhängern rezipiert, sondern auch von den Anhängern der SPD. In Großbritannien hingegen werden positive Meldungen über William Hague wahrscheinlich überwiegend von den Anhängern der Conservatives wahrgenommen, nicht jedoch von den Labour-Anhängern.

Ferner ist unter den Lesern der Boulevardzeitungen in Großbritannien wie auch in Deutschland der Anteil politisch weniger interessierter Menschen ohne langfristige Parteibindung überdurchschnittlich groß. Fehlt jedoch die Parteibindung, dann fehlt damit auch ein Selektionsmechanismus, der wertende Aussagen, die nicht ins eigene Weltbild passen, aussortiert. Folglich sind Einstellungen der Parteiungebundenen eher von den Medien beeinflussbar.

### *3.3 Verhalten 3: Opportune Zeugen*

Die dritte Möglichkeit, implizite Wahlempfehlungen auszusprechen, besteht darin, als Journalist nicht selbst die Parteien und die Kandidaten zu bewerten, sondern jene Akteure zu Wort kommen zu lassen, die sich im Einklang mit den eigenen Einstellungen bzw. mit der redaktionellen Linie befinden. Auch davon wurde sowohl in Großbritannien als auch in Deutschland Gebrauch gemacht.

In der *Sun* äußern sich die Journalisten der *Sun* sowie die Experten, die sie zu Wort kommen lassen, neutral über die Labour Party (vgl. Schaubild 3). Lediglich Politiker der Konservativen, die von der *Sun* zitiert werden, äußern sich eindeutig negativ. Dies sind jedoch sehr viel weniger Aussagen (N= 95) als die von der *Sun* wiedergegebenen Aussagen von Labour-Politikern über die eigene Partei (N= 155), die zudem deutlich positiv ausfallen. Anders sieht die Lage für die Conservatives aus. Die *Sun* lässt vor allem solche Urheber zu Wort kommen, die sich negativ über die Conservatives äußern (Labour-Politiker, Experten). Auch die *Sun*-Journalisten selbst äußern sich gemäßigt negativ. Das können die wenigen Politiker der Conservatives, die zu Wort kommen und die sich positiv über die eigene Partei äußern, nicht ausgleichen. Insgesamt lässt sich also eine leichte Tendenz zugunsten von Labour feststellen, was die bisher präsentierten Befunde unterstützt.

*Schaubild 3: Tendenz der Aussagen unterschiedlicher Urheber über die Parteien und ihre Kandidaten vor der britischen Unterhauswahl 2001 in der Sun*

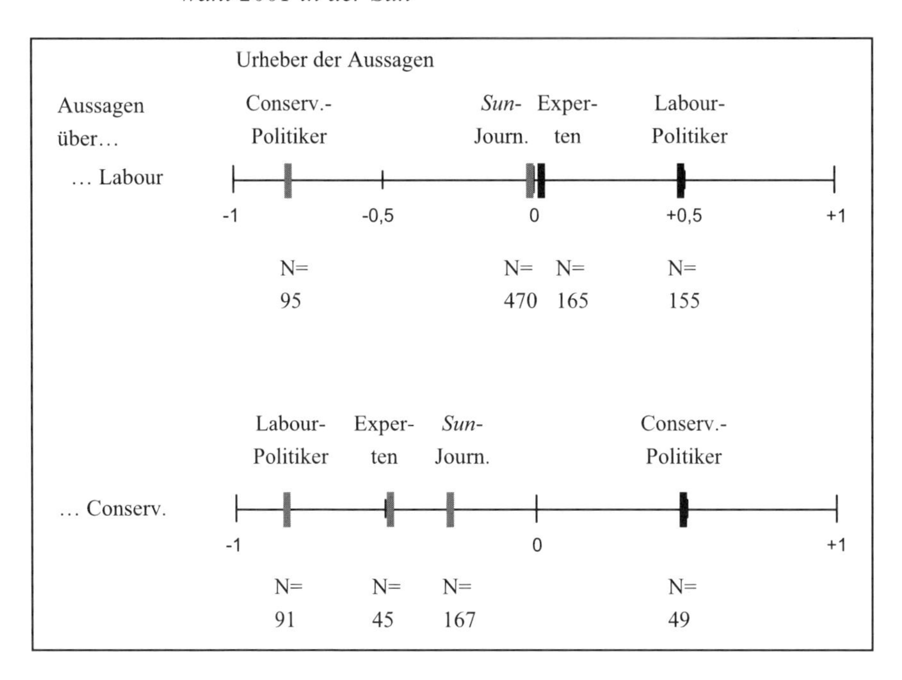


Ähnlich – nur mit umgekehrten politischen Vorzeichen – ist die Situation in Deutschland. In der *Bild-Zeitung* kommen vor allem Befürworter von Edmund Stoiber zu Wort. Die 92 Aussagen von Experten über Edmund Stoiber sind im Saldo positiv, die 111 Aussagen von Unions-Politikern, die von der *Bild-Zeitung* wiedergegeben werden, sind deutlich positiv. Die Aussagen der *Bild*-Journalisten selbst sind neutral. Lediglich die wenigen SPD-Politiker, die in der *Bild-Zeitung* zu Wort kommen, bewerten Stoiber negativ (vgl. Schaubild 4; Gleiches gilt für die Bewertung der Union).

Aussagen über Gerhard Schröder gibt die *Bild-Zeitung* vor allem aus dem Munde von Unions-Politikern (sie äußern sich negativ) oder von Experten wieder. Letztere äußern sich – wie die *Bild*-Journalisten auch – im Saldo neutral. Die wenigen Aussagen von SPD-Politikern, die in der *Bild-Zeitung* wiedergegeben werden, sind – ganz anders als die Aussagen von Unions-Politikern über Stoiber – lediglich moderat positiv. Insgesamt betrachtet kann also eindeutig von einer Bevorzugung der Union gesprochen werden.

*Schaubild 4: Tendenz der Aussagen unterschiedlicher Urheber über die Parteien und ihre Kandidaten vor der deutschen Bundestagswahl 2002 in der Bild-Zeitung*

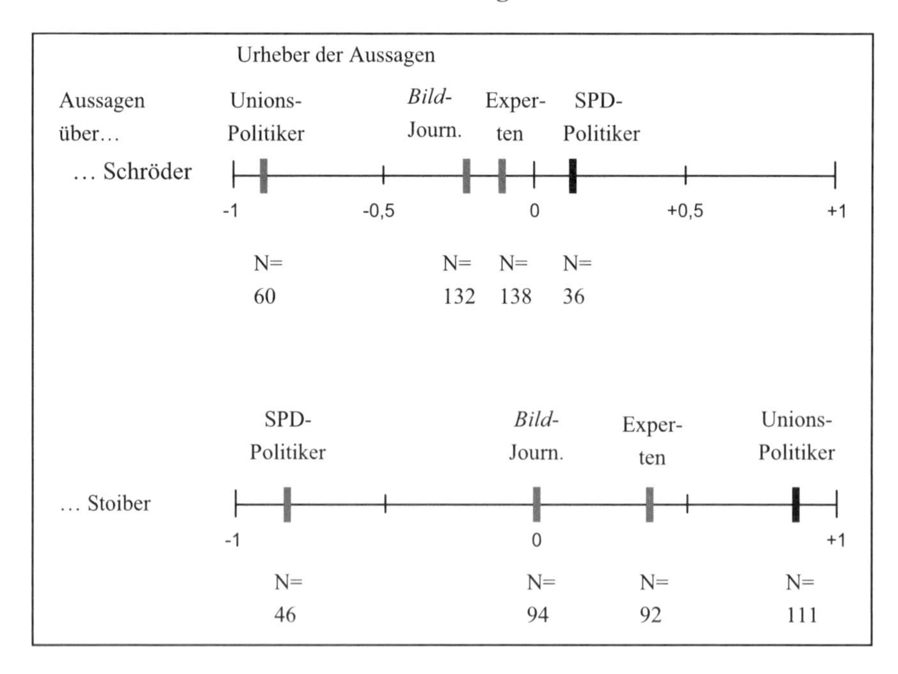

### *3.4 Verhalten 4: Instrumentelle Aktualisierung*

Nicht nur mit Hilfe „opportuner Zeugen“ lässt sich eine implizite Wahlempfehlung formulieren, sondern auch auf dem Weg der „Instrumentellen Aktualisierung“. Dabei werden Themen, die für die eigene Seite nützlich sind, hoch-, und Themen, die für die eigene Seite schädlich sind, heruntergespielt. Welche Themen waren also in den beiden untersuchten Wahlkämpfen für welche Parteien nützlich bzw. schädlich? Bei welchen Themen hatte welche Partei aus Sicht der Wählerinnen und Wähler einen Vorsprung vor ihrem politischen Kontrahenten?

Gemessen an den Ergebnissen repräsentativer Meinungsumfragen vor der britischen Unterhauswahl 2001 waren die Themen „Steuern“, „Public Services“ und „Wirtschaft“ die Gewinner-Themen von Labour. Die Wählerinnen und Wähler trauten in diesen Themenfeldern der Labour-Party deutlich mehr zu als den Conservatives – dies betraf insbesondere die staatlichen Leistungen im Gesundheitswesen, im Bildungs- und im Transportwesen (vgl. Bartle 2002). Die Conservatives hatten aus Sicht der Bevölkerung hingegen einen Kompetenzvorsprung in den Themenfeldern „Innere Sicherheit“, „Asyl“ und „Europa“ (vgl. Butler/Kavanagh 2002: 236f.). Für die Labour-Party wäre es aus diesem Grund von Vorteil, wenn die *Sun* möglichst oft über Steuern, Gesundheitspolitik, Bildung und Wirtschaft berichten und dabei die Themen Europa, Innere Sicherheit und Asyl in den Hintergrund drängen würde.

Aus der Medienwirkungsforschung ist bekannt, dass jene Themen, die in der Berichterstattung dominieren, von der Bevölkerung als besonders wichtig und damit als lösungsbedürftig angesehen werden (Agenda-Setting). Diese Themen werden dann als Bewertungsmaßstab für die Parteien herangezogen (Priming). Priming basiert auf der Beobachtung, dass das Urteil der wenigsten Wähler auf einem Saldo der wahrgenommenen Kompetenzen einer Partei oder eines Kandidaten beruht. Menschen überlegen sich bei ihrer Beurteilung einer Partei oder eines Kandidaten häufig nicht, wie kompetent die Partien jeweils in der Sicherheits-, der Außen-, der Wirtschafts-, der Sozial-, der Umwelt- oder der Innenpolitik sind – wenn sie danach zu einer alles umfassenden Gesamtbewertung gelangen. Stattdessen beruht ihre Beurteilung einer Partei oder eines Kandidaten auf der Kompetenzeinschätzung in dem Themenfeld (oder in den wenigen Themenfeldern), das zum Zeitpunkt der Bewertung „top-of-the-head“ ist (vgl. u.a. Zaller 1992). Welches Thema „top-of-the-head“ ist, welches Thema also gedanklich aktuell verfügbar ist, entscheiden die Massenmedien über ihre Agenda-Setting-Funktion wesentlich mit (vgl. Brettschneider 2005).

„The power of the networks does not end with viewers' political agendas [...] By calling attention to some matters while ignoring others, television news influences the standards by which governments, presidents, policies, and candidates for public office are judged. Priming refers to changes in the standards that people use to make political evaluations" (Iyengar/Kinder 1987: 63). Erhöht sich also aufgrund der Betonung eines Themas in der Berichterstattung die Aufmerksamkeit, die die Bevölkerung diesem Thema schenkt, dann profitiert davon diejenige Partei, der in diesem Politikfeld von der Bevölkerung die größte Kompetenz zugeschrieben wird. „Die Massenmedien besitzen (also) auch dann einen Einfluss auf die Meinungsbildung und Wahlentscheidung, wenn sie die vorhandenen Einstellungen nicht ändern. Es genügt, sie mehr oder weniger stark zu aktualisieren" (Kepplinger et al. 1989b: 75; ähnlich: Weaver 1991).

Indem Massenmedien also bestimmte Themen hochspielen und andere Themen vernachlässigen, können sie die Einstellungen der Wählerinnen und Wähler beeinflussen, ohne offen wertend zu berichten. Genau dies lässt sich bei der *Sun* vor der britischen Unterhauswahl 2001 beobachten. Über die Labour-Themen wurde deutlich häufiger berichtet als über die Themen der Conservatives, von denen lediglich „Europa" eine nennenswerte Medienaufmerksamkeit fand (vgl. Schaubild 5). Die Themenauswahl der *Sun* kann also als Hinweis auf eine implizite Wahlempfehlung zugunsten der Labour-Party interpretiert werden.

Ähnlich verhielt es sich vor der Bundestagswahl 2002 in Deutschland. Während die SPD und Gerhard Schröder in der Bevölkerung einen Kompetenzvorsprung bei den Themen „Elbe-Flut" und „Außenpolitik/Irak" hatten, wurden die Union und Edmund Stoiber bei den Themen „Wirtschaftspolitik" und „Arbeitsmarkt" als kompetenter eingeschätzt (vgl. u.a. Roth/Jung 2002). Für die *Bild-Zeitung* stand dann die Wirtschaftspolitik deutlich an der Spitze der Themen-Agenda, was als Hinweis auf eine implizite Wahlempfehlung gedeutet werden kann. Die „Instrumentelle Aktualisierung" der *Bild-Zeitung* zeigt sich vor allem im Vergleich ihrer Themensetzung mit der Themensetzung anderer deutscher Medien: Während in der Bild-Zeitung das Thema Wirtschaftspolitik an der Spitze lag, wurde es in den Berichterstattungen anderer meinungsführender Zeitungen, Magazine und Fernsehnachrichten vom Thema Außenpolitik überflügelt (vgl. Brettschneider 2002). In der *Bild-Zeitung* folgte dieses SPD-Thema an zweiter Stelle – aber mit deutlichem Abstand (vgl. Schaubild 5).

*Schaubild 5: Themen in der Berichterstattung über die Parteien und ihre Kandidaten vor der britischen Unterhauswahl 2001 in der Sun und vor der deutschen Bundestagswahl 2002 in der Bild-Zeitung*

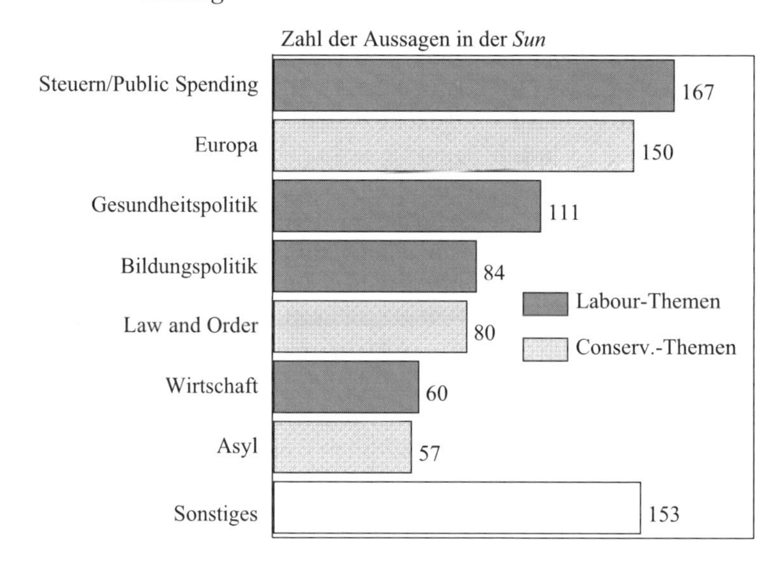


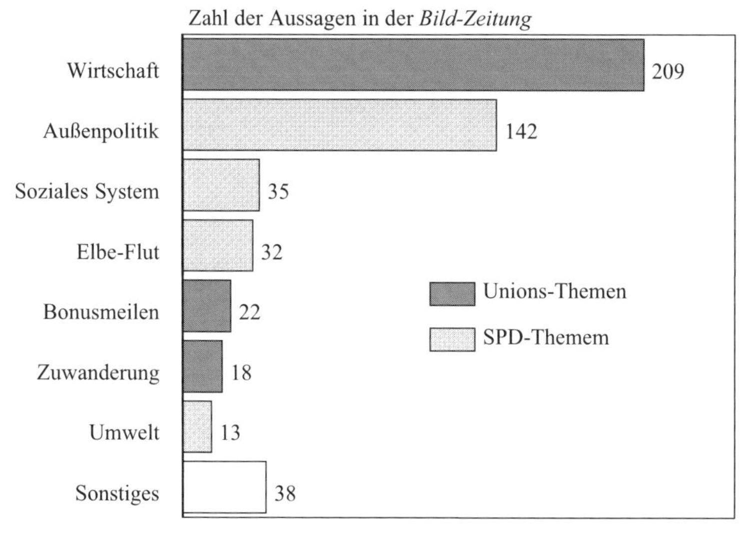

## 4 Zusammenfassung und Diskussion

Die *Sun* sprach vor der britischen Unterhauswahl 2001 ein Endorsement zugunsten Tony Blairs und New Labour aus. Diese politische Grundausrichtung findet sich auch in der Berichterstattung wieder. Die *Sun* berichtete häufiger und positiver über Labour als über die Conservatives. Sie ließ mehr Labour-Befürworter zu Wort kommen und sie berichtete vor allem über Themen, die für die Labour Party günstig waren. Die so konstruierte implizite Wahlempfehlung entsprach damit der expliziten Wahlempfehlung (vgl. Tabelle).

Die *Bild-Zeitung* sprach hingegen vor der Bundestagswahl 2002 kein Endorsement aus, eine implizite Wahlempfehlung war dennoch gegeben. Die *Bild*-Zeitung berichtete häufig und besonders negativ über die SPD; Gerhard Schröder schnitt zwar weniger schlecht ab als seine Partei, aber immer noch deutlich schlechter als die Union und Edmund Stoiber. Zudem ließ die *Bild-Zeitung* überdurchschnittlich oft Unions-Anhänger zu Wort kommen. Und sie setzte ein Unions-Thema an die Spitze der Themen-Agenda (vgl. Tabelle). Die *Bild-Zeitung* blieb daher ihrer Tradition der unions-günstigen Berichterstattung treu, die auch schon bei vorangegangen Bundestagswahlen nachgewiesen wurde (vgl. u.a. Semetko/Schönbach 2003).

*Tabelle: Wahlempfehlungen der Sun und der Bild-Zeitung im Vergleich*

| | *Sun* | *Bild- Zeitung* |
|---|---|---|
| *Explizite Wahlempfehlung* | Labour/Blair | keine |
| *Implizite Wahlempfehlungen* | | |
| Publizistische Prominenz<br>Bewertung der Parteien | *Sun* berichtete seltener und negativer über Conserv. als über Labour. | *Bild* berichtete häufiger und negativer über SPD als über Union. |
| Einsatz „opportuner Zeugen“ | In der *Sun* kamen häufiger Befürworter der Labour-Party zu Wort. | In *Bild* kamen häufiger Befürworter der Union zu Wort. |
| Instrumentelle Aktualisierung | In der *Sun* stand ein für Labour günstiges Thema an der Spitze der Agenda. | In *Bild* stand ein für die Union günstiges Thema an der Spitze der Agenda. |

Die implizite Wahlempfehlung der *Bild-Zeitung* zugunsten der Union war aus zwei Gründen intensiver als die implizite Wahlempfehlung der *Sun* für Labour. Während in der *Sun* die konservative Partei zwar negativ dargestellt wurde, wurde immerhin ihr Spitzenkandidat positiv bewertet, wohingegen in der *Bild-Zeitung* sowohl die SPD als auch Schröder in negativem Licht erschienen. Zudem wurde in der *Bild-Zeitung* häufig über diese beiden Akteure berichtet, womit die negative Berichterstattung offensichtlicher war als in der *Sun*. In der britischen Boulevardzeitung entfielen hingegen mehr Aussagen auf Blair und Labour, weshalb die negative Berichterstattung über die Conservatives eher unterging.

Demnach war die *Bild*-Berichterstattung auch ohne offenes Endorsement weniger objektiv als die Berichterstattung der *Sun*. Medien können auch dann als politischer Akteur auftreten, wenn sie nicht eine explizite Wahlempfehlung aussprechen. Allerdings stellt die *Bild-Zeitung* damit keineswegs eine Ausnahme dar. Im Gegenteil: Implizite Wahlempfehlungen sind vor der Bundestagswahl 2002 sogar die Regel, wie eine Untersuchung des Inhaltsanalyseinstituts Medien Tenor zeigt. Das Institut verwendete 18 Kriterien zur Einschätzung der politischen Präferenz verschiedener Medien (Rettich 2002). Das Ergebnis: Alle Medien hatten vor der Bundestagswahl 2002 einen Favoriten. Die Union schnitt in der *Bild-Zeitung*, der *Welt*, der *FAZ*, im *Focus*, in den *Pro7-Nachrichten*, in den Nachrichten *SAT.1 18:30* und bei *RTL aktuell* am besten ab. Die SPD lag in keinem der untersuchten Medien an der Spitze, aber ihr Koalitionspartner – Die Grünen – erhielten die Unterstützung der *taz*, der *Frankfurter Rundschau*, der *Süddeutschen Zeitung*, des *Spiegel*, des *Stern*, der *Zeit*, der *Tagesthemen* und von *ZDF Heute*. In der *Tagesschau* und im *Heute Journal* war eine leichte Tendenz zugunsten der FDP erkennbar (vgl. Schaubild 6).

Implizite Wahlempfehlungen sind also üblich. Aber sie erfahren bei weitem nicht die Kritik, die die *FTD* für ihre explizite Wahlempfehlung eingesteckt hat. Dabei sind implizite Wahlempfehlungen im Hinblick auf eine mögliche Beeinflussung des Wählerverhaltens sogar als problematischer einzustufen. Ein Endorsement sorgt für „klare Verhältnisse". Die Leser wissen, was sie erwartet. Und sie können sich dementsprechend verhalten – z.B. können sie sich dafür entscheiden, die Zeitung nicht zu lesen oder sie können die Berichterstattung jetzt im Lichte des Zusatzwissens einschätzen, wer nach Meinung der Redaktion eine Wahl gewinnen sollte. Implizite Wahlempfehlungen sind subtiler. Sie sind „versteckte" Kommentare, vor denen sich die Leser etwas schwerer „schützen" können als vor offenen Aussagen.

*Schaubild 6: „Wahlempfehlungen" vor der deutschen Bundestagswahl 2002 im Medienvergleich (Zahl der Kriterien, bei denen eine Partei bevorzugt wurde – von insgesamt 18 Kriterien)*

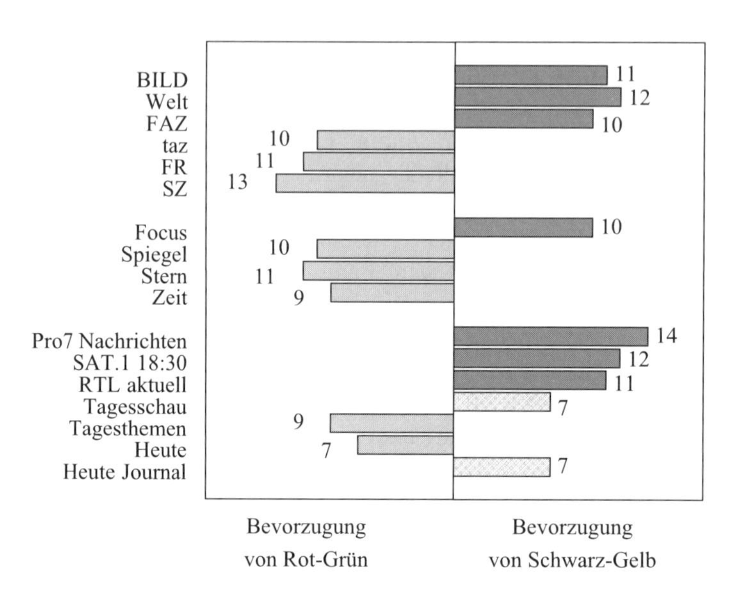


Quelle: Medien Tenor.

So argumentiert auch Rettich (2002: 12): Der Unterschied zu anderen Zeitungen lag bei der Bundestagswahl 2002 darin, „dass die FTD ihre Position offen zusammengefasst hat und ihren Lesern somit erkennbar die Auseinandersetzung mit der redaktionellen Linie anbot". Ähnlich sieht dies Kurt Kister, der in der *Süddeutschen Zeitung* vom 17.9.2002 schrieb: „Eine solche Wahlempfehlung hat auch nichts mit ‚Bevormundung der Leser' zu tun, wie dies ein Publizistikprofessor behauptet. In Kommentaren wird Meinung ausgedrückt, und wenn sie gut sind, dann liest man eine dezidierte Meinung. Eine Wahlempfehlung ist nichts anderes als eine dezidierte Meinungsäußerung... Wer sich aber dadurch bevormundet fühlt, der hat die Funktion des Kommentars nicht verstanden".

Ein Kommentar – mithin auch ein Endorsement – ist jedenfalls „ehrlicher" als es implizite Wahlempfehlungen sind. Und die Klage darüber, dass Medien mit dem Aussprechen von Endorsements von Beobachtern zu politischen Akteuren werden, ist naiv: Medien sind auch ohne Endorsement politische Akteure. „Die Medien stehen nicht außerhalb des politischen Systems, sie sind ein Teil davon“ (Rettich 2002: 10). Die Transparenz ihrer redaktionellen Entscheidungen, die in der Summe eine implizite Wahlentscheidung bedeuten können, wäre jedenfalls ein Beitrag dazu, diese Rolle besser erkennen und sich mit ihr auseinandersetzen zu können.

## Literaturverzeichnis

Bartle, John (2002): Why Labour Won – Again. In: King, Anthony (Hrsg.): Britain at the Polls, 2001. New York/London: Seven Bridges Press, 164-206.

Brettschneider, Frank (2002): Die Medienwahl 2002: Themenmanagement und Berichterstattung. In: Aus Politik und Zeitgeschichte, 49-50, 36-47.

Brettschneider, Frank (2005): Massenmedien und Wählerverhalten. In: Falter, Jürgen W./Schoen, Harald (Hrsg.): Handbuch Wahlforschung. Wiesbaden: VS Verlag, 473-500.

Butler, David/Kavanagh, Dennis (2002): The British General Election of 2001. Basingstoke: Palgrave.

Donsbach, Wolfgang (1991): Medienwirkung trotz Selektion. Einflußfaktoren auf die Zuwendung zu Zeitungsinhalten. Köln/Weimar/Wien: Böhlau.

Hagen, Lutz (1992): Die opportunen Zeugen. Konstruktionsmechanismen von Bias in der Zeitungsberichterstattung über die Volkszählungsdiskussion. In: Publizistik, 37, 444-460.

Hömberg, Walter (2002): Tabubruch in der deutschen Zeitungslandschaft. Walter Hömberg im Interview mit Florian Bergmann. http://www.e-politik.de/ www.e-politik.de/beitragd8dc.html?Beitrag_ID=1881, zugegriffen am 19.9.2002.

Iyengar, Shanto/Kinder, Donald R. (1987): News That Matters. Television and American Opinion. Chicago/London: University of Chicago Press.

Kepplinger, Hans Mathias (1989): Theorien der Nachrichtenauswahl als Theorien der Realität. In: Aus Politik und Zeitgeschichte, B15, 1-16.

Kepplinger, Hans Mathias (in Zusammenarbeit mit Brosius, Hans-Bernd/Staab, Joachim Friedrich/Linke, Günter) (1989a): Instrumentelle Aktualisierung. Grundlagen einer Theorie publizistischer Konflikte. In: Kaase, Max/Schulz, Winfried (Hrsg.): Massenkommunikation. Theorien, Methoden, Befunde. Sonderheft 30 der Kölner Zeitschrift für Soziologie und Sozialpsychologie. Opladen: Westdeutscher Verlag, 199-220.

Kepplinger, Hans Mathias/Gotto, Klaus/Brosius, Hans-Bernd/Haak, Dietmar (1989b): Der Einfluß der Fernsehnachrichten auf die politische Meinungsbildung. Freiburg/München: Alber.

Klein, Malcolm W./Maccoby, Nathan (1954): Newspaper Objectivity in the 1952 Campaign. In: Journalism Quarterly, 31, 285-296.

Mitchell, Greg (2004): Daily Endorsement Tally. Kerry Wins, Without Re-count. In: Editor & Publisher, 5.11.2004.

Page, Benjamin I. (1996): The Mass Media as Political Actors. In: PS: Political Science and Politics, 29, 20-24.

Rettich, Markus (2002): Wahlempfehlungen – eine Frage der Glaubwürdigkeit. In: Medien Tenor, 125, 10-13.
Roth, Dieter/Jung, Matthias (2002): Ablösung der Regierung vertagt. Eine Analyse der Bundestagswahl 2002. In: Aus Politik und Zeitgeschichte, B49-50, 3-17.
Semetko, Holli A./Schönbach, Klaus (2003): News and Elections. German Bundestag Campaigns in the *Bild*, 1990-2002. In: Press/Politics, 8, 54-69.
Seymour-Ure, Colin (2002): New Labour and the Media. In: King, Anthony (Hrsg.): Britain at the Polls, 2001. New York/London: Seven Bridges Press, 117-142.
Weaver, David H. (1991): Issue Salience and Public Opinion. Are There Consequences of Agenda-Setting? In: International Journal of Public Opinion Research, 3, 53-68.
Weischenberg, Siegfried (2002): Medienexperte. „FTD" überschreitet die Grenzen des Journalismus. http://dpaspecial.stimme.de/wahl2002/zusammen5.html.
Zaller, John (1992): The Nature and Origins of Mass Opinion. Cambridge: Cambridge University Press.

# Politischer Parallelismus in Sachen Europa – Zur Synchronisierung der Meinungen der europäischen Presse im Haider-Konflikt

*Barbara Berkel*

## 1 Einleitung[1]

Mit der gestiegenen politischen Bedeutung der Europäischen Union während des vergangenen Jahrzehnts ist eine lebendige wissenschaftliche Diskussion darüber entstanden, ob und inwiefern Medien zur Entwicklung einer europäischen Öffentlichkeit beitragen. Im Rahmen dieser Perspektive zielt dieser Beitrag darauf ab, komparativ zu untersuchen, ob und inwiefern Massenmedien europäische Konflikte *aktiv* formen und dadurch zur Herausbildung einer europäischen Öffentlichkeit beitragen. Die aktive Rolle von Medien ist gerade bei politischen Konflikten brisant. Zum einen legt die Medienwirkungsforschung nahe, dass die Medien vor allem bei kontroversen Debatten in der Lage sind, Meinungsbildungsprozesse zu beeinflussen. Zum anderen kommt gerade bei kontroversen Auseinandersetzungen die duale Rolle der Medien in der Öffentlichkeit als Forum der Debatte *und* als Teilnehmer der Debatte zum Tragen. Während dieser Zusammenhang bisher insbesondere bei nationalen Konflikten untersucht wurde, soll im vorliegenden Beitrag geklärt werden, inwieweit dieses Potential der Medien auch in europäischen Debatten erkennbar ist.

Grundlage der Untersuchung ist eine Fallstudie der sog. Haider-Debatte, die einen der wenigen genuinen europäischen Konflikte darstellt. Im Mittelpunkt stehen die politischen Positionen von Zeitungen in der Haider-Debatte im Vergleich zu den Positionen der am Konflikt beteiligten politischen Akteure. Zwei Forschungsfragen sollen auf der Grundlage einer Inhaltsanalyse von Zeitungen aus Österreich, Frankreich, Großbritannien und Deutschland bearbeitet werden: Wie positionieren sich die Printmedien in diesen Ländern im Haider Konflikt als Sprecher mit eigener Stimme und eigenen Meinungen? Lassen sich in den verschiedenen Ländern überhaupt

1 Dieser Artikel ist eine grundlegend überarbeitete und leicht veränderte deutsche Version einer Veröffentlichung (Berkel 2006a) in Communications. Ich danke Winfried Schulz für seine inspirierende und aktive Unterstützung beim Erstellen des Artikels.

eigene Medienpositionen identifizieren oder können wir davon ausgehen, dass in der Meinungsbildung über diesen europäischen Konflikt ein politischer Parallelismus zwischen politischen Akteuren und Medien zum Tragen kommt? Die zweite Dimension der Untersuchung bezieht sich auf die publizistische Funktion von Medien in der politischen Berichterstattung. Hier stellt sich die Frage, ob bzw. inwiefern die Positionen der Medien ihre Fähigkeit beeinflussen, als mehr oder weniger neutrales Forum einer Debatte zu fungieren. Um die Forschungsfragen zu beantworten, wird die Profilierung der politischen Positionen der Presse im Haider-Konflikt sowohl in Bezug auf die Nachrichten als auch in Kommentaren gemessen und gefragt, inwieweit hier Synchronisierungen zu beobachten sind.

Der vorliegende Beitrag verfolgt eine kommunikationswissenschaftliche Perspektive und verbindet diese mit öffentlichkeitstheoretischen Überlegungen. In einem ersten Schritt wird zunächst die Rolle von Medien in der politischen Öffentlichkeit diskutiert und der Hintergrund der Haider-Debatte erläutert. Im zweiten Teil werden die Methode und die Befunde der Inhaltsanalyse von Zeitungen aus vier EU-Ländern vorgestellt, die die Grundlage der empirischen Fallstudie bilden. Für die wissenschaftliche Diskussion um die Herausbildung einer europäischen Öffentlichkeit[2] ergibt sich im Fall der Profilierung der Medien als proaktive Sprecher für oder gegen europäische Positionen, dass diesen Akteuren gerade bei europäischen Konflikten enorme Bedeutung als Motoren oder Hindernisse der europäischen Integration und der Demokratisierung der EU zukommen kann.

## 2 Zur Rolle der Presse in medienvermittelten Konflikten

Das Konzept der medieninduzierten Öffentlichkeit unterscheidet drei zentrale Akteure: Sprecher, Medien und Publikum. Charakteristisch für dieses Modell ist, dass Sprecher und Publikum nur selten direkt miteinander interagieren und daher auf die Vermittlungsleistung der Medien angewiesen sind (Neidhardt 1994: 10). In Konfliktzeiten bedeutet das, dass sich die Sprecher

---

2 In Bezug auf die Herausbildung einer europäischen Öffentlichkeit zeigen empirische Studien bislang ein eher widersprüchliches Bild. Einerseits wird festgestellt, dass die Berichterstattung trotz der zunehmenden politischen Bedeutung der EU national fokussiert bleibt und europäische Entscheidungen und Diskussionen kaum reflektiert (Gerhards 2000: 288; Kevin 2003; Peter 2003). Andererseits zeigen aktuelle Analysen von Pressekommentaren, dass Medien in ihren eigenen Kommentaren Europa überproportional häufig thematisieren (Pfetsch/Koopmanns 2006; Pfetsch 2004) und den Prozess der europäischen Integration mehrheitlich unterstützen (Eilders/Voltmer 2004; Pfetsch et al. 2007). Vergleiche zu dieser Diskussion auch die Beiträge in Langenbucher und Latzer (2006).

(z.B. opponierender Parteien) via Massenmedien adressieren. Bei ihren Äußerungen müssen sie auch die Reaktionen des Publikums bedenken, das die Debatte über die Medien verfolgt. Das Publikum wird oftmals zur dritten Partei in einer Kontroverse, da seine Reaktionen mitentscheiden können, welche Partei die Oberhand bekommt (Kepplinger/Brosius/Staab 1991; vgl. Kepplinger 1994: 219ff.; Berens 2001: 58ff.). Alle drei Akteurskategorien benötigen das mediale Forum, um den Verlauf der Debatte beobachten zu können (Gurevitch/Blumler 1990: 270; Jarren 1994: 7).

Dank ihrer Position als Gatekeeper können Massenmedien als einziger Öffentlichkeitsakteur zwei unterschiedliche Rollen einnehmen: Einerseits stellen sie ein *Forum* für öffentliche Diskurse zur Verfügung, das den Beteiligten erlaubt, Argumente auszutauschen und zu versuchen, sich gegenseitig bzw. das Publikum zu beeinflussen. Andererseits können die Medien eigene Konfliktansichten veröffentlichen und so als eigenständige *Sprecher* in einer Debatte auftreten. Diese Rolle wird am deutlichsten sichtbar im Genre des Kommentars (vgl. Eilders/Neidhardt/Pfetsch 2004). Normative Theorien über die Funktionen von Medien fordern eine strikte Trennung der Rolle von Medien als Forum und als Sprecher. Die klare Trennung von Nachricht und Meinung, Interpretation oder Kommentar gilt als Schlüsselkriterium in Bezug auf die Informationsqualität von Massenmedien (McQuail 1992: 197). In ihrer Funktion als Forum sollten Medien daher ihre Aktivität auf die Selektion von Nachrichten beschränken. In Kommentaren hingegen ist es legitim, wenn Medien ihre eigenen Ansichten vertreten und sich in einer Debatte positionieren (Neidhardt et al. 2004: 12).

Die Erforschung von Verzerrungen in der Berichterstattung („news bias") fokussiert auf potenzielle Verletzungen dieses Objektivitätsmaßstabs. Jandura und Großmann (2003) unterscheiden drei unterschiedliche Herangehensweisen, um potenzielle Verstöße gegen die Regel der Trennung von Nachricht und Meinung zu untersuchen: Das Hauptaugenmerk der Forschung liegt auf der Frage, inwiefern die in den Kommentaren abgebildete redaktionelle Linie einer Zeitung auch die Nachrichtenberichterstattung färbt. Die Pionierstudie von Schönbach (1977) hat den Ausdruck der „Synchronisation" für Nachrichten geprägt, die die expliziten Urteile in den Kommentaren widerspiegelt. Die zweite Herangehensweise konzentriert sich auf die Neigung von Massenmedien, bevorzugt über solche Akteure zu berichten, die die jeweilige redaktionelle Linie unterstützen. Hierbei geben Medien so genannten „opportunen Zeugen" bevorzugt das Wort (Hagen 1993), deren Position den eigenen Kommentaren der Zeitung entspricht. Schließlich gibt es Befunde, dass eine Art der Verzerrung durch die Parallelisierung der Themenagenden in Nachrichten und Kommentaren stattfindet (Eilders 1999).

Diese und andere Formen des sog. news-bias werden üblicherweise interpretiert als bewusste Strategien der Medien, politischen Einfluss zu nehmen. Eine Folge davon ist es, dass die Medien als Institutionen oder – aus personalisierter Perspektive –die Journalisten verdächtigt werden, ihre Rolle zu (miss-)brauchen, um politische Präferenzen zu verfechten (Page 1996: 21; vgl. auch die These der „instrumentellen Aktualisierung" von Kepplinger 1994; Patterson/Donsbach 1996). Dazu kommt, dass die Presse in vielen Ländern Europas lange Zeit mit den politischen Parteien verbunden war. Auch diese Abhängigkeit hat die Presse anfällig gemacht für verschiedene Formen der politischen Parteinahme, die sowohl in Nachrichten als auch in Kommentaren erkennbar ist. Colin Seymour-Ure (1974) hat in diesem Zusammenhang die These des *„party-press-parallelism"* formuliert, die auf der Beobachtung beruht, dass sich viele Zeitungen in Europa auch nach dem Niedergang der Parteipresse auf einer politischen Skala von links nach rechts anordnen lassen (vgl. auch Blumler/Gurevitch 1975). Wie Hallin und Mancini in ihrer komparativen Studie heutiger Mediensysteme betonen, wird „party-press-parallelism" als wortwörtliche Eins-zu-eins-Beziehung von Zeitungen und politischen Parteien zunehmend unwahrscheinlich. Sie schlagen daher vor, das Ausmaß, in dem eindeutige politische Richtungen die aktuelle Nachrichtenberichterstattung und manchmal sogar die Unterhaltungsteile von Medien prägen, als *„political parallelism"* zu bezeichnen (Hallin/Mancini 2004: 28).

Inhaltsanalysen der Berichterstattung über innenpolitische Themen ergeben üblicherweise eine Einordnung deutscher Tagezeitungen von links nach rechts (z.B. Kepplinger 1985; Hagen 1993; Lüter 2004). In der komparativen Forschung werden Zeitungen meist als „links von der Mitte" oder „rechts von der Mitte" kategorisiert (z.B. Hallin/Mancini 2004; Trenz 2002). Mit Blick auf europapolitische Themen ist diese Einteilung jedoch nicht so selbstverständlich. Die „cleavages" in diesem Politikfeld spannen sich um widerstreitende Positionen wie „Föderation mit starken supranationalen Institutionen" vs. „Verband mit starken Nationalstaaten" oder „Vertiefung" vs. „Erweiterung". Regionale oder nationale Unterschiede erhalten zusätzliches Gewicht. Daher argumentieren Europaforscher (z.B. Mittag/Wessels 2003: 419), dass die klassische links-rechts Unterscheidung die Konfliktlinien in der Europapolitik kaum fasst.

Gerade vor diesem Hintergrund erscheinen die politischen Positionen der Medien in verschiedenen Ländern in Bezug auf eine genuine transnationale Debatte als wichtiges Desiderat. Im Mittelpunkt der weiteren empirischen Untersuchung wird die politische Profilierung der Presse in Nachrichten und Kommentaren analysiert und gefragt, ob ihre Haltung mit Kategorien der links-rechts Skala und des politischen Parallelismus angemessen beschrieben werden kann. Als Fallbeispiel wird die sog. Haider-Debatte gewählt, die einen genuinen transnationalen politischen Konflikt innerhalb der EU markiert. Durch seinen eindeutigen europapolitischen Bezug erfüllt der Haider-Konflikt grundlegende Voraussetzungen, um untersuchen zu können, wie sich nationale Medien mit Blick auf die europäische Integration positionieren und ob sich ihre Haltungen nach politisch-ideologischen Präferenzen profilieren.

## 3 Politischer Hintergrund des Haider-Konflikts

Der Haider-Konflikt stellt einen der tiefgreifendsten aktuellen Konflikte im Politikfeld der europäischen Integration dar. Die Auseinandersetzung begann im Frühjahr 2000, nachdem 14 EU-Mitgliedsstaaten als Reaktion auf die Regierungsbeteiligung der rechts-populistischen Partei ÖVP entschieden, Sanktionen gegenüber Österreich zu verhängen. Hintergrund waren rassistische und ausländerfeindliche Äußerungen des FPÖ-Vorsitzenden Jörg Haider. Um zu demonstrieren, dass solche Einstellungen nicht kompatibel mit den Werten der EU sind, froren die 14 anderen Mitgliedsstaaten alle bilateralen Kontakte mit Österreich ein.

Dieser Konflikt ist besonders interessant mit Blick auf die Frage der europäischen Öffentlichkeit. Da das Politikfeld der europäischen Integration primär auf europäischer Ebene entschieden wird, sind die Standpunkte und Strategien europäischer Akteure für alle Mitgliedsländer relevant. Historisch gesehen war der Haider-Konflikt bislang der einzige Fall einer konzertierten Aktion von EU-Ländern mit dem Ziel, die Regierung eines anderen Mitgliedslandes für ihr innenpolitisches Verhalten zu „bestrafen". Entsprechend hitzig wurde die Debatte über die Legitimität einer solchen Aktion und die Grenzen der nationalen Souveränität geführt. Betont werden muss, dass die Sanktionen nicht gedeckt waren von den Rechtsvorschriften der gemeinsamen europäischen Verträge. EU-Institutionen haben deshalb nicht explizit an der Sanktionspolitik teilgenommen (Öhlinger 2000). Trotz alledem bezog sich die von Medien vermittelte Diskussion meist auf „die EU" oder eine fiktive Konstruktion der „EU-14", was implizierte, dass die Sanktionen aus einer legitimen Entscheidung der EU resultierten.

Wie die Darstellung des politischen Hintergrundes des Konfliktes zeigt, erfüllt die Auseinandersetzung durch ihren eindeutig transnationalen

Charakter und die Beteiligung und Betroffenheit von nationalen und europäischen Akteuren wichtige Voraussetzungen für einen Anlass, zu dem sich – wenigstens temporär – eine europäische Öffentlichkeit herausbilden kann (Berkel 2006b; Van de Steeg 2006). Wie sich die Medien, insbesondere die Presse, in dieser Konstellation als eigenständige Akteure profilieren, soll in der weiteren empirischen Untersuchung geklärt werden.

## 4 Design und Methode

Die empirische Studie umfasst eine Inhaltsanalyse von so genannten Qualitätszeitungen in verschiedenen europäischen Ländern. Die Untersuchungsländer wurden nach einem modifizierten „most similar systems design“ ausgewählt. Deutschland, Frankreich und Großbritannien werden einbezogen aufgrund ihrer kulturell-politischen Ähnlichkeit als „große“ Länder der EU. Zusätzlich stellen die Länder unterschiedliche Positionen im Konflikt dar. Deutschland, Frankreich und Großbritannien gehören zu den 14 Mitgliedsstaaten, die die Sanktionen gegenüber Österreich erhoben haben. Österreich hingegen hat den Konflikt ausgelöst und nimmt daher gegenüber den anderen Ländern eine Außenseiterposition ein.

Pro Land werden jeweils zwei Qualitätszeitungen mit unterschiedlicher politischer Orientierung untersucht, die als links bzw. rechts von der Mitte gelten können: *Süddeutsche Zeitung* (*SZ*) und *Frankfurter Allgemeine Zeitung* (*FAZ*) in Deutschland, *Le Monde* und *Le Figaro* in Frankreich, *The Guardian* und *The Times* in Großbritannien und *Der Standard* und *Die Presse* in Österreich. Obwohl die Auflage der untersuchten Zeitungen im Vergleich zu manch regionaler oder Boulevard-Zeitung klein erscheint (etwa 400.000 in den größeren Ländern und etwa 100.000 in Österreich),[3] gelten sie als Meinungsführermedien, die überdurchschnittlich stark von anderen Journalisten genutzt werden, und wiederum andere Medien beeinflussen (Reinemann 2005; Shoemaker/Reese 1996: 122ff.; Wilke 1998: 161).

In die Inhaltsanalyse einbezogen wurden sämtliche Artikel mit Bezug zu Themen der europäischen Integration[4], die während des Haider-Konflikts erschienen. Der Untersuchungszeitraum umfasst die Periode zwischen dem

---

3 Die einzige Ausnahme stellt The Times dar, die mit einer Auflage von über 700.000 am stärksten verbreitet wird.

4 Dazu zählen auch Unterthemen wie „nationale vs. europäische Identität/gemeinsame Werte“, Rolle eines Landes oder einer Gruppe von Ländern innerhalb der EU“, „Beziehung zwischen der EU und Nationen/Regionen“ und „Institutionelle Struktur und Beziehung zwischen EU-Institutionen“.

28. Januar und dem 25. März 2000[5]. Die Artikel wurden im Rotationsverfahren aus der Datenbank *Lexis-Nexis* an jedem zweiten Tag des Erhebungszeitraums ausgewählt. Um die Stimme der Zeitungen vollständig zu erheben, wurden die politischen Kommentare an jedem Tag im Erhebungszeitraum selektiert.

Die Vercodung der Artikel[6] folgt der Logik der sog. „claims"-Analyse (Koopmans/Statham 1999). Claims werden als strategische Äußerungen betrachtet, mit denen ein Sprecher seine politische Meinung öffentlich macht. In der vorliegenden Analyse werden sämtliche „Claims" von Journalisten und anderen Akteuren berücksichtigt, die in Nachrichten und Kommentaren erscheinen. Ein Kommentar entspricht per Definition einem Claim eines Mitglieds der entsprechenden Zeitungsredaktion. Die Inhaltsanalyse wurde entlang einer adaptierten Version des von Ruud Koopmanns (2002) entwickelten „Claims"-Codebuchs von der Autorin durchgeführt. Die Änderungen sind bei Berkel (2006b: 228f.) dokumentiert. Durch die „Claims"-Struktur der Vercodung der Artikel kann die argumentative Struktur von politischen Kommunikationsinhalten analysiert werden. Für das Ziel dieser Studie relevant sind drei Variablen: (1) der *Sprecher*, der eine politische Forderung aufstellt oder eine Aussage macht, (2) die *Adressaten, an* die sich die Forderung bzw. Aussage richtet, und (3) die *Bewertung* der Adressaten. Die positiven oder negativen Bezüge eines Sprechers zu anderen Akteuren zeigt dessen Position im Konflikt.

Insgesamt wurden 352 wertende Bezüge zu anderen Akteuren durch Journalisten und 1.908 wertende Bezüge durch andere Sprecher aus dem politisch-gesellschaftlichen Bereich codiert. Die öffentlichen Sprecher während der Haider-Debatten haben ihre Bewertungen auf zwei Akteursgruppen fokussiert: Das politische Zentrum Österreichs und das politische Zentrum der EU. Unter *politisches Zentrum* zusammengefasst werden die Mitglieder der Exekutive, Legislative und Judikative. Die folgende Analyse beschränkt sich auf die Bezüge der Sprecher zu den Hauptadressaten, dem politischen Zentrum der EU und Österreichs. Auf diese Akteure bezogen sich – wie

5 Beginnend mit dem offiziellen Scheitern der Verhandlungen zwischen ÖVP und SPÖ (28. Januar) und endend mit dem europäischen Gipfeltreffen, an dem entschieden wurde, die Sanktionen gegenüber Österreich vorerst aufrechtzuerhalten (25. März).

6 Die Codierung wurde von der Autorin durchgeführt, die in dem internationalen Forscherteam von „Europub.com" (http://europub.wz-berlin.de/) geschult wurde. Im Rahmen des Projekts „Europub.com" hat die Autorin an Pre- und Reliabilitätstests auf der Grundlage von englisch- und französischsprachigen Artikeln teilgenommen. Die Ergebnisse der Reliabilitätstests weisen große Inter-Coder-Reliabilität auf (Reliabilitätskoeffizient von 0.92 für Nachrichtenartikel und 0.87 für Kommentare).

Tabelle 1 zeigt – 266 Bewertungen durch Journalisten und 1.521 Bewertungen durch andere Sprecher.

*Tabelle 1: Anzahl der Wertbezüge von Journalisten und anderen Sprecher*

| | | | **Wertende Bezüge durch** | | | |
|---|---|---|---|---|---|---|
| **Zeitungen** | | | **Journalisten** | | **andere Sprecher** | |
| Deutschland | | | 72 | | 312 | |
| | *Süddeutsche Zeitung* | *(links)* | | *21* | | *155* |
| | *Frankfurter Allgemeine Zeitung* | *(konservativ)* | | *51* | | *157* |
| Frankreich | | | 48 | | 258 | |
| | *Le Monde* | *(links)* | | *40* | | *187* |
| | *Le Figaro* | *(konservativ)* | | *8* | | *71* |
| Großbritannien | | | 24 | | 155 | |
| | *The Guardian* | *(links)* | | *11* | | *79* |
| | *The Times* | *(konservativ)* | | *13* | | *76* |
| Österreich | | | 122 | | 796 | |
| | *Der Standard* | *(links)* | | *83* | | *430* |
| | *Die Presse* | *(konservativ)* | | *39* | | *366* |
| **Gesamt** | | | 266 | | 1521 | |

# 5 Ergebnisse

## *5.1 Wie positioniert sich die Presse als Sprecher im Konflikt?*

In einem ersten Schritt wird untersucht, inwiefern die Zeitungen sich als Sprecher in Bezug auf die Akteure des politischen Zentrums Österreichs und der EU positionieren. Dazu werden alle expliziten „claims" von Journalisten, die in Nachrichten oder Kommentaren sichtbar werden, analysiert. Beide Genres einzubeziehen, ist gerechtfertigt, da Zeitungen oftmals kommentierende Bemerkungen in Nachrichtenartikel einfließen lassen.[7] Die Mittelwerte der positiven und negativen Bewertungen des politischen Zentrums von

7 Studien, die die „Stimme der Medien" nur über das Genre des Kommentars analysieren (z.B. Eilders/Voltmer, 2004; Pfetsch, 2004) unterschätzen die Aktivität der Presse, da sie mögliche indirekte Kommentare, die von Journalisten in Nachrichten oder Hintergrundberichten integriert werden, außer Acht lassen.

Österreich und der EU durch Journalisten spiegeln die redaktionellen Linien der jeweiligen Zeitungen im Haider-Konflikt wider.[8]

Die Presse argumentiert – wie Tabelle 2 zeigt – nahezu einstimmig gegen die Beteiligung der FPÖ an der österreichischen Bundesregierung. Alle Zeitungen, mit der deutschen *FAZ* als einziger Ausnahme, distanzieren sich deutlich von den österreichischen Zentrumsakteuren. Trotz dieser länderübergreifenden Übereinstimmung zeigen die Bewertungen ein erstaunliches links-rechts Schema. Erstens ist die links-orientierte Presse weitaus kritischer gegenüber dem Zentrum Österreichs eingestellt. Zweitens kritisieren die konservativen Zeitungen zusätzlich das Zentrum der EU: Während die konservative Presse die Sanktionspolitik nicht als adäquate Reaktion auf die Regierungsbeteiligung der rechtspopulistischen FPÖ beurteilt, unterstützt die links-orientierte Presse diese Strategie.

*Tabelle 2: Bewertungen der zwei Hauptadressaten durch Journalisten*

| | **Zentrum Österreichs** | | **Zentrum der EU** | |
|---|---|---|---|---|
| | Mittelwerte* | **(N)** | Mittelwerte* | **(N)** |
| Deutschland | | | | |
| *Süddeutsche Zeitung* | -0.56 | *(9)* | -0.83 | *(12)* |
| *Frankfurter Allgemeine Zeitung* | +0.17 | *(29)* | -0.64 | *(22)* |
| Frankreich | | | | |
| *Le Monde* | -0.73 | *(30)* | +0.20 | *(10)* |
| *Le Figaro* | -0.50 | *(4)* | -0.50 | *(4)* |
| Großbritannien | | | | |
| *The Guardian* | -0.71 | *(7)* | +0.50 | *(4)* |
| *The Times* | -0.56 | *(9)* | -1.00 | *(4)* |
| Österreich | | | | |
| *Der Standard* | -0.64 | *(67)* | +0.50 | *(16)* |
| *Die Presse* | -0.50 | *(20)* | -0.58 | *(19)* |

* Die standardisierten Mittelwerte geben das Verhältnis zwischen positiven und negativen Bewertungen von Journalisten in Kommentaren und Nachrichten an

8 Die Mittelwerte werden berechnet, indem die Anzahl der negativen Wertungen eines Adressaten von der Anzahl der positiven subtrahiert und das Ergebnis durch die Gesamtzahl aller wertenden Bezüge dividiert wird. Der maximal negative Wert von „-1“ bedeutet, dass sämtliche Wertungen eines Adressaten negativ waren, der maximal positive Wert „+1“, dass sämtliche Wertungen positiv waren.

Eine von den anderen Ländern leicht abweichende Einschätzung des Konflikts wird in Deutschland sichtbar. Die *Frankfurter Allgemeine Zeitung* (FAZ) hat als einzige Zeitung die Stellung des österreichischen Zentrums unterstützt. In ihren Kommentaren betont sie, dass die ÖVP eine „proeuropäische Partei"[9] sei und die österreichische Regierung sich „höchst korrekt und gemeinschaftstreu" verhalte, obwohl Österreich behandelt würde „als wüte dort die Pest".[10] Die *Süddeutsche Zeitung* (SZ) hat die Zentrumsakteure Österreichs weit weniger kritisch bewertet als die anderen europäischen liberalen Zeitungen und, als einzige liberale Zeitung, die Zentrumsakteure der EU massiv kritisiert. Einerseits kritisiert die SZ die Regierungsbeteiligung der FPÖ, da insbesondere Haider Ausländerfeindlichkeit schüre und Geschichtsrevisionismus betreibe,[11] andererseits verurteilt sie die „Überreaktion der EU"[12], die zu einer „Realität der Ausgrenzung mitten in Europa"[13] geführt habe. Sicherlich reflektiert diese Haltung der SZ (mit Sitz in München und Hauptverbreitungsgebiet in Bayern) zum Teil das Meinungsklima in Bayern. Dort lehnt die regierende CSU die Sanktionen gegen Österreich vehement ab. Insgesamt kommt in der Skepsis der FAZ- und SZ-Journalisten gegenüber den Sanktionen eine landesspezifische, vergleichsweise starke Verbundenheit Deutschlands mit dem österreichischen Nachbarn zum Ausdruck.

Das klare links-rechts Muster in den journalistischen „Claims" führt zu der Frage, inwiefern dieses Meinungsspektrum möglicherweise den Positionen der parlamentarisch repräsentierten politischen Parteien entsprechen, wie es die These des „party-press-parallelism" nahe legt. Idealerweise müsste dies durch einen Vergleich mit Parteiprogrammen oder durch Experteninterviews überprüft werden (vgl. Ray 1999). Solche „medien-externen" Datenquellen, die die Positionen der politischen Parteien zu dem ausgewählten Konflikt analysieren, stehen hier nicht zur Verfügung. Aus diesem Grund wird die Positionierung der Parteien über die „Claims" untersucht, die von den Medien in ihren Nachrichtenartikeln berichtet werden. Die folgende Analyse ist gestützt auf die positiven und negativen Werturteile aller Sprecher mit erkennbarer parteipolitischer Zugehörigkeit, kategorisiert in ein „linkes" und ein „rechtes Lager".[14] Um mögliche Verzerrungseffekte durch

9 Kommentar von Klaus-Dieter Frankenberger vom 11. Februar 2000.
10 Kommentar von Peter Hort vom 28. Februar 2000.
11 Kommentar von Stefan Kornelius vom 8. Februar 2000.
12 Kommentar von Annette Ramelsberger vom 11. Februar 2000.
13 Kommentar von Cornelia Bolesch vom 16. März 2000.
14 Als „links" wurden alle Akteure kommunistischer, sozial-demokratischer und grüner Parteien und als „rechts" alle Akteure liberaler, konservativer und rechtsextremer Parteien kategorisiert.

zeitungsspezifische Selektionsregeln zu minimieren, werden die Claims aller Zeitungen pro Land zusammengefasst. Die Mittelwerte demonstrieren, wie die Medien in den Untersuchungsländern die Positionierung der Parteiakteure darstellen.

Die Bewertung folgt einem bekannten Muster: Nahezu alle politischen Sprecher distanzieren sich kritisch von den Zentrumsakteuren Österreichs (mit Ausnahme der rechts-orientierten Sprecher in Deutschland). Dabei fällt die Kritik durch die links-orientierten politischen Sprecher deutlich schärfer aus. Die Rolle der Zentrumsakteure der EU wird ambivalent beurteilt: Das „rechte Lager“ lehnt die Sanktionspolitik ab, das „linke Lager“ befürwortet sie. Schon auf den ersten Blick wird deutlich, wie sehr sich die Positionen der politischen Sprecher den politischen Haltungen der Zeitung gleichen. Die gleichförmige Richtung der Bewertung wird in Abbildung 1 graphisch deutlich: Alle links-orientierten Zeitungen gruppieren sich rund um eine Position, die dem Standpunkt des links-politischen Spektrums sehr nahe steht. Die konservativen Zeitungen argumentieren hingegen ähnlich wie die konservativen politischen Sprecher.

*Abbildung 1: Bewertungen österreichischer Zentrumsakteure durch die Presse und politische Sprecher (Mittelwerte)**

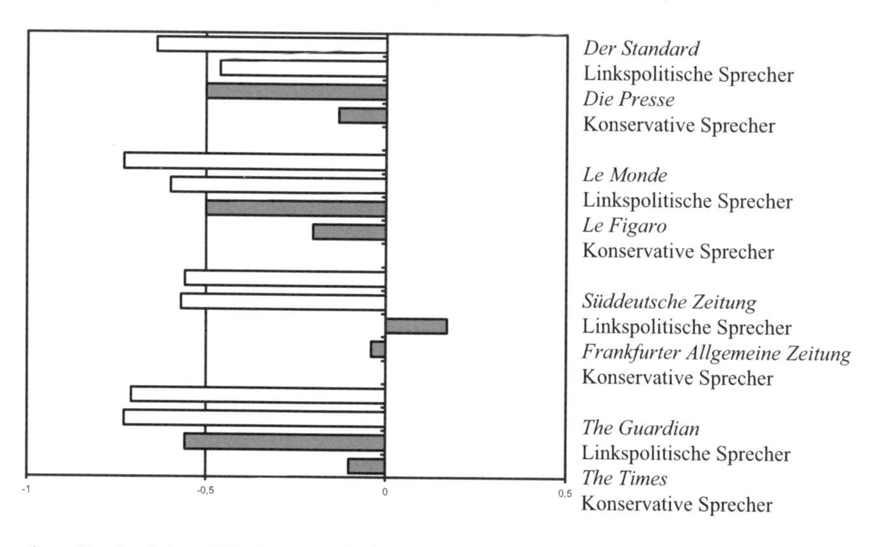


* Standardisierte Mittelwerte zwischen „-1” bis „+1”. Berechnung: Die Anzahl der negativen Bewertungen wird von der Anzahl der positiven Bewertungen subtrahiert und das Ergebnis durch die Summe negativer und positiver Bewertungen geteilt.

Zusammenfassend sprechen die Befunde für die These des „political parallelism“ zwischen Zeitungen und politischen Akteuren. Interessanterweise charakterisiert dieser Mechanismus nicht nur die innenpolitische Debatte, sondern ist auch in der europapolitischen Haider-Debatte offensichtlich.

*Abbildung 2: Bewertungen von EU-Zentrumsakteuren durch die Presse und politische Sprecher (Mittelwerte)**

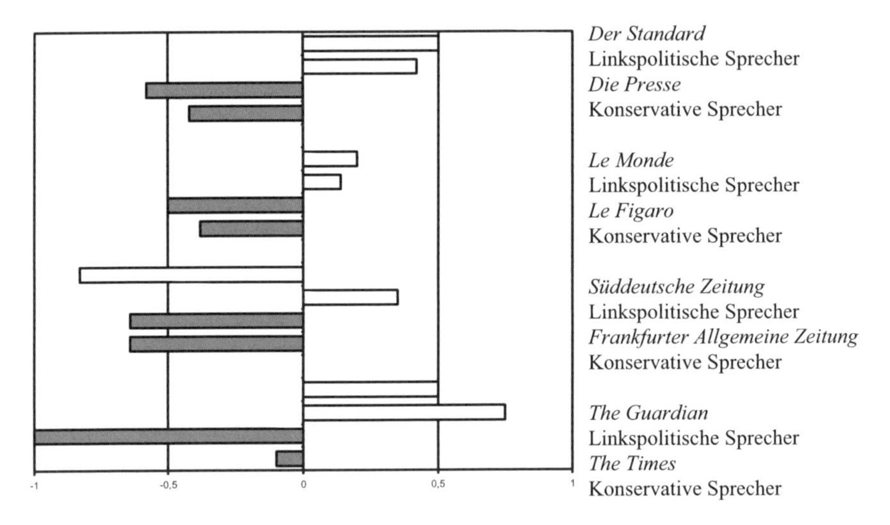


* Standardisierte Mittelwerte zwischen „-1” bis „+1”. Berechnung: Die Anzahl der negativen Bewertungen wird von der Anzahl der positiven Bewertungen subtrahiert und das Ergebnis durch die Summe negativer und positiver Bewertungen geteilt.

## *5.2 Die Performanz der Presse als Forum für die Debatte*

Der Befund, dass die Zeitungen im Haider-Konflikt klar Stellung bezogen haben, führt zu der Frage, ob diese Positionen auch in der Nachrichten-Berichterstattung erkennbar sind. Um die Performanz der Presse als Forum beurteilen zu können, wird erstens untersucht, ob die Journalisten ihre Aktivität als Sprecher auf das Genre des Kommentars beschränkt haben, und zweitens, ob die journalistischen Positionen sich in der Nachrichtenselektion widerspiegeln.

Nimmt man die Norm der Trennung von Nachricht und Meinung ernst, gibt es nur einen Platz, an dem Journalisten ihre Stimme legitimer Weise erheben können, im Genre des Kommentars. Während des Haider-Konflikts haben die Zeitungen ihre eigenen Ansichten jedoch nicht nur auf den Meinungsseiten kundgetan. Ein Beispiel: Am 27. Januar 2000 umschreibt ein Redakteur von *Le Monde* die Nachricht, dass die ÖVP in Österreich mit der FPÖ Koalitionsverhandlungen führe, so: „Die Konservativen streben mit unerschütterlichem Optimismus eine Koalition mit Rechtsextremen an, die die Hälfte Europas sicher verabscheuen wird." Da kein anderer Urheber dieser Einschätzung genannt wird, stammt sie offensichtlich vom Journalisten selbst. Journalistische Werturteile, die mehr oder weniger unterschwellig in Nachrichten einfließen, beeinträchtigen die Objektivität der Berichterstattung. Der Anteil journalistischer Werturteile (wie in Tabelle 1 dargestellt) in den Nachrichten variiert stark nach Zeitung und Land. Am häufigsten kommen indirekte Kommentierungen in französischen Zeitungen vor, am seltensten in deutschen und österreichischen. Dieser Befund hängt sicherlich auch mit den unterschiedlichen Pressekulturen und journalistischen Traditionen zusammen (vgl. dazu auch Donsbach/Patterson 2003). Der hohe Anteil journalistischer Wertungen in Nachrichten in *Le Monde* (69% aller journalistischen „Claims") und in *Le Figaro* (39%) scheint typisch zu sein für den kommentierenden Stil des französischen Journalismus (vgl. Hallin/Mancini 2004: 90ff.). Der hohe Anteil indirekter Kommentierung in britischen Zeitungen jedoch ist überraschend (25% in *The Guardian* und 43% in *The Times*), gilt die Trennung von Nachricht und Meinung gemeinhin doch als Ausweis des angelsächsischen Journalismus. Eine mögliche Erklärung für diesen Befund mag der Druck auf die britische Presse sein, in dem hoch kommerzialisierten Markt durch eine meinungsorientierte Europaberichterstattung Aufmerksamkeit zu wecken (vgl. Adam/Berkel 2006).

Nun kann man einwenden, dass journalistische Wertungen im Nachrichtenteil nicht notwendigerweise die Fähigkeit der Presse beeinträchtigen, ein Forum für politische Debatten zur Verfügung zu stellen. Aufmerksame Leser können die „Claims" von Journalisten erkennen und den Inhalt entsprechend einordnen. Kritischer zu werten ist eine verzerrte Nachrichtenselektion, die für die Leser nicht erkennbar ist, weil sie durch die redaktionelle Linie gesteuert ist und schon vor der Veröffentlichung stattfindet.

Tabelle 3 zeigt, wie die in den Nachrichten zitierten Sprecher (die keine Journalisten sind) die beiden Hauptadressaten, die Akteure des politischen Zentrums in Österreich und EU-Akteure beurteilen. Vergleicht man die Ergebnisse mit Tabelle 2, wird offensichtlich, dass sich die politischen Standpunkte der Zeitungen und die Meinungen der anderen Akteure, die in den Nachrichten berichtet werden, gleichen. So kritisieren die Sprecher, die in den links-orientierten Zeitungen erscheinen, die EU weniger und Österreich stärker, als die Sprecher in der konservativen Presse. Derselbe Unterschied zeigt sich in den eigenen Kommentaren der Zeitungen. Die Zeitungen verweisen in der Haider-Debatte also tendenziell auf *opportune Zeugen*, deren „Bewertungen“ mit der eigenen redaktionellen Linie übereinstimmen.

*Tabelle 3: Bewertungen der zwei Hauptadressaten durch nicht-journalistische Sprecher in den Nachrichten*

| | **Zentrum Österreichs** | | **Zentrum der EU** | |
|---|---|---|---|---|
| | Mittelwerte* | **(N)** | Mittelwerte* | **(N)** |
| Deutschland | | | | |
| *Süddeutsche Zeitung* | -0.36 | *(111)* | -0.13 | *(44)* |
| *Frankfurter Allgemeine Zeitung* | -0.26 | *(107)* | -0.32 | *(50)* |
| Frankreich | | | | |
| *Le Monde* | -0.35 | *(157)* | -0.08 | *(30)* |
| *Le Figaro* | -0.31 | *(52)* | -0.58 | *(19)* |
| Großbritannien | | | | |
| *The Guardian* | -0.47 | *(58)* | +0.24 | *(21)* |
| *The Times* | -0.40 | *(53)* | 0.00 | *(23)* |
| Österreich | | | | |
| *Der Standard* | -0.35 | *(346)* | -0.18 | *(84)* |
| *Die Presse* | -0.25 | *(268)* | -0.19 | *(98)* |

* Die standardisierten Mittelwerte indizieren das Verhältnis zwischen positiven und negativen Werturteilen durch nicht-journalistische Sprecher in den Nachrichten

Wie die Abbildung 3 zeigt, ergibt sich in Bezug auf die politischen Akteure Österreichs eine Korrelation zwischen der redaktionellen Linie der Presse und den selektierten „Claims“ anderer Sprecher. Österreichische Zentrumsakteure werden in den Kommentaren und Nachrichten der links-orientierten Zeitungen stärker kritisiert als in der konservativen Presse (Abbildung 3). Allerdings sind diese Unterschiede relativ gering und erweisen sich in einer Regressionsanalyse als nicht signifikant. Daher ist der Befund, dass die Nachrichtenselektion der Presse auch in europapolitischen Debatten mit der eigenen Kommentarposition synchronisiert ist, nur schwach abgesichert. Dennoch gilt das Ergebnis für alle Qualitätszeitungen in den vier untersuchten Ländern in gleicher Weise.

*Abbildung 3: Bewertungen österreichischer Zentrumsakteure durch Journalisten und andere Sprecher*

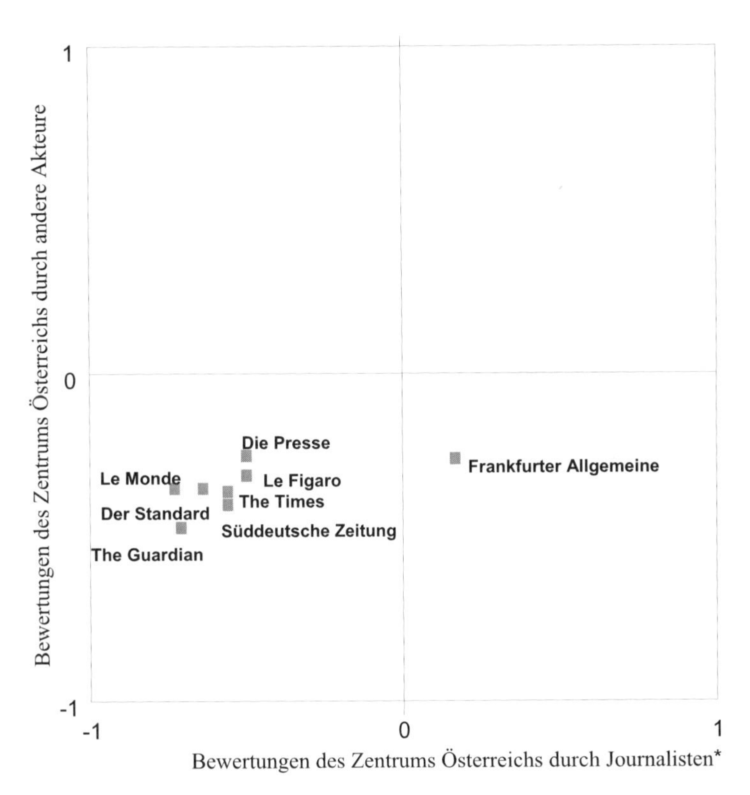


* Die standardisierten Mittelwerte indizieren das Verhältnis zwischen positiven und negativen Werturteilen durch Journalisten und andere Sprecher.

Aus der Struktur der „Claims" wird zudem sichtbar, welche Akteurskonstellationen in verschiedenen Ländern öffentlich werden.[15] Die prominentesten Sprechergruppen in allen Zeitungen sind EU-Akteure und Mitglieder des jeweiligen politischen Zentrums eines Landes. Alle Sprecher, d.h. Journalisten und politische Akteure, adressieren politische Verantwortung auf sehr ähnliche Weise: Sie fordern die Regierung Österreichs und, an zweiter Stelle, die EU dazu auf, den Konflikt zu lösen. Zudem zeichnen alle Zeitungen

15 Diese und weitere Details sind zu finden bei Berkel (2006b).

ähnliche Anti- und Pro-Koalitionen zwischen den Sprechern und Adressaten. Britische, französische und deutsche Sprecher bewerten die EU-Politiker vorwiegend positiv und die österreichischen Politiker negativ. Nur die französische Presse zeigt ein leicht abweichendes Bild. Hier erscheint die deutsche Regierung als solidarisch mit Österreich. In der französischen Öffentlichkeit ist also der Eindruck einer Koalition zwischen Deutschland und Österreich während des Haider-Konflikts vorherrschend. Dieser Befund reflektiert möglicherweise die besondere Wachsamkeit der französischen Öffentlichkeit, mit der sie das Widererstarken rechtsextremer Kräfte im deutschsprachigen Raum verfolgt (vgl. Guérin-Sendelbach/Schild 2002). Von dieser Abweichung abgesehen, werden jedoch keine gravierenden landesspezifischen Abweichungen der Debatte sichtbar.

## 6 Zusammenfassung und Diskussion

Die vergleichende Analyse der Darstellung der Haider-Debatte in acht Qualitätszeitungen in vier europäischen Ländern hat ein erstaunlich konsistentes Bild ergeben. Die überregionalen Tageszeitungen in Deutschland, Frankreich, Großbritannien und Österreich haben nahezu einstimmig gegen die Regierungsbeteiligung der ÖVP unter Sitz von Jörg Haider argumentiert. Die links-orientierten Zeitungen haben hierbei eine kritischere Stellung gegenüber dem politischen Zentrum Österreichs eingenommen. Gleichzeitig hat die konservative Presse die Sanktionspolitik als nicht-adäquate Reaktion abgelehnt, während die Presse links von der Mitte diese unterstützte. Als einzige Ausnahme hat die *Frankfurter Allgemeine Zeitung* die österreichische Politik unterstützt. Ein Vergleich der redaktionellen Linien mit den Meinungen der Sprecher, die in den Zeitungen zitiert worden sind, zeigt, dass es durchweg zu Synchronisierungen der Haltungen der Presse und der politischen Akteure kam. Sämtliche links-orientierten Zeitungen haben in ihren Kommentaren ähnlich argumentiert wie die Sprecher des linkspolitischen Spektrums, während die Stellungnahmen der konservativen Presse den Sprechern des rechts-politischen Spektrums glichen. Offensichtlich war die Haider-Debatte gekennzeichnet von einer deutlichen politischen Parallelisierung der Haltung der Presse und der politischen Akteure im Sinne von Hallin und Mancinis (2004: 28) Neufassung des Konzepts des „party-press-parallelism". Dies bedeutet, dass die redaktionellen Linien, die bei innenpolitischen Thematisierungen zum Tragen kommen, auch für die europapolitische Auseinandersetzung im Konflikt um die Regierungsbeteiligung der Haider-FPÖ gelten.

Die vorliegende Studie verweist auf einige kritische Konsequenzen in Bezug auf die Rolle der Medien als politische Akteure. In allen Untersuchungsländern, besonders aber in Frankreich und Großbritannien, tendierten die Zeitungen dazu, Nachrichten mit eigenen Bewertungen zu synchronisieren und damit die Norm der Trennung von Nachricht und Meinung zu verletzen. Zudem gehörte es zur gängigen Praxis der Zeitungen, bevorzugt *opportune Zeugen*, deren Meinungen auf der eigenen redaktionellen Linie liegen, zu Wort kommen zu lassen. Diese Synchronisation wirft ein kritisches Licht auf die Rolle von Medien als Foren der politischen Debatte, in der allen an einem Konflikt beteiligten Akteuren die Möglichkeit der Wortäußerung gegeben werden sollte. Interessanterweise spielten länderspezifische Unterschiede hierbei keine Rolle. Dies bedeutet, dass transnationale Meinungsbildungsprozesse über Landesgrenzen hinweg entlang von politischen Konfliktlinien und ideologischen Grenzen verlaufen können. Dies spricht eindeutig für die Politisierung der Europapolitik über die Ländergrenzen hinweg und für die realistische Möglichkeit der Herausbildung einer europäischen Öffentlichkeit. Zumindest während des Haider-Konflikts hat die Presse in den vier untersuchten europäischen Ländern eine klare redaktionelle Linie entwickelt, die in allen Untersuchungsländern einem ähnlichen Muster folgte.

Das Meinungsspektrum der Presse ähnelte sehr stark dem der parteipolitischen Sprecher. In heiklen Situationen, wie während des Haider-Konflikts, positioniert sich die Presse folglich entsprechend den parlamentarisch repräsentierten Parteien – ein Phänomen, das aus innenpolitischen Debatten wohl bekannt ist. Da die Presse in allen Untersuchungsländern finanziell und organisatorisch ausreichend unabhängig ist, um nicht ins Horn der Parteipolitik blasen zu müssen, ist diese Loyalität offenbar Ausdruck einer autonomen Entscheidung der Qualitätszeitungen. In diesem Fall allerdings muss man annehmen, dass die Presse nur dann grenzüberschreitende Positionen entwickeln wird, wenn dies auch die parteipolitische Elite tut. Tatsächlich war der Haider-Konflikt eindeutig geprägt von einer starken transnationalen parteipolitischen Dimension, die quer durch Europa lief. In diesem Sinne sollten die Erwartungen an die Presse als autonomer Sprecher in einer europäischen Öffentlichkeit relativiert werden.

Es bleibt anzumerken, dass die Schlussfolgerungen dieses Artikels nur begrenzt verallgemeinerbar sind. Die Analyse hat den Charakter einer Fallstudie, so dass die Beobachtungen – wenigstens – teilweise spezifisch für die Haider-Debatte sein mögen. Schließlich war der Haider-Konflikt einer der wenigen Momente, in denen nahezu alle europäischen Länder und die meisten politischen Parteien eine gemeinsame Position entwickelt haben, indem sie die Regierungsbeteiligung der FPÖ ablehnten. Zudem muss bedacht werden, dass einige der dargestellten Befunde auf einer relativ kleinen statistischen Basis beruhen. Es bedarf folglich zusätzlicher Forschung, die weitere Konflikte, Länder und Medien einbezieht.

## Literaturverzeichnis


Adam, Silke/Berkel, Barbara (2006): Media structures as an obstacle to the Europeanization of Public Spheres? Development of a cross-national typology. In: Meier, Michaela/Tenscher, Jens (Hrsg.): Campaigning for Europe. Political parties, Campaigns, Mass Media and the European Parliament Elections 2004. Berlin: Lit Publishers, 45-66.

Berens, Harald (2001): Prozesse der Thematisierung in publizistischen Konflikten: Ereignismanagement, Medienresonanz und Mobilisierung der Öffentlichkeit am Beispiel von Castor und Brent Spar. Wiesbaden: Westdeutscher Verlag.

Berkel, Barbara (2006a): Political parallelism in news and commentaries on the Haider conflict. A comparative analysis of Austrian, British, German and French quality newspapers. In: Communications, 31, 1, 85-104.

Berkel, Barbara (2006b): Konflikte als Motor einer europäischen Öffentlichkeit. Eine Inhaltsanalyse von Tageszeitungen in Deutschland, Frankreich, Großbritannien und Österreich. Wiesbaden: VS Verlag.

Blumler, Jay G./Gurevitch, Michael (1975): Towards a comparative framework for political communication research. In: Chaffee, Steven R. (Hg.): Political communication. Issues und strategies for research. Beverly Hills, CA: Sage, 165-193.

Donsbach, Wolfgang/Patterson, Thomas (2003): Journalisten in der politischen Kommunikation: Professionelle Orientierungen von Nachrichtenredakteuren im internationalen Vergleich. In: Eilders, Christiane (1999): Synchronisation of issue agendas in news and editorials of the prestige press in Germany. In: Communications, 24: 301-328.

Eilders, Christiane/Voltmer, Katrin (2004): Zwischen Marginalisierung und Konsens: Europäische Öffentlichkeit in Deutschlund. In: Eilders, Christiane/ Pfetsch, Barbara/Neidhardt, Friedhelm (Hrsg.): Die Stimme der Medien: Pressekommentare und politische Öffentlichkeit in der Bundesrepublik. Wiesbaden: VS Verlag, 358-385.

Eilders, Christiane/Neidhardt, Friedhelm/Pfetsch, Barbara (2004): Die Stimme der Medien. Pressekommentare und politische Öffentlichkeit in der Bundesrepublik. Wiesbaden: VS Verlag.

Gerhards, Jürgen (2000): Europäisierung von Ökonomie und Politik und die Trägheit der Entstehung einer europäischen Öffentlichkeit. In: Bach, Maurizio (Hrsg.): Die Europäisierung nationaler Gesellschaften. Wiesbaden: Westdeutscher Verlag, 277-305.

Guérin-Sendelbach, Valérie/Schild, Joachim (2002): French Perceptions of Germany's Role in the EU und Europe. In: Jopp, Mathias (Hrsg.): Germany's European policy: perceptions in key partner countries. Bonn: Europa Union Verlag GmbH, 33-55.

Gurevitch, Michael/Blumler, Jay G. (1990): Political communication systems und democratic values. In: Lichtenberg, Judith (Hrsg.): Democracy und the Mass Media. Cambridge: Cambridge University Press, 269-289.

Hagen, Lutz M. (1993): Opportune witnesses. An analysis of balance in the selection of sources und arguments in the leading German newspapers' coverage of the census issue. In: European Journal of Communication, 8, 317-343.

Hallin, Daniel C./Mancini, Paolo (2004): Comparing media systems. Three models of media and politics. Cambridge: Cambridge University Press.

Jundura, Olaf/Großmann, Heike (2003): Synchronisation von Nachricht und Kommentar in der Wahlkampfberichterstattung. Inhaltsanalyse zur Bundestagswahl 1998. In: Donsbach, Wolfgang/Jundura, Olaf (Hrsg.): Chancen und Gefahren der Mediendemokratie. Konstanz: UVK, 2001-211.

Jarren, Otfried (1994): Politik und politische Kommunikation in der modernen Gesellschaft. In: Aus Politik und Zeitgeschichte. Beilage zur Wochenzeitung Das Parlament, 39, 1-10.

Kepplinger, Hans Mathias (1985): Die aktuelle Berichterstattung des Hörfunks. Eine Inhaltsanalyse der Abendnachrichten und politischen Magazine. Freiburg/ München: Alber.

Kepplinger, Hans Mathias (1994): Publizistische Konflikte. Begriffe, Ansätze, Ergebnisse. In Neidhardt, Friedhelm (Hrsg.): Öffentlichkeit, öffentliche Meinung, soziale Bewegungen. Opladen: Westdeutscher Verlag, 214-233.

Kepplinger, Hans Mathias/Brosius, Hans-Bernd/Staab, Joachim Friedrich (1991): Instrumental actualization: A theory of mediated conflicts. In: European Journal of Communication, 6, 263-290.

Kevin, Deidre (2003): Europe in the Media. A Comparison of Reporting, Representation, and Rhetoric in National Media Systems in Europe. Mahwah, NJ: Lawrence Erlbaum Associates Publishers.

Koopmanns, Ruud (2002): Content coding of claims-making. Codebook for EUROPUB.COM workpackage 2. Verfügbar unter http://europub.wz-berlin.de/ codebooks.en.htm.

Koopmans, Ruud/Statham, Paul (1999): Political claims analysis: Integrating protest event and political discourse approaches. In: Mobilisation, 4, 40-51.

Langenbucher, Wolfgang R./Latzer, Michael (Hrsg.) (2006): Europäische Öffentlichkeit und medialer Wandel. Eine transdisziplinäre Perspektive. Wiesbaden: VS Verlag.

Lüter, Albrecht (2004) Politische Profilbildung jenseits der Parteien? Redaktionelle Linien in Kommentaren deutscher Qualitätszeitungen. In: Eilders, Christiane/ Neidhardt, Friedhelm/Pfetsch, Barbara (Hrsg.): Die Stimme der Medien. Pressekommentare und politische Öffentlichkeit in der Bundesrepublik. Wiesbaden: VS Verlag, 167-195.

McQuail, Denis (1992): Media performance. Mass communication and the public interest. London: Sage.

Mittag, Jürgen/Wessels, Wolfgang (2003): The „One“ und the „Fifteen“? The Member states between procedural adaptation und structural revolution. In: Wessels, Wolfgang/Maurer, Andreas/Mittag, Jürgen (Hrsg.): Fifteen into one? The European Union and its member states. Manchester/New York: Manchester University Press, 413-457.

Neidhardt, Friedhelm (1994): Öffentlichkeit, öffentliche Meinung, soziale Bewegungen. In: Neidhardt, Friedhelm (Hrsg.): Öffentlichkeit, öffentliche Meinung, soziale Bewegungen. Opladen: Westdeutscher Verlag, 7-41.

Neidhardt, Friehelm/Eilders, Christiane/Pfetsch, Barbara (2004): Einleitung: Die „Stimme der Medien“ – Pressekommentare als Gegenstand der Öffentlichkeitsforschung. In: Eilders, Christiane/Neidhardt, Friedhelm/Pfetsch, Barbara (Hrsg.): Die Stimme der Medien. Pressekommentare und politische Öffentlichkeit in der Bundesrepublik. Wiesbaden: VS Verlag, 11-36.

Öhlinger, Theo (2000): Die Auswirkungen der Europäischen Integration auf die Rechtssysteme der Mitgliedstaaten. In: Breuss, Fitz/Fink, Gerhard/Griller, Stefan (Hrsg.): Vom Schuman-Plan zum Vertrag von Amsterdam. Entstehung und Zukunft der EU. Wien: Springer-Verlag, 51-68.

Page, Benjamin (1996): The Mass Media as Political Actors. In: Political Science und Politics, 29, 1, 20-25.

Patterson, Thomas E./Donsbach, Wolfgang (1996): News decisions. Journalists as partisan actors. In: Political Communication, 13, 455-468.

Peter, Jochen (2003): Why European TV News Matters. Amsterdam: Academisch Proefschrift.

Pfetsch, Barbara (1994): Themenkarrieren und politische Kommunikation. In: Aus Politik und Zeitgeschichte. Beilage zur Wochenzeitung Das Parlament, 39, 11-20.

Pfetsch, Barbara unter Mitarbeit von Adam, Silke/Berkel, Barbara/Medrano, Juan Diez (2004): Europub.com: Integrated Report: The Voice of the Media in European Public Sphere: Comparative Analysis of Newspaper Editorials. Verfügbar unter http://www.europub.wz-berlin.de.

Pfetsch, Barbara/Koopmanns, Ruud (2006): Unter falschem Verdacht – Massenmedien und die Europäisierung der politischen Öffentlichkeit in Deutschland. In: Langenbucher/Latzer, Europäische Öffentlichkeit und medialer Wandel. Eine transdisziplinäre Perspektive, 179-191.

Pfetsch, Barbara/Adam, Silke/Berkel, Barbara (2007): Performance of the Press in Building up a European Public Sphere. A Comparative Study of Issue Salience, Openness and Positions in Editorials about European Integration. In review for European Journal of Communication.

Ray, Leonard (1999): Measuring party orientations towards European integration: Results from an expert survey. In: European Journal of Political Research, 36, 283-306.

Reinemann, Carsten (2005): Routine reliance revisited. Exploring media importance for German political journalists. In: Journalism & Mass Communication Quarterly, 81, 4, 838-856.

Schönbach, Klaus (1977): Trennung von Nachricht und Meinung. Empirische Untersuchung eines Qualitätskriteriums. Freiburg/München: Alber.

Seymour-Ure, Colin (1974): The Political Impact of Mass Media. London: Constable.

Shoemaker, Pamela J./Reese, Stephen D. (1996): Mediating the message. Theories of influences on mass media content. Second edition. New York: Longman.

Trenz, Hans-Jörg (2002): Ein Rauschen geht durch den Blätterwald. EU-Präsident Prodi und die Entstehung einer europäischen Publizistik. In: Welt Trends. Zeitschrift für internationale Politik und vergleichende Studien, 37, 24-35.

Van de Steeg, Marianne (2006) Does a public sphere exist in the EU? An analysis of the contentof the debate on the Haider case? In: European Journal for Political Research, 45, 3, 609-634.

Wilke, Jürgen (1998): Politikvermittlung durch Printmedien. In: Sarcinelli, Ulrich (Hrsg.): Politikvermittlung und Demokratie in der Mediengesellschaft. Beiträge zur politischen Kommunikationskultur. Opladen: Westdeutscher Verlag, 146-164.

# „Der Tod braucht keine Papiere" – Die Rolle der Printmedien bei den Protesten illegaler Einwanderer in Spanien

*Barbara Laubenthal*

## 1 Einleitung

„Eine Bewegung, über die nicht berichtet wird, findet nicht statt" (Raschke 1987: 343). Diese Aussage hat durch ihre häufige Rezeption mittlerweile den Status eines klassischen Diktums der Bewegungsforschung erreicht. Eine Vielzahl von Arbeiten, die die Entstehungs- und Erfolgesbedingungen von sozialen Bewegungen analysieren, hat festgestellt, dass Medien für soziale Bewegungen mehrere zentrale Funktionen erfüllen. So wurde konstatiert, dass soziale Bewegungen erst durch ihre Rezeption in den Massenmedien überhaupt gesellschaftliche Resonanz finden können, dass Mobilisierungen ohne einen Widerhall in den Medien schnell verebben, und dass die Massenmedien das zentrale Forum sind, in dem sich Herausforderer und Staat auseinandersetzen. Diese Auseinandersetzungen konzentrierten und beschränkten sich jedoch auf die Rezeption von sozialen Bewegungen in den Medien. Ein wesentlicher Aspekt des Verhältnisses von Medien und sozialen Bewegungen wurde bisher seitens der Bewegungsforschung vernachlässigt: Die Rolle von Medien als Akteuren, die häufig einen eigenen und in vielen Fällen konstitutiven Beitrag zur Entstehung und zum Erfolg von sozialen Bewegungen leisten. Der vorliegende Aufsatz widmet sich dieser Funktion von Medien für soziale Bewegungen. Er zeigt am Beispiel der erfolgreichen Mobilisierungen illegaler Migranten in Spanien im Jahr 2001, dass Medien zentrale Akteure und Unterstützer einer sozialen Bewegung sein können, und er analysiert, anhand welcher Mechanismen und aufgrund welcher Voraussetzungen Medien als Akteure auftreten. Um diese Form der Interaktion von Medien und sozialen Bewegungen deutlich zu machen, muss jedoch zunächst der Charakter von Medien als Akteuren verdeutlicht werden. Zwar ist eine solche Konzeptualisierung implizit in einigen bewegungstheoretischen Arbeiten enthalten, sie hat jedoch bisher keinen Eingang in das theoretische oder empirische Repertoire der sozialen Bewegungsforschung gefunden. Diese impliziten Konzeptualisierungen werden im Folgenden herausgearbeitet und mit den Ergebnissen und dem Instrumentarium der neueren Medien- und Kommunikationsforschung verknüpft.

## 2 Medien und soziale Bewegungen: eine unterschätzte Beziehung

Zu den unstrittigen Prämissen der Bewegungsforschung zählt, dass Medienaufmerksamkeit die grundsätzliche Voraussetzung für die Entstehung und den Erfolg von Bewegungen ist, und dass soziale Bewegungen in bedeutsamer Weise erst vermittelt durch Massenmedien existieren. Um öffentlich wahrgenommen zu werden, um Protestaktionen fortzusetzen, und um damit aus Protesten dauerhafte soziale Bewegungen zu machen, ist die Aufmerksamkeit der Massenmedien konstitutiv. Aufgrund ihrer fehlenden institutionellen Einflussmöglichkeiten ist die Resonanz in den Medien für soziale Bewegungen besonders wichtig: „Verfehlt eine Bewegung öffentliche Aufmerksamkeit und Zustimmung, so setzt in aller Regel eine Spirale der Demobilisierung ein“ (Raschke 1987: 348).

Da die Interaktion von Bewegungen und staatlichen Entscheidungsträgern größtenteils in den Medien stattfindet, entsteht Druck auf staatliche Entscheidungsträger meist nicht durch eine direkte Konfrontation, sondern durch die Resonanz von sozialen Bewegungen in den Medien (Rucht 1994; Eilders 2001; Koopmans 2004).

Obwohl die soziale Bewegungsforschung somit die herausragende Bedeutung von Medien erkannt und verschiedene zentrale Funktionen von Medien für soziale Bewegungen identifiziert hat, beschränkte sich das Forschungsinteresse vieler Arbeiten entweder darauf, Medien als Quelle für die Protestereignisanalyse heranzuziehen oder zu untersuchen, in welcher Weise und in welchem Ausmaß die Issues und die Aktionen von sozialen Bewegungen Eingang in die Medienberichterstattung finden. Die Ergebnisse dieser Arbeiten verweisen jedoch implizit auf eine viel weitreichendere Relevanz von Medien für soziale Bewegungen. Erst wenn man die innerhalb der Bewegungsforschung existierenden Erkenntnisse mit Ergebnissen der neueren Medienforschung verknüpft, lässt sich die zentrale Rolle, die Medien für soziale Bewegungen spielen können, wahrnehmen.

Wird das Verhältnis von Medien und sozialen Bewegungen untersucht, so liegt dem häufig ein methodisches Anliegen zugrunde. Da Tageszeitungen als Hauptquelle für die Protestforschung dienen, besteht ein besonderes Interesse darin, zu untersuchen, wie umfassend Protestereignisse in den Medien wiedergegeben werden. Das Stichwort des *selection bias* verweist darauf, dass durch eine selektive Wiedergabe häufig eine verzerrte Darstellung von Protest stattfindet (Eilders 2001: 278). Untersuchungen zum *selection bias* zeigen, dass lediglich Protestereignisse mit hohen Teilnehmerzahlen in die Tageszeitungen gelangen und dass Proteste zu Themen bzw. in Politikfeldern, die zuvor schon mediale Aufmerksamkeit auf sich zogen, leichter zu vermitteln sind (McCarthy u.a. 1996: 495).

Die Existenz eines *selection bias* verweist jedoch gleichzeitig darauf, dass Medien soziale Bewegungen in einer bestimmten Form erscheinen lassen. Die so genannte Nachrichtenwerttheorie zeigt dies noch deutlicher. Sie weist darauf hin, dass bestimmte Faktoren eines Ereignisses eine Veröffentlichung positiv beeinflussen. Diese Faktoren sind „Ereignismerkmale wie [...] Kontroverse, Schaden oder Negativismus, Elite-Personen, Überraschung, Personalisierung [...]“ (Eilders 2001: 280), aber auch die Eignung des Ereignisses zu Dramatisierung und Personalisierung und die Neuheit eines Themas (Koopmans 2004: 375; Ziemann 2006: 67).

Die Funktion von Medien für soziale Bewegungen reicht jedoch weit über die selektive Wiedergabe von Protest hinaus. Medien präsentieren Proteste in einer spezifischen Weise. Somit existiert auch ein *description bias* (Smith u.a. 2001: 1400-1401). „Inherent in this term is that the media construct interpretations of protest events that differ from both the objectives of both the protesters and interpretations of other observers” (Smith u.a. 2001: 1400-1401).

Bei der Thematisierung von Protesten schaffen „media-actors“ (Smith u.a. 2001: 1402) eigene Interpretationen, konstruieren Bilder und verbreiten Botschaften. Medien sind Akteure, die „[...] ihre Publizitätsmöglichkeiten nutzen und ‚auf eigene Rechung’ ihre Stimme im politischen Diskurs erheben“ (Neidhardt u.a. 1998: 1). Eine Form dieser Eigenartikulation der Medien sind Kommentare in Tageszeitungen. Zum einen sind die Themen von Kommentaren bereits das Produkt inhaltlicher Selektionsprozesse und stellen so eine implizite inhaltliche Positionierung der Medien dar. Zum anderen sind Kommentare Orte, in denen Meinungen deutlich geäußert werden. Hier positionieren sich die Medien direkt und klar. Die Feststellung, dass dabei durch Hervorhebungen und Betonung bestimmter Themenaspekte implizite Deutungen und Bewertungen vorgenommen werden, gilt jedoch nicht nur für Kommentare, sondern für die Medienberichterstattung insgesamt (Neidhardt u.a. 1998: 7). So haben Gamson/Modigliani (1989) darauf hingewiesen, dass Medien spezifische Diskurse zu bestimmten Politikfeldern hervorbringen und so die Ereignisse zu einem Issue deuten und interpretieren. Sie tun dies, indem sie Themen mit Attributen verbinden (second-level agenda-setting) und so qualifizieren, kontextualisieren und bewerten. Auch das Framing-Konzept verweist darauf, dass innerhalb der Medienberichterstattung Themen in einem interpretativen Rahmen präsentiert werden, der Probleme benennt, Problemursachen präsentiert, Lösungsvorschläge formuliert oder an Entscheidungsträger appelliert (Marcinkowski 2002: 163): „[...] Medien [...] gewinnen [...] eine über Thematisierungs- und Themenstrukturierungseffekte weit hinausgehende Wirkmächtigkeit: Sie setzen nicht nur Themen, sie fordern auch die offizielle Politik heraus und legen [...] bestimmte Handlungsweisen nahe“ (Marcinkowski 2002: 163).

Zusammenfassend lässt sich festhalten: Medien agieren, und sie tun dies durch einen eigenen Diskurs zu einem bestimmten Thema oder Politikfeld, der explizit durch Kommentare, jedoch auch implizit durch die Auswahl und Präsentation von Themen, die Verwendung von Schlüsselwörtern sowie durch bestimmte Kontextualisierungen entsteht. Agieren sie dabei zielgerichtet und konvergent, dann lassen sich Medien als Akteure betrachten. “The concept of political actor applied to the media [...] implies observable action that is purposive (though perhaps functional rather than consciously intended) and sufficiently unified so that it makes sense to speak of a single actor” (Page 1996: 20). Die Berichterstattung der spanischen Printmedien und ihre Rolle bei der Entstehung und dem Erfolg der spanischen Pro-Regularisierungsbewegung im Jahr 2001 stellt ein paradigmatisches Beispiel für ein solches Verständnis von Medien als Akteuren dar.

## 3 Eine soziale Bewegung im Fokus: die spanische Pro-Regularisierungsbewegung 2001

Im Juni 2001 legalisierte die spanische Regierung den Aufenthalt von 216.000 illegalen Einwanderern.[1] Obwohl seit den 1980er Jahren bereits mehrfach solche kollektiven Legalisierungsprozesse stattgefunden hatten, erschien die Durchführung einer erneuten Legalisierungskampagne noch im Winter zuvor als ausgesprochen unwahrscheinlich. Am 13.03.2000 hatte der konservative *Partido Popular* die spanischen Parlamentswahlen mit absoluter Mehrheit gewonnen. Das zentrale Ziel der neuen Regierung unter Ministerpräsident José Maria Aznar war ein Paradigmenwechsel im Politikfeld Migration, insbesondere hinsichtlich des Umgangs mit illegaler Einwande-

1 Dieser Aufsatz basiert auf der im Oktober 2005 an der Justus-Liebig-Universität Gießen eingereichten Dissertation „Soziale Bewegungen und illegale Migration. Die Entstehung von Pro-Regularisierungsbewegungen in Frankreich, Spanien und der Schweiz“. Die Dissertation erscheint im Frühjahr 2007 unter dem Titel „Der Kampf um Legalisierung. Soziale Bewegungen illegaler Migranten in Frankreich, Spanien und der Schweiz“ im Campus-Verlag.

rung. Bis zu diesem Zeitpunkt wurde – trotz anderslautender Rhetorik – illegaler Aufenthalt von Einwanderern in erheblichem Maße toleriert. Illegale Migranten hatten auf lokaler Ebene einen rechtlichen Anspruch auf Gesundheitsversorgung, verfügten über Streik- und Versammlungsrechte und konnten ihren Status, auch außerhalb kollektiver Regularisierungsprozesse, regelmäßig legalisieren.

Bereits im Wahlkampf war die Notwendigkeit, illegale Zuwanderung zu verhindern, das zentrale Thema des *Partido Popular*. Die Partei vertrat die These, dass eine „migratorische Lawine" Spanien bedrohe und die innere Sicherheit des Landes gefährde (Carrasco/Ruiz 2004). Nach ihrem Wahlerfolg war eines der ersten Projekte der neuen Regierung eine Gesetzesreform, mit der die Sanktionen gegenüber illegaler Zuwanderung und illegalem Aufenthalt drastisch verschärft wurden. Die Regierung kündigte an, 30.000 illegale Einwanderer auszuweisen.

Jedoch entstand, noch bevor das neue Einwanderungsgesetz in Kraft trat, eine soziale Bewegung, die die kollektive Legalisierung aller illegalen Einwanderer in Spanien forderte und in deren Mittelpunkt illegale Migranten selbst aktiv waren. Diese Bewegung der *sin papeles* (Papierlosen) nahm ihren Anfang in der Autonomen Gemeinschaft Murcia im ländlichen Südosten Spaniens. Dort lebten viele illegale Einwanderer aus Südamerika und Nordafrika, die gegen geringe Löhne als Landarbeiter in der Landwirtschaft tätig waren. Auslöser für die Proteste war ein Verkehrsunfall in der Kleinstadt Lorca, bei dem zwölf illegale Migranten aus Ecuador ums Leben kamen. Bei der Beisetzung forderten Migranten zum ersten Mal ihre Regularisierung. In den folgenden Wochen breiteten sich Kirchenbesetzungen, Demonstrationen und Hungerstreiks rapide in ganz Spanien aus. Den Einwanderern gelang es, große Teile der spanischen Gesellschaft für ihr Anliegen zu mobilisieren: Im Februar 2001 demonstrierten 15.000 Menschen in Madrid und 40.000 Menschen in Barcelona für die Legalisierung aller illegalen Migranten in Spanien.

Nach fünf Monaten erreichte die Bewegung ihr Ziel. Am 07. Juni 2001 gab Innenminister Mariano Rajoy die Eröffnung eines neuen Regularisierungsprozesses bekannt. Das zentrale Projekt der neuen Regierung, ein Paradigmenwechsel der Einwanderungspolitik, war gescheitert. Die Proteste, begonnen als vereinzelte Aktionen illegaler Landarbeiter auf den murcianischen Feldern, hatten sich zu einer nationalen sozialen Bewegung entwikkelt, der es gelungen war, die spanische Regierung erfolgreich herauszufordern. Sowohl für die Entstehung als auch für den Erfolg der spanischen Pro-Regularisierungsbewegung, so die These dieses Aufsatzes, waren die spanischen Printmedien konstitutiv. Sie haben erstens durch ihre breite Rezeption des Verkehrsunfalls in der Kleinstadt Lorca die Ausbreitung der Proteste in ganz Spanien begünstigt. Zweitens haben sie die Forderungen der Bewegung durch Inhalt und Art ihrer Berichterstattung unterstützt und haben sowohl Dauer als auch Erfolg der Proteste ermöglicht. Fest steht, dass nach dem Unfall von Lorca sich große Teile der Bevölkerung dafür aussprachen, Migranten ein Bleiberecht zu gewähren. Diese Existenz einer positiven Öffentlichkeit gegenüber illegalen Migranten manifestierte sich in einer Umfrage des Radiosenders SER am Tag des Inkrafttretens des neuen Einwanderungsgesetzes des Partido Popular am 22.01.2001. Dort sprachen sich 67 Prozent für eine Legalisierung bzw. Regularisierung der Immigranten in Murcia aus (*El País* 23.01.2001).

Um diese Rolle der Tageszeitungen bei der Entstehung der Pro-Regularisierungsbewegung zu untersuchen, wurde die Berichterstattung spanischer Printmedien zur Pro-Regularisierungsbewegung mit Hilfe einer qualitativen Inhaltsanalyse und Experteninterviews untersucht. Der Auswertungszeitraum umfasste den Protestzyklus der spanischen Bewegung (01.01.2001 – 01.07.2001). Zugegriffen wurde auf alle Texte, die die Begriffe „illegale Migranten" bzw. die in Spanien üblichen Bezeichnungen wie *inmigrantes iregulares* oder *sin papeles* enthielten. Ausgewertet wurden die folgenden regionalen und nationalen Tageszeitungen, die gleichzeitig unterschiedliche politische Richtungen repräsentieren: Die beiden Tageszeitungen der Autonomen Gemeinschaft Murcia, *La Verdad* und *La Opinión*, die katalanische *La Vanguardia* und die überregionalen Tageszeitungen *El País* und *El Mundo*. Ergänzend wurden Experteninterviews mit Journalisten der Tageszeitung *La Opinión*, *La Vanguardia* und *El País* durchgeführt.

## 4 Die spanischen Printmedien vor den Protesten: negative Prominenz illegaler Immigration

Bereits vor den Protesten im Jahr 2001 hatte das Thema Einwanderung in der spanischen Öffentlichkeit und Medienberichterstattung einen herausgehobenen Stellenwert. Die Transformation Spaniens vom Emigrations- zum Immigrationsland und der rapide Anstieg von Einwanderung in nur wenigen Jahren gingen einher mit einer umfangreichen Präsenz des Themas in den spanischen Medien. 1996 machte das Thema Einwanderung lediglich 0,61 Prozent der Berichterstattung der Printmedien aus; im Jahr 2000 beschäftigten sich 2,29 Prozent, zwei Jahre später, im Jahr 2002, bereits 7,3 Prozent der Texte mit dem Thema Einwanderung (Lario 2004: 9). Zwischen 1995 und 2000 verdreifachte sich die Zahl von Texten zu Immigration sowohl in

den regional als auch in den national erscheinenden Tageszeitungen. Im Jahr 2000 erschienen in *El País* täglich drei bis vier Artikel zu Immigration (van Dijk 2005: 49).
Einwanderung war somit ein überaus prominentes Medienthema, das jedoch überwiegend unter negativen Vorzeichen behandelt wurde (Abella Vázquez 2002; Checa Olmos 2002). Immigration wurde auf vielfache Weise mit Kriminalität assoziiert und Einwanderer wurden häufig als Menschenhändler, Drogendealer oder Mitglieder von urbanen kriminellen Banden charakterisiert, die die Sicherheit spanischer Bürger infrage stellten (Reigada Olaizola/ Moreno Gálvez 2004). Sprachlich ähnelte der Diskurs über Immigration stark dem zur organisierten Kriminalität (de Lucas 2002: 36). Auch die Darstellung von illegaler Einwanderung fand überwiegend negativ, problemorientiert und alarmistisch statt. Zentrales Thema war die illegale Einwanderung über die Meerenge von Gibraltar. In den drei nationalen Tageszeitungen *El País*, *El Mundo* und *ABC* war dieses Thema der Aspekt von Zuwanderung, der am häufigsten thematisiert wurde (Igartua 2004). Die Zuwanderungsversuche aus dem nördlichen Afrika über das Meer wurden von den Zeitungen häufig mit den Begriffen als „Invasion“ oder „Flut“ belegt (Abella Vázquez 2002: 78). In den Jahren 2000 und 2001 versuchte die konservative Regierung, die alarmistische Berichterstattung über Zuwanderungsversuche an der südlichen Grenze zu forcieren:

> „Die *Partido Popular*-Regierung war sehr daran interessiert, dass wir Bilder zeigten, die die Menschen ängstigen würden. In den Jahren 2000, 2001 bekamen wir vom Innenministerium täglich Videos und Bilder, zwar nicht von Toten, aber von Menschen, die ankamen. Die Regierung wollte, dass wir eine Lawine zeigen. Jeden Morgen sagte der Innenminister: ‚Einwanderung ist ein groβes Problem, sie überrollen uns‘. Es war eine Strategie des *Partido Popular*, um restriktivere Gesetze durchzusetzen“ (Interview *El País* 28.10.2004).

Unterstützt wurde die negative sprachliche Repräsentation von illegaler Einwanderung in den Printmedien durch die routinehafte Abbildung von Fotos, die an die Strände von Andalusien gespülte Leichen zeigten. In den Texten, die diese Bilder begleiteten, blieben die Migranten anonym. Durch Perspektive und Wortwahl wurden eher Emotionen wie Schrecken und Angst als Mitgefühl geweckt. Für die im Sommer fast täglich erscheinenden Meldungen war die folgende Meldung ein paradigmatisches Beispiel:

> „Die Guardia Civil birgt zwei Leichen: Die Leichen von zwei jungen Männern, die sich in einem Zustand fortgeschrittener Verwesung befanden, wurden gestern an einem Küstenabschnitt von Tarifa geborgen. […]. Die Körper befanden sich in unmittelbarer Nähe des touristischen Strandes von Bolonis [...].” (*El País* 05.03.2000).

Andere Artikel zu illegaler Einwanderung stellten Migranten dar, vornehmlich junge Männer aus dem Maghreb oder dem subsaharischen Afrika, die bei Zuwanderungsversuchen gefasst wurden. Auch sie waren passive Objekte der Berichterstattung, die „gerettet" oder „gefasst wurden". Sie wurden als Gruppe dargestellt und hatten keine persönliche Identität: „Die Guardia Civil hat in einem Jahr 56.348 illegale Immigranten festgenommen" (*La Vanguardia* 06.10.2000).

## 5 Die spanischen Printmedien während der Proteste: Prominenzsteigerung und Reframing illegaler Immigration

Am 03.01.2001 starben zwölf illegale Einwanderer aus Ecuador auf dem Weg zu ihrer Arbeit auf den murcianischen Feldern an einem unbeschrankten Bahnübergang. Der Fahrer war einen „Schleichweg" gefahren, um möglichen Arbeitskontrollen zu entgehen. Der Unfall und die Folgeberichterstattung erreichten landesweit Platz eins im Themenranking und behielten für etwa zwei Monate eine außergewöhnlich hohe Medienpräsenz. In der Autonomen Gemeinschaft Murcia reagierten die beiden regionalen Tageszeitungen eine Woche lang mit täglichen Sonderberichten von zwölf bis vierzehn Seiten. Ein Vergleich zeigt, dass sich 1995 0,2 Prozent der Texte in der regionalen Tageszeitung *La Verdad* mit Immigration beschäftigten. Im Jahr 2003 gab es einen leichten Anstieg auf 0,9 Prozent. Dazwischen, im ersten Quartal 2001, während der Aktionen der Pro-Regularisierungsbewegung, beschäftigten sich mehr als 18,5 Prozent der Berichterstattung in *La Verdad* mit Einwanderung (Lario 2004).

Der Unfall von Lorca war auch national das beherrschende Thema: *El País*, *El Mundo* und die katalanische *La Vanguardia* brachten den Unfall und die Trauerfeier für die getöteten Migranten auf der Titelseite und publizierten im Januar 2001 täglich Berichte, die sich mit dem Thema Einwanderung in der Region Murcia beschäftigten (Lario 2004). Im Laufe des Januars 2001 erschienen in *El Mundo* 15 Texte, die die Situation von Einwanderern in Murcia thematisierten. Die katalanische *La Vanguardia* berichtete über den Unfall in Lorca auf der Titelseite ihrer Ausgabe vom 04.01. und veröffentlichte zwischen dem 01.01. und dem 31.01. 2001 26 Texte zum Thema Einwanderung in Murcia. Insgesamt stieg in den spanischen Printmedien im ersten Quartal des Jahres 2001 gegenüber den vorangegangenen drei Monaten der Umfang der Berichterstattung zum Thema Immigration um 55 Prozent an (Casero Ripollés 2003: 240).

Dabei wurde der Unfall von Lorca nicht als ein tragisches Unglück interpretiert, sondern als sein eigentlicher Inhalt wurde der rechtliche Status der betroffenen Migranten wahrgenommen.

> „Es war ein Unfall, aber ein Unfall, der es uns ermöglichte, viele Dinge hinter dem Unfall zu entdecken. Er war ein großes Symbol, das erste große Symbol, das den Leuten zeigte, was passierte, wenn Menschen ohne Papiere in Spanien lebten. Danach war das allgemeine Gefühl: Wir müssen etwas tun für diese Leute, wir können diese Situationen nicht erlauben" (Interview *El País* 28.10.2004).

Die Berichterstattung über den Unfall und über die Aktionen der Pro-Regularisierungsbewegung beinhaltete eine drastische Veränderung der Darstellung von illegaler Zuwanderung. Sie war durch vier Merkmale gekennzeichnet: Eine personalisierte Darstellung des Unfalls und der Aktionen der Pro-Regularisierungsbewegung, die Übernahme des Bewegungsframings, die Kontextualisierungen des Unfalls, um damit politische Forderungen zu artikulieren sowie Kommentare, die den bisherigen Umgang mit illegaler Migration anprangerten.

## 5.1 *Personalisierung*

Über die Opfer des Unfalls und ihre Angehörigen wurde namentlich berichtet. Es war *„una tragedia con nombres y appelidos"*, eine Tragödie mit Vor- und Nachnamen, ein spanischer Ausdruck, um die Individualität von Opfern zu betonen, der etwa auch in der Berichterstattung über die Opfer des Al-Qaida-Attentats im März 2004 in Madrid häufig benutzt wurde. Die Berichte über die Toten hoben ihre Rolle als Familienmitglieder hervor:

> „Unter den zwölf Getöteten waren eine Mutter und ihr Sohn und ein Vater und sein Sohn" (*La Verdad* 04.01.2001), „Zwei Jugendliche starben mit ihren Eltern" (*La Verdad* 04.01.2001).

Artikel zeigten trauernde Familienmitglieder und berichteten darüber, dass Angehörige in Ecuador kein Geld hatten, um die Särge am Flughafen zu empfangen. Eine Überschrift lautete „Das Gewicht des Schmerzes und der Schulden". Ein Foto zeigte einen trauernden Jugendlichen: „Der Junge Victor Mijas weint am Sarg seiner Mutter, eines der Opfer von Lorca" (*La Verdad* 14.01.2001). Die Armut und die prekären Lebensumstände der Migranten wurden aus deren Perspektive dargestellt:

> „J.L. Salazar berichtet über seine verzweifelte Situation, nachdem er seine Frau und seinen fünfzehnjährigen Sohn verloren hat: 'Wir haben alles verkauft, um nach Spanien zu kommen'" (*La Verdad* 05.01.2001).

Über ein 13-jähriges Mädchen, das den Unfall überlebt hatte, wurde am häufigsten berichtet. In Umkehrung der sonstigen kollektiven Darstellung illegaler Migranten symbolisierte nun eine Person die Gruppe illegaler Migranten. „Nancy" wurde mit positiven Attributen ausgestattet. Sie war ein „verantwortungsvolles" Mädchen, das ihren Eltern „helfen" wollte und „gerne in Spanien zur Schule ging". Ein Foto zeigte Nancy im Krankenhausbett mit einem Stofftier im Arm und demonstrierte, dass das Mädchen, das auf den Feldern gearbeitet hatte, noch ein Kind war (*La Verdad* 07.01.2001). Auch die überregionalen Zeitungen griffen „Nancy" als Symbol auf. Sowohl *El Mundo* als auch *El País* stellten den Unfall aus der Perspektive des Mädchens dar. „Meine Mutter hatte sich das Bein gebrochen und ich musste helfen, Geld nach Hause zu bringen" (*El Mundo* 04.01.2001).

Nancys Erlebnisse bildeten das Zentrum von Artikeln in *El País*, die von Nancys Geschichte ausgehend über Migrationsgründe und Arbeitsbedingungen der Migranten berichteten („Zwei Duros Brokkoli für eine Hypothek" und „Die toten Ecuadorianer arbeiteten für einen Unternehmer, der wegen Ausbeutung verurteilt wurde)" (*El País* 05.01.2001). Alle untersuchten Zeitungen veröffentlichten Fotos des Mädchens.

Die personalisierte Darstellung von Ereignissen setzte sich auch in der Berichterstattung über die Proteste der illegalen Migranten fort. Die erste Protestaktion war ein 70 Kilometer langer Marsch von Lorca nach Murcia, mit dem die Immigranten ihre Regularisierung fordern. Der Marsch war eines der Titelthemen der katalanischen *La Vanguardia* (*La Vanguardia* 11.01.2001). In Überschriften wurde eine positive metaphorische Deutung des Marsches als „Straβe zur Gleichheit" vorgenommen (*La Opinión* 11.01.2001). Die Teilnehmer wurden porträtiert als junge Familien: Sie „werden nicht gehen, ohne für die Zukunft ihrer Kinder zu kämpfen", ihr Sohn „wird in Fuente Alamo geboren werden", „Narcisa und Robert müssen noch zwei Jahre arbeiten, um ihre Schulden für die Reise nach Spanien abzuarbeiten" (*La Verdad* 11.01.2001).

Artikel fokussierten auf die emotionalen Aspekte der Regularisierungsforderung. Eine Reportage in *El País* berichtete über Verwandte der Protestierer in Ecuador und hatte die Überschrift:

> „Ecuador ist in Lorca. Die Familien von Gilberth, Narcisa und Victor Hugo leiden in dem südamerikanischen Land wegen der Probleme ihrer Lieben in Spanien" (*El País* 29.01.2001).

Die Personalisierung der Berichterstattung durch Themen und Perspektivwahl in Texten wurde durch den häufigen Einsatz von Fotos ergänzt, die das Gesicht eines individuellen Migranten zeigten (*El País* 22.01.2001; *El Mundo* 23.01.2001). Diese Personalisierung war eine bewusste Strategie der Journalisten, um das Publikumsinteresse an den Aktionen der Migranten aufrechtzuerhalten:

> „[...] du konntest nicht jeden Tag wiederholen, was die Sprecher der Einwanderer sagten, du musstest persönliche Geschichten machen, um die Aufmerksamkeit des Publikums aufrecht zu erhalten [...]. Als Medien mussten wir das Interesse aufrechterhalten, und dazu war es das Beste, zu personalisieren" (Interview *La Vanguardia* 30.10.2004).

### *5.2 Framing aus der Perspektive der Bewegung*

Pro-Regularisierungsaktionen der Migranten wurden von den Tageszeitungen aufgegriffen und im Sinne der Migranten interpretiert. Über die Blutspendeaktion ecuadorianischer Migranten, mit der sie ihre Verbundenheit mit der spanischen Gesellschaft demonstrieren wollten, wurde in *La Opinión* ganzseitig berichtet. Die Seite bestand aus drei Fotos, die die Ecuadorianer im Wartezimmer und beim Blutspenden zeigten. Der Titel des Berichts lautete „Blutsbrüder" (*La Opinión* 23.01.2001). Die Berichterstattung der Tageszeitungen griff auch religiöse Framing-Elemente der Migranten auf und fügte eigene religiöse Interpretationen hinzu. Bei dem ersten Protestmarsch gingen die Migranten „vereint hinter der [Marienstatue der] *Virgen de Cisnes*". Sie waren „auf ihrem Kreuzweg" (*La Verdad* 11.01.2001). Während einer Demonstration in Cartagena „beten die Teilnehmer auf der Straße den Rosenkranz, um ihre Regularisierung zu fordern" (*La Opinión* 10.02.2001). Auch in direkten Zitaten wurde auf die Religiosität der Migranten hingewiesen:

> „Von Lorca nach Murcia, mit Krämpfen in den Beinen und einer ausgelöschten Zukunft, geht ein ecuadorianischer Mann, Washington Ochoa: ‚Ich bin verzweifelt. Ich habe Gott um die Papiere gebeten'" (*El Mundo* 11.01.2001).

Ein Bericht über die unterschiedlichen Nationalitäten und Religionen der Besetzer der Kirche San Mateo in Lorca hatte den Titel „Die Armut hat keine Religion" und beschrieb, dass

> „trotz unterschiedlicher Religionen […] alle vereint durch ein gemeinsames Ziel vereint scheinen: eine Arbeit zu bekommen, mit der sie das Essen für ihre Familien verdienen können“ (*La Verdad* 16.01.2001).

Das Foto zeigte drei marokkanische und ecuadorianische Migranten. Die Bildunterschrift lautete:

> „Seli Mohamed, Victor Salazar und Mustafa David lesen während der Besetzung gemeinsam im Neuen Testament” (*La Verdad* 16.01.2001).

In Barcelona reagierten die Tageszeitungen auf den Hungerstreik der Migranten:

> “Das Interessante für die Medien war, eine einfache Frage zu beantworten: ‚Was wollen diese Leute auf diese Weise erreichen, und wie schlecht ist ihre Lage, dass sie sich in solch eine dramatische Situation begeben?“ (Interview *El País* 28.10.2004).

Der Hungerstreik der Einwanderer wurde zum Titelthema von *El País*, illustriert mit einem Foto mehrerer Protestierer in einer besetzten Kirche in Barcelona:

> „Ohne zu essen und zu trinken, bis sie ihr Ziel ‚Papiere für alle’ erreichen” (*El País* 26.01.2001).

Das zentrale Motiv der Aktionen, die Verzweiflung der Migranten und der Wille zur Selbstopferung, wurden von den Medien in Form einer detaillierten Berichterstattung über den Gesundheitszustand der Migranten aufgegriffen:

> „Die Zeit vergeht, und die Anspannung wächst. […] Die Situation beginnt kritisch zu werden.“ (*El País* 27.01.2001). „Wegen der Schwere der Situation haben die Ärzte damit begonnen, den Schwächsten Molke zu verabreichen“ (*El País* 29.01.2001). „Der fragile Gesundheitszustand der Streikenden erfordert eine graduelle Aufnahme von Lebensmitteln […]. Heute werden sie Früchte essen, und morgen, abhängig davon, wie sie reagieren, werden sie anfangen, verschiedene Lebensmittel zu essen“ (*La Vangaurdia*, 04.02.2001).

Der Gesundheitszustand der Migranten war das Leitmotiv der Berichterstattung und etablierte die Perspektive für eine sympathisierende Berichterstattung:

> „Einer der Hungerstreikenden wurde gestern in ein Krankenhaus eingeliefert. Tausende von Menschen solidarisieren sich mit den 400 Besetzern in Barcelona” (*La Vanguardia* 25.02.2001).

Ergänzt wurde diese Form der Berichterstattung durch die häufige Veröffentlichung von Fotos deutlich geschwächter Migranten.

### *5.3 Politische Kontextualisierung*

Das Schlüsselwort der Folgeberichterstattung zu dem Unfall in Lorca war „Tod“. Artikel zu den Arbeitsbedingungen illegaler Migranten hatten Überschriften wie „Willkommen zum Tod“. La Opinión stellte in einer Überschrift fest: „Der Tod braucht und fordert keine Papiere“ (La Opinión 07.01.2001). Die Arbeitsbedingungen illegaler Einwanderer wurden zu einem zentralen Thema. Der zweite Schlüsselbegriff der Berichterstattung war „Halbsklaverei“:

> „Die Ausbeutung der Immigranten kostet zwölf von ihnen das Leben“ (*La Verdad* 04.01.2001). „Die getöteten Migranten arbeiteten in der Halbsklaverei“ (*La Verdad* 05.01.2001). „Die toten Ecuadorianer machten eine Arbeit, die an Sklaverei grenzte”. „Die zwölf Ecuadorianer arbeiteten unter Bedingungen, die an die Arbeitsbedingungen zum Beginn der industriellen Revolution vor zweihundert Jahren erinnern [...]” (*La Verdad* 05.01.2001).

Der Begriff der „Halbsklaverei” wurde landesweit von *El País*, *El Mundo* und *La Vanguardia* aufgegriffen.

> „Die Halbsklaverei, in der die ecuadorianischen Immigranten leben, erreichte die Titelseiten der Zeitungen, nachdem zwölf von ihnen gestorben waren [...]” (*El País* 15.01.2001).

Durch die implizite und explizite Verknüpfung des Themas Regularisierung mit anderen Themen wurden in den Tageszeitungen Argumente für die Legalisierung der Migranten präsentiert. Neben Fotos von Kirchenbesetzungen titelte *La Opinión*, dass die Arbeitgeber „mehr als 10.000 Arbeitsplätze für Immigranten“ anboten (*La Opinión* 21.01.2001). Titelthema der Zeitung am 24.01.2001 war:

> „Die 10.000 Arbeitsplätze in der Region bleiben unbesetzt, weil man sie nicht den Illegalen geben kann” (*La Opinión* 24.01.2001).

Die gleichzeitige Berichterstattung über das neue restriktivere Einwanderungsgesetz, das durchweg kritisch dargestellt wurde, unterstützte ebenfalls die Forderungen der Migranten. *El País* stellte am Tag des Beginns der Proteste in Barcelona fest, dass die Ausweisung von 30.000 Immigranten, die die Regierung plante, “[...] einen komplizierten juristischen Prozess und eine große ökonomische Anstrengung darstellt“ (*El País* 22.01.2001).

Spanien brauchte jährlich 300.000 Einwanderer (*El País* 25.01.2001). Zudem leisteten Migranten die Arbeiten, die Einheimische nicht übernehmen wollten (*El País* 11.02.2001). In *La Vanguardia* wurden die Proteste als Teil der Kontroverse um das neue Einwanderungsgesetz dargestellt. Die Immigranten wurden als politische Akteure in dieser Auseinandersetzung präsentiert:

> „Das neue Gesetz tritt in Kraft. [...]. Innenminister Rajoy streitet ab, dass es neue Regularisierungen geben wird. Die Besetzungen der Immigranten ohne Papiere gehen weiter" (*La Vanguardia* 23.01.2001).

Auch Artikel in *El País* zu anderen Elementen der neuen Einwanderungspolitik der Regierung Aznar bezogen deutlich Position:

> „Die Forderung des Innenministeriums, undokumentierte Immigranten nicht ins Melderegister der Gemeinden aufzunehmen, ist illegal" (*El País* 19.01.2001).

In der konservativen *La Verdad* wurde das Einwanderungsgesetz explizit für seine Maßnahmen hinsichtlich illegaler Einwanderung kritisiert. Die konservative Regierung hatte angekündigt, dass diejenigen ecuadorianischen Migranten, die freiwillig in ihre Heimat zurückkehrten, bei der dortigen spanischen Botschaft eine Aufenthaltsgenehmigung erhalten würden und dann nach Spanien zurückkehren könnten. Ein Kommentar kritisierte dieses Programm der „freiwilligen Rückkehr" der Regierung Aznar und forderte die Regularisierung der illegalen Migranten in Spanien:

> „Die Regierung, als ein weiterer Scherz von Ministerpräsident Aznar, bietet als Lösung an, zu pilgern. Die Immigranten in ihre jeweiligen Herkunftsländer zurückzuschicken, ist eine unnötige und unsinnige Komplikation, die man verhindern könnte, indem man ihre Situation hier regularisiert. Dazu das Versprechen, dass die Regularisierung im Herkunftsland stattfindet und danach alle nach Spanien zurückkehren können: Die Regierung scheint zweifellos zu denken, dass auch die Immigranten Tölpel sind" (*La Verdad* 31.01.2001).

### *5.4 Kommentierung*

Die Tageszeitungen unterstellten in ihren Kommentaren der spanischen Gesellschaft Heuchelei und forderten sie zur Selbstreflektion auf. Kommentatoren stellten fest, dass die spanische Gesellschaft schon lange von den Arbeitsbedingungen der illegalen Migranten gewusst habe:

„[...] sie sind hier, auf der Straβe, und zusätzlich haben sie die Sympathie der Bewohner on Murcia, die wissen, dass dieses Gemüse und der Reichtum der Felder von Lorca und Cartagena durch diese Immigranten zustande kam und nach wie vor kommt" (*La Opinión* 27.01.2001).

Die Medien warfen der Gesellschaft vor, dem Schicksal der illegalen Migranten gleichgültig gegenüber zu stehen. Die lokale Gesellschaft wurde kritisiert:

„Nichts von dem, was dieser Tage in den Zeitungen steht, ist neu für einen Bürger von Murcia, der durchschnittlich gut informiert ist" (*La Opinión* 11.01.2001).

*El País* interpretierte die sichtbar gewordenen Lebensbedingungen illegaler Migranten als ein Versagen zivilgesellschaftlicher und politischer Aufmerksamkeit:

„Wir wissen, [...] dass ein Lieferwagen sechs Mal am Tag das doppelte der erlaubten Passagiere transportierte: dass unter den Passagieren ein 13-jähriges Mädchen war, dass alle keine Papiere hatten, dass keine Papiere zu haben, kein Hindernis dafür war, zehn Stunden täglich zu arbeiten, im Akkord, für einen Hungerlohn. Wir wissen, dass niemand, weder Gesellschaft noch Staat, dies verhindert hat" (*El País* 07.01.01).

Stellvertretend reflektierten Kommentatoren über die Verantwortung der spanischen Gesellschaft:

„Alle sahen in die andere Richtung, als [sie] gedrängt in einem Lieferwagen fuhren, unter ihnen ein Mädchen von dreizehn Jahren, für einen Hungerlohn [...]. Wo waren die Arbeitsinspektoren, die Gemeinde, die Autonome Gemeinschaft, die Regierung? [...] Ich für meinen Teil habe mich heute geschämt, Spanier zu sein" (*La Vanguardia* 06.01.2001).

Andere Kommentare wandten sich direkt an die Leser und kritisierten die offizielle Politik:

„Die zwölf Immigranten ohne Papiere, die gestorben sind, als ein Zug den Laster, mit dem sie fuhren, überfahren hat, gedrängt, zur Arbeit, haben nicht die Bedingungen der Halbsklaverei, in denen diese Menschen in unserem Land arbeiten müssen, erstmals gezeigt, wie seitdem Regierung und Opposition versuchen, uns glauben zu machen. Wie Kinder, die bei einem Fehler ertappt wurden, machen Aznar und Zapatero ein erstauntes Gesicht. Aber sie wussten es. [...] den Politikern ist es lieber, wenn die Realität sich nicht so deutlich zeigt. Aber Ihnen und mir bekommt diese ‚Ruhe' nicht, denn nur, wenn der soziale Alarm schrillt, hören unsere Politiker auf zu schlafen" (*La Vanguardia* 16.01.2001).

Der Unfall und seine Darstellung in den Medien führten zu einer veränderten Einstellung der Öffentlichkeit gegenüber der Lebenssituation illegaler Einwanderer:

> „Nach dem Unfall war die öffentliche Wahrnehmung, dass es sich um Menschen handelte, die in Gefahr waren, die einer Reihe von allen möglichen Risiken ausgesetzt waren, und das kollektive Gewissen regte sich. Ein bisschen wie das, was sich jetzt mit den Attentaten von Madrid [vom 11.03.2004] ereignet hat. Es gab eine kollektive Reaktion" (Interview *La Opinión* 31.03.2004).

## 6 Die Rolle der Medien: Akteure und Unterstützer der Pro-Regularisierungsbewegung

Die spanischen Printmedien haben die Entstehung und den Erfolg der Pro-Regularisierungsbewegung ermöglicht. Umfang und Art der Medienrezeption eines lokalen Ereignisses lösten landesweite, monatelang andauernde Proteste und einen ungeplanten und von der Regierung ausgesprochen unerwünschten Legalisierungsprozess aus. Der Unfall von Lorca wurde ein Argument für die Regularisierung, das sich in ganz Spanien ausbreitete, von Migranten und Unterstützern für ihre Forderungen genutzt wurde und die spanische Regierung unter Zugzwang setzte. Die spanischen Tageszeitungen haben dieses Argument „Lorca" aufgebaut.

Der zentrale Beitrag der Medien zum Erfolg der Bewegung bestand darin, dass sie einen eigenen, veränderten Diskurs zu illegaler Migration generierten. Umfang und Art der Berichterstattung transformierten illegale Einwanderer von einer anonymen problembehafteten Gruppe zu politischen Akteuren, deren Forderungen ernst zu nehmen und politisch und moralisch berechtigt waren. Die generelle Kategorie „illegale Migranten" wurde zugunsten einer individualisierten Darstellung von Migranten als Einzelpersonen und Opfer aufgebrochen. Die Reflektion des Unfalls von Lorca in den Medien zeigte Gewalt, Ungerechtigkeit, Ausbeutung und individuelles Leid als eigentliche Ingredienzien des juristischen Status der „Illegalität". Die Darstellungsformen betonten die persönliche und emotionale Dimension des Themas und forderten zur Empathie mit den betroffenen Migranten auf. Sie lieferten Argumente für die Regularisierung illegaler Migranten, kritisierten die Regierung und staatliche Instanzen und forderten die spanische Gesellschaft auf, die Gewährung von sozialen und politischen Rechten für illegale Zuwanderer als Aufgabe zu betrachten, die die Gesellschaft in ihrem Kern betraf.

Die Bedingung für diese Unterstützung durch die Medien war, dass die „Tragödie von Lorca“ und die Aktionen der Pro-Regularisierungsbewegung mit vielen Nachrichtenfaktoren Anknüpfungspunkte für eine ausführliche Medienberichterstattung boten. Illegale Einwanderer waren in diesem speziellen Kontext ausgesprochen „medienkompatibel“: Die Selbstorganisation der Migranten bot die Möglichkeit, Einzelschicksale darzustellen, ein umstrittenes Issue zu individualisieren und so Anknüpfungspunkte für Emotionen und Identifikation zu liefern. Das Issue Regularisierung enthielt durch die Präsenz der illegalen Migranten in der Bewegung und durch die Durchführung disruptiver Aktionen wie Kirchenbesetzungen und Hungerstreiks sowohl ein hohes Maß an Personalisierbarkeit und Emotionalität als auch – durch die Bündelung von Aspekten wie Ausbeutung, Gewalt und Tod – eine intensive Nachrichtenrelevanz. Die Personalisierbarkeit des Issues und die Relevanz von Nachrichtenfaktoren für die Medienberichterstattung führten auch dazu, dass die Medien das Framing der Bewegung weitgehend übernahmen.

Jedoch lösen nicht alle Mobilisierungen, die Nachrichtenfaktoren enthalten, eine mediale Kommentierung und Berichterstattung aus, die sich zur Unterstützung einer sozialen Bewegung verdichten. So entsprach die Mobilisierung der spanischen Pro-Regularisierungsbewegung nicht nur den Nachrichtenfaktoren, sondern fiel auch in einen gesellschaftlich-politischen Kontext, der offen war gegenüber ihren Forderungen. Traditionell ist die spanische Einwanderungspolitik durch einen *laissez-faire*-Charakter gegenüber illegaler Immigration geprägt. Dies zeigt sich darin, dass illegalen Migranten nicht nur soziale Rechte zugestanden werden, sondern auch häufig kollektive Legalisierungen durchgeführt wurden. Die Gewährung eines kollektiven Bleiberechts für illegale Migranten stellt damit eine mögliche und gesellschaftlich anerkannte politische Reaktion dar. Dieser gesamtgesellschaftliche Kontext manifestierte sich auch in den persönlichen Einstellungen vieler Journalisten, die deshalb die Politik der konservativen Regierung kritisch verfolgten und ihre eigene menschenrechtlich-ethisch begründete gesellschaftliche Kritik an der prekären Situation illegaler Einwanderer in ihrer Berichterstattung artikulierten.

Im Ergebnis fungierten die Medien als der Transmissionsriemen, der die Forderungen der Bewegungen in Druck auf die Regierungen verwandelte. Es ist davon auszugehen, dass die Medienberichterstattung politische Entscheidungen beeinflusst hat: Alle untersuchten Tageszeitungen – regionale und nationale, linke und rechte – behandelten das Thema Regularisierung intensiv, und es bestand eine hohe Übereinstimmung in der Bewertung und Kommentierung. Zusammenfassend lässt sich festhalten, dass die spanischen

Printmedien in diesem Mobilisierungsprozess ein zentraler Akteur waren, der sich als Unterstützer der Pro-Regularisierungsbewegung entpuppte. Um diese zentrale Rolle von Medien wahrnehmen zu können, ist eine Forschungsperspektive nötig, die nicht nur auf den Zugang von sozialen Bewegungen zu Medien fokussiert, sondern die die Rolle und Aktivitäten von Medien selbst in den Mittelpunkt der Analyse stellt. Erst die Wahrnehmung von Medien als Akteuren erlaubt, die Prozesse, die zur Entstehung, zur Konsolidierung und zu Erfolgen sozialer Bewegungen führen, umfassend zu analysieren und nachzuvollziehen.

## Literaturverzeichnis


Abella Vázquez, Carlos M. (2002): La construcción de la inmigración como problema en la prensa escrita. In: Sociedad y Utopía, 19, 61-80.

Carrasco, Concha/Ruiz, Blanca (2004): Movimiento social: transformador? 4. Congreso sobre la inmigración en España. Ciudadanía y participación. Girona, 10.-13.11.2004.

Casero Ripollés, Andreu (2005): Sin Papeles: La identidad de los inmigrantes en los medios de comunicación. In: www.interculturalcommunicacion.org/andreu.htm. Stand: 15.10.2005.

Checa Olmos, Francisco (2002): España y sus imigrados. Imágenes y estereotipos de la exclusión social. In: García Castaño, Javier F./López, Carolina Muriel (Hrsg.): La inmigracíon en España. Contextos y alternativas. Granada: Universidad de Granada, 421-436.

de Lucas, Javier (2002): Algunas propuestas para comenzar a hablar en serio de política de inmigración. In: de Lucas, Javier/Torres, Francisco (Hrsg.): Inmigrantes. Cómo los tenemos? Algunas desafíos y (malas) respuestas. Madrid: Taiasa Ediciones, 23-48.

Eilders, Christiane (2001): Die Darstellung von Protesten in ausgewählten deutschen Tageszeitungen. In: Rucht, Dieter (Hrsg.): Protest in der Bundesrepublik. Strukturen und Entwicklungen. Frankfurt a.M./New York: Campus, 275-311.

Gamson, William A./Modigliani, Andrew (1989): Media Discourse and Public Opinion on Nuclear Power: A Constructionist Approach. In: American Journal of Sociology, 95, 1-37.

Igartua, Juan José (2004): Perspectivas teóricas y metodológicas para el análisis informativo de la inmigración en la prensa española, 4. Congreso sobre la inmigración en España. Ciudadanía y Participación. Girona, 10.-13.11.2004.

Koopmans, Ruud (2004): Movements and Media. Selection processes and evolutionary Dynamics in the Public Sphere. In: Theory and Society, 33, 3-4, 367-391.

Lario, Manuel (2004): La imagen de la inmigración en la prensa escrita murciana. La Murcia Inmigrante. Exploraciones e Investigaciones, Murcia.

Marcinkowski, Frank (2002): Agenda-Setting als politikwissenschaftlich relevantes Paradigma. In: Gellner, Winand/Strohmeier, Gerd (Hrsg.): Freiheit und Gemeinwohl Politikfelder und Politikvermittlung zu Beginn des 21. Jahrhunderts. Baden-Baden: Nomos Verlagsgesellschaft, 159-170.

McCarthy, John D./McPhail, Clark/Smith, Jackie (1996): Images of Protest: Dimensions of Selection Bias in Media Coverage of Washington Demonstration. In: American Sociological Review, 61, 478-499.

Neidhardt, Friedhelm/Eilders, Christiane/Pfetsch, Barbara (1998): Die Stimme der Medien im politischen Prozess: Themen und Meinungen in Pressekommentaren. Wissenschaftszentrum Berlin (WZB).

Page, Benjamin I. (1996): The Mass Media as Political Actors. In: Political Science and Politics, 29, 1, 20-24.

Raschke, Joachim (1987): Soziale Bewegungen. Ein historisch-systematischer Grundriss. Frankfurt a.M.: Campus.

Reigada Olaizola, Alicia/Moreno Gálvez, Francisco Javier (2004): La exclusión social de los inmigrantes en los medios de comunicación. Experiencias y propuestas de acción desde la comunicación para el desarrollo. 4. Congreso sobre la inmigración en España. Ciudadanía y participación. Girona, 10.-13.11. 2004.

Rucht, Dieter (1994): Öffentlichkeit als Mobilisierungsfaktor für soziale Bewegungen. In: Kölner Zeitschrift für Soziologie und Sozialpsychologie, Sonderheft 34, 337-358.

Smith, Jackie/McCarthy, John D./McPhail, Clark/Augustyn, Boguslaw (2001): From Protest to Agenda Building. Description Bias in Media Coverage of Protest Events in Washington D.C.. In: Social Forces, 79, 4, 1397-1423.

van Dijk, Teun A. (2005): Discourse and Racism in Spain and Latin America. Amsterdam: Benjamins.

Ziemann, Andreas (2006): Soziologie der Medien. Bielefeld: transcript.

# Autoren

*Silke Adam, Dr.*, Akademische Rätin am Lehrstuhl für Kommunikationswissenschaft, insbesondere Medienpolitik, an der Universität Hohenheim.
Kontakt: adamsilk@uni-hohenheim.de

*Barbara Berkel, Dr.*, Beraterin bei TNS Infratest, Stakeholder Management.
Kontakt: barbara.berkel@web.de

*Frank Brettschneider, Prof. Dr.*, Professor für Kommunikationswissenschaft, insbesondere Kommunikationstheorie, an der Universität Hohenheim.
Kontakt: frank.brettschneider@uni-hohenheim.de

*Christiane Eilders, Prof. Dr.*, Professorin für Kommunikationswissenschaft, insbesondere Politische Kommunikation, an der Universität Augsburg.
Kontakt: christiane.eilders@phil.uni-augsburg.de

*Alihan Kabalak, Dipl. oec.*, wissenschaftlicher Assistent am Lehrstuhl für Politische Ökonomie an der Zeppelin University in Friedrichshafen.
Kontakt: alihan.kabalak@zeppelin-university.de

*Barbara Laubenthal, Dr.*, wissenschaftliche Mitarbeiterin am Lehrstuhl für Organisationssoziologie und Mitbestimmungsforschung an der Ruhr-Universität Bochum.
Kontakt: barbara.laubenthal@ruhr-uni-bochum.de

*Peter Maurer, M.A.*, wissenschaftlicher Mitarbeiter am Lehrstuhl für Kommunikationswissenschaft, insbesondere Medienpolitik, an der Universität Hohenheim.
Kontakt: pmaurer@uni-hohenheim.de

*Torsten Maurer, Dr.*, Hochschulassistent am Fachgebiet für Empirische Kommunikations- und Medienforschung, insbesondere Kommunikationstheorie/Medienwirkungs- und Mediennutzungsforschung, an der Freien Universität Berlin.
Kontakt: tmaurer@zedat.fu-berlin.de

*Barbara Pfetsch, Prof. Dr.*, Professorin für Kommunikationswissenschaft, insbesondere Medienpolitik, an der Universität Hohenheim.
Kontakt: pfetsch@uni-hohenheim.de

*Birger P. Priddat, Prof. Dr.*, Leiter der Abteilung Public Management and Governance am Lehrstuhl für Politische Ökonomie an der Zeppelin University Friedrichshafen.
Kontakt: birger.priddat@zeppelin-university.de

*Carsten Reinemann, Dr. phil. Habil.*, wissenschaftlicher Assistent am Lehrstuhl für Allgemeine Kommunikationsforschung an der Johannes-Gutenberg-Universität Mainz.
Kontakt: carsten.reinemann@uni-mainz.de

*Markus Rhomberg, Dr.*, wissenschaftlicher Mitarbeiter am Lehrstuhl für Medienwissenschaft an der Zeppelin University Friedrichshafen. Kontakt: markus.rhomberg@zeppelin-university.de

*Jens Vogelgesang, M.A.*, wissenschaftlicher Mitarbeiter am Lehrstuhl für Empirische Kommunikations- und Medienforschung, insbesondere Forschungsmethoden/Angewandte Kommunikationsforschung, an der Freien Universität Berlin.
Kontakt: gesang@zedat.fu-berlin.de

*Katrin Voltmer, Dr.*, Senior Lecturer für Politische Kommunikation an der University of Leeds, Großbritannien.
Kontakt: k.voltmer@leeds.ac.uk

*Bettina Wagner, M.A.*, wissenschaftliche Mitarbeiterin am Institut für Politikwissenschaft, insbesondere Vergleichende Politikwissenschaft, der Johannes Gutenberg-Universität Mainz.
Kontakt: bwagner@politik.uni-mainz.de

*Annie Waldherr, Dipl. rer.com.*, wissenschaftliche Mitarbeiterin am Lehrstuhl für Kommunikationswissenschaft, insbesondere Medienpolitik, an der Universität Hohenheim.
Kontakt: annie.waldherr@uni-hohenheim.de

*Hans-Jürgen Weiß, Prof. Dr.*, Professor für Empirische Kommunikations- und Medienforschung, insbesondere Forschungsmethoden/Angewandte Kommunikationsforschung, an der Freien Universität Berlin.
Kontakt: huebnerc@zedat.fu-berlin.de

*Moritz Weiß, M.A.*, Promotionsstudent an der „School of Humanities and Social Sciences" der Jacobs University in Bremen.
Kontakt: m.weiss@jacobs-university.de